Peter Noss/Thomas Erne (Hg.)

Unterwegs im Experiment

Protestantische Transformationen
im Ruhrgebiet

KLARTEXT

Umschlagabbildungen:
Photoagentur KNSY

Gedruckt mit freundlicher Unterstützung durch

Fritz Thyssen Stiftung
FÜR WISSENSCHAFTSFÖRDERUNG

1. Auflage August 2014

Satz und Gestaltung:
Klartext Medienwerkstatt GmbH, Essen

Umschlaggestaltung:
Volker Pecher, Essen

Druck und Bindung:
Winterwork, Borsdorf

ISBN 978-3-8375-0899-4
Alle Rechte vorbehalten
© Klartext Verlag, Essen 2014

www.klartext-verlag.de

Inhalt

Thomas Erne
Einleitung, Teil 1
Ruhrgebiet und Protestantismus – unterwegs im Experiment? 7

Peter Noss
Einleitung, Teil 2
Unterwegs im Experiment
Ruhrgebiet, Protestantismus und Kulturen des Wandels 15

I

Wolfgang Grünberg
Gott in der Stadt
Herausforderungen an den Protestantismus im Ruhrgebiet 25

Michael Basse
Das Ruhrgebiet und die Reformation
Der Prozess einer Inkulturation und die Relevanz der Erinnerungskultur .. 43

II

Stefanie Brauer-Noss
Sehnsucht nach *einer* protestantischen Stimme
Kirchliche Strukturen im Ruhrgebiet 57

Ulrich Althöfer
Evangelische Kirchen im Ruhrgebiet
Spurensuche zu Geschichte und Gegenwart 73

Peter Noss
Das Eigene im Fremden verstehen
Evangelisches Profil im Wandel 89

Ingo Reuter
Oberflächenwahrnehmung
Körperbild und Ruhrgebiet im Wandel 101

Jens Schlamelcher
»Und was hat sich in der Gemeinde so alles verändert?«
Die Auswirkungen der gegenwärtigen Restrukturierungsprozesse
auf die Sozialgestalt einer Ruhrgebietsgemeinde 109

III

Andreas Isenburg
Zwischen Event und Hochkultur
Das Evangelische Kulturbüro RUHR.2010 125

Thomas Wessel
Die Würde des Profanen 149

Rüdiger Sareika
Heavy Metal
Protestantismus und Kultur an der Ruhr.
Von FREIRÄUME 1991 bis RUHR.2010 161

IV

Friedhelm Kreiß
Bewegt sein: Kirche und Sport 177

Hans-Martin Gutmann
Die Popkultur und das Triviale 195

Peter Noss
»Der Gastgeber ist sein eigener Gast«
Zu Tisch im Ruhrgebiet 209

Harald Schröter-Wittke
Protestantische Ruhrgebiets-Komponisten
Kulturtheologische Annäherungen an ein disparates Phänomen 215

Andreas Fröhling
Kirchenmusik zwischen Anspruch und Wirklichkeit 235

V

Hans-Udo Schneider
Kirche und Arbeitswelt –Nahe bei den Menschen sein
Ein Zugang in sechs Bildern 245

Okko Herlyn
Kirche, Revier und Humor
Anmerkungen zu einer verheißungsvollen ménage à trois 259

Hartmut Schröter
Protestantische Gestaltung zwischen Kirche und Kultur
Der »Kulturraum Melanchthonkirche« Bochum 271

Dirk Harms
»Kurz gesagt, ich hasse alle Götter!«
»Prometheus – aufrechter Gang«, ein Theaterprojekt mit
Strafgefangenen an der JVA Essen als kollektive Erzählung 287

Thomas Damm
Bang Boom Bang und Jede Menge Kohle
Filmkulturelle Stippvisiten zwischen Ruhr und Emscher 303

Christoph Kniel/Niko Synnatschke
Fotografische Begegnungen 311

Anhang

Literatur 323

Die Autorinnen und Autoren 337

Einleitung Teil 1

Thomas Erne

Ruhrgebiet und Protestantismus – unterwegs im Experiment?

Auf dem Weg von Düsseldorf nach Bielefeld hält der ICE im Minutentakt wie eine S-Bahn, nur dass die Stationen keine Namen von Straßen tragen, sondern von Städten: Duisburg, Mülheim, Essen, Wattenscheid, Bochum, Dortmund. Diese Städte wirken wie aufgelöst in einer einzigen Megacity. Steigt der Reisende dann an einer dieser Stationen aus, verstärkt sich der Eindruck der Uneindeutigkeit. Auch die Innenstädte scheinen ihrer eigenen Identität beraubt zu sein. Befindet man sich in einer dieser gesichtslosen Einkaufsstraßen nun in Bochum oder in Dortmund? Gehört das Kaufhaus mit seiner Eierkartonfassade nach Duisburg, Hagen oder Essen? Das Ruhrgebiet, das sich einem Fremden als eine ineinander übergehende unterschiedslose Stadtregion präsentiert, entfaltet für die Einheimischen sicherlich eine reiche Palette feinster Abstufungen. Allerdings gewinnt man den Eindruck, dass die feinen Unterschiede im Ruhrgebiet auch deshalb dramatisch akzentuiert werden, weil im Ruhrgebiet die Unterschiede wenig prägnant auftreten. Legendär ist die leidenschaftliche Differenz, die die Fans zweier traditionsreicher Fußballvereine des Ruhrgebietes pflegen. Die Fans in Dortmund bestehen darauf, dass sie Welten von denen in Gelsenkirchen trennen und umgekehrt, obwohl die räumliche Entfernung wie die sachlichen Unterschiede marginal sind.

Der Eindruck des Amorphen, den das Ruhrgebiet einem Besucher vermittelt, könnte damit zu tun haben, dass es eine Region im Übergang ist. Zum Übergang und Wandel gehört eine Zwischenzone, die zwischen der alten Identität liegt, die man verlassen muss, und der neuen, die sich noch nicht klar abzeichnet. Es ist eine Zone, die den Charakter des Ungestalteten und Unfertigen hat. In der Zeche Zollverein hat diese Zwischenzone einen symbolischen Ausdruck gefunden. Dort steht im Salzlager der Kokerei, wo bis 1963 täglich bis zu 10 000 Tonnen Kohle zu Koks für die Stahlindustrie veredelt wurden, ein Kunstwerk, *Der Palast der Projekte* von

Ilya und Emilia Kabakov.[1] An Stelle der industriellen Produktion findet heute im Salzlager die Produktion von Ideen statt, die zwischen dem, was war, und dem, was sein wird, einen Möglichkeitsraum aufspannen.

Der indische Literaturwissenschaftler und Kulturtheoretiker Homi Bhabha hat diese Zwischenzone als »Third Space«[2] bezeichnet, eine Art von transitorischem Freiraum, wo Fragen der Zugehörigkeit zu Ethnien, Milieus, Religionen und Klassen für eine bestimmte Zeit suspendiert sind. Die räumliche Metapher, die er für diesen dritten Raum gebraucht, ist das Treppenhaus. Im Treppenhaus bewegt man sich in einem Zwischenraum, zwischen oben und unten, innen und außen. Und für die Dauer der Bewegung greifen die distinkten Zuordnungen nicht mehr. Beim Treppensteigen ist man weder oben noch unten, weder innen in der Wohnung noch außen auf der Straße. Diesen Raum der Uneindeutigkeit nennt Homi Bhabha einen hybriden Raum. Überträgt man diese Metapher auf die Gesellschaft, kann man sagen, dass die distinkte Logik des Begriffs wie die sozialen Differenzierungen in einem hybriden Raum zwar bestehen bleiben. Es gibt nach wie vor ein Oben und Unten im Sinne eines ökonomischen und politischen Machtgefälles. Und es gibt nach wie vor ein Innen und Außen im Sinne sozialer In- und Exklusionen. Doch die Geltung dieser Unterscheidungen ist, wenn auch nur momentan, in einer solchen Situation der Uneindeutigkeit außer Kraft gesetzt:

»*Das Treppenhaus als Schwellenraum zwischen den Identitätsbestimmungen wird zum Prozeß symbolischer Interaktion, zum Verbindungsgefüge, das den Unterschied zwischen Oben und Unten, Schwarz und Weiß konstituiert. Das Hin und Her des Treppenhauses, die Bewegung und der Übergang in der Zeit, die es gestattet, verhindern, daß sich Identitäten an seinem oberen und unteren Ende zu ursprünglichen Polaritäten festsetzen. Dieser zwischenräumliche Übergang zwischen festen Identifikationen eröffnet die Möglichkeit einer kulturellen Hybridität, in der es einen Platz für Differenz ohne eine übernommene Hierarchie gibt.*«[3]

Auch die Religionen kennen solche hybriden Räume des Übergangs. Ulrike Wagner-Rau hat das Moment des Übergangs als die Erfahrung der Schwelle analysiert und die Schwelle als einen eigenständigen Ort religiöser Erfahrung in seiner Bedeu-

---

1 Vgl. Marita Pfeiffer, Der Palast der Projekte. Eine Rauminstallation von Ilya und Emilia Kabakov im Salzlager der Kokerei Zollverein in Essen, kunst und kirche 02/2008, 5–9.
2 Vgl. Rutherford, Jonathan: The Third Space. Interview with Homi Bhabha, in: ders. (Hg.), Identity: Community, Culture, Difference, London 1990, 207–221.
3 Bhabha, Homi K.: *Die Verortung der Kultur*, Tübingen 2000, 5.

tung für den homo religiosus in der Moderne herausgearbeitet.[4] Wie wichtig dieser Moment für die Religion ist, zeigen bereits die sorgfältig gestalteten Portale der mittelalterlichen Kirchen. Sie machen den Weg über die Schwelle bewusst, und zwar als einen Übergang, der ein Moment der Unentschiedenheit an sich trägt, das zwischen dem Alltag und dem Raum der Transzendenz steht. Die Inszenierung des Weges in die Kirche macht dieses Moment des Innehaltens beim Gang über die Schwelle nicht nur leiblich spürbar, sondern auch in seiner Bedeutung bewusst. Zum Kirchenportal gehören deshalb nicht nur der Weg, das Tor, die Schwelle, sondern auch die Deutung dieses Vollzuges durch Darstellungen biblischer Szenen über den Eingangstüren. Oft genug sind es Gerichtsszenen aus der Apokalypse, die das Innehalten auf der Schwelle zu einem memento mortis machen, einem Gedenken des eigenen Todes.

Nun ist die Schwelle auch in Kirchenportalen »sicher nicht für einen Daueraufenthalt geeignet«.[5] Aber sie kann auch nicht nur ein Phänomen des Vorübergehens sein, das sich in dem Moment verflüchtigt, wo die Schwelle überschritten wird. Denn für viele moderne Menschen ist zwar Religion ein Thema. Ob sie sich mit diesem Bedürfnis auch *im* Haus der Kirche wohlfühlen, bleibt für sie eine offene Frage. Die Schwelle als eine »lebendige Übergangszone zwischen Innen und Außen« wird daher für die Kirche ein eigner und zunehmend wichtiger Ort religiöser Kommunikation. Denn auf der Schwelle sind Fragen der Mitgliedschaft suspendiert. Es ist ein Ort der Begegnung, bevor es zu einer Festlegung auf Innen oder Außen, Zugehörigkeit oder Nicht-Zugehörigkeit kommt. Ein Ort des Gesprächs mit Fremden, wo Gemeinschaft nicht schon besteht »sondern überhaupt erst entsteht in den vielfältigen Begegnungen«.[6]

Treppenhaus und Schwelle sind beides topologische Metaphern für den »Third Space«, einen Raum des In-Between, ein »Dazwischen, in dessen Offenheit man sich aussetzt und gefährdet ist, das aber auch ein unabsehbares Potenzial birgt«.[7] Das Potential liegt in der Uneindeutigkeit, in der die Differenzen, die unseren sozialen Umgang bestimmen, momentan ihre diskriminierende Macht verlieren. Sie bleiben in der Zwischenzone des Third Space zwar erhalten. Aber die Unterscheide machen keinen (sozialen) Unterschied mehr. Sie erzeugen keine Rangordnung, keine Hierarchie, weil es keine übergeordnete Einheit gibt, die sie hierarchisch ordnet. So

---

4 Vgl. Wagner-Rau, Ulrike: Auf der Schwelle. Das Pfarramt im Prozess kirchlichen Wandels, Stuttgart 2009, 97.
5 A.a.O. 119.
6 A.a.O., 98.
7 Wagner-Rau, Ulrike: Schwelle, 119.

als würden die Differenzen frei flotieren, entsteht im Third Space »a new area of negotiation of meaning and reprensentation«.[8]

Überträgt man diese Analyse auf das Ruhrgebiet, dann wäre die Vermutung die, dass man dort, metaphorisch gesprochen, auf relativ viele Treppenhäuser und Schwellen trifft. Das würde erklären, dass diese Region nicht nur amorph in ihrem äußeren Erscheinungsbild wirkt, sondern zugleich ungewöhnlich offen und verarbeitungssicher im Umgang mit sozialen, religiösen, ethnischen Unterschieden. Man ist im Ruhrgebiet offensichtlich gewohnt, relativ umstandslos in ein Experimentalstadium zu geraten, sich also häufig in Zwischenzonen zu bewegen, in denen die Unterschied der Herkunft, der Religion, der Ethnie, des Milieus neu ausgehandelt werden können und auch müssen, weil sie, wenn auch nur momentan, die Kraft verlieren, sozial zu diskriminieren.

Nun scheint aber eine Besonderheit in der gegenwärtigen Situation zu sein, dass das, was Homi Bhabha den Third Space und Ulrike Wagner-Rau die Schwelle nennt, keine Ausnahmesituation mehr ist, sondern eine eigene Sphäre im Alltag darstellt. In der Ritualtheorie bei Arnold van Gennep und Victor Turner[9] ist die Schwellenphase, die experimentelle Verflüssigung gesellschaftlicher Rollen, an bestimmte Orte und Zeiten gebunden. Es bedarf eines ausgegrenzten Bezirkes, eines heiligen Ortes, eines Tempels oder einer bestimmten heiligen Zeit, um eingespielte gesellschaftliche Muster zu transzendieren, die bestehende Ordnung auf den Kopf zu stellen und neue Varianten und Möglichkeiten zu imaginieren und auszuprobieren. Man kann beispielsweise Karneval nicht ohne weiteres im Sommer in Ostfriesland feiern, oder, jedenfalls in Köln, nicht ohne den Nubbel zu verbrennen, eine Art von Sündenbock für die Exzesse, die sich die Jecken während des Karnevals leisten.

Bei Kant findet sich die Alternative zur lokalen und temporalen Begrenzung der Zwischenzone in der Ritualtheorie. Kant analysiert in der *Kritik der Urteilskraft* die ästhetische Erfahrung als eine eigenständige Dimension, die sich der begrifflichen Fixierung[10] ebenso entzieht wie der Festlegung auf moralische Normen: »Zuerst muß man sich davon völlig überzeugen: daß man durch das Geschmacksurteil (über das Schöne) das Wohlgefallen an einem Gegenstande jedermann ansinne, ohne sich

---

8   Rutherford, Jonathan: The Third Space. Interview with Homi Bhabha, in: ders. (Hg.): Identity: Community, Culture, Difference, London 1990, 207–221, 211.
9   Vgl. Gennep, Arnold van: Übergangsriten (1909), Frankfurt 1989; Turner, Victor: Das Ritual. Struktur und Anti-Struktur, Frankfurt 2000.
10 Seel, Martin: Ästhetik des Erscheinens, Frankfurt 2003, 41.

doch auf einen Begriff zu gründen (das da wäre es das Gute).«[11] Ein »Auflodern der Unbestimmtheit«[12] nennt Martin Seel den genuinen Beitrag der ästhetischen Erfahrung, mit der sich das Wohlgefallen am Schönen dem Begriff wie der Moral entzieht und zugleich auf beide bezieht. Die Unbestimmtheit ergibt sich aus dem Umstand, dass mit dem ästhetischen Urteil »X ist schön« kein Ergebnis fixiert, sondern eine Suchbewegung in Gang gesetzt wird. Jens Kulenkampff nennt das ästhetische Urteil ein »kontrolliertes Phantasieren über den Gegenstand«.[13] Die offene Suchbewegung kommt dadurch in Gang, dass im Fall der Wahrnehmung von Kunst die Erkenntnisvermögen unablässig auf der Suche sind nach dem passenden Begriff, ohne zu einem Ergebnis zu kommen. Und es ist genau diese Ergebnislosigkeit der Suche, die dem Subjekt das Potential seiner Vermögen bewusst macht, die beim Zustandekommen von Erfahrung überhaupt im Spiel sind. Kant bindet nun die ästhetische Einstellung an kulturelle Bedingungen, nämlich an ein bestimmtes konsensfähiges Sprachspiel. Nur wenn man davon ausgehen kann, dass üblicherweise mit dem Satz »Ein X ist schön« keine objektive Eigenschaft an einem Gegenstand bezeichnet wird und man trotzdem einen Anspruch auf allgemeine Zustimmung erhebt, ist die Zwischenzone der Uneindeutigkeit, die Kant als Struktur ästhetischer Erfahrung herausarbeitet, eine Realität in einer Kultur.

Meine These ist folglich, dass die Zugangsbedingungen zum Third Space, ähnlich wie bei der ästhetischen Einstellung, kulturell geprägt sind. Es sind regional unterschiedlich entwickelte Sprachspiele und Umgangsformen, die in die Zwischenzone führen, Formen der Höflichkeit, der Gastfreundschaft, Tischsitten, Begrüßungs- und Abschiedsrituale. Sie können dazu beitragen, dass soziale Differenzen hierarchisch fixiert oder zügig durchquert werden. Während in vielen Regionen und Städten Deutschlands der Eintritt in eine Zwischenzone nach wie vor an bestimmte Ausnahmezeiten und Ausnahmeorte gebunden bleibt, ist in einer Region wie im Ruhrgebiet der Third Space zu einer beständig mitlaufenden Dimension des gesellschaftlichen Handelns geworden. Das Ruhrgebiet ist daher *als* Region unterwegs im Experiment, und das heißt, dass man im Ruhrgebiet immer damit rechnen kann und muss, in eine Zwischenzone hineinzugeraten, die beängstigend und verheißungsvoll zugleich ist.

11   Kant, Immanuel: Kritik der Urtheilskraft, Akademie Textausgabe, Werke Bd. V, Berlin 1968, 213 f.
12   A. a. O., 39.
13   Kulenkampff, Jens: Kants Logik des ästhetischen Urteils, Frankfurt a. M. ²1994, 120.

Vielleicht müsste man vorsichtiger sagen, dass es mehr oder weniger übergangsaffine Kulturen gibt. In Dortmund scheint es wahrscheinlicher zu sein, in eine experimentelle Zwischenzone zu geraten, wo soziale Differenzen zügig durchquert werden, als zum Beispiel in einer Stadt wie München, wo soziale Differenzen eher zügig fixiert werden. München ist eine Stadt, die in ihrer repräsentativen Perfektion, mit Ausnahme des Marienhofes, eines Nachkriegsprovisoriums hinter dem Rathaus, Experimente nicht nötig zu haben scheint. Und Berlin demonstriert, dass sich Wandelbarkeit auch wandeln und ein Experimentalstatus wieder verspielt werden kann. Der Charme des Unfertigen, der Berlin zu einer der attraktivsten Städte Europas gemacht hat, weicht dem höfischen Glanz des wiederhergestellten Stadtschlosses, den gediegenen Lochfassaden in Berlin Mitte, einer First Class Bürgerlichkeit in Townhouses und der Gentrifizierung alternativer Stadtteile.

Welche Rolle spielt nun die Religion, genauer, der Protestantismus im Ruhrgebiet? Ist der Protestantismus eine Art religiöser Zwischenzone und als Religion unterwegs im Experiment? Gibt es eine innere Verwandtschaft von Ruhrgebiet und Protestantismus?

Jedenfalls wird man dem Christentum eine gediegene Kultur der Entdramatisierung sozialer Differenzen zugestehen, nicht nur in den Begegnungen auf der Schwelle, sondern auch in der Tischgemeinschaft beim Abendmahl.[14] Die Provokation war in der Antike maximal. Gegen alle gesellschaftlichen Konventionen saßen in den Häusern der ersten Christen nicht nur Arme und Reiche, Sklaven und Herren, Juden und Christen, sondern auch Frauen und Männer gleichberechtigt an einem Tisch. Paulus liefert dazu das christologische Argument: »Hier ist nicht Jude noch Grieche, hier ist nicht Sklave noch Freier, hier ist nicht Mann noch Frau; denn ihr seid allesamt einer in Christus Jesus« (Gal 3,28). Die christliche Gemeinde hat daher nicht nur auf der Schwelle zu Kirche, sondern auch in ihren Zentrum, am Abendmahlstisch – beide hängen durchaus miteinander zusammen[15] – einen Third Space. Orte, an denen die sozialen Unterschiede wie selbstverständlich durchquert werden in Richtung einer Gleichheit aller vor Gott. Nun hat die Kirche in ihrer Geschichte ihrem egalitären Grundanliegen selten adäquaten Ausdruck verliehen. Es ist ein Verdienst des Protestantismus, diesem urchristlichen Erbe einer radikalen Gleichheit aller in Christus für den Aufbau und die Gestalt der Kirche wieder Geltung verschafft zu haben.

---

14 Vgl. Ebner, Martin (Hg.): Herrenmahl und Gruppenidentität, Freiburg 2007.
15 Vgl. Wagner-Rau, Ulrike: Schwelle, 97 ff.

Schwelle und Abendmahlstisch beschränken jedoch die Religion auf bestimmte Räume und Zeiten, lokal oder temporal. Die Überwindung dieser Einschränkung vollzieht im Protestantismus Friedrich Schleiermacher. In seinen Reden *Über die Religion* lässt sich Religion nicht mehr regional eingrenzen. Kein Inhalt an sich ist religiös. Erst die Beziehung auf das Unendliche, die sich im religiösen Gefühl einstellt, macht einen Inhalt zu einem Ausdruck der Religion. Religiös ist eine bestimmte Hinsichtnahme, die alles Sinnliche, die Gesamtheit des Endlichen, in ein anderes Licht rückt: »Das Universum ist in einer ununterbrochenen Tätigkeit und offenbart sich uns jeden Augenblick [...] und so alles Einzelne als einen Teil des Ganzen, alles Beschränkte als eine Darstellung des Unendlichen hinnehmen, das ist Religion.«[16] Mit dieser Formel »alles Beschränkte als eine Darstellung des Unendlichen hinnehmen« handelt sich Schleiermacher allerdings auch ein Darstellungsproblem ein. Darauf macht Ernst Cassirer in seiner *Philosophie der symbolischen Formen* aufmerksam. Denn einerseits ist das Einzelne inkommensurabel für die Darstellung des Unendlichen, anderseits kann das Unendliche nur im konkret Sinnlichen zur Darstellung kommen. Wir können von Gott nur reden in konkreten Zeichen, obwohl kein Zeichen Gott in seiner Unendlichkeit umfassend zur Darstellung bringen kann. Cassirer sieht in diesem Darstellungskonflikt, einem »Ineinander und Gegeneinander von ›Sinn‹ und ›Bild‹«,[17] von Ganzem und Beschränktem, von (unendlichem) Sinn und (endlichen) Zeichen, das Spezifische der Religion als einer eigenständigen symbolische Form. Die Religion kann aufgrund ihres Thema, Gott oder das Unendliche, nicht anders als an endlichen Ausdrucksformen festzuhalten und sie zugleich zu transzendieren. Der Protestantismus ist, so gesehen, ein Ferment[18] kultureller Innovationen, eine Zwischenzone, in der nicht nur soziale Differenzen zügig durchquert, sondern auch die Formen überschritten werden, die der Darstellung dieser Differenzen dienen. Es gibt also in der Tat eine innere Verwandtschaft von Ruhrgebiet und Protestantismus – sofern beide unterwegs sind im Experiment.

---

16 Schleiermacher, Friedrich: Über die Religion. Reden an die Gebildeten unter ihren Verächtern, hg. v. Hans-Jürgen Rothert, Hamburg (1799) 1958, 32.
17 Cassirer, Ernst: Philosophie der symbolischen Formen, Teil 2. Das mythische Denken, Darmstadt ⁹1994, 311.
18 Vgl. Erne, Thomas: Vom Fundament zum Ferment, in: Jörg Hermann/Andreas Mertin/Eveline Valtink (Hg.), Die Gegenwart der Kunst, München 1998, 283–295.

Einleitung Teil 2

Peter Noss

Unterwegs im Experiment
Ruhrgebiet, Protestantismus und Kulturen des Wandels

Die Fragestellung

Hat der Protestantismus eine orientierende Kraft für die Menschen im Ruhrgebiet angesichts eines »Säkularen Zeitalters« (Charles Taylor), der Vielfalt von Kulturen und Religionen und des strukturellen Wandels? Oder anders gefragt: Ist die Religion als ein Motor oder wie ein Hemmschuh kultureller Veränderungsprozesse zu sehen, wie sie im Ruhrgebiet stattfinden? Wie ist der Protestantismus daran beteiligt? Ist der Protestantismus selbst ein Motor der Säkularisierung? Wo steckt sein spezifisches Profil und wie beteiligt er sich an Prozessen des Wandels und der (Selbst-)Verständigung? Jürgen Habermas hat sich in den vergangenen Jahren zunehmend positiv zur Rolle der Religion in der Gesellschaft geäußert, die hier wichtige Funktionen erfülle, wenn auch der »Kern der religiösen Erfahrung« der Vernunft nicht zugänglich sei. Von unabweisbarer Notwendigkeit sei eine Übersetzungsarbeit als »komplementärer Lernprozess«, an dem sich sowohl religiöse wie säkulare Bürgerinnen und Bürger beteiligen müssen.[1]

---

1 Habermas, Jürgen: Zwischen Naturalismus und Religion. Philosophische Aufsätze, Frankfurt a. M. 2005, 150.

Kultur ist für den Menschen wie das Wasser für den Fisch

Zwei junge Fische begegnen schwimmend einem alten Fisch, der in der Gegenrichtung unterwegs ist. Der alte Fisch fragt im Vorüberschwimmen: »Na, wie gefällt euch das Wasser?« Die jungen Fische schwimmen zunächst noch ein Stück weiter, dann fragt der eine den anderen verwundert: »Was zum Teufel ist Wasser?« Mit dieser Anekdote begann David Foster Wallace eine Rede im Mai 2005 und führte weiter aus: »Ich bin nicht der weise alte Fisch. Der Punkt der Fisch-Geschichte ist bloß, dass die offensichtlichsten, allgegenwärtigsten, wichtigsten Realitäten oft die sind, die man am schwersten erkennen und über die man am schwersten reden kann.«[2]

Zu diesen »Wirklichkeiten« zählt zweifellos das Religiöse, die Kirche, der christliche Glaube. Dies alles ist ein Teil der Kultur – und geht doch nicht darin auf, ist nicht darauf reduzierbar. Das Evangelium weist darüber hinaus, ist Skandal voller Schärfe und Kraft.[3] Das Evangelium drückt sich gehaltvoll aus in der Welt und ihren Kulturen, in kirchlich-protestantischen wie in nicht-kirchlichen Formen.

Protestantismus im Geiste der Reformation will im 21. Jahrhundert wirken als Kirche der Freiheit, offen und öffentlich.[4] Das Ruhrgebiet ist ein solcher Wirkraum, eine europäische Region auf einem Weg zur Einheit in Vielfalt: »Europa versteht sich als Einheit in Vielfalt, ja, als Einheit durch Vielfalt. Wenn dieser Kerngedanke der kulturellen Identität Europas im religiösen Leben seiner Bürgerinnen und Bürger Platz griffe und sich aus der Tiefe des religiösen Glaubens selber speiste, dann würde Europa ein Paradigma kultureller Identität ausbilden, mit dem es in den kulturellen Konflikten, die der Globalisierungsprozess mit sich bringt, als Friedensmacht auftreten und wirksam werden könnte.«[5]

---

2 Foster Wallace, David: Das hier ist Wasser/This is water, Köln 2012, S. 9.
3 Vgl. Kammerer, Alexandra: Diesseits und jenseits der Zeit – Annäherungen an Europa und an die Religion, in: Petra Bahr (Hg., gemeinsam mit Aleida Assmann, Wolfgang Huber, Bernhard Schlink), Protestantismus und europäische Kultur – Protestantismus und Kultur Band 1, Gütersloh 2007, S. 9–30.
4 Huber, Wolfgang: Im Geist der Freiheit. Für eine Ökumene der Profile, Freiburg 2007, S. 156 ff.
5 Rüsen, Jörn: Europäische Identität – zwischen säkularer Lebensform und religiösem Glauben, in: Petra Bahr/Aleida Assmann (Hg.), Protestantismus und europäische Kultur, Gütersloh 2007, S. 31–41, hier S. 40.

Allgemeines

Das Spektrum von Kultur insgesamt ist groß und weit, es gibt sie nur in Kulturen bzw. Kulturräumen.[6] Kirche ist kulturprägend, der Katholizismus wie auch der Protestantismus. Aber auch andere Kulturen und Religionsgemeinschaften prägen längst die Gesellschaft mit: aus Judentum, Christentum, Islam, Buddhismus, Hinduismus, Atheismus, Synkretismus.[7]

Profilierung einerseits ist notwendig, aus der heraus andererseits Verständigung gelingen kann: Profil und Verständigung also auch als Aufgabe für die protestantische Kirche im Ruhrgebiet. Inwieweit wird der Aspekt des Dialogs, des Multilogs, der Interkulturalität aufgenommen? Das Kulturhauptstadtjahr bot dazu Gelegenheit, jetzt ist die Zeit der Evaluierung – wo gelingt es, wo gelingt es nicht? Welche Herausforderungen folgen nach – bis, sagen wir, 2017 (Lutherjahr), bis 2050?

Im Umfeld des Kulturhauptstadtjahres 2010 wurde der Zustand der Kirchen im Ruhrgebiet vor der Hintergrundfolie einer auf eindrucksvolle Weise zugeschnittenen und durch eine rapide Umbruchs- und Wandlungsgeschichte besonders geprägten Region sichtbar. Die Beiträge in diesem Band sind Momentaufnahmen, Analysen dieses Zustandes, verbunden mit Gestaltungsideen und konstruktiver Kritik. Die Autorinnen und Autoren eröffnen neue, überraschende und spannende Zugänge.

Viele glauben, sie kennen das Ruhrgebiet. Doch wenn sie zum ersten Mal in diese große europäische Agglomeration kommen, sind sie überrascht und müssen Vorurteile revidieren: Die Vielfalt und der Wandel der Region bieten atemberaubend viel. Etwa 150 Jahre reicht die jüngere Geschichte zurück, die geographische, wirtschaftliche und soziale Entwicklung hat eine einzigartige »Landschaft« entstehen lassen. Die Geschichte der Kirchen, des Protestantismus hat noch mehr und länger Gewachsenes zu bieten. Das Ruhrgebiet hat sich auf den Weg zu einer Metropole gemacht. Zielperspektive aber ist hier nicht 2010, sondern muss 2050 oder 2100 heißen.

Lebten 1820 erst 270 000 Menschen in der Region, so sind es heute über fünf Millionen – und 2100? Eine Prognose ist schwierig. »Das Ruhrgebiet ist«, so beschreibt es Fritz Pleitgen, der Geschäftsführer der RUHR.2010 GmbH, »wie das,

---

6 Evangelische Kirche in Deutschland: Räume der Begegnung. Religion und Kultur in evangelischer Perspektive, Denkschrift, Gütersloh 2002.
7 Vgl. Geldbach, Erich/Noss, Peter: Vielfalt und Wandel. Lexikon der Religionsgemeinschaften im Ruhrgebiet, Essen 2009.

was Debussy über Wagneropern schrieb: Fängt nicht an, hört nicht auf, dauert nur.«[8]

Die einst tonangebende Montanindustrie hat rapide an Bedeutung verloren, so dass sich mit der Neuausrichtung des Reviers auf andere Bereiche von Industrie, Dienstleistung, Bildung und Kultur ein beispielloser Strukturwandel vollzogen hat.[9] Insofern kann das Projekt der »Kulturhauptstadt 2010« als eine Art Zwischenbilanz verstanden werden, auch für die Kirchen, für den Protestantismus. Darin enthalten sind die Fragen nach Zukunft und Perspektiven.

Die Eröffnung der Kulturhauptstadt fand statt am Samstag, dem 8. Januar 2010 mit einem ökumenischen Gottesdienst im Essener Dom und am 9. und 10. Januar 2010 auf Zeche Zollverein in Essen. Die prominent besetzte Feier am Samstag hat weniger Schlagzeilen als vor allem Bilder gemacht: Es hätte mit den eindrucksvollen Szenen vom Schneechaos nicht besser laufen können, betonte Fritz Pleitgen. Auf Zollverein ist heute eines der highlights des kulturellen Ruhrgebiets zu sehen: das Ruhrmuseum, das die Geschichte des Reviers eindrucksvoll vor Augen führt. Hier spielte auch ein WDR-Kulturhauptstadt-Tatort mit Max Ballauf, der die lange Rolltreppe zum Eingang gleich mehrfach benutzte. Im Ruhrmuseum ist allerdings vom religiösen und kirchlichen Leben der Gegenwart, geschweige denn von der »Kirche der Freiheit« so gut wie nichts zu entdecken – was der Wirklichkeit kaum gerecht wird. Wenn die Vitrine mit den Insignien der regionalen Fußballclubs genauso groß dimensioniert ist wie die Photowand mit Bildern einiger religiöser Gemeinschaften des Reviers oder wie der Schrank mit den Eucharistie-Geräten katholischer Gottesdienstpraxis, und die Darstellung des Evangelischen gänzlich fehlt: Ist das ein Zeichen für den schleichenden Verlust protestantischen Profils? Oder ist es ein gutes Zeichen dafür, dass der Protestantismus sich an den individuellen Prozessen religiöser Selbstverständigung angesichts religiöser Pluralität konstruktiv beteiligt?[10] Neben dem Ruhrmuseum kann Essen mit dem Erweiterungsbau des Folkwang-Museums glänzen, bezahlt allein aus Mitteln der Krupp-Stiftung – ein gutes Beispiel für die anhaltende Sakralisierung des Museumsbaus. Weitere highlights waren: die Aktion »Schachtzeichen«, bei der die vielen Grubeneingänge durch gelbe Ballons bildgerecht in Szene gesetzt wurden, der »Day of Song«, an dem am 5. Juni an Hunderten Orten zur selben Zeit um 12.00 Uhr

---

8   Fritz Pleitgen, Süddeutsche Zeitung 19.2.2010.
9   Vgl. Bogumil, Jörg/Heinze, Rolf G./Lehner, Franz/Strohmeier, Klaus Peter: Viel erreicht – wenig gewonnen. Ein realistischer Blick auf das Ruhrgebiet, Essen 2012.
10 Vgl. Wittekind, Folkart: Religion als Transformationsbewusstsein – zur theologischen Deutung des Transformationsbegriffs, in: kunst und kirche 2008, S. 16–20.

gesungen wurde, und die Sperrung der A40 für ein gigantisches Straßenfest über die Distanz einer Marathon-Strecke. Diese kulturellen Events erinnern verblüffend an protestantisch-religiöse Vollzüge: an das Liedgut und die Musiktraditionen seit der Reformation, die inzwischen auch außerhalb von Kirchen- und Gottesdiensträumen zu hören sind (vgl. die Beiträge von Harald Schröter-Wittke und Andreas Fröhling), an die gepredigten Auferstehungshoffnungen angesichts der geöffneten und künftig leeren Gräber, an das Gemeinschafts- und Abendmahl der christlichen Gemeinde (vgl. den Beitrag von Peter Noss). In den 52 Städten und Regionen neben Essen fanden über das Jahr verteilt »local-hero«-Wochen statt: jeweils Chance zur Selbstdarstellung eines Puzzleteils in einer grundsätzlich polyzentrischen Struktur. Die dramatischen Ereignisse um die Loveparade in Duisburg mit 21 Toten bedeuten einen nachwirkenden, tiefgreifenden Einschnitt im Selbstverständnis der Region und der Veranstalter der Kulturhauptstadt – Zweifelhaftes und zu verarbeitende Krise, Wirkort für Notfallseelsorger.

Es ist eben nicht alles Gold, was glänzt bzw. zu glänzen vorgibt. Zahlreiche Großprojekte mussten aus Geldmangel und wegen fehlender Sponsoren abgesagt werden. Die schwindelerregenden Schuldenberge der Ruhrgebietskommunen sind enorm und unübersehbar. Die »lokal-hero«-Ereignisse hatten oft nur wenig Strahlkraft. Viele, insbesondere kleinere Veranstaltungen hätten auch ohne den großen Rahmen stattgefunden, manche mussten nun ohne die erwarteten Förderungen auskommen, da die Mittel zum Stopfen der kommunalen Finanzlöcher und für die regionalen und lokalen Großereignisse gebraucht wurden. Das outfit, die Werbung passten nicht gut zu den Nachrichten über Kommunen, die Grundschulen und Kindergärten schließen und soziale Leistungen reduzieren.

Die Kirchen, der Protestantismus

An vielen Stellen knüpft die Evangelische Kirche an: als mehr oder weniger selbstbewusste, historisch gewachsene, in sich plurale Gemeinschaft, als in sich zerrissene und vor immense Herausforderungen gestellte Institution. Sie kann sich dabei auf Diskurse berufen, die in den vergangenen Jahren auf vielfältige Weise geführt wurden: auf den Konsultationsprozess »Gestaltung und Kritik« zum Verhältnis von Protestantismus und Kultur (1999 ff.), auf die an dem von der Evangelischen Kirche von Westfalen 2003 verabschiedeten Leitbild geschärften kulturpolitischen Leitlinien sowie auf die zahlreichen Initiativen und Diskurse in Gemeinden und Kirchenkreisen (vgl. den Beitrag von Rüdiger Sareika). Kultur und Kirche haben Schnittmengen in Bereichen, die entweder in den Stichworten »Glaube, Liebe und Hoffnung« (Räume der Begegnung, EKD) oder in den Leitworten »Leben, Glaube und Handeln« (»Kulturpolitische Leitlinien« der Evangelischen Kirche von Westfalen) ausgedrückt sind. Die Sozialgestalt der »Kirche« ist pluriform und umschließt das gesamte Spektrum von Milieus. Einerseits ist die Bindung in Formen von Gemeinden, Vereinen und Geselligkeitsstrukturen wichtig, andererseits aber der öffentliche Charakter kirchlichen Lebens immer wieder zu gewinnen und zu betonen (vgl. den Beitrag von Hans-Udo Schneider).

Westfalen gibt es und das Rheinland, die sich das geographische Gebiet Ruhr teilen – 24 Kirchenkreise sind es insgesamt –, es gibt eine Konferenz der Ruhrgebiets-Superintendenten, die sich dreimal jährlich zu Arbeitssitzungen treffen. Jedoch hatte dieses Gremium wenig Einfluss auf die Planungen im Vorfeld des Kulturhauptstadtjahres, es ließ sich eher informieren, als dass es aktiv handelte. So waren es die landeskirchlichen Gremien aus Rheinland und Westfalen, die im August 2007 ein evangelisches Büro zur Kulturhauptstadt einrichteten, das mit zunächst zwei Theologen mit eingeschränktem Dienstumfang besetzt wurde. Es diente vor allem für die Steuerung der kirchlichen Aktivitäten und als Kontaktforum. Die konkrete Arbeit musste vor Ort geleistet werden. Erst allmählich wurden Profil und Programm sichtbar (vgl. den Beitrag von Andreas Isenburg). Das Spektrum reichte von den Feldern des Theaters (Beitrag von Hartmut Schröter) über die des Kinos (vgl. Beitrag Thomas Damm), des Trivialen und des Alltags (Beitrag Hans-Martin Gutmann), der Schattenkultur im Knast (Beitrag Dirk Harms), des Dialogs und der Integration (Beitrag Peter Noss) bis zu Diakonie und Kommunikation. Die Aufgabe für die Zukunft ist, das weite Spektrum kirchlichen Handelns in den kulturellen Räumen zu bündeln, zu profilieren, in aller Vielfalt sichtbar zu machen und eine Grundlage zu schaffen für den notwendigen Diskurs über die Zukunft der Evangelischen Kirche im sich weiter wandelnden Ruhrgebiet (vgl. den Beitrag von Thomas Wessel).

Die Region hat (auch protestantischen) Charakter, Potential und Arbeit vor sich: durch das differenzierte Angebot der Musik, im Sport (vgl. den Beitrag von Friedhelm Kreiß) und beim Humor (Beitrag Okko Herlyn), in der Architektur und im Körper-Verständnis (Beitrag Ingo Reuter), im sozialen und diakonischen Engagement bei allen selbstkritischen Anfragen, in den Konflikten um die Bildung. Auch das Triviale verdient Aufmerksamkeit. Michael Basse eröffnet in seinem Beitrag die große Perspektive über die »Inkulturation« des Protestantismus durch die Zeiten, Stefanie Brauer-Noss legt einen Finger in die Wunde einer »innerregionalen Teilung« der Landeskirchen Rheinland und Westfalen. Jens Schlamelcher bringt einen problematischen Befund zur Sprache: Stabil ist in der zwischen den Polen Gemeinschaftsbildung und Organisation zerrissenen evangelischen Kirche nur eines: der Erosionsprozess. Wolfgang Grünberg betont, dass stets neue Geschichten geschrieben werden, auch im Zusammenhang von Migration. Kirche findet statt, Rituale wollen wiederbelebt werden – vielleicht beim Gespräch im Taxi, beim Bier an der Trinkhalle und im Stadion, nach dem Kinobesuch. Wir müssen uns deutlicher zu den Bilderwelten verhalten, die zunehmend kulturprägend sind. Sie sind wesentlicher Bestandteil der Jugendkultur. Diversität und Pluralität in allen Bereichen fordern die Überprüfung des protestantischen Selbstverständnisses heraus. Es zeigten sich immer wieder Parallelen zwischen Strukturen und Mentalitäten von Ruhrgebiet und Protestantismus. Beide haben Diversität und Vielfalt als Merkmal. Darin liegen Chancen und Möglichkeiten. Insofern kann die Region für beide zum paradigmatischen Lernfeld werden.

Fünf Thesen

- Protestantische Kirche braucht insbesondere für die Beteiligung am Kulturdiskurs Offenheit und Öffentlichkeit, sie muss sich vor allem aus ihrer parochialen Gefangenschaft und der Kerngemeindezentrierung befreien.
- Protestantische Kirche darf ihre kulturprägenden Basiselemente nicht aufgeben, ihre Wurzeln nicht verleugnen, dazu gehören die Pflege von Gottesdienstkultur, Kirchenmusik und Kasualpraxis sowie das sozialpolitische Engagement als inklusiv und öffentlich zu denkende Option der Benachteiligten.
- Protestantische Kirche muss offen sein für den Dialog mit der Moderne, nicht milieuverengt, sondern im Kontakt mit allen.
- Protestantische Kultur ist Kultur der Freiheit mit allen, nicht von allen und nicht für alle, weil sie einlädt zu Teilhabe und Teilnahme, sie will befähigen zum Hören, Sehen, Denken.
- Protestantische Kultur ist Ideologiekritik und deshalb Kultur der Differenz, des Streits und der Anerkennung gleichermaßen, darin zeigt protestantische Kirche Profil und Bereitschaft zur Verständigung.

I.

Wolfgang Grünberg
Gott in der Stadt
Herausforderungen an den Protestantismus im Ruhrgebiet

1965 erschien ein Buch mit dem deutschen Titel: *Stadt ohne Gott*. Autor war ein junger amerikanischer Theologe: Harvey Cox. Der (deutsche) Titel sollte provozieren – und tat es auch. Aber leider war er völlig falsch übersetzt, wohl mit Absicht, als Werbecoup, und der ging auf.

Der amerikanische Originaltitel lautet: *The Secular City: Secularization and Urbanization in Theological Perspektive*. Cox führte darin aus, dass die Rationalität, Funktionalisierung und Säkularisierung als Kennzeichen urbanen Lebens in der Großstadt selbst als Früchte des christlichen Glaubens zu verstehen sind. Christentum sei Aufklärung, sei Einübung des aufrechten Ganges, also Mut und Fähigkeit zur Übernahme von Verantwortung für Andere und für sich selbst, und darum auch Kritik und Entmachtung von Mythen und Ideologien usw.

Das Buch fand reißenden Absatz und bestimmte lange die Diskussion, schließlich hatten wir die 68er Jahre: Aufklärung und kritisches Denken, Politisierung aller gesellschaftlichen Verhältnisse, befreiendes politisches Handeln in Solidarität mit den Unterdrückten, solche Werte und Intentionen erschienen auch uns als notwendige Konsequenzen des christlichen Glaubens.

Bevor auch ich mich zu den sogenannten 68ern zählte, war ich aber ein 65er!

Denn 1965 erschien in Genf beim Ökumenischen Rat der Kirchen eine von Jochen Margull herausgegebene, ebenfalls Epoche machende Schrift mit dem Titel *Mission als Strukturprinzip*. In dieser Studie wurde gleichsam ein neuer Begriff von Mission geboren und durchgespielt. Pointiert gesagt: Hier wurde der Begriff Mission endlich auch aus theologischen Gründen entkolonialisiert. Dazu eine kleine Geschichte.

Billy Graham, der berühmte amerikanische Fernsehprediger und evangelikale Missionar, besucht in Basel Karl Barth. Dieser hatte 1933 den kirchlichen Widerstand gegen die Gleichschaltung der Kirchen mit organisiert und die *Barmer Theologische Erklärung* von 1933 verfasst, die zur theologischen Basis der Bekennenden Kirche wurde.

Billy Graham zu Karl Barth: »Ich bin ja so froh, dass wir uns theologisch so einig sind!«

Barth, ganz überrascht, von einem evangelikalen Fernsehprediger und Menschenfischer so viel Zustimmung zu bekommen, fragt zurück: »Wie meinen Sie das? Worin sind wir uns einig?«

Graham: »Ich bin ja so froh: wir beide bringen doch Gott zu den Menschen!«

Barth: »Ich bin mir nicht sicher, ob wir da einig sind: Gott ist doch längst bei den Menschen!«

Ganz in diesem Sinn hat später der katholische Befreiungstheologe Leonardo Boff die Formel geprägt: »Gott kommt früher als der Missionar!« Zurück zu dem berühmten Buchtitel: *Stadt ohne Gott!* »Nein«, kann man dazu nur sagen: *Gott ist in der Stadt* – vor dem Missionar.

Und wieder ist zu fragen: In welcher Stadt? In Jerusalem, Athen und Rom gewiss, aber auch in Dortmund und in Schwerte? Ist Gott bzw. sein Geist in jeder Stadt anders präsent? Darüber wollen wir nachdenken. Meine Arbeitshypothese lautet:

Die europäische Stadt vereint in sich Impulse aus Jerusalem, Athen und Rom. Wer diese Impulse aufspürt, kann die gegenwärtigen Herausforderungen für die Stadt und die Kirche tiefer verstehen und darum vielleicht auch mutiger auf sie reagieren.

Wir begeben uns darum erst einmal auf eine gedankliche Rundreise durch die zentralen Impulsgeber der *europäischen Stadt* und fragen nach Gott in Jerusalem, in Athen und in Rom.

Gott in Jerusalem

Wer heute an der Klagemauer in Jerusalem jüdische und christliche Pilger sieht oder sich ihr selber nähert, der erlebt, wie orthodoxe Juden – ihre Oberkörper rhythmisch im Takt vor und zurück beugend – ihre Psalmen, also Lob- und Klagelieder, lautstark intonieren. In ihrer Nähe beten Christen leise oder schreiben kleine Zettel und verstecken sie in den Ritzen zwischen den großen ockerfarbigen Sandsteinquadern, aus denen die Mauer des herodianischen Tempels erbaut wurde, von dem nur noch eine einzige Wand – eben die Klagemauer – stehen geblieben ist. Wenn man die Szene von etwas weiter entfernt betrachtet, dann sieht man auf dem eigentlichen Plateau des Tempelberges die große goldene Kuppel des Felsendomes und die Al Aqsa Moschee, in die die Muslime vom Muezzin zum Gebet gerufen werden.

In der Entfernung von wenigen 100 Metern beten in verschiedenen Sprachen Juden, Christen und Muslime zu Gott – mitten in der heiligen Stadt Jerusalem bzw. in Al Quds, wie die Palästinenser sagen, Tag für Tag, Woche für Woche, Jahr um Jahr. *Es sind Gebete im Angesicht der Anderen, aber sind es auch Gebete für die Anderen?*

Gott gehört nicht den Christen, nicht den Juden, nicht den Muslimen allein.

Zu Gott können wir, um es mit einer Redewendung von Fulbert Steffensky zu sagen, nur in unseren eigenen religiösen und persönlichen Dialekten beten und sprechen. Dabei sind, wie wir alle wissen, die sogenannt monotheistischen Religionen ja gewiss nicht nur historisch miteinander verwandt!

Wir sprechen von *Gott in der Stadt* und von *Gott in der Kirche*. Aber wir müssen, um Gottes und um unserer Nachbarn willen, bedenken: Gott ist und bleibt das Geheimnis der Welt (Eberhard Jüngel). Man kann nur *zu* Gott sprechen, nicht *über* Gott. Und dies nur in den eigenen Dialekten, also wissend, dass Andere in ihren *eigenen, anderen* Dialekten zu Gott sprechen.

Karl Barth hat es, darin ganz nah bei Luther, immer wieder eingeschärft: Für Christen ist Jesus Christus das aufgedeckte Antlitz Gottes. Und dieser Christus hat als letzten Satz des Evangeliums nach Matthäus, gleichsam als Testament, gesagt: »Ich bin bei euch alle Tage bis an der Welt Ende« (Mt 28,20).

Damit stellt sich Jesus Christus in die Tradition früherer Verheißungen, von denen im Ersten Testament schon die Rede ist. So segnet Gott Noah nach dem Ende der Sintflut und verspricht: »*Ich will hinfort nicht mehr die Erde verfluchen um der Menschen willen; denn das Dichten und Trachten des menschlichen Herzens ist böse von Jugend auf. Und ich will hinfort nicht mehr schlagen alles, was da lebt, wie ich getan habe. Solange die Erde steht, soll nicht aufhören Saat und Ernte, Frost und Hitze, Sommer und Winter, Tag und Nacht. […] Und Gott sagte zu Noah und seinen Söhnen mit ihm: Siehe, ich richte mit euch einen Bund auf und mit euren Nachkommen […]. Das ist das Zeichen des Bundes, den ich geschlossen habe zwischen mir und euch und allem lebendigen Getier auf ewig: Meinen Bogen habe ich in die Wolken gesetzt; der soll das Zeichen sein des Bundes zwischen mir und der Erde.*« (1 Mose 8,21f.; 9,8–13)

Diese Zusage gilt nicht nur Juden, nicht nur Christen und Muslimen, sondern allen Menschen, ja allem Getier, der ganzen Erde. Und zugleich ist sie eine klare Ansage: Der Mensch ist und bleibt Geschöpf Gottes, obwohl er böse ist von Jugend auf.

Das ist wichtig für unser Stadtthema: Denn die göttlich sanktionierte Ordnung der Natur – die Jahreszeiten mit Frost und Hitze, Sommer und Winter, Tag und Nacht, mit Saat und Ernte – ist auch in der Stadt die gültige Rahmenbedingung des Lebens, der Eckpfeiler unseres kreatürlichen Lebens. Sie ist Zeichen der Güte Gottes, Zeichen seines Bundes.

Wer sich an den Sonnenstrahlen wärmt oder die Sonnenaufgänge bzw. ihre Untergänge in ihrer Pracht betrachtet, den mag es zu Recht danach gelüsten, den Schöpfer des Himmels und der Erde zu loben und preisen. Aber damit wird nicht geleugnet: Das Böse ist in dieser Welt, in dieser Stadt, in jedem Menschen, von Jugend auf. Im Einklang mit der Schöpfung leben heißt beides: die Natur als Schöpfungsgut zu pflegen und zu bewahren, aber auch sich selbst als Geschöpf in seiner Ambivalenz und Endlichkeit anzunehmen, also nüchtern und realistisch damit zu rechnen, dass wir Menschen auch böse sind.

Der Preis der Freiheit des Menschen ist die ihm immer mögliche Option für das Böse.

Es gibt keine reine, keine heile Natur in dieser Welt. Auch zwischen den Tieren und Pflanzen gibt es Kampf und Verdrängung, Mord und Totschlag, nicht minder aber auch Liebe und Zärtlichkeit. Diese Ambivalenz haben Menschen schon immer wieder und in allen Sprachen und Kulturen dazu veranlasst, Tempel zu errichten, also Orte zu schaffen, in denen Götter oder das Heilige, jüdisch gesprochen, *Adonai, der Herr* unsichtbar präsent ist. Der Tempel von Jerusalem steht für diese Präsenz Gottes in der Stadt, wobei für jüdisches Denken klar ist, dass Gott unsichtbar bleibt: *Keiner hat Gott je gesehen.* Aber die Tora, die Tafeln der Gebote und die heiligen Schriften, sie sind hörbar und sichtbar. Die Tora ist aber mehr als ein Katalog von Geboten. Sie ist Garant dafür, dass Gott gerade mit *seinem* Volk, – um Christi Willen also auch mit uns ambivalenten Geschöpfen einen ewigen Bund geschlossen hat. Das hebräische Wort für Bund: *berith,* meint ein kodifiziertes Versprechen Gottes, das eine Brücke baut wie ihn uns der Regenbogen zeigt: Ich, Gott, bin bei und mit dir, du Mensch.

Wir ahnen bei jedem neugeborenen Kind, dass Leben heilig ist, dass ein Kind kein Produkt der Eltern, sondern einzigartiges neues Leben, also ein Geschenk Gottes ist. Wir wissen eigentlich, dass wir Teil der ganzen Schöpfung sind und nicht ihre Besitzer. Mit uns geht die Schöpfung weiter. Wir ahnen unsere Herkunft: Was immer auch geschieht im Leben und im Sterben, wir bleiben Gottes Geschöpfe. Es entspricht darum schon dem jüdischen Schöpfungsdenken zu behaupten: Jedes Geschöpf, jeder Mensch darf nie ohne Gottes Segen, ohne Gottes schöpferische Liebe gedacht und behandelt werden.

Jerusalem steht, so gesehen, für eine Tradition, der wir eine theologische Begründung der unverlierbaren Würde jedes Menschen verdanken.

Das Bundesversprechen Gottes an Noah nach der Sintflut ist universal. *Es impliziert die Bewahrung der Schöpfung und proklamiert universale Menschenrechte.* Die Erwählung Abrahams und seiner Nachkommen und, christlich gesprochen: die Gottessohnschaft Jesu Christi und seine Auferstehung von den Toten vertiefen und erweitern die schon im Noahbund gründenden Verheißungen für alle Welt: *Auch der Tod kann uns nicht von Gott scheiden.*

Damit ist zugleich eine Brücke zwischen biblischen Basistexten der jüdisch-christlichen Tradition und den Grundrechten des Grundgesetzes wie auch der Erklärung der Menschenrechte der UNO geschlagen. Diese Brücke ist die Basis für ein sinnvolles Reden von der Präsenz Gottes in der Stadt als Zusage und Herausforderung für das Gemeinwesen und für die Kirche.

Gott in Athen

Wir gehen mit dem Apostel Paulus ins antike Athen. Dort auf der Agora, auf dem Marktplatz, herrscht reges Treiben. Paulus ist gekommen, um auch hier seine Mission zu erfüllen. Er ist in einer für ihn neuen, fremden Welt. Er begegnet einer multireligiösen und zugleich durch Philosophie und Demokratie geprägten Großstadt. In der Apostelgeschichte (17,16 ff.) lesen wir darüber Folgendes:

> *»Paulus ergrimmte, als er die Stadt voller Götzenbilder sah. Und er redete zu den Juden und den Gottesfürchtigen in der Synagoge und täglich auf dem Markt zu denen, die sich einfanden. Einige Philosophen aber, Epikureer und Stoiker, stritten mit ihm. Und einige von ihnen sprachen: Was will dieser Schwätzer sagen? Andere aber: Es sieht so aus, als wolle er fremde Götter verkündigen. [...] Sie nahmen ihn aber mit und führten ihn auf den Areopag und sprachen: Können wir erfahren, was das für eine neue Lehre ist, die du lehrst? Denn du bringst etwas Neues vor unsere Ohren; nun wollen wir gerne wissen, was das ist. [...] Paulus aber stand mitten auf dem Areopag und sprach: Ihr Männer von Athen, ich sehe, dass ihr die Götter in allen Stücken sehr verehrt. Ich bin umhergegangen und habe eure Heiligtümer angesehen und fand einen Altar, auf dem stand geschrieben: Dem unbekannten Gott. Nun verkündige ich euch, was ihr unwissend verehrt. Gott, der die Welt gemacht hat und alles, was darin ist, er, der Herr des Himmels und der Erde, wohnt nicht in Tempeln, die mit Händen gemacht sind. Auch lässt er sich nicht von Menschenhänden dienen wie einer, der etwas nötig hätte, da er doch selber jedermann Leben und Odem und alles gibt. [...] und fürwahr, er ist nicht ferne von einem jeden unter uns. Denn in ihm leben, weben und sind wir.«*

Zunächst müssen wir den merkwürdigen Ortswechsel erklären, der hier stattfindet: *Paulus begegnet den Philosophen auf dem Marktplatz. Das ist öffentlicher Raum.* Hier wird verkauft und gekauft. Hier wird getrunken, gegessen und geklönt. Hier gibt es Musik und gewiss auch Diskussionen. Der Marktplatz ist der allgemeine Treffpunkt. Wer etwas Neues erfahren will, geht auf den Markt – damals wie heute. Hier begegnet Paulus Einheimischen wie Fremden, Touristen, aber eben auch Diskutanten, zum Beispiel Philosophen aus unterschiedlichen, ja gegensätzlichen Schultraditionen: Epikureern und Stoikern.

Furcht, Schmerz und Begierden sind für Epikur (4. Jh. v. Chr.) die drei großen Klippen, die umschifft werden müssen, damit dauerhaft Lebenslust und Seelenruhe herrschen können. Bezüglich der Furcht sind es vor allem zwei Motive, mit denen Epikur sich auseinandersetzt: Furcht vor den Göttern und Furcht vor dem Tod. Ein zentrales Anliegen Epikurs war sein Kampf gegen die Vorstellung, dass Götter in das Weltgeschehen und insbesondere in die menschlichen Schicksale eingreifen, dass ihr Zorn zu fürchten ist und sie daher durch Opfer und Gebete beeinflusst werden müssen. Er verwarf dies als Aberglauben und beseitigte damit die Gottesfurcht. Ebenso bemühte sich Epikur um die Behebung der Furcht vor dem Tod. Er argumentierte, dass der Tod gar keinen Anteil am individuell erfahrbaren Leben hat.[1]

Zur Stoa nur folgende einprägsame Kurzformel, die wir dem Kaiser Marc Aurel verdanken:

»Alles ist wie durch ein heiliges Band miteinander verflochten. Nahezu nichts ist sich fremd. Alles Geschaffene ist einander beigeordnet und zielt auf die Harmonie derselben Welt. Aus allem zusammengesetzt ist eine Welt vorhanden, ein Gott, alles durchdringend, ein Körperstoff, ein Gesetz, eine Vernunft, allen vernünftigen Wesen gemein, und eine Wahrheit, so wie es auch eine Vollkommenheit für all diese verwandten, derselben Vernunft teilhaftigen Wesen gibt.«[2]

Diese Philosophen drängen Paulus zu einem Ortswechsel, der symbolträchtig ist. Die ausführliche Predigt des Paulus, gleichsam seine Antwort auf die Epikureer und Stoiker, findet nun an einem anderen Ort in Athen statt, nämlich auf dem Areopag.

Der Areopag ist ein nordwestlich der Akropolis gelegener, 115 Meter hoher Felsen mitten in Athen. In der Antike tagte hier der oberste Rat, der gleichfalls Areopag

---

1 Textcollage in Anlehnung an Art. Epikur, Wikipedia: 15.11.2012.
2 Marc Aurel: Selbstbetrachtungen VII, 9, zitiert nach: Des Kaisers Marcus Aurelius Antoninus Selbstbetrachtungen. Übersetzung mit Einleitung und Anmerkungen von Albert Wittstock, Stuttgart 1957.

genannt wurde. Der Rat war die älteste Körperschaft der Stadt; seine Geschichte reicht bis in die mythische Frühzeit Athens zurück.

Zwei Anmerkungen dazu:
1. Die höchste Autorität siedelten die Athener auf dem höchsten Berg der Stadt an. Das ist eine im ganzen Orient verbreitete geographisch-symbolische Anordnung: Oben, den Göttern nah, darf nicht gelogen werden! Was hier entschieden wird im Rat, soll den Segen der Götter erhalten.
2. Den Dialog mit den Göttern, also Ausübung der Religion, findet man an mindestens drei verschiedenen Orten: auf der **Agora**, dem Markt, also in der informellen Öffentlichkeit der Stadt, in den **Tempeln**, also im Kult, und auf dem **Areopag,** also im Bereich des Politischen, des Rechtswesens und der sanktionierten Tradition.

Paulus berücksichtigt in Athen alle drei Orte, die wir auch als Sitz im Leben von Religion in der Stadt bezeichnen können. Dass Gott in der Stadt präsent ist, setzten wir bislang schon voraus, indem wir Gottes Bund ernst nehmen. In Athen nun wird dies illustriert.

Paulus hat offenbar keine Berührungsängste. Er lässt sich auf die traditionellen, öffentlichen Orte der Stadt ein. Summarisch gesprochen: Paulus stellt in seiner Predigt drei Thesen vor, auf die es mir für unseren Zusammenhang entscheidend ankommt.

1. Alle Menschen sind mit einander verwandt, stammen doch alle von dem ersten Menschenpaar ab, das Gott geschaffen hat. Das gibt die Tradition vor.
   Aber Paulus steigert diese Auszeichnung noch, indem er, ein Dichter-Wort aufnehmend, behauptet: *Wir sind alle göttlichen Geschlechts. Daraus folgt eine prinzipielle Gleichwertigkeit, aber keine Gleichheit, sind wir doch alle Unikate. Unsere Individualität ist selbst der Ausweis unserer Geschöpflichkeit, die auf den Schöpfer verweist: Wir sind Töchter und Söhne Gottes. Darum gibt es eine universale Menschenwürde, die jedem Menschen zusteht. Und das zeigt sich in einer unverlierbaren Sehnsucht, die alle Menschen in sich tragen: der Suche nach dem Heiligen, das größer ist als wir selbst. Modern gesprochen: Religion gehört zur konstitutiven Grundausstattung des Menschen.*
2. Dann folgt der entscheidende Paukenschlag gegen die Götterwelt Athens und zumindest auch gegen die Epikureer: Dieser Gott »ist nicht ferne von einem jeden unter uns. Denn in ihm leben, weben und sind wir« (Apg 17,27 f.). Dies auszulegen bedürfte einer eigenen Abhandlung. Hier sei nur auf eine entscheidende Folgerung daraus hingewiesen: *Es gibt für Christen keine »Gott-freien Zonen«.*

Es gibt, von Gottes Perspektive aus gesehen, keine Gottlosigkeit, nicht einmal im Tode. Dafür bürgen die Kreuzigung und die Auferstehung Jesu Christi.

3. Aus beiden Thesen ergibt sich eine neue Begründung der Ethik: Die Liebe zu Gott und die Liebe zum Nächsten gehören prinzipiell zusammen. Paulus, dieser jüdische Gelehrte und christliche Theologe, denkt beim so genannten Doppelgebot der Liebe zu Gott und dem Nächsten aber nicht an ein juristisches Gesetz, sondern an zwei entscheindende Wegweisungen. Denn das hebräische Wort für Gebot, *Tora, heißt Weisung, Wegweisung.* Und damit schließt sich die hier dargelegte jüdische wie christliche Argumentationsfigur: Aus dem Bund Gottes mit seinen Geschöpfen – dafür steht der Regebogen – folgern zwei Wegweisungen: Liebe Gott, deinen Schöpfer, der dir das Leben gibt, und liebe deinen Nächsten wie dich selbst, denn er ist wie du Gottes Geschöpf.

Auf diesen Wegweisungen liegt Segen: Ihr werdet das Leben in seiner Fülle erfahren. Ihr werdet in einem Land leben, in dem Milch und Honig fließen, und Gott wird euer Gott sein. Wenn ihr aber diesen Wegweisungen nicht folgt, hat auch dies Konsequenzen: Ihr fallt zurück in die Knechtschaft, aus der Gott euch befreite. Knechtschaft ist das Gegenteil von Selbstständigkeit.

Innere Selbstständigkeit bleibt die Voraussetzung dafür, auch äußerlich selbstständig zu werden. Innere Freiheit, zu der Christus uns befreit hat, bleibt die Voraussetzung für Kritik und für die Kreativität jedes Einzelnen. *Paulus verkündet in Athen, der Stadtrepublik, die Universalität der Menschenrechte – und damit auch prinzipiell das Ende der damals selbstverständlichen Sklaverei.*

Diese hatte damals viele Gesichter. Aber die am meisten übersehene Form ist die innere Versklavung durch Angst, Hass, Neid oder Gier. Paulus weist auch hier einen Weg, der das Freiheitsbewusstsein jenseits der eigenen Rolle im gesellschaftlichen Gefüge begründet. Luthers berühmte dialektische Formel aus seiner Schrift *Von der Freiheit eines Christenmenschen* von 1520 steht in dieser Tradition. Sie lautet:

> *»Ein Christenmensch ist ein freier Herr über alle Dinge und niemandem untertan. Ein Christenmensch ist ein dienstbarer Knecht aller Dinge und jedermann untertan.«*

Wie genial hier die Rechtfertigung aus Gnade allein, also der Glaube, wie Freiheit, Liebe und Hoffnung für alle Menschen als innerer und äußerer Zusammenhang durchdacht und begründet werden, kann hier nicht dargestellt werden. Dieser Gedankengang ist durch und durch paulinisch. Frech gesagt: *Paulus ist durch und durch Protestant. Seine Botschaft in Athen ist bis heute aktuell.*

Die Demokratie bleibt, gerade durch die innere oder äußere Knechtschaft, die wir einander zumuten oder unter der wir leiden, immer gefährdet. Das lehrt uns schon die faktisch elitäre »Demokratie« des alten Athen, in der es mehr Sklaven und Ausländer ohne Bürgerrechte gab als Bürger im Vollsinn, wie auch die aktuelle politische Botschaft Athens: Die Demokratie wird durch wachsende rechtliche und gesellschaftliche Ungleichheit in ihren Grundfesten gefährdet.

Immerhin: die Stadtrepubliken in Griechenland wurden zum demokratischen Modell eines Gemeinwesens, aus dem schließlich die Parole *Freiheit Gleichheit Brüderlichkeit* als Fanal der französischen Revolution von 1789 und ihren späteren Folgen allmählich hervorging.

Die Demokratie wurde in der Stadt geboren. Die Ratsverfassungen der Städte waren auch im Mittelalter unter dem Dach der Krone des Heiligen Römischen Reiches Deutscher Nation bis 1806 gleichsam demokratische Inseln. Die Kommunalverfassungen haben eine lange Tradition. Ihre stadtpolitische Bedeutung wurde in Preußen erst wieder zur Geltung gebracht, als Preußen fast am Boden lag, nach der vernichtenden Niederlage in der Doppel-Schlacht bei Jena und Auerstedt gegen Napoleon am 14. Oktober 1806.

Aber *Niederlagen sind auch Geburtsorte des Neuen*. Die Stein-Hardenbergschen Reformen aus dem Geist der Aufklärung in Preußen zeugen davon. Wilhelm von Humboldt leitete Reformen im Bildungsbereich ein: 1810 wurde die Berliner Universität gegründet. Die Idee der Volkskirche, die aus Rebellion gegen die Obrigkeitskirche des Staates und gegen die Herrschaft der Orthodoxie erwachsen ist, wurde von Schleiermacher aufgegriffen. Den Zusammenhang der Reformkomplexe – auch das Heer wurde durch Scharnhorst reformiert – machte Gneisenau deutlich, als er meinte, »Preußen müsse sich auf den dreifachen Primat der Waffen, der Wissenschaft und der Verfassung gründen«

Noch einmal: Niederlagen sind auch Geburtsorte. So war es 1918, 1945 und 1989 ebenfalls.
Das Kreuz Christi erscheint wie eine buchstäblich vernichtende Niederlage, ist aber sub contrario, wie Luther sagt, also unter dem Anschein ihres Gegenteils, Jesu Christi Sieg über den Tod und die Todesmächte: Auferstehung von den Toten.

Was bedeutet das für die Frage nach Gott in der Stadt? Die Antwort von Paulus ist eindeutig: »Der Tod ist verschlungen in den Sieg. Tod, wo ist dein Stachel? Hölle, wo ist dein Sieg? [...] Gott aber sei Dank, der uns den Sieg gibt durch unsern Herrn Jesus Christus« (1 Kor 15, 55 und 57). Das bedeutet für unsere Frage nach Gott in der Stadt allemal dies: *Niemanden aufgeben sondern: Aufstehen für das Leben, also in einer größeren Hoffnung leben, die nicht im individuellen Leben und Sterben ihre definitive Grenze hat.*

Gott in Rom

Papa ante portas – Loriots sprichwörtlich gewordenen Titel seines berühmten Films von 1981 zitierten viele vor dem letzten Papstbesuch in Deutschland. Zu Recht, denn der Papst ist nach römischer Lesart der Papa, der Vater.

Loriot griff aber ein ganz anderes Zitat auf für seinen Filmtitel, nämlich das altrömische Schreckenswort: *Hannibal ante portas,* also der Feind (aus Karthago) steht vor den Toren Roms. Nun ist ein Papst vor den Toren Deutschlands und damit auch vor den Toren der Protestanten weder ein Feind noch eine Bedrohung. Aber bedrohlich für beide großen Kirchen ist es schon, was in diesem Wort: *Papa ante portas* mitschwingt: das Patriarchale, das autoritär Väterliche. Beiden Kirchen hing sehr lange, der Katholischen Kirche wohl bis heute, ein gravierendes Image an: Hier herrschen Männer. Hier kann man, ja, hier soll man vermutlich auch nicht ganz erwachsen werden. Papa oder auch der Pfaffe sollen das Sagen haben.

Zwar ist der antifeministische Affekt, den viele Kritiker den Kirchen unterstellen, etwas abgeklungen, zumindest im evangelischen Bereich. Dorothee Sölle und den Bischöfinnen Maria Jepsen und Margot Käßmann und vielen anderen couragierten Frauen sei Dank. Aber der Verdacht, dass Laien nicht wirklich ernst genommen werden, wenn es drauf ankommt, nämlich in Fragen der Ethik und der Glaubenslehre, der ist – in beiden großen Kirchen – geblieben, wohl nicht ganz zu Unrecht.

Rom steht bis heute für eine in 2000 Jahren gewachsene und in Rechtsnormen fixierte und sanktionierte Hierarchie, für ein monarchisches Autoritätsgefälle, das der (römischen) Kirche Stabilität und Macht sichert, das aber das Gegenteil einer basisdemokratischen Ordnung. Ob sich daran unter dem neuen Papst Franziskus etwas ändert, ist zu hoffen, bleibt aber vorerst ungewiss. Seinem Vorgänger Papst Benedict XVI. standen die Orthodoxen Kirchen des Ostens näher als alle Kirchen der Reformation. Warum? Benedikt XVI. argumentiert, wenn ich recht sehe so: Der Protestantismus ist pluralistisch konstruiert – aber es gibt nur eine Wahrheit. Darum ist in Wahrheitsfragen der Pluralismus die Vorstufe des Relativismus. Der Relativismus aber ist im Kern eine Vorform des säkularen Atheismus. Kennzeichen dieses Relativismus ist eine rein formal gedachte und gelebte Toleranz, die alles irgendwie duldet, der also im Extrem alles egal ist. Eine solche Haltung ist a-theistisch, also gottlos, weil sie nur dem eigenen Ego folgt.

Wer wollte bestreiten, dass Individualisierungsprozesse auch zu radikaler Egozentrik führen können, aus der heraus auch die Autorität der Bibel als Gegenüber und Korrektiv radikal entwertet werden kann. Paulus, Luther und die Bekennende Kirche weisen dem Protestantismus einen anderen Weg, betonen aber gerade darum die Notwendigkeit eines individuellen Gewissensbildung vor Gott und ohne das faule sich Wegducken unter gegebene politische, ökonomische oder religiöse Autoritäten.

Der Atheismus jedenfalls weiß um die Macht und Kraft der Religion. Mit ihm lohnt die Auseinandersetzung. Es gibt ihn freilich auch in einer Weise, die man wieder als aggressiv fundamentalistisch bezeichnen muss. Mit dem lohnt keine Auseinandersetzung. Auch mit der nihilistischen »ist mir doch alles (scheiß-) egal«-Mentalität steht man als religiöser und politischer Mensch erst einmal vor einer unüberwindbar erscheinenden Mauer. Die zitierte Parole entlarvt sich freilich in ihrer vulgären Variante schnell als latent faschistoid: Du bist anders, du stinkst mir, hau ab.

Die berechtigte moralische Entrüstung übersieht dabei aber freilich oft, dass diese inhumane Abwertung Anderer oft genug nur die Abreaktion der Selbstaufgabe oder gesellschaftlicher Ausgrenzung ist. Gerade aber auch solche verdeckt verzweifelte Menschen, die sich und Andere in den Dreck ziehen, bleiben Gottes Söhne und Töchter. Sie sind gefährdet und gefährlich. Wir müssen vor Gott und in der Stadt die Würde aller Menschen verteidigen – auch die der Schreihälse. Auch hier gilt: *Kein Mensch darf ohne Gott gedacht werden! Darum ist kein Mensch ein hoffnungsloser »Fall«, sondern ein Mensch, der sich verirrt hat in seinem Hass und zugleich selbst schreit.*

Weil dies für andere Minderheiten dann gefährlich sein kann, ist jeder Rechtsradikalismus (von einem analogen linken Radikalismus kann man derzeit meines Erachtens nicht sprechen) rechtlich und politisch zu bekämpfen, aber die einzelnen Individuen bleiben unsere Nächsten.

Gemäß der Geschichte vom Weltgericht (Mt 25,31 ff.) werden wir alle gefragt werden, ob wir leise oder auch laute Schreie der Leidenden gehört oder überhört haben. In jedem Menschen ist ein Sehnsuchtsschrei nach Erlösung präsent, den wir um Jesu Christi willen nicht überhören sollen.

Es gibt sie schließlich immer wieder: die Wiederkehr von Liebe und Hoffnung bei Menschen, die sich aufgegeben hatten. Ist dies nicht als Auferstehung von den Toten zu verstehen? Und ist in Liebe und Hoffnung nicht auch implizit auch ein Glaube wirksam, den wir als Wirkung der Präsenz des göttlichen Geistes in der Stadt verstehen dürfen?

Solche Prozesse können nicht in Kategorien des Rechts angemessen erschlossen werden, sie können aber dazu führen, dass Menschen wieder zurecht kommen und ihr eigenes Leben wieder als gewährte Güte und Chance entdecken können. Die Wahrheit des Glaubens bleibt ein lebendiges Geheimnis. Dieses ist nicht allein sozialpsychologisch oder anders angemessen zu verstehen. Ohne die Kategorie des Geheimnisses, sind Religion und Kunst nicht zu denken. Dem Wahn alles zu verdinglichen und alles nach eigenem Gusto zu gestalten sind schon genug Menschenleben geopfert worden.

Gleichwohl ist das besondere Erbe Roms als politischer Weltmacht über Jahrhunderte und des Vatikans als religiöser Weltmacht über Jahrhunderte festzuhalten: Es gibt das Recht des Rechts, das, kodifiziert und kontrolliert, die Basis aller politischer Institutionen bleibt. Aber das konkrete Recht bezieht seine Autorität aus universalen Menschenrechten, die wie unsere Verfassung selbst einräumt, von Voraussetzungen lebt, die den Bereich des Politischen und der Rechtsorgane transzendieren. Darum ist die Gewissensfreiheit des Individuums rechtlich zu schützen, aber die Bildung eines wachen und sensiblen individuellen Gewissens ist weder pädagogisch noch politisch erzwingbar. Das Gewissen bildet sich dort, wo sich der Mensch als Geschöpf Gottes verstehen lernt, also Leben als Gabe und Aufgabe versteht und gestaltet. Das war und ist die Position vieler christlicher Märtyrer zu allen Zeiten gewesen. Insofern gibt Rom uns eine doppelte Aufgabe auf: das Recht des Rechts zu wahren und es vor der Selbstüberhöhung zu bewahren, als wäre alles rechtlich regelbar. Glaube, Hoffnung und Liebe, das Geheimnis der göttlichen Wahrheit, setzt dem menschlichen Rechts auch eine Grenze. Darum ist auch die unsichtbare Präsenz des Geistes Gottes in der Stadt empirisch und rechtlich nicht fixierbar.

Das ist zugleich Herausforderung und Verheißung für die Kirchen wie für die Stadt.

Gott im Ruhrgebiet, in Dortmund und Schwerte zum Beispiel

Damit stehen wir endlich gleichsam in den eigenen Toren und fragen nach Gott im Ruhrgebiet, exemplarisch etwa in Dortmund und Schwerte und deren Herausforderungen an die Kirche(n) im urbanen Raum.

Die Arbeitshypothese der bisherigen Ausführungen: wir begegnen in der europäischen Stadt bis heute Jerusalem, Athen und Rom, muss sich nun bewähren: Haben sich die weiten Wege zu den Geburtsstätten Europas gelohnt? Können wir so unser eigenes Gemeinwesen jetzt besser verstehen? Darum stellen wir dreimal die

ein Schlüssel dafür, das Spezifische und die Nähe der jüdischen und christlichen Religion wieder zu erkennen.
6. Gott braucht zwar keine Tempel, Kirchen, Synagogen oder Moscheen. Aber wir Menschen brauchen sie. Die Sphäre des Heiligen und die Sphäre des Profanen sind darum nie eindeutig und endgültig unterscheidbar. Der Respekt vor dem Fremden als Nächstem ist im universalen Prinzip der heiligen Gastfreundschaft begründet. Sie gilt in allen monotheistischen Religionen. Wo diese praktiziert wird, werden auch Religionsdifferenzen als produktive Faktoren in der Entwicklung des Gemeinwesens anerkannt werden. Eine Kultur der Gastfreundschaft, die zum Beispiel Repräsentanten der Nachbarreligionen zu den eigenen Festen einlädt, wird zwar mancherorts schon praktiziert, ist aber noch weithin ausbaufähig.

Was bringen wir aus Athen mit ein?

1. Athen steht für die Idee einer demokratischen Verfassung der Stadt als Rahmen, politische Prozesse im Einvernehmen mit den Bürgerinnen und Bürgern zu steuern. Damit wird auch heute die Frage zu stellen sein, ob nicht auch die Religionsgemeinschaften in ihren je eigenen Strukturen mehr Demokratie wagen sollten.
2. Athen steht sodann für die Neugier und Dialogkultur auf dem Markt, auf dem Areopag und in den Kultstätten. Ohne philosophisch-theologische Neugier der geistigen Eliten Athens und anderer Städte hätte das Christentum in ihnen nicht Fuß fassen können. Paulus in Athen – diese Begegnung ist das Urbild für die Hoffnung, dass Aufklärung und Religion keine Feinde, sondern eigentlich Verbündete sein sollten. Der Zusammenhang von Dialog, Kult und Kultur gehört zum verpflichtenden Erbe Athens auch hier und heute.
Notabene: Wer sich einmal – ganz unabhängig von der NS-Propaganda und dem NS-Trauma – mit der germanischen Götterwelt beschäftigt hat, wird zustimmen, um wie viel ausdifferenzierter und tiefsinniger, und auch im Blick auf die Ethik um wie viel humaner die jüdisch-christliche Tradition ist als die germanische.
3. Platon und Aristoteles haben in ihren politischen Theorien einen Kreislauf der Herrschaftsformen von der Demokratie bis zum Tiefpunkt der alles, auch sich selbst zerstörenden Tyrannei, aber auch die »Auferstehung« der Demokratie durch die Wiederentdeckung der Solidargemeinschaft durchdacht.
Analoge Prozesse des Kreislaufes von Herrschaftsformen bis hin zu vernichtenden Niederlagen als Geburtsorten des Neuen gibt es auch in anderen Kontex-

ten, zum Beispiel auch in Parteien und Verbänden, in Schulen und Fabriken, in politischen, gesellschaftlichen und kirchlichen Gremien – und nicht zuletzt auch in Familien, ja selbst in der eigenen Biographie: im Kampf mit sich selbst. Hier liegen noch Schätze verborgen, die uns lehren können, mit fundamentalistischen Fehlformen besser umzugehen wie ebenso mit dem größten Feind aller Religion: der Gleichgültigkeit.

Was bringen wir aus Rom mit ein?

1. Das Recht des Rechtes – aber auch dessen Grenze für religiöse Kommunikation. Die Formel: *roma locuta – causa finita* (Rom hat gesprochen, die Sache ist erledigt) ist – als autoritatives Wort in Fragen des persönlichen Gewissens und des eigenen Glaubens – nicht nur nicht mehr zukunftstauglich, sondern zerstörerisch.
2. Rom hat als Hauptstadt der damaligen Welt sich immer im Gegensatz zu den Barbaren verstanden. Die Welthauptstadt definierte die Leitkultur für Politik, Religion und Gesellschaft. Rom zivilisierte die barbarische Welt, das Land musste und sollte diesen Primat damals anerkennen. Bis heute ist das (Groß-) Stadtleben Vorreiter für Bildung, Kultur und Zivilisation. Das ist bis heute an den Städten des Rheingrabens (und darüber hinaus) auch in unserem Land belegt und ablesbar. Auch heute gehen die Innovationen von den Städten aus. Es ist zu vermuten, dass Erneuerung und Revitalisierung des Christentums oder eine weitere Erosion der Kirchen und Religionsgemeinschaften sich letztlich in den Städten entscheiden wird. Wenn das stimmt, hätte dies erhebliche Konsequenzen für die Steuerung und Profilierung kirchlicher Präsenz im Ruhrgebiet als der faktisch größten Metropolregion in Deutschland.
3. Die Identifikation stiftende Rollen der Kirchbauten als Verkörperungen von Religion und Theologie, als gebauter Glaubenszeugnisse auf der einen Seite und als spezifische Wahrzeichen ihrer Städte sind unübersehbar. Es gibt Netzwerke größtmöglichen Ausmaßes: Von St. Peter in Rom, bis zum Kölner Dom, aber auch z. B. zu St. Reinoldi in Dortmund bis hin zu den kleinen Stadtteilkirche in Essen oder Hagen: Sie alle stehen für ihren Ort nicht minder als für die Kirche. Darum ist die Aufgabe und Ent-Widmung von Kirchen vielerorts vielleicht unvermeidbar, aber doch auch ein Symbol der Krise der Kirchen, das zu denken gibt. Gerade im Ruhrgebiet gibt es aber auch innovative Modelle, Kirchen als Heimatorte des Geistes und der Kultur – getragen durch Initiativgruppen und Vereine – so zu erhalten dass ihre sakrale Architektur bleibt und auch gottes-

dienstliche Veranstaltungen möglich bleiben. Hier sollten Modellprojekte als Muster entwickelt und ausgezeichnet werden. Eine rein ökonomische Bewertung von Kirchen ist zu kritisieren. Wenn der Kölner Dom Jahrhunderte lang nicht fertig gestellt werden konnte, dann sollte man solche Langzeitmodelle auch im umgekehrten Fall, nämlich der Aufgabe von Kirchen, mit in Rechnung ziehen. Kirchen bleiben Wahrzeichen einer Stadt oder eines Dorfes, selbst im beginnenden Verfall. Die Rettung vieler Dorfkirchen in den weiten ländlichen Räumen von Mecklenburg-Vorpommern und anderer Bundesländer, sind sichtbare Beispiele dafür, wie auch nichtkirchlich gebundene Bürgerinnen und Bürger bereit sind, ihre Wahrzeichen zu bewahren – und offenbaren so auch indirekt eine unstillbare Sehnsucht.

Die Metropolregion Ruhrgebiet verdankt ihre Buntheit den individuellen Profilen der Städte und der Einmaligkeit jedes Ortes. Diese lokale Einmaligkeit ist jeweils weiterzuentwickeln. Kooperation und Konkurrenz sind in einer Metropolregion keine Gegensätze. Aber geklonte Orte und Siedlungen haben keine Zukunft.

4. Das Ruhrgebiet ist derzeit noch gekennzeichnet durch die Dialektik von »Nicht mehr Kohle und Stahl« und »Noch nicht Angekommen sein in einer neuen postindustriellen Stadtstruktur und Stadtkultur«. Solch eine Situation hat auch eine religiöse Dimension.

Für den Apostel Paulus ist die Dialektik von: Nicht mehr zu Hause zu sein in der alten Tradition und: Noch nicht angekommen zu sein im neuen Leben geradezu das Kennzeichen der religiösen Existenz. Sie ist das entscheidende Merkmal christlicher Freiheit.

Modern gesprochen könnte man sagen: *Schwellensituationen bergen auch produktive Potentiale.*

Die lokalen und individuellen Vorlieben, die zu Mythen vom Revier wurden, die Taubenschläge, in denen die Brieftauben zu Hause waren, die die Kumpel untertage am Wochenende aus den Schrebergärten auf den Weg schickten oder zurückerwarteten, zeigen, wie kreativ eigene Sehnsüchte und Hoffnungen eine Gestalt finden konnten. Vermutlich ist die gegenwärtige Situation der Kirche und der Städte im Revier viel produktiver als in vermeintlich etablierten Städten und Ländern anderswo. Wo die Gefahr lauert, wächst das Rettende auch.

Michael Basse
Das Ruhrgebiet und die Reformation
Der Prozess einer Inkulturation und
die Relevanz der Erinnerungskultur

Der Protestantismus hat in der Kulturgeschichte des Ruhrgebietes vielfältige Spuren hinterlassen – im äußeren Erscheinungsbild (zum Beispiel Kirchengebäude) ebenso wie in Mentalitäten (zum Beispiel Frömmigkeits- und Alltagskultur) und Strukturen (zum Beispiel Bildungswesen). Solche Prägungen und Einflüsse präzise wahrzunehmen ist nicht nur von historischem Interesse, sondern für die kulturelle Identität des Ruhrgebietes wie auch für gesellschaftspolitische Aufgaben von fundamentaler Bedeutung. Eine nachhaltige Inkulturation des Protestantismus – in der Vielfalt seiner historisch gewachsenen Ausprägungen – kann nur gelingen, wenn Traditionen erkannt und als solche auch anerkannt werden, die in Gegenwart und absehbarer Zukunft bewahrt und dabei dem Wandel der Zeit entsprechend weiterentwickelt werden sollen.

Einheit und Vielfalt des Ruhrgebietsprotestantismus
Historische Etappen

Die kirchenpolitisch komplexen Ausgangsbedingungen des Ruhrgebietsprotestantismus in der Zeit der Reformation und der Konfessionalisierung haben eine konfessionelle Vielfalt mit regionalen Besonderheiten entstehen lassen. Die Einführung der Reformation vollzog sich in einem längeren Prozess und war von der Überzeugungskraft der reformatorischen Grundgedanken sowie den politischen Rahmenbedingungen abhängig. Solange die religionspolitischen Konflikte auf Reichsebene noch nicht geklärt waren, blieb es erst einmal bei einzelnen Initiativen, bis sich dann nach dem Ende des Krieges zwischen Kaiser und protestantischen Reichsfürsten sowie dem Augsburger Religionsfrieden 1555 die Reformation in relativ kurzer Zeit durchsetzen konnte. Für den Durchbruch der Reformation in den Städten und Regionen des Ruhrgebiets waren dabei die soziale Zusammensetzung der jeweiligen Trägergruppen und deren religiöse sowie politische Interessen ausschlaggebend. Das Charakteristikum dieser Entwicklung war, dass hier eine Reformation »von unten« durchgeführt wurde, das heißt nicht die Fürsten religionspolitisch agierten, sondern die Gemeinden selbst die Initiative ergriffen.

Um das Jahr 1570 ist ein gewisser Einschnitt in der Geschichte des Protestantismus im Ruhrgebiet zu verzeichnen. Nun kam zu dem konfessionellen Gegensatz zwischen Katholiken und Protestanten noch die innerevangelische Auseinandersetzung zwischen Lutheranern und Reformierten hinzu. Ausgehend von den Flüchtlingsgemeinden französischer und niederländischer Emigranten am Niederrhein breiteten sich die Reformierten im übrigen Ruhrgebiet aus. In einer Zeit, in der die dogmatischen Kontroversen zwischen lutherischen und reformierten Theologen mit aller Schärfe publizistisch ausgetragen wurden, stieß diese Ausbreitung des Calvinismus im Ruhrgebiet auf den erbitterten Widerstand der Lutheraner.

In den Jahren 1610 bis 1612 fanden dann drei Synoden statt, die von langfristiger Bedeutung für die Kirchengeschichte des Ruhrgebietes waren, weil sie die presbyterial-synodale Ordnung der evangelischen Kirche begründeten. Zunächst versammelten sich 1610 in Duisburg sowie 1611 in Unna Vertreter der reformierten Gemeinden am Niederrhein und in der Mark, bevor dann 1612 ebenfalls in Unna Vertreter der lutherischen Gemeinden zusammenkamen, um deren organisatorischen Zusammenschluss herbeizuführen. Mit diesen drei Synoden wurden evangelische Kirchen gegründet, die vom Staat unabhängig, somit »Freikirchen« waren, deren Kooperation mit der weltlichen Obrigkeit dadurch aber nicht eingeschränkt war. Nachdem die religiösen und politischen Auseinandersetzungen des Konfessionellen Zeitalters im Dreißigjährigen Krieg einen Höhepunkt erreicht hatten, sorgte der Westfälische Frieden von 1648 für eine wegweisende und auf lange Sicht auch tragfähige Lösung, indem die Bestimmungen des Augsburger Religionsfriedens von 1555 auch auf die reformierte Konfession ausgedehnt wurden, so dass nun alle drei christlichen Konfessionen gleichberechtigt waren. Mit der Konsolidierung der religionspolitischen Verhältnisse ging eine Festigung der jeweiligen Konfessionskulturen einher. Als Gegenbewegung zu den theologischen und religionspolitischen Verhärtungen des Konfessionalismus entwickelte sich im Ruhrgebiet in der zweiten Hälfte des 17. und im 18. Jahrhundert vor allem der Pietismus, während die Gedanken der Aufklärung hier nicht viele Anhänger hatten. Die Erweckungsbewegung, die als Reaktion auf die Französische Revolution und die napoleonischen Kriege 1816 und 1823 entstand und deren Anhänger im Unterschied zu den Pietisten an die Öffentlichkeit traten, indem sie für die Evangelisation Missionsgesellschaften gründeten, blieb im Ruhrgebiet auf den Randbereich am Niederrhein beschränkt, während sie den westfälischen Teil nicht erfasste.

Nach dem Wiener Kongress, der 1814/15 das Rheinland und Westfalen dem Herrschaftsgebiet Preußens einverleibte, kam es in den folgenden zwei Jahrzehnten zu heftigen Konflikten zwischen der preußischen Regierung und den beiden protestantischen Kirchen im Ruhrgebiet, die sich nicht dem landesherrlichen Kirchenregiment unterstellen wollten, nachdem sie zwei Jahrhunderte lang selbständig gewesen waren. Ein grundsätzlicher Kompromiss wurde 1835 mit der Rheinisch-Westfälischen Kirchenordnung gefunden. Dadurch wurde die presbyterial-synodale Selbstverwaltung des Protestantismus mit der konsistorialen Ordnung einer staatlichen Kirchenaufsicht verbunden. Dieser Kompromiss hatte bis zum Ende des landesherrlichen Kirchenregiments 1918/19 Bestand.

Mit der Industrialisierung, die seit den 1870er Jahren eine immense Beschleunigung erfuhr, veränderte sich das gesellschaftliche und kulturelle Leben des Ruhrgebietes grundlegend. Die rapide Bevölkerungszunahme resultierte aus der Zuwanderung von Arbeitskräften, die sich auch auf die bestehenden Strukturen der Kirche auswirkte. Es wurden neue Gemeinden gegründet, um der Anonymität entgegenzuwirken. Die protestantische Kulturarbeit wurde zudem durch das kirchliche Vereinsleben gefördert, wobei die evangelischen Arbeitervereine – und hier insbesondere die Frauenvereine – eine große Bedeutung hatten. Der Erfolg dieser Anstrengungen hing nicht zuletzt von der materiellen und ideellen Unterstützung der Bergwerksunternehmen ab, die damit gesellschaftliches Engagement demonstrierten und zugleich ihren Einfluss zur Geltung brachten.

Der kulturgeschichtliche Einschnitt des Ersten Weltkrieges markierte auch für den Ruhrgebietsprotestantismus eine Zäsur. Während das Ende des landesherrlichen Kirchenregiments in einer Region, in der die evangelische Kirche mit der Rheinisch-Westfälischen Kirchenordnung von 1835 eine gewisse Selbständigkeit wahren konnte, für die Struktur der Kirche weniger dramatische Folgen hatte, wog die tiefgreifende Mentalitätskrise, von der weite Kreise des Ruhrgebietsprotestantismus erfasst wurden, viel schwerer. Antagonistische Tendenzen prägten die 1920er Jahre: Auf der einen Seite sehnten sich viele Protestanten nach der »guten alten Zeit« und leisteten damit politischen Entwicklungen Vorschub, die den Aufstieg des Nationalsozialismus begünstigten; auf der anderen Seite mehrten sich – auch in theologischer Hinsicht – Zweifel an der Gültigkeit traditioneller Denkschemata und Werte, wodurch entweder die kritische Distanz zur Kirche verstärkt oder aber ein kritisches Engagement in ihr initiiert werden konnte. Die Verunsicherung vieler Menschen wuchs angesichts der politischen und wirtschaftlichen Krise in den Anfangsjahren der Weimarer Republik und spitzte sich nach dem Ausbruch der Weltwirtschaftskrise 1929 zu.

Die gegenläufigen Tendenzen kulminierten 1933 im Ausbruch des Kirchenkampfes. Gegen die Bestrebungen der »Deutschen Christen«, eine deutsche Reichskirche nach dem Führerprinzip aufzubauen und rassenideologisch auszurichten, bezogen

Pfarrer und engagierte Gemeindemitglieder der Bekennenden Kirche Stellung. So gelang es, die wesentlichen Anliegen der Reformation zu wahren und sie nicht nur im Binnenraum der Kirche zur Geltung zu bringen, sondern damit zunächst auch öffentlichkeitswirksam Zeichen zu setzen. Die Verschärfung des religionspolitischen Konfrontationskurses des NS-Regimes und die Entfesselung des »totalen Krieges« schränkten den Handlungsspielraum der Bekennenden Kirche jedoch ein. Gleichwohl war sie vor allem bei der Bewältigung von Trauer angesichts der vielen Toten und Vermissten präsent und gewann dadurch bei den Menschen an Vertrauen und Überzeugungskraft.

Nach dem Ende des Zweiten Weltkrieges spielten die Kirchen eine wichtige Rolle in dem politischen und gesellschaftlichen Neuaufbau. In den Jahren der kirchlichen und politischen Restauration der Adenauer-Ära gehörte die evangelische Kirche zu den stabilisierenden Faktoren eines Gesellschaftssystems, in dem traditionelle Werte und Rollenmuster dominierten. Angesichts des tiefgreifenden gesellschaftlichen Wandels, der in den 1960er Jahren einsetzte, veränderte sich auch die evangelische Kirche grundlegend. Neue gesellschaftliche und kulturelle Trends wie etwa in der Musik, dem Freizeitverhalten, der Sexualität und der Pädagogik waren mit prinzipiellen Anfragen an bisherige Normen und Sichtweisen – nicht zuletzt im Blick auf den Umgang mit der deutschen Geschichte der NS-Zeit – verbunden und stellten damit auch die Kirche in ihren institutionellen und ideellen Grundfesten in Frage. Schrittweise kam es zu weitreichenden Reformen wie der Ordination von Pfarrerinnen, der Erprobung neuer Gestaltungsmöglichkeiten im Gottesdienst und der Ausdifferenzierung vielfältiger kirchlicher Handlungsfelder sowohl in den Gemeinden als auch in der Gesellschaft. Als Gegenbewegung zu den Auf- und Umbrüchen in der evangelischen Kirche formierte sich bereits Ende der 1960er Jahre ein evangelikaler Protestantismus, der eine Politisierung der Kirche beklagte und für sich reklamierte, die ursprünglichen Ideale der Reformation zu bewahren, dabei aber die gesellschaftlichen und kulturellen Veränderungen weitgehend ignorierte.

Trotz aller Reformbemühungen und Innovationen in der evangelischen Kirche des Ruhrgebiets hat die Zahl ihrer Mitglieder seit den 1970er Jahren dramatisch abgenommen. Abgesehen von den strukturellen Folgen, die sich daraus ergeben, wenn Gemeinden, die lange selbständig waren, zusammengelegt werden, steht die evangelische Kirche im Ruhrgebiet vor neuen Herausforderungen in Bezug auf ihre Handlungsfähigkeit wie auch ihr Selbstverständnis.

Die kulturelle Prägekraft des Ruhrgebietsprotestantismus

Von den Grundintentionen der Reformation her gehört die Gottesdienst- und Frömmigkeitskultur zu den prägenden Elementen des Ruhrgebietsprotestantismus. Die entscheidenden Faktoren für den Durchbruch der Reformation waren die Einführung der evangelischen Predigt und die Verbreitung von Lutherliedern. Das theologische Anliegen und besondere Kennzeichen evangelischer Predigt war die öffentliche Verkündigung des Wortes Gottes, womit der Öffentlichkeitsauftrag der evangelischen Kirche begründet wurde. Der hohe Stellenwert der Kirchenlieder im evangelischen Gottesdienst entsprach praktisch-theologischen Einsichten ebenso wie dem zugrundeliegenden Kirchenverständnis, in dem die prinzipielle Differenz von Klerus und Laien aufgehoben war. Die Kirchenmusik spielt seitdem eine zentrale Rolle im kirchlichen und kulturellen Leben des Protestantismus. Die Inkulturation der Reformation ging einher mit liturgischen sowie institutionellen Reformen in der Feier des Gottesdienstes und auf der Ebene der Kirchenordnung. Am Beispiel der Gestaltung des Kirchenraumes lässt sich zeigen, dass hier grundlegende Umcodierungen vollzogen wurden, insofern bestehende architektonische und ikonografische Muster von den theologischen Grundgedanken der Reformation her umgeformt und teilweise auch komplett ersetzt wurden. Die Konsolidierung der Konfessionskulturen nach dem Dreißigjährigen Krieg hatte Normierungen in der Frömmigkeitspraxis und theologischen Lehre zur Folge, die der lutherischen und reformierten Orthodoxie – wie auch dem nachtridentinischen Katholizismus – ihr spezifisches Gepräge gaben und damit zugleich ein Identitätsbewusstsein nach innen und außen schufen. Gesangbücher und Katechismen waren wichtige Medien der Glaubensunterweisung und der Frömmigkeitspraxis. Rituale, mit denen die Zugehörigkeit zu einer Konfession demonstriert und auch öffentlichkeitswirksam inszeniert werden konnte, hatten eine ebenso fundamentale Bedeutung wie repräsentative Darstellungs- und Gestaltungsformen der Kunst und des Kirchenbaus.

Mit der Industrialisierung begann mentalitätsgeschichtlich ein Zeitalter des Bürgertums, dessen gesellschaftliche und kulturelle Ideale den Protestantismus gerade auch im Ruhrgebiet nachhaltig prägten. Das spezifische Ethos weltlicher Berufsarbeit, das mit der Reformation aufgekommen war, erreichte nun eine neue Entwicklungsstufe und bestimmte nicht nur das Alltagsleben, sondern auch die Frömmigkeitspraxis. Damit verbunden waren Rollenmuster – insbesondere im Verhältnis von Mann und Frau –, die bis in die 1950er Jahre hinein Bestand hatten, so dass die Kirche das Rückgrat der bürgerlichen Gesellschaft bildete. Bemühungen von Seiten der Kirche, die Arbeiterschaft in dieses System zu integrieren und dadurch zu domestizieren, entsprachen ebenso bürgerlichen Normvorstellungen wie die Unterstützung der evangelischen Frauenvereine, die zu Beginn des 20. Jahrhunderts gegründet wurden. Auch sie leisteten einen bedeutenden Beitrag zur Inkulturation des Ruhrgebietsprotestantismus und förderten das kirchliche Engagement von Frauen, blieben dabei aber den soziokulturellen Idealen des Bürgertums verhaftet. Im äußeren Erscheinungsbild und der inneren Raumgestaltung neuer Kirchengebäude und Gemeindehäuser, die in der Zeit der Neugründungen evangelischer Kirchengemeinden am Ende des 19. Jahrhunderts sowie nach dem Zweiten Weltkrieg errichtet wurden, fand diese Ausprägung des Ruhrgebietsprotestantismus ihren sinnfälligen Ausdruck. Der gesellschaftliche Wandel der 1960er Jahre wirkte sich dann unmittelbar auf das Verhältnis von Kirche und Kultur aus. Innovative Kulturprojekte trugen zur Entwicklung und Umsetzung des Konzeptes der evangelischen Stadtkirchenarbeit bei und eröffneten so neue Perspektiven für die Inkulturation der Reformation im Kontext der (Post-)Moderne. Der Evangelische Kirchentag im Ruhrgebiet 1991 war ein Spiegelbild dieser Auf- und Umbrüche und zugleich Initialzündung für neue Projekte und Kooperationen.

Nachhaltige Impulse für die kulturgeschichtliche Entwicklung des Ruhrgebiets hat der Protestantismus im Bildungswesen gegeben. In der Anfangszeit der Reformation spielten die Kontakte der frühen evangelischen Bewegung zu humanistischen Kreisen eine wichtige Rolle. Diese Verbindung von Reformation und Humanismus blieb auch in der Folgezeit bestehen. Durch die universitäre Ausbildung der Pfarrer wurden deren fachliche Qualifikationen sicher gestellt und entwickelten sich die Pfarrhäuser auch zu intellektuellen Zentren, zugleich wurde damit aber die Dominanz der Pfarrer in der evangelischen Kirche gefördert. Von entscheidender Bedeutung für die Vermittlung konfessioneller Normen und Habitus war das Schulwesen in der Kooperation von Kirche und politischer Obrigkeit. Das generelle Bemühen um eine verbesserte Bildung war ein Grundanliegen der Reformation und führte neben dem Ausbau bestehender Schulen auch zu einer Reihe von neuen Schulgründungen. Langfristig bedeutsam für die Kultur- und Bildungsgeschichte des Ruhrgebietes war die Förderung der Volksschulen, deren Errichtung die evangelischen Kirchenordnungen vorschrieben. Die erste – und für lange Zeit auch einzige – Universität des Ruhrgebietes wurde 1654/55 in Duisburg gegründet. Sie wurde von vielen Studenten der Region besucht, war allerdings reformiert geprägt, weshalb Lutheraner andere Universitäten vorzogen. Zu den tragenden Säulen des Ruhrgebietsprotestantismus gehörte zusammen mit den Pfarrern auch die Lehrerschaft. Während die Ideen der Aufklärung hier wenig Anklang fanden, blieb doch das Streben nach Bildung gerade auch im bürgerlichen Zeitalter ein wesentliches Anliegen des Protestantismus.

Auch die politische Kultur des Ruhrgebiets hat der Protestantismus geprägt. Da die Einführung der Reformation ganz entscheidend von der Unterstützung politischer Entscheidungsträger, das heißt Landesherren und städtischen Magistraten, abhing, gehörte die Kooperation zwischen Kirche und Staat zu den Grundmerkmalen des Protestantismus. Das konnte in der Zeit des landesherrlichen Kirchenregiments – bis zum Ende des Ersten Weltkrieges – die Gestalt eines regelrechten »Bündnisses von Thron und Altar« annehmen oder in der Zeit des Totalitarismus bei den »Deutschen Christen« und in den Kreisen des nationalkonservativen Protestantismus zu einer weitgehenden Willfährigkeit gegenüber dem politischen Regime führen. Die spezifischen Rahmenbedingungen des Protestantismus im Ruhrgebiet, die zunächst von der Gründung einer lutherischen und einer reformierten »Freikirche« mit presbyterial-synodalen Strukturen bestimmt wurden und dann zu dem Kompromiss der Rheinisch-Westfälischen Kirchenordnung von 1835 führten, eröffneten der evangelischen Kirche aber auf der anderen Seite Handlungsspielräume, die sie nutzen konnte, um ihre Selbständigkeit zu wahren. Der pragmatische Umgang mit dem politisch Machbaren wie auch die Selbstbesinnung auf die eigenen Grundüberzeugungen bildeten somit Eckpfeiler in dem kirchenpolitischen Koordinatensystem des Ruhrgebietsprotestantismus. Besonders prägnant wurde das in den Umbruchzeiten der Industrialisierung, des Kirchenkampfes und des Strukturwandels seit den 1960er Jahren: Auf die gesellschaftlichen Veränderungen im Zuge der Industrialisierung reagierte der vom Bürgertum dominierte Protestantismus mit Konzepten, die auf Reformen innerhalb des bestehenden Systems abzielten und deshalb auf die Kooperation mit den Entscheidungsträgern in Wirtschaft und Politik drangen. Gegenüber der politischen und ideologischen Gleichschaltung der evangelischen Kirche durch den totalitären NS-Staat leisteten die Pfarrer und Gemeindemitglieder der Bekennenden Kirche hingegen Widerstand und brachten damit die Grundprinzipien einer selbstbestimmten Kirche zur Geltung, die zu dem kirchenpolitischen Erbe des Ruhrgebietsprotestantismus zu zählen sind. Angesichts der sozialen und mentalen Herausforderungen durch den Strukturwandel ging es seit den 1960er Jahren für die evangelische Kirche sowohl um den besonnenen Blick auf das ökonomisch wie sozialverträglich Notwendige als auch um die Verpflichtung, den betroffenen Menschen geistlich beizustehen.

Der Einsatz für die gesellschaftlich Benachteiligten zeichnet christliche Nächstenliebe aus und bestimmt deshalb das diakonische Handeln der Kirche, das in der Kulturgeschichte des Ruhrgebiets unübersehbare Spuren hinterlassen hat. Die große Zahl an Diakonissen, die in Kirchengemeinden und karitativen Einrichtungen aktiv waren, indem sie sich um die großen und kleinen Nöte der Menschen im Alltag kümmerten, repräsentiert den sozialen Protestantismus im Sinne eines praktischen Christentums, das die reformatorischen Grundgedanken von den guten Werken als Früchten des Glaubens zur Geltung bringt. Damit werden zugleich die Impulse des Pietismus aufgenommen, der diese praktische Ausrichtung des Christentums in einer Zeit, in der die kirchliche Lehre das christliche Leben zu ersticken drohte, mit Nachdruck vertreten hat. Die Geschichte der Diakonie lässt somit auch noch einmal die Vielfalt der theologischen Strömungen und praktischen Ausprägungen des Ruhrgebietsprotestantismus erkennen.

Im Umgang mit Migranten nahm der Ruhrgebietsprotestantismus im Laufe der Zeit eine sehr ambivalente Haltung ein. In der Zeit des Übergangs von den Anfängen der Reformation zur Konfessionalisierung dominierte die rigorose Abgrenzung der Lutheraner von den reformierten Glaubensflüchtlingen aus Frankreich und den Niederlanden. Ein friedliches Nebeneinander der beiden protestantischen Konfessionen ermöglichte erst der Westfälische Friede von 1648. In der Folgezeit verloren die innerprotestantischen Differenzen an Schärfe, so dass es zu Beginn des 19. Jahrhunderts zur Gründung einer unierten Kirche kommen konnte. Mit der Industrialisierung, die seit den 1870er Jahren eine immense Beschleunigung erfuhr, kamen neue Migranten in das Ruhrgebiet. Das musste sich auch auf die bestehenden Strukturen der Kirchengemeinden auswirken, wenn die Integration dieser Migranten gelingen sollte. Die Kirche bemühte sich um die Integration vor allem der evangelischen Masuren und sah sich dabei durch deren eigene kulturelle Traditionen wie auch die Sprachbarriere herausgefordert. In kritischer Auseinandersetzung mit stereotypen Vorurteilen legitimierte die Amtskirche ihr Engagement mit der politischen Zuverlässigkeit der Masuren, indem sie deren preußisch-monarchistische Grundüberzeugung herausstellte und – politisch wie konfessionell – von den »katholischen Polen« abhob. Praktisch widmete sich die Kirche diesem Aufgabenbereich mit Hilfe von Vikaren, die nach Masuren entsandt wurden, um sich dort mit der Sprache und den religiös-kirchlichen Gebräuchen vertraut zu machen, und für die dann nach ihrer Rückkehr in den entsprechenden Gemeinden des Ruhrgebiets zweisprachige Pfarrstellen eingerichtet wurden. Als jedoch der theologische Nachwuchs fehlte, um dieses Konzept weiter zu verfolgen, wurden masurische Gemeindehelfer eingestellt, damit die seelsorgerliche Betreuung aufrecht erhalten blieb. Ein wirkliches Bemühen um die Aufnahme der Migranten in die Gemeinden in dem Sinne, dass ihre Kultur als Bereicherung für die Kirche wahrgenommen wurde, gab es allerdings nicht. Die Wahrnehmung des »Fremden« wurde durch die Selbstwahrnehmung bestimmt und begrenzt. Langfristig entscheidend für ihre Integration in die evangelischen Kirchengemeinden war, dass sie die deutsche Sprache lernten und sich den bestehenden Strukturen und Gebräuchen anpassten. Eine ähnliche Entwicklung vollzog sich dann noch einmal nach dem Ende des Zweiten Weltkrieges, als es durch den Zustrom von Flüchtlingen aus den ehemaligen deutschen Ostgebieten erneut zu einem starken Bevölkerungsanstieg kam und wiederum neue Gemeinden gegründet wurden, um die seelsorgerliche Betreuung der Menschen zu gewährleisten.

Der konfessionelle Gegensatz zum Katholizismus gehörte trotz der zunehmenden Zahl von Mischehen noch bis in die 1960er Jahre hinein zu den Merkmalen und zum Selbstverständnis des Ruhrgebietsprotestantismus. Seitdem hat sich im Verhältnis zum Katholizismus und – mit der Zeit – auch zu anderen Religionsgemeinschaften ein grundlegender Wandel vollzogen. Zuvor war bereits eine praktische Kooperation kirchlicher Arbeitsstellen auf dem Gebiet der Sozialarbeit initiiert worden, um so die Probleme der Arbeiterschaft in der Montanindustrie gemeinsam anzugehen. Nach dem Zweiten Vatikanischen Konzil begann dann ein ökumenischer Dialog, der trotz aller theologischen und amtskirchlichen Einschränkungen doch vor Ort, das heißt auf der Ebene der einzelnen Gemeinden sowie in der Berufs- und Alltagswelt, ein lebendiges Miteinander entstehen und damit die Zeiten des Gegen- oder Nebeneinanders hinter sich ließ. Im Verhältnis zum Judentum wurde mit der intensiven Aufarbeitung der deutschen Geschichte und entsprechenden Verlautbarungen der evangelischen Kirche ein neues Kapitel des interreligiösen Dialoges aufgeschlagen. Die Unterstützung jüdischer Gemeinden und des Wiederaufbaus von Synagogen ist seither für die evangelische Kirche im Ruhrgebiet ebenso selbstverständlich wie der Widerstand gegen jeden Antisemitismus. Mit der Zuwanderung muslimischer Arbeiter seit den 1960er Jahren hat der Ruhrgebietsprotestantismus auch sein Verhältnis zum Islam neu bestimmen müssen und entstanden vielfältige Initiativen, um den christlich-islamischen Dialog voranzubringen.

Erinnerungskultur und Geschichtsbewusstsein

Die Aufgabe einer Vergegenwärtigung der Geschichte des Protestantismus im Ruhrgebiet stellt sich zum einen im Blick auf die Vergewisserung der konfessionellen Identität der evangelischen Kirche als Gemeinschaft der Gläubigen und zum anderen in Bezug auf eine Erweiterung bzw. Vertiefung des gesamtgesellschaftlichen Geschichtsbewusstseins. Das erfordert ein intensives Nachdenken darüber, wie ein solches Geschichtsbewusstsein in Kirche und Gesellschaft vermittelt werden kann – mit Ausstellungen, Gesprächskreisen, Unterrichtsprojekten, Publikationen, medialen Inszenierungen und vielem mehr. Hier gilt es insbesondere (kirchen-)geschichtsdidaktische Konzepte zu entwickeln bzw. zu fördern, die zur Bewältigung dieser Aufgabe beitragen können. Neuere geschichtstheoretische Konzeptionen und deren Rezeption in der Geschichtsdidaktik eröffnen auch für die

Beschäftigung mit der Kirchengeschichte in Schule, Gemeinde und Gesellschaft neue Perspektiven.

Geschichte entsteht erst im Prozess der Spurensuche, durch den Blick in vergangene »Zeit-Räume«. Historische Erkenntnis setzt somit die Wahrnehmung von Geschichte voraus. Erfolgt diese Wahrnehmung mit allen Sinnen, so ermöglicht das nicht nur vielfältige Zugänge zur Kirchengeschichte, sondern auch ein »Begreifen«, in dem Sinneswahrnehmung und gedankliche Verarbeitung miteinander verknüpft sind. Der jeweilige Blickwinkel in die Vergangenheit ist dabei durch die Gegenwart der Betrachterinnen und Betrachter bestimmt – das kann zu verengten Sichtweisen führen, wenn in diesen »Zeit-Räumen« nichts Neues mehr wahrgenommen wird, es wird aber spannend, wenn es zu Irritationen und Perturbationen kommt, das heißt zu Störungen von Wahrnehmungsgewohnheiten. Solche Perturbationen können durch historische Quellen – Texte, Bilder, Gegenstände, Räume, Gespräche mit Zeitzeugen und anderes – ausgelöst werden, was dazu führt, dass gängige Wahrnehmungsmuster aufgebrochen werden. Das hat – individuell wie gesellschaftlich – Veränderungen zur Folge und somit finden Lernprozesse statt. Dabei öffnen sich Zeit und Raum nicht nur im Blick auf die Vergangenheit, sondern auch auf die Zukunft. In der Beschäftigung mit der »vergangenen Zukunft« (R. Kosseleck) werden Erinnerungen, Erfahrungen und Erwartungen verknüpft, die ihrerseits vom sozialen und kulturellen Kontext geprägt sind. »Aus der Geschichte lernen« heißt somit nicht, Situationen aus der Vergangenheit einfach in die Gegenwart zu übertragen, um so Handlungsanweisungen für die Zukunft zu gewinnen, sondern Lernen aus – bzw. mit – der Geschichte bedeutet, den eigenen Blickwinkel zu erweitern und immer wieder neu zu justieren, um sich als Individuum und als Gesellschaft weiter zu entwickeln.

Kirchengeschichte wahrzunehmen bedeutet, ihr einen Platz in der eigenen – individuellen und sozialen – Identität zuzuweisen und sich dafür einzusetzen, dass sie in der öffentlichen Wahrnehmung präsent bleibt, auch und gerade in ihren Brüchen und Spannungen, die als Perturbationen zu immer wieder neuen Auseinandersetzung anstacheln. In diesem Sinne gilt es, Zeichen und Orte der Erinnerung als unverzichtbare Bestandteile des kulturellen Gedächtnisses wahrzunehmen und an deren – übertragen wie auch wörtlich verstanden – »Konstruktion« mitzuwirken. Kirchengebäude haben im Rahmen eines solchen Konzeptes von Erinnerungskultur eine besondere Bedeutung. Sie ermöglichen eine Wahrnehmung der Kirchengeschichte im Zusammenhang mit räumlichen Eindrücken, die gesprochene Texte, Bilder und Gegenstände noch einmal ganz spezifisch zur Geltung kommen lassen. Zugleich bietet der Kirchenraum sowohl während als auch außerhalb des Gottesdienstes vielfältige Möglichkeiten einer Inszenierung von Kultur – mit Sprache,

Bildern, Musik und Bewegung –, in der Geschichte und Gegenwart miteinander verschränkt werden.

Die Aufgabe einer (Re-)Konstruktion der eigenen Konfessionalität in historischer Perspektive korrespondiert mit der Notwendigkeit der Dekonstruktion von Geschichte(n). Damit die Mehrdimensionalität von Geschichte angemessen zur Geltung kommt, gilt es verzerrte Sichtweisen und Auslassungen kritisch wahrzunehmen. Die besondere Aufmerksamkeit, die den Verlierern und Außenseitern der Kirchengeschichte zu Teil werden muss, umfasst gerade auch die Gender-Perspektive, insofern die Geschichte von Frauen in einer von Männern dominierten Geschichtsschreibung lange Zeit ausgeblendet worden ist. Die Geschichte des Ruhrgebietsprotestantismus lässt hingegen erkennen, welche Bedeutung Frauen bei der Inkulturation der Reformation im Laufe der Zeit hatten.

Die vielfältigen Lebensformen, die sich in der Geschichte des Ruhrgebietsprotestantismus herausgebildet haben, stellen Ordnungsstrukturen des christlichen Glaubens dar, deren lebendige Wirkkraft als Tradition von der immer wieder neuen individuellen und gemeinschaftlichen Aneignung der Überlieferung abhängig ist. Die Kirchengeschichte ist somit als der wechselseitige Prozess fortwährender Tradition und Innovation zu begreifen, bei dem das Glaubenssubjekt – individuell und als Gemeinschaft der Gläubigen – eine zentrale Rolle spielt. Das gilt es nicht nur in der näheren Zukunft zu vergegenwärtigen, etwa im Blick auf das Reformationsjubiläum 2017, sondern es ist auch noch einmal prinzipiell – innerkirchlich wie gesellschaftlich – zu erörtern, wie das Verhältnis von konfessioneller respektive religiöser Vielfalt und gesellschaftlicher »Einheit« vor dem Hintergrund der Religionsgeschichte des Ruhrgebietes zu bestimmen ist. Das Thema »Migration und Integration« spielt in diesem Zusammenhang eine besondere Rolle. Die Beschäftigung mit der Geschichte des Ruhrprotestantismus ist deshalb für die Selbstreflexion der evangelischen Kirche wie auch für die gegenwärtige kultur- und gesellschaftspolitische Diskurse erhellend.

II.

Stefanie Brauer-Noss
Sehnsucht nach *einer* protestantischen Stimme
Kirchliche Strukturen im Ruhrgebiet

»So viel Aufbruch war nie!« So lautete das Zwischenfazit der Präses der EKD-Synode, Katrin Göring-Eckardt, im Juli 2011. Fünf Jahre nach der Veröffentlichung des Impulspapieres *Kirche der Freiheit. Perspektiven für die evangelische Kirche im 20. Jahrhundert* resümierte die Vorsitzende der Steuerungsgruppe des Reformprozesses die Erträge und Entwicklungen der vergangenen Jahre.

Zwei große Zukunftskongresse hat die EKD mit kirchennahen und kirchenfernen Experten in Wittenberg und Kassel durchgeführt. Drei »Kompetenzzentren« wurden bundesweit installiert, die das Ziel haben, die Qualität im Gottesdienst, die Predigtkultur und die Mission in der Region zu optimieren. Außerdem lud die EKD zu verschiedenen Konferenzen und Foren ein, so unter anderem zur ersten »Land-Kirchen-Konferenz«, dem ersten »Kirchen-Kultur-Kongress« sowie dem Forum zur »Mittleren Ebene«.

»Die Einsicht in die Notwendigkeit von tiefgreifenden Reformen ist gewachsen. Zugleich wird mit jeder ins Auge gefassten Veränderung deutlich, wie konfliktbehaftet und anstrengend solche Reformen sind. Als Christinnen und Christen vertrauen wir darauf, dass die Umbruchssituation auch neue Chancen in sich birgt. Die vor uns liegenden Gestaltungsaufgaben erfordern organisatorische Kompetenz und haushalterischen Umgang mit den verfügbaren Ressourcen. Sie fordern aber noch mehr: einen Mentalitätswandel in den evangelischen Kirchen.«[1] Es wird das Bild vermittelt, Reform, Aufbruch und Umbruch seien überall notwendig und der einzige Weg in eine erstrebenswerte Zukunft. Über diese Haltung und die Impulse, die die EKD unter dem damaligen Ratsvorsitzenden Wolfgang Huber 2006 mit ihrem Papier setzen wollte, wurde viel und scharf diskutiert. Insbesondere die Forderung nach Qualitätssteigerung der kirchlichen »Dienstleistungen«, nach einem

---

1 Evangelische Kirche in Deutschland: Kirche der Freiheit. Perspektiven für die evangelische Kirche im 20. Jahrhundert, Impulspapier, Gütersloh 2006, S. 12.

»Wachsen gegen den Trend« rief Kritiker hervor, die die betriebswirtschaftliche Vereinnahmung der Kirche sowohl in ihrer Semantik als auch in der Frage nach der Leitdisziplin befürchteten. Isolde Karle attestierte 2010 der evangelischen Kirche, sie sei im »Kirchenreformstress«, in dem die Theologie nur noch als Zweitcodierung nach der Ökonomie fungiere.[2] Auch Günter Thomas warnte vor den unbedachten Folgewirkungen des Impulspapieres, die seiner Meinung nach dazu geeignet sind, »die Krise des deutschen Protestantismus nicht zu beheben, sondern dramatisch zu vertiefen und den Mitgliederschwund wie auch den Rückgang der Finanzmittel zu beschleunigen«.[3]

Die Debatten über den Zukunftsweg der Kirche waren und sind emotional aufgeladen. Euphorisch bis resignativ. Reformen wurden zu der Zukunftsdroge oder, besser formuliert, zur »Erlösungreligion« per se.[4]

Welche Position nun die richtige ist, darüber wird der Streit wohl noch weiter gehen. Auf der Grundlage der Organisationstheorie Niklas Luhmanns geht es in der Reformdebatte vor allem um die Frage nach der Organisierbarkeit von Kirche. Armin Nassehi vergleicht die Reformbemühungen gegenwärtiger Organisationen und resümiert, dass die Utopie der Idee, die Welt zu verbessern, sich in die Idee der Reformierbarkeit von Organisationen verschoben habe. Bezüglich der Organisationsförmigkeit der Kirche betont Nassehi die notwendige Balance zwischen Organisation und Unorganisiertem, da nur im Wechselspiel von beidem das Innovative und Verbessernde sich ereignen kann, so dass Kirchenreformenbemühungen »wohl ebenso unvermeidlich wie unnütz, dabei aber ebenso notwendig wie wünschenswert sind«.[5]

Im Laufe der Jahre wurde die Schärfe der Position des Impulspapiers von Verantwortlichen der EKD abgemildert. Von einem »Wachsen gegen den Trend« spricht schon lange keiner mehr, auch hier zog Realität in die Wunschwelt ein. Und wie es aus Hannover immer wieder heißt, sei die Schrift ein Impulspapier und keine Beschlussvorlage gewesen.[6]

---

2 Karle, Isolde: Kirche im Reformstress, Gütersloh 2010.
3 Thomas, Günter in: Evangelische Theologie 67 (5), S. 363.
4 Bollmann, Ralph: Reform. Ein deutscher Mythos, Berlin 2008, 12.
5 Nassehi, Armin: Die Organisierbarkeit des Unorganisierbaren, in: Isolde Karle, Kirchenreform. Interdisziplinäre Perspektiven, Leipzig 2009, S. 217.
6 Vgl. Begrich, Thomas /Gundlach, Thies: Impulse nicht Beschlüsse, in: Zeitzeichen 1/2007, S. 14–16.

Dennoch hat das Impulspapier auf etwas hingewiesen, das auch alle Kritiker der Schrift mit ihm teilen: Die evangelische Kirche steht, ähnlich wie die meisten katholischen, orthodoxen und freien Kirchen in Deutschland, unter enormem Druck. Die einbrechenden Mitgliederzahlen vor allem durch die Veränderungen innerhalb der Alterspyramide und damit die Angst vor sinkenden Kirchensteuereinnahmen sowie die steigenden Kosten im Personal und in der Gebäudeerhaltung nötigen zur Überprüfung der kirchlichen Arbeit. Reformen und Veränderungen werden nicht grundlos gefordert. Allem voran steht dabei dir Frage nach der eigenen Identität: Was heißt Evangelisch-Sein heute in Deutschland? Wofür steht Kirche? Mit welchen Zielen, vor allem theologischen Zielen, begründet Kirche ihre Existenzberechtigung in der Welt? So formuliert Isolde Karle als letzte ihrer zwölf Thesen zu den Kirchenreformen: »Die eigentliche Krise der Kirche ist nicht eine Finanz-, sondern eine theologische Orientierungskrise. [...] Hier liegt die eigentliche Herausforderung, der sich Theologie und Kirche stellen müssen.«[7]

Das Impulspapier aus dem Jahre 2006 empfahl einen Diskurs auf und mit allen kirchlichen Ebenen über notwendige Veränderungen. In vielen Landeskirchen geschieht dies, mit den Impulsen aus Hannover oder ohne sie.

»So viel Aufbruch war nie!« klingt nicht nur schön, sondern könnte zugleich auch eine Kernaussage der protestantischen Kirche sein. Der Aufbruch gehört quasi zum Kerngeschäft der protestantischen Identität. Ohne darauf weiter einzugehen, sei hier auf den Beginn der Geschichte der protestantischen Kirche im 16. Jahrhundert, auf die Umwälzungsprozesse im 19. Jahrhundert sowie auf die Kirchenreformdebatten der 60er und 70er Jahre des 20. Jahrhunderts in Deutschland hingewiesen. »So viel Aufbruch« ist nichts Neues für die evangelische Kirche und dennoch ist unübersehbar, dass sich an vielen Orten bundesweit einiges bewegt.

Wie sieht es aber nun mit dem Aufbruch in einer Region aus, die sich seit einigen Jahren, seit dem Ende der Kohlen- und Stahlindustrie, genau dies: »Aufbruch«, »Innovation« und »Wandel« auf die Fahne schreibt: im Ruhrgebiet? Inwieweit lässt sich die These, die Kirche sei in einer Orientierungskrise, am Beispiel dieser Ruhrregion erhärten? Findet man eine evangelische Kirche im Ruhrgebiet bzw. einen Aufbruch dorthin? Dieser Frage soll im Folgenden nachgegangen werden.

Betrachtet man die kirchliche Landkarte genauer, so stellt sich schnell heraus: die *eine* evangelische Kirche im Ruhrgebiet gibt es nicht. Ein Riss läuft quer durch die

---

7 Karle, Isolde: Kirche im Reformstress, Gütersloh 2010, 259.

Karte des Ruhrgebiets mit der Grenzlinie Rheinland/Westfalen

Karte der Region. Ein Riss, der das Ruhrgebiet in zwei Teile dividiert und zwischen Bottrop und Oberhausen beginnt und schließlich zwischen Essen, Gelsenkirchen, Bochum und Hattingen seinen weiteren Verlauf nimmt. Der eine eher westliche Teil gehört zur rheinischen Landeskirche, der andere östliche Teil zu Westfalen. Reisende werden diesen Riss nicht sehen. Menschen, die an der kirchlichen Peripherie leben, werden ihn auch nicht wahrnehmen. Aber alle, die sich im kirchlichen Milieu haupt- und ehrenamtlich engagieren, nehmen irgendwann diesen Riss wahr. Und sie merken schnell, auf der anderen Seite liegt jeweils das Unbekannte, das sind nicht mehr WIR. Eine kirchliche Identität im Ruhrgebiet ist aufgrund dieses Risses also kaum zu erwarten.

Diese Art von Riss quer durch ein gewachsenes Ballungsgebiet, zu dem das Ruhrgebiet über die Jahrzehnte geworden ist, ist einzigartig innerhalb der gesamten EKD. Keine andere wirtschaftlich bedeutsame Region wird heute noch durch eine landeskirchliche Grenze getrennt. Selbst das zwischen der Evangelisch-Lutherischen Landeskirche Thüringen und der Kirchenprovinz Sachsen zersplitterte Gebiet um Erfurt ist seit 2009 vereint und gehört seit der Fusion beider Landeskirchen zur Evangelischen Kirche in Mitteldeutschland.

Nun sind landeskirchliche Grenzen das Resultat eines über die Jahrhunderte gewachsenen politischen Prozesses, für den die Kirchen als Akteure meistens überhaupt kein Mitspracherecht besaßen. Sie waren die Folgen des landesherrlichen Kirchenregiments und orientierten sich damit an den Grenzverläufen der Fürstentümer. Theologische und meist auch geographische Notwendigkeiten für die Grenzverläufe sind daher oft nicht gegeben. Daher appelliert vor allem Thies Gundlach, Vizepräsident des Kirchenamtes der EKD, dafür, die Grenzen der Landeskirchen an die Bundesländer anzupassen. Denn die Länder beeinflussten in ihrer Kulturhoheit wesentliche Bereiche kirchlichen Lebens. Auch wenn man diese Forderung nicht gänzlich unterstützen muss, so zeigen sich am Beispiel des Ruhrgebiets doch auch die in ihr verborgenen Chancen. Denn die Zersplitterung des Ruhrgebiets verhindert, wie im Folgenden zu zeigen sein wird, eine gemeinsame Identität und einen gemeinsamen Handlungsraum. Im Interesse der Menschen vor Ort und im eigenen Interesse der Verortung der Kirche in der Region könnte dies aber hilfreich sein.

Synoden, Netzwerke, Konferenzen: Integrationsversuche

Auch wenn das Ruhrgebiet aus kirchlicher Perspektive zu keiner Zeit ein zusammenhängendes Gebiet war, gab es immer wieder Begebenheiten und Anstöße, die das Potenzial hatten, die kirchlichen Strukturen in Frage zu stellen und die Trennung zu überwinden. Doch dazu – um das Ergebnis schon vorweg zu nehmen – ist es bis heute nicht gekommen.

Von der Reformation bis zur Neuordnung nach dem Zweiten Weltkrieg

Der Protestantismus zog endgültig 1609 in das Gebiet an der Ruhr ein, als das Herzogtum Jülich-Kleve-Mark zwischen dem Pfalzgrafen von Neuburg und dem Kurfürsten von Brandenburg, beide damals der lutherischen Konfession zugehörig, aufgeteilt wurde. Der nördliche Teil des heutigen Ruhrgebiets blieb allerdings als Vest Recklinghausen in katholischer Hand. In ihrer Konfessionspolitik waren beide Landesherren aus Neuburg und Brandenburg Vorreiter ihrer Zeit. Sie erklärten bereits 1609, noch weit vor dem Westfälischen Frieden, die freie Religionsausübung für ihre Untergebenen. Den Hauptnutzen aus dieser toleranten Politik gegenüber den Konfessionen zogen die Calvinisten, deren Gemeinden schnell anwuchsen und die sich schließlich 1610 auf der Duisburger Generalsynode zusammenschlossen. 28 Pfarrer und acht Laien kamen damals in der Salvatorkirche zusammen und legten den Grundstein für eine protestantische Kirchenordnung, die noch heute für die Evangelische Kirche im Rheinland und in Westfalen durch ihren presbyterial-synodalen Aufbau prägend ist.

Auch die calvinistischen Gemeinden der westfälischen Grafschaft Mark traten 1612 dieser Generalsynode bei. Die im Werden begriffene neue Kirchenorganisation nahm damit keine Rücksicht auf Territorialgrenzen und Landesherren und war ihr eigener Souverän. Einzigartig in der Kirchengeschichte des Ruhrgebiets, das ansonsten immer von den verschiedenen Grafschaften und Provinzen abhängig und zerteilt worden war, entstand auf ihrem Gebiet eine gemeinsame reformierte Kirchenstruktur für die Grafschaften Jülich, Kleve, Berg und Mark, die bis 1793 bestehen blieb. Für die Lutheraner gab es keine vergleichbare verbindende Struktur. Zwar wurden 1612 lutherische Synoden in Kleve und in der Mark (Unna) eingeführt, eine Generalsynode nach reformiertem Vorbild gab es aber nicht.[8] Die Überschreitung der Territorialgrenzen und die Zusammenlegung zu einer gemeinsamen Struktur in der Region in jener Zeit ist historisch betrachtet singulär.

Nach dem Wiener Kongress wurden die beiden Provinzen Rheinland und Westfalen dem Herrschaftsgebiet der Preußen zugeordnet, die nun das kirchenpolitische Geschehen bestimmen sollten. Die Rheinländer und Westfalen, die sich seit mehr als 200 Jahren selbstständig durch die Generalsynoden organisiert hatten, wollten sich jedoch nicht wieder in ein Abhängigkeitssystem mit der herrschenden Macht begeben und stritten weiter für ihre eigene Souveränität. 1835 kam es schließlich mit der Einführung der Rheinisch-Westfälischen Kirchenordnung zum Kompromiss. Die neue Kirchenordnung fasste zwar ihrem Titel nach beide Provinzen zusammen und betonte damit ihre exklusive Stellung im gesamten Preußischen Reich, die kirchlichen Strukturen blieben aber auf die Protestanten in der jeweiligen Provinz begrenzt. Die Zeit der grenzüberschreitenden Gremien und Synoden war nun endgültig vorbei.

---

8 Klueting, Harm: Reformatio Vitae Johann Jakob Fabricius (1618/20–1673). Ein Beitrag zu Konfessionalisierung und Sozialdisziplinierung im Luthertum des 17. Jahrhunderts (Historia profana et ecclesiastica. Geschichte und Kirchengeschichte zwischen Mittelalter und Moderne, Bd. 9), Münster 2003, S. 54.

In der Geburtsstunde des modernen Ruhrgebiets in der ersten Hälfte des 19. Jahrhunderts, als das gesamte Ruhrgebiet sich langsam zu einer zusammenhängenden Wirtschaftsregion für die Kohle- und Montanindustrie entwickelte, stabilisierte sich politisch wie kirchlich der Riss durch das Gebiet, indem die bis heute gültige Grenze zwischen dem Rheinland und Westfalen gezogen wurde.

Nach 1945 wurde ganz Deutschland neu geordnet. Die Briten, in deren Besatzungsgebiet die nördliche Rheinprovinz und die Provinz Westfalen lagen und damit auch das Ruhrgebiet, waren sich zunächst mit den anderen Alliierten uneinig darüber, was mit dem Ruhrgebiet geschehen solle. Das Ruhrgebiet war dank der Montan- und Kohleindustrie nicht nur das Herzstück Deutschlands, sondern aufgrund der Dimension auch von europäischem Interesse. Das Ruhrgebiet wurde von den Alliierten als Ganzes wahrgenommen und es bildeten sich zunächst zwei realistische Optionen. Die Franzosen forderten, das Ruhrgebiet separat als eigenes Land, unabhängig von den restlichen deutschen Ländern, unter der Kontrolle der Alliierten zu führen: mit eigener Regierung, eigener Währung, eigener Verfassung. Es war der Wunsch nach einer Internationalisierung des Ruhrgebiets, an der auch die Sowjetunion ein großes Interesse hatte. Die Engländer überlegten dagegen, ob das Ruhrgebiet entweder der nördlichen Rheinprovinz oder Westfalen zugegliedert werden sollte. Am Ende entschieden die Engländer allein, in der sogenannten »Operation Marriage«, beide Provinzen zugunsten der Stabilisierung des Ruhrgebiets miteinander zu verschmelzen. Als im Oktober 1946 das Land Nordrhein-Westfalen gegründet wurde, entstand ein Land, das es bis dahin nie gegeben hatte. 1947 trat das jahrhundertelang selbstständige Land Lippe noch hinzu.

Kirchlicherseits war das Ruhrgebiet nur bedingt von Interesse, markierte es doch für beide ehemaligen Provinzialkirchen nur einen sehr geringen Teil der Gesamtfläche. Während die Alliierten noch um die Zukunft des Landes rangen, waren sowohl die Evangelische Kirche von Westfalen als auch die Evangelische Kirche im Rheinland längst gegründet und neue Kirchenleitungen eingesetzt. Beide Landeskirchen hatten sich aus dem Verband der Altpreußischen Union herausgelöst und regelten ihre Eigenständigkeit in den Gebietsgrenzen der ehemaligen Provinzen. Das Ruhrgebiet und die evangelischen Kirchenglieder dieser Region rückten erst einige Jahre später ins Blickfeld beider Landeskirchen; die Teilung der für Wirtschaft und Politik so interessanten Industrieregion wurde als Problem oder Hindernis aber nicht erkannt.

Von 1950 bis zur Gegenwart

Die Jahrzehnte nach dem Krieg boten verschiedene Gelegenheiten, die evangelische Kirche im Ruhrgebiet unabhängig von territorialen Grenzen wahrzunehmen. Nachhaltige Veränderungen in der geteilten Situation ergaben sich aber nicht.

Die Evangelischen Kirchentage in den Jahren 1950, 1963 und 1991
Da gab es zunächst die Kirchentage im Ruhrgebiet: Gleich zu Beginn nach der Gründung 1949 fand 1950 im rheinischen Teil, in Essen, der 2. Deutsche Evangelische Kirchentag statt. Er stand unter dem Motto: »Rettet den Menschen«. Die Veranstalter hatten ganz bewusst das Ruhrgebiet als Veranstaltungsort ausgesucht, weil es charakteristisch für zwei Personengruppen war, die in der Nachkriegszeit besonders zu leiden hatten: die deutschen Ostvertriebenen sowie die deutsche Arbeiterschaft. Schon 1950 wurde Essen also nicht nur als östlichster Teil der rheinischen Landeskirche wahrgenommen, sondern auch und besonders als Herz des »rheinisch-westfälischen Industriegebiets«, das wie in einem Brennspiegel die Aufgabe und Absicht des Kirchentages verdeutlichen konnte. In den darauffolgenden Jahren entwickelte sich die Bewegung des Kirchentags stark weiter. Er wurde zu einer festen Größe des Protestantismus, der Hunderttausende Menschen zu den Veranstaltungen lockte.

1963 kam der Kirchentag zum zweiten Mal ins Ruhrgebiet. Diesmal war Dortmund und die westfälische Landeskirche Gastgeber für die Massenveranstaltung unter dem Titel »Mit Konflikten leben«. Neben den innerdeutschen Konflikten, die sich durch den Mauerbau noch verschärft hatten, wurde die beginnende Krise des Kohleabbaus und damit der Erwerbslage vieler Menschen des Ruhrgebiets immer deutlicher. Auch hier setzte der Kirchentag – ähnlich wie 1950 – einen sozial-diakonischen Akzent, indem er gerade in den »Kohlenpott« einlud, der in der restlichen Republik als »nicht lebenswerter« Ort verschrien war. Obwohl sowohl Essen als auch Dortmund alleinige Gastgeber der Veranstaltungen für den Kirchentag waren, war den Initiatoren und Programmbestimmern immer die gesamte Region mit ihrem gelebten Protestantismus im Blick.

Im Jahr 1991 betraten die beiden Landeskirchen im Ruhrgebiet zusammen mit dem Evangelischen Kirchentag Neuland. Erstmals in der Geschichte des Evangelischen Kirchentags wurde nicht eine Stadt, sondern eine ganze Region Gastgeber der Veranstaltung: das Ruhrgebiet. Hatte man sich im Rahmen der Ruhrsuperintendenten-Konferenz schon lange gefragt, wie der Kirchentag wieder in die Region gebracht werden könnte, wurde diese Frage schließlich von der westfälischen Landeskirche aufgegriffen und schließlich bei der Bewerbung auch konsequent durchgesetzt. Der Ruhrgebietskirchentag unter dem Motto »Gottes Geist befreit zum Leben« setzte damit zum ersten Mal ganz bewusst das gesamte Ruhrgebiet landeskirchenübergreifend als Gastgeber für Veranstaltungen und Gäste in Szene. Die Gemeinden der Region wurden in die Gestaltungen und Planung miteinbezogen. Das Konzept verfolgte eine klare »zentrierte Dezentralität«, in dem zahlreiche Gemeinden und sogenannte »Zentren am Wege« eine Schlüsselrolle spielten. Hier begegneten sich nicht nur die kirchlichen, sondern auch andere regionale Akteure, die gemeinsame Netzwerke bildeten für das Arbeiten und Leben in der Stadt. Das Fazit dieses neuartigen Projekts Kirchentag war durchweg positiv. Doch schon bald stellte sich die Frage: Was ist in der Region und für die einzelnen Gemeinde davon geblieben? Was macht die Evangelische Kirche des Ruhrgebiets aus, was verbindet sie auch weiterhin? Carl Peddinghaus, Mitglied der damals eingesetzten Arbeitsstelle »Ruhrgebietskirchentag«, fasste es so zusammen: »Die gastgebenden Kirchen gingen leider auch zu schnell zur bisherigen Tagesordnung über. Geblieben sind viele Netzwerke, oft nur am Rande oder außerhalb der evangelischen Kirche und ihrer Gemeinden.«[9]

Die Konferenz der Ruhrsuperintendenten
Das Ruhrgebiet ist nicht nur kirchlich geteilt, auch die vielen Städte und drei Regierungsbezirke (Münster, Arnsberg und Düsseldorf) erschweren die Kooperation und strukturell geordnete Arbeit der evangelischen Kirche im Ruhrgebiet. Zugleich war auch den Kirchen, vor allem den ansässigen Superintendenten, schon von Beginn an klar, dass es an allen Orten ähnliche und vergleichbare Probleme gab, die mit der besonderen Situation des Ruhrgebiets und dem Lebensgefühl der dort wohnenden Menschen verbunden sind. Aus diesem Bewusstsein heraus und auch als Reaktion auf das neu gegründete katholische Ruhrbistum mit dem Hauptsitz in Essen trafen sich 1958 auf Einladung der Superintendenten aus Dortmund und Essen zum ersten Mal rheinische und westfälische Vertreter – zumeist Superintendenten – des Ruhrgebiets in Essen, um über die Frage »des kirchlichen Aufbaus im Ruhrkohlengebiet« zu debattieren.[10] Der Blick war inhaltlich vor allem auf den Verkündigungsdienst in der Region ausgerichtet, hier spielte der sozial-diakonische Aspekte eine wichtige

---

9 Peddinghaus, Carl in: Günter Brakelmann/Traugott Jähnichen/Norbert Friedrich (Hg.), Kirche im Ruhrgebiet, Essen 1998, S. 435.
10 Die Darstellung der historischen Entwicklung der Ruhrsuperintendentenkonferenz folgt hier der detaillierten Darstellung bei Heinrich Gehring, 50 Jahre Ruhrsuperintendentenkonferenz, in: Günter Brakelmann/Peter Burkowski (Hg.), Auf kirchlichen Spuren kirchlicher Zeitgeschichte. Festschrift für Helmut Geck zum 75. Geburtstag, Berlin 2010, S. 253–270.

Rolle. Aus Sorge und Verantwortung für die Menschen des Ruhrgebiets sollten soziale, wirtschaftliche und betriebliche Themen bearbeitet werden. Zugleich sollte aber auch die »altbewährte Gemeinschaft zwischen Rheinland und Westfalen« gepflegt werden. Nach einem guten Start verebbte der erste Tatendrang und man zog sich wieder in die eigenen Kirchenkreise und die dortigen Aufgaben zurück.

Mitte der 60er Jahre verschärfte sich die Bergbaukrise. 1966 erging das westfälische Synodenwort zur Lage im Ruhrgebiet, dem sich die rheinische Synode 1967 anschloss und mit der Bitte ergänzte, aufgrund der »dringenden seelsorgerlichen Aufgabe« die Ruhrgebietssuperintendentenkonferenz zusammen mit Experten und Persönlichkeiten des Ruhrgebiets neu zu gründen. Drei Bereiche wurden für die Zusammenarbeit als Schwerpunkt ausgemacht: Kontakte zur Industrie, eine geordnete Öffentlichkeits- und Kulturarbeit und Koordination interessenübergreifender kirchlicher Arbeit. Um diese Aufgaben bewältigen zu können, wurde eine gemeinsame Repräsentanz sowie die Einrichtung eines Planungsstabs gefordert. Doch die Gespräche mit den beiden Landeskirchen verliefen ergebnislos. Viel zu groß war vor allem von rheinischer Seite die Angst vor einer eigenständigen Ruhrgebietskirche. In den 70er Jahren kam die Arbeit wieder zum Erliegen, die beiden landeskirchlichen Teile des Ruhrgebiets entfernten sich zunehmend von einander.

1977 kam es dann zur dritten Neugründung, wobei für die rheinische Kirchenleitung sowie einige rheinische Superintendenten das Ruhrgebiet als Ganzes zunächst nur eine Nebenrolle spielte. Bis in die 80er Jahre standen Arbeitslosigkeit und wirtschaftliche Strukturen im Fokus der Konferenz. Im Zusammenhang der Vorbereitung des Kirchentages 1991 wurde die Idee eines »Kirchenamtes Ruhr« laut, die in der Konferenz diskutiert und schließlich mit einem konkreten Anliegen den beiden Landeskirchen mitgeteilt wurde. Die Konferenz schlug den beiden Kirchenleitungen vor, dass die Evangelische Kirche von Westfalen »als federführender Ansprechpartner in Fragen des Ruhrgebiets der Öffentlichkeit gegenüber« fungieren sollte. Bezüglich der Belange des Ruhrgebiets sollte die Konferenz der Superintendenten zukünftig involviert werden, ein Superintendent sollte als Vorsitzender der Konferenz offiziell beauftragt sowie eine hauptamtliche geschäftsführende Stelle eingerichtet werden. Die rheinischen und westfälischen Kirchenleitungen begrüßten die Forderung, eine hauptamtliche Stelle wollten sie aber nicht einrichten. Gegen die Einrichtung einer solchen Stelle aus eigenen Mitteln der Ruhrgebietskirchenkreise sprachen sich vor allem die Dortmunder Mitglieder der Konferenz aus. Sie sahen die Konferenz weiterhin ohne Büro als reine Informations- und Kontaktrunde. Die Konferenz war aus ihrer Sicht »nicht geeignet, für alle Bereiche im ›Ruhrgebiet‹ zu sprechen«.

Die Ruhrsuperintendentenkonferenz gibt es bis heute. Sie hat auch weiterhin den Anspruch, die Evangelische Kirche in der Region (trotz der Grenze mitten durch das Revier) mit einer Stimme zu vertreten. Auf der Internetseite (www.Evangelisch-im-Ruhrgebiet.de) heißt es deshalb noch immer: »Dieses Wir-Gefühl einerseits und die gemeinsamen Herausforderungen für die Menschen hier haben Ende der 1950er Jahre zur Entstehung der Ruhrsuperintendentenkonferenz geführt.« Blickt man jedoch auf die geschichtliche Entwicklung der Konferenz zurück, so lässt sich schon fragen, ob es dieses Wir-Gefühl auf der Ebene der Kirchenkreise, aber auch der Gemeinden wirklich gab und gibt. Nicht nur die Landeskirchen, sondern auch einzelne Kirchenkreise und Personen haben im Laufe der Geschichte immer wieder diesen Zweifel aufkommen lassen. Es gab und gibt immer wieder sehr engagierte und hoch motivierte Menschen, die den Prozess vorangetrieben haben, bis hin zur Forderung nach einem »Kirchenamt Ruhr«. Inwieweit die gegenwärtigen jährlichen Treffen der Superintendenten prägende Potenziale für die Gesellschaft, Wirtschaft und auch das kirchliche Binnenleben in der Region bergen, lässt sich aus der Außenbeobachtung nur schwer beurteilen. Bestimmt wird sie nicht allem gerecht. Doch es lässt sich feststellen, dass eine echte Strahlkraft von ihr ausgehend in der Öffentlichkeit, im kirchlichen Alltag der Region nicht erkennbar ist. Traut man den Angaben der oben genannten Homepage, wurde die letzte gemeinsame Verlautbarung im Jahre 2003 verfasst. Seitdem sind über zehn Jahre vergangen. Aber eine gemeinsame Identität der Kirchen im Ruhrgebiet, ein Wir-Gefühl, so wie es von Anfang an der Wunsch der Beteiligten gewesen ist, scheint sich kaum realisiert zu haben.

Metropole Ruhr – Kulturhauptstadt 2010
»Aufbruch an der Ruhr«, das war das bewusst gewählte Motto für das letzte Großereignis des Ruhrgebiets. Ausgangspunkt war die Idee der Kulturdezernentenkonferenz im Regionalverband Ruhr 2001, sich um den Titel Kulturhauptstadt Europas zu bewerben.

Zahlreiche kulturelle Veranstaltungen fanden bereits im Ruhrgebiet auch städteübergreifend statt, was jedoch fehlte, war ein nachhaltiger Impuls mit der Zielausrichtung, die regionale Kultur zu profilieren und dabei das Ruhrgebiet in seiner Metropolwerdung zu unterstützen. Aus diesem Grund bewarb sich bewusst das ganze Ruhrgebiet als Region und nicht einzelne Städte um den internationalen Titel. Durch die gemeinsame Bewerbung sollte schon in dieser Phase die Zusammenarbeit und Bildung einer gemeinsamen Identität stabilisiert werden. Die Stadt Essen wurde dabei auf Grund des Reglements zur Bannerträgerin der 53 Städte im Revier.

Kirche als traditioneller Kulturträger durfte dabei nach ihrem eigenen Selbstverständnis nicht fehlen, wenngleich ihre Bedeutung und Präsenz in der Region in dem offiziellen RUHR2012-Trailer komplett außer Acht gelassen wurde. Außerdem bot sich mit dem Kulturhauptstadtjahr für die evangelische Kirche erneut die Chance, als eine landeskirchenunabhängige Größe im Revier wahrgenommen zu werden. Ein gemeinsames Büro wurde von den beiden Landeskirchen eingesetzt, verglichen mit den sonstigen Büros der RUHR.2010 GmbH waren die personellen und finanziellen Ressourcen aber stark begrenzt. Bis auf wenige Highlights wie das Chorprojekt »Die 10 Gebote« in der Dortmunder Westfalenhallen oder die sogenannten Church Tours, die im September 2010 von der EKD als Projekt des Monats ausgezeichnet wurden, wurde vor allem gemacht und gezeigt, was man in den Gemeinden und in den Kirchenkreisen immer schon machte (s. Beitrag Thomas Wessel). Aber genau das war auch das offizielle Programm. Mehr konnte angesichts der knappen Ressourcen nicht verlangt werden. Auf die Frage, ob es für die evangelische Kirche richtig war, sich bei der Kulturhauptstadt zu engagieren, antwortete der rheinische Geschäftsführer des Kulturbüros, Andreas Volke: »Es war absolut richtig, dass wir Christen als ältester Kulturträger der Region unsere Kräfte gebündelt haben mit dem Ziel: 2010 profiliert dabei zu sein und – was uns sehr wichtig ist – 2011 nachhaltig einen Gewinn davon zu tragen.« Als Gewinn betrachtete Volke, dass Kirche mehr als vorher von den Menschen und Verantwortlichen der Region als Kulturträger wahrgenommen werde.

Auch wenn vieles nicht besonders spektakulär wirkte, so haben sich die Kirchen doch in vielen Städten während der Local-Hero-Wochen als starke Kulturträger erwiesen und das Programm der gastgebenden Stadt maßgeblich gestaltet. Inwieweit die Feststellung stimmt, dass evangelische Kirche »von den Gemeinden über die Kirchenkreise bis zur überregionalen Zusammenarbeit der beiden Landeskirchen Fortschritte gemacht« hat,[11] muss sich erst erweisen.

Strukturelle Veränderungen der Gegenwart

In beiden Landeskirchen verändern sich die Strukturen auf allen Ebenen ständig. Seit dem im Jahre 2000 in Westfalen initiierten Reformprozess »Kirche mit Zukunft« gibt es im Ruhrgebiet, wie auch in der übrigen Landeskirche, sogenannte »Gestaltungsräume«: Mehrere Kirchenkreise sollen miteinander kooperieren bzw. in absehbarer Zukunft fusionieren. Konkret wurde auf Kirchenkreis-Ebene erst eine Fusion unterzeichnet (Vereinigte Kirchenkreise Dortmund und Lünen),

---

11 http://www.ekir.de/evangelisch2010/fileadmin/Download/Was_bleibt_von_der_Kulturhauptstadt.pdf

aber mehrere stehen kurz davor (Hattingen-Witten, Schwelm und Hagen). Auch im Rheinland haben sich Kirchenkreise zusammengetan, so beispielsweise die Kirchenkreise in Essen und Duisburg. Strukturen werden neu geschaffen, aber vieles bleibt auch so, wie es ist – wie die Grenze quer durch das Ruhrgebiet entlang der beiden Landeskirchen.

Auf der Ebene der Dienste und Werke kam es in den beiden Landeskirchen zu einigen Fusionen, die mittelbar auch Einfluss auf die Arbeit und Identitätsbildung der evangelischen Kirche im Ruhrgebiet haben werden. So haben im Oktober 2007 das Diakonische Werk der Evangelischen Kirche im Rheinland e. V., das Diakonische Werk der Evangelischen Kirche von Westfalen e. V. und das Diakonische Werk der Lippischen Landeskirche e. V. aufgrund der sozialen, ökonomischen und finanziellen Entwicklung gemeinsam einen rechtsfähigen Verein gebildet unter der Bezeichnung »Diakonie Rheinland-Westfalen-Lippe e. V.« mit Sitz bei der Landesregierung in Nordrhein-Westfalen in Düsseldorf.

Ähnlich wie in anderen Landeskirchen in Deutschland wurde die Ausbildung der zukünftigen Pfarrerinnen und Pfarrer für das Rheinland und Westfalen zusammengelegt und wird nun in einem gemeinsamen Predigerseminar in Wuppertal verantwortet. Auch das Pastoralkolleg für die Aus-, Fort- und Weiterbildung wurde fusioniert und soll gemeinsam mit der Lippischen Landeskirche und der Evangelisch-Reformierten Kirche gestaltet werden. Inwieweit diese Zusammenlegung funktioniert und Synergien erzeugt werden können, muss die Zukunft zeigen. Für die Situation im Ruhrgebiet und eine gemeinsame Identitätsbildung der evangelischen Kirche in dieser Region kann sie wegweisend sein. Denn in beiden Ausbildungsinstitutionen finden Begegnungen zwischen den ehrenamtlichen und vor allem den hauptamtlichen Mitgliedern statt. Netzwerke können entstehen – nicht nur in der Peripherie, sondern auch im Kernbereich. Wer zusammen lernt und arbeitet, fühlt sich nicht mehr fremd. Wenn Bochumer Pfarrer und Essener Pfarrerinnen sich nun im Rahmen einer gemeinsamen Ausbildung treffen, nehmen sie sich vielleicht erstmals richtig wahr und entwickeln gemeinsame Projekte über die Grenzen der Landeskirchen hinaus. Hier könnten in Zukunft immer öfter positive Impulse für das Ruhrgebiet entstehen.

Ausblick

Was ist nun das Besondere an dieser Grenze durch das Ruhrgebiet? Und warum werden alle Potenziale, sie zu überwinden, letztlich nicht ausgeschöpft? Ist es die Resignation oder auch die Angst davor, das Wagnis einzugehen? Oder zeichnet sich hier nur das ab, was auch aus kommunalpolitischer Sicht zu beobachten ist: Ist das Ruhrgebiet in seiner gesamten Existenz ein Mythos, dessen »Wir-Gefühl« es niemals gegeben hat und auch nicht geben wird? Und last but not least: Gibt es nicht nur den einen geografischen Riss zwischen den beiden Landeskirchen, der das Ruhrgebiet prägt, sondern aus kirchlicher wie politischer Sicht im gesamten Ruhrgebiet viele Stadtmauern, Kirchenkreisgrenzen und Gemeindezäune, die alle unüberwindbar bleiben?

Die evangelische Kirche steht seit dem Entstehen des Ruhrgebiets genauso wie die anderen Verbände und Organisationen, Interessengruppen und auch viele Lokalpolitiker vor dem Problem der Zerrissenheit des Ruhrgebiets, das einst von den britischen Gründern des Landes Nordrhein-Westfalen auch so gewollt war. Allzu oft stößt man an die Grenze der nächsten Stadt, des nächsten Verwaltungsbezirkes oder der anderen Landeskirche. Die Metropole Ruhr, das war selbst den Veranstaltern der RUHR 2010 klar, ist ein fiktives Konstrukt, das es im wahren Leben nicht gibt. Und zugleich gibt es dieses Ideal und die Sehnsucht danach. Schaut man sich in der alten Kohlenwäscherei auf Zeche Zollverein in Essen den emotional, aber für die Region so sympathischen Film »Ruhrgebiet 360 Grad« an, so hört man oft von den Einheimischen: »Ja, genau so isset. Hier komm' ich wech. Datt is mein Ruhrpott.« Und dabei ist es egal, ob es Bochumer, Essener, Duisburger oder Dortmunder sind. Letztlich gibt es doch so etwas wie ein spezifisches Bild im Ruhrgebiet: das Gefühl für Heimat.

Was bedeutet dies nun für die evangelische Kirche im Revier? Bis zuletzt bleibt die Frage offen, woran am Ende alle gut gemeinten Initiativen im Ruhrgebiet scheitern. Sowohl der Ruhrgebietskirchentag als auch die Konferenz der Ruhrsuperintendenten hatten von Anfang an das richtige Gespür: die Sehnsucht nach einer protestantischen Stimme des Ruhrgebiets über alle kleinen und großen Mauern hinweg, nach einer Struktur, die für das ganze Ruhrgebiet gilt und Platz zur Beheimatung bietet.

Plädiert man in diesem Zusammenhang für eine verstärkte Zusammenarbeit der evangelischen Kirchen im Ruhrgebiet, so läuft man Gefahr, gleich das ganz große Rad zu drehen. Zum einen gibt es anscheinend die Angst vor einer unabhängigen, vielleicht auch zu selbstbewussten Kirche im Ruhrgebiet, Forderungen danach hatte es in Ansätzen ja schon gegeben, zum anderen steht immer wieder die Fusion der beiden Landeskirchen als Ganze im Raum. Aber wären das sinnvolle Lösungsvarianten?

Fordert man also eine Überwindung der Grenzen, dann muss man sich gewisser Ängste und auch Gefahren im Hintergrund bewusst sein. Und natürlich der Angst im Großen wie im Kleinen, Geltungs- und Machtbereiche aufzugeben. Vielleicht sind es genau diese Vorbehalte, die jede Aktion nach vorne lähmen.

Erste Annäherungen zwischen den beiden Landeskirchen wurden und werden auch weiterhin gemacht. Und das ist auch gut so. Auch im Wandel der Zeit nach dem Ende der Kohle- und Montanindustrie stellt der Lebensraum des Ruhrgebiets die Kirche im Blick auf ihren Auftrag vor ganz besondere Fragen und Aufgaben. Diese gemeinsam zu durchdenken und anzugehen ist die Kirche wie 1958 bei der ersten Gründung der Ruhrgebietssuperintendentenkonferenz so auch heute den Menschen im Revier als Kirche schuldig.

»So viel Aufbruch war nie!« Das Fazit des EKD-Impulsprozesses war euphorisch. Wie ich entlang der verschiedenen Stationen der Geschichte der evangelischen Kirche im Ruhrgebiet aufzeigen konnte, hat es zwar auch in der Ruhrregion zahlreiche Aufbrüche gegeben. Ein euphorisches Fazit, wie das von Katrin Göring-Eckardt, lässt sich aber für das Ruhrgebiet im Jahr 2014 nicht ziehen.

In der Diskussion um das Reformpapier der EKD entwickelten sich unterschiedliche Positionen. Die einen forderten analog zum Impulspapier Zentren gelingenden Lebens, die stellvertretend für eine ganze Region als Leuchttürme ihr Licht in die Welt aussenden sollten. Die anderen plädierten vielmehr für ein attraktives und gesundes Lichternetz, dessen kleine Lichter an vielen Orten die Botschaft Gottes zum Strahlen bringen sollen. Im Ruhrgebiet geht es meines Erachtens nicht um die Errichtung neuer Zentren, die überregionale Leuchtkraft besitzen müssen. Auch das evangelische Kulturbüro 2010 hatte nicht versucht, solche Leuchttürme zu etablieren. Das evangelische Ruhrgebiet ist eine Schatzkammer mit den verschiedensten Kompetenzen und Identitäten. Diese alle zu bündeln wäre nicht nur falsch, sondern auch unmöglich. *Eine* evangelische Kirche im Ruhrgebiet, eventuell analog zum Ruhrbistum, zu bilden, stellt für mich keine Alternative dar. Es geht vielmehr um das Lichternetz, das in den vielen Kirchengemeinden und Kirchenkreises innerhalb des Ruhrgebiets verortet ist und auch über den Riss hinweg weiterwächst. Viele Lichter gibt es bereits. Aber das Netz zu sehen, die Verbindung zwischen den einzelnen Lichtern, und gegebenenfalls auch an der einen oder anderen Stelle neu zu knüpfen, das ist die beständige Aufgabe der Zukunft. Und dabei geht es um ein Netz, das nicht nur zu besonderen Großereignissen, sondern stets mit einander verbunden ist. Die Strukturveränderungen im Ruhrgebiet sind sinnvoll und angesichts der gegenwärtigen Herausforderungen, vor denen Kirche steht, notwendig. Allerdings machen sie nur Sinn, wenn zugleich auch die Frage nach der theologischen Konsequenz gestellt wird. Warum ist die evangelische Kirche im Ruhrgebiet präsent? Wie will sie die Menschen in der Region begleiten und einladen? Was ist ihre Botschaft in diesem Kontext? Antworten auf diese Frage können nur gemeinsam mit allen Beteiligten in gemeinsamen Konventen, Aus- und Fortbildungsseminären und kleinen Ruhrgebietskirchentagen gefunden werden. Dazu sind gegenseitige Wahrnehmung, Begegnung und das Gespräch erforderlich. Strukturen dafür können geschaffen und weiter unterstützt werde.

Auch wenn der Gedanken selbstverständlich utopisch ist: Sollte das Ruhrgebiet noch einmal Träger der Kulturhauptstadt werden, wünsche ich mir, dass Kirche selbstverständlich im offiziellen Trailer zu sehen sein wird, weil sie selbstverständlich und für alle sichtbar einer der wichtigsten Kulturträger der Region ist. Dass dieser Wunsch in Erfüllung geht, ist nur möglich, wenn das Lichternetz Gemeinde- und Kirchenkreis- und Landeskirchen-übergreifend für alle auch außerhalb der Kirche sichtbar ist. Die Ruhrgebietssuperintendentenkonferenz ist von Anfang an eine gute Idee gewesen, sie müsste sich nur noch weiter in diesem Lichtermeer vernetzen.

Ulrich Althöfer
Evangelische Kirchen im Ruhrgebiet
Spurensuche zu Geschichte und Gegenwart

»Transformationen« lautete das Thema des Evangelischen Kirchbautages in Dortmund vor einigen Jahren, 2008. Er beschäftigte sich mit dem Wandel der Kirchen in einer sich wandelnden Region. Angesichts der prominenten aktuellen Beispiele stellten sich auch immer wieder Fragen nach historischen Veränderungsprozessen – gerade im Ruhrgebiet, das von extremen Transformationsprozessen geprägt war und ist. Im Folgenden sei an sieben wenig bekannten, exemplarischen Beispielen Fragen und Gedanken zu Geschichte und Gegenwart, zur Kultur des evangelischen Kirchbaus – gelegentlich auch fokussiert auf seine Ausstattung – nachgegangen, wie sich sein besonderes »architekturgeschichtliches Profil« heute im (westfälischen) Ruhrgebiet darstellt und welche Faktoren Entwicklungen und Transformationen bedingten. Es zeigen sich neben bekannten auch überraschende Aspekte, die weit in die Zeit des »Ruhrgebietes vor dem Ruhrgebiet« zurückführen, dessen Strukturen und Geographie sich nach Industrialisierung, Krieg und Wiederaufbau komplett verändert haben.

Schwerte an der Ruhr, Stadtkirche St. Viktor
Umgang mit dem »Stiftungsboom« am Vorabend der Reformation

Etwa ein Viertel des heutigen Bestandes an evangelischen Kirchenbauten in der westfälischen Ruhrgebiets-Region stammt aus dem Mittelalter, in weiten Teilen zumeist aus dem 12. und 13. Jahrhundert, das hier durch enorme und qualitativ hochrangige Bautätigkeit bestimmt war. Die Gebäude werden also seit der Reformationszeit »evangelisch« genutzt. Sie befinden sich insbesondere auf dem Gebiet der ehemaligen Grafschaft Mark und der Reichsstadt Dortmund, die in einem oft langwierigen Prozess im Laufe des 16. Jahrhunderts von der Reformation geprägt wurden, also eher im südlichen und östlichen Ruhrgebiet. Nach der Reformation wurden die Gebäude zumeist erst sukzessive, eher pragmatisch, relativ behutsam und zeitlich mit »langem Atem« neuen Verhältnissen angepasst. Die lutherische Stadtkirche St. Viktor in Schwerte, am östlichen Rand des Ruhrgebietes, zeigt das

Abb. 1: *Stadtkirche St. Viktor, Schwerte*

eindrucksvoll (Abb. 1). Nicht nur die Einrichtung des erst 1508–1523 errichteten höchst modernen Chorraums, darunter der große Antwerpener Schnitzaltar, blieb erhalten. Es handelt sich um außergewöhnlich wertvolle Stiftungen, deren Umfang in den Jahren um 1500 nach der vorhandenen Überlieferung offenbar ein schier unübersehbares Maß angenommen hatte, die also erst gut 50–60 Jahre alt waren. Auch weitere Teile von dann wohl bald entfernten Nebenaltären oder Figuren einer Triumphkreuzgruppe befinden sich noch immer in der Kirche. Wenn dies sicher auch nur die Spitze des Eisbergs ist – man spricht in diesem Zusammenhang von der »bewahrenden Kraft des Luthertums«. Räumliche Neuordnungen betrafen – oft erst nach Klärung der konfessionellen Verhältnisse nach der Mitte des 17. Jahrhunderts – die Aufstellung einer Kanzel, die Ausrichtung eines Gestühls darum sowie die zentrale Positionierung des Taufgeschehens, was man in Schwerte heute nur noch ansatzweise nachvollziehen kann. Der lange und vielschichtige Prozess der »evangelischen Aneignung« auch unter Wahrung des Bestehenden, der die Kultur evangelischer Kirchenräume im Ruhrgebiet bis heute prägt, ist ein lohnendes Forschungsfeld.

Evangelische Kirchen im Ruhrgebiet

Abb. 2: *Grimberger Altar, Bleckkirche, Gelsenkirchen-Bismarck*

Gelsenkirchen-Bismarck, Bleckkirche, Grimberger Altar
Unter neuen Vorzeichen

Wie wurden Räume »evangelisch«? Etwa durch einzelne, neu gesetzte Akzente. Mitten im westfälischen Ruhrgebiet, in der Bleck-Kirche in Gelsenkirchen-Bismarck, findet sich ein bedeutendes Zeugnis der Reformationsgeschichte. Hier steht ein prachtvoller steinerner Altaraufsatz in Renaissanceformen flämischer Tradition: Die Darstellung des Heiligen Abendmahles im Hauptgeschoss wird durch die (niederdeutschen) Einsetzungsworte in der Predella ergänzt (Abb. 2). Damit steht der Altaraufsatz in bester lutherischer Tradition. 1574 stifteten ihn die lutherisch gewordenen Besitzer des im Emscherbruch gelegenen Hauses Grimberg für ihre damalige Schlosskapelle, die auch der lutherischen Gemeinde der Umgebung zur Verfügung stand. 1738 wurde der Aufsatz in die unweit neu errichtete Kirche »auf dem Bleck« übernommen, wohl auch aufgrund seines Geschichtswertes und seiner identitätsstiftenden Bedeutung. Hier befindet er sich bis heute – mit seiner detail- und geschichtsreichen Darstellung, aber auch als ältester erhaltener lutherischer Altar-Aufsatz nicht nur des westfälischen Ruhrgebietes, sondern in westfälischen Kirchen überhaupt – eine der überraschendsten Facetten in evangelischen Kirchenräumen im Ruhrgebiet.

Bochum-Wattenscheid, Alte Kirche
Kirchen und Ausstattung im konfessionellen Zeitalter

Zu den spannenden Zeugnissen evangelischer Kultur im »Ruhrgebiet vor dem Ruhrgebiet« gehört die äußerlich sehr einfache »Alte Kirche« am Rande der Innenstadt von Bochum-Wattenscheid. Nicht einmal die genauen Baudaten sind bekannt: etwa von 1676 bis um 1700 ließ die lutherische Gemeinde in der kleinen, ländlich geprägten Stadt ihre Kirche errichten, ein schlichter Bau mit dreiseitig geschlossenem Abschluss nach Osten und einem Dachreiter im Westen (Abb. 3a). Die Alte Kirche ist eine der wenigen erhaltenen Kirchenneubauten des »konfessionellen Zeitalters«, als in den Städten der brandenburgischen Grafschaft Mark sowohl lutherische, reformierte als auch katholische Gemeinden bestanden. Die konfessionellen Unterschiede waren einer der Gründe, dass hier überhaupt neue evangelische Kirchen entstanden. Wenn Kathrin Ellward in ihrem 2008 erschienenen Überblick *Evangelischer Kirchenbau in Deutschland* ein Kapitel überschreibt: »Das 18. Jahrhundert: Bauboom und Hochphase des evangelischen Kirchenbaus«, so gilt dies, wenn überhaupt, nur sehr eingeschränkt für das westfälische Ruhrgebiet. Rela-

Abb. 3a: *Alte Kirche, Bochum-Wattenscheid*

tiv wenig wurde neu gebaut, noch weniger ist erhalten, wie später zu zeigen sein wird. Die mehrmals fast aufgegebene »Alte Kirche« repräsentiert diese gewöhnlich unspektakulären, pragmatischen Neubauten des späteren 17. und 18. Jahrhunderts ungemein authentisch, nicht zuletzt aufgrund ihrer höchst spannenden Ausstattung. Wenn nun die Barockzeit in unserer Region baulich weniger präsent ist als andere Epochen, so wurden auf der anderen Seite gerade jetzt zahlreiche Kirchen neu ausgestattet, oftmals erstmals im evangelischen Sinne. Zu den genuinen Entwicklungen protestantischer Kultur gehörte damals der Kanzelaltar als Versuch, die Stätten des Altarsakramentes und insbesondere des »Wortes« würdig zu betonen bzw. axial im Raum zu platzieren. In der »Alten Kirche« hat sich aus der Zeit um 1694 bis ca. 1706 einer der frühesten (und heute seltenen) Kanzelaltäre nicht nur des Ruhrgebietes, sondern auch ganz Westfalens erhalten (Abb. 3b). Da die Kanzel offenbar nachträglich – nur unwesentlich später – in den typisch barockzeitlichen Altaraufsatz eingesetzt wurde, ist die Anlage für die Entwicklung dieses Typs auch überregional interessant.

Abb. 3b: *Kanzelaltar, Alte Kirche, Bochum-Wattenscheid*

Dortmund-Hörde, Lutherkirche
Evangelisches Selbstbewusstsein im Kaiserreich

Mit der 1889 eingeweihten Lutherkirche in Dortmund-Hörde beginnt die prägende, »große Zeit« des evangelischen Kirchenbaus im Ruhrgebiet in der Folge von Bergbau und Industrialisierung. In etlichen Städten entstanden erst jetzt die ersten evangelischen Kirchenneubauten nach der Reformation. Der Essener Architekt Peter Zindel schuf eine dreischiffige, kreuzförmige Hallenkirche mit Westturm und Polygonchor in klassischen neugotischen Formen (Abb. 4a). Mit dem Rückgriff auf bzw. der Weiterentwicklung von historisch und auch kirchlich geprägter (hier gotischer) Architektur versicherte man sich einer vermeintlich großen, würdigen Tradition. Bei

Abb. 4a: *Lutherkirche, Dortmund-Hörde*

Abb. 4b: *Panoramalbild Dortmund-Hörde mit Lutherkirche und Phönix-Stahlwerk, um 1900*

aller bewussten Geschichtlichkeit indes zeichnen beispielsweise die Emporen im Inneren (und die entsprechend doppelgeschossige Fensteranlage im Äußeren) die Lutherkirche als damals höchst aktuellen evangelischen Bau aus, mit möglichst vielen Plätzen in guter Sicht- und Hörbeziehung zu Kanzel und Altar. Bis heute beherrscht die Lutherkirche das Stadtbild – lange Zeit gemeinsam mit den inzwischen abgebauten Anlagen der Phönix-Stahlwerke (1841–2001) (Abb. 4b). Die Industrialisierung und das Bevölkerungswachstum im späteren 19. Jahrhundert führten zum Bau einer größeren Kirche. Zugleich aber war sie das gemeinsame Projekt der (erst) 1875 unierten lutherischen und reformierten Gemeinden. Sie ersetzte deren beide kleine Kirchen (vergleichbar mit Wattenscheid) als große Zentralkirche an neuem Standort. Programmatisch wurde der Grundstein bereits im Luthergedenkjahr 1883 gelegt. Die exponierte Lage und die aufwändige Gestaltung – perfekter als im Mittelalter, praktisch und äußerst repräsentativ zugleich – spiegeln das Selbstbewusstsein der evangelischen Gemeinde in der aufstrebenden, damals noch selbstständigen Industriestadt im Kaiserreich. Eine Welle von Kirchenneubauten und Umgestaltungen in diesem Sinne entstand bis zum Ersten Weltkrieg, sie veränderten im Zuge der Hochindustrialisierung das Gesicht des Ruhrgebietes und prägen es (etwa mit einem Viertel des Gesamtbestandes) bis heute. Die Lutherkirche wurde nach Kriegsschäden im Inneren – wie viele Ruhrgebietskirchen – stark vereinfacht. Überhaupt zählt der Wiederaufbau zu den großen Leistungen evangelischer Kirchbaukultur im Ruhrgebiet. Die gegenwärtige Umstrukturierung Hördes nach Transformation einer Industriebrache (Wohnen, Naherholung und Freizeit) betrifft auch die evangelische Gemeinde Hörde mit ihrer Lutherkirche, die in exponierter Weise an die enormen Umwälzungen der letzten rund 150 Jahre erinnert.

Marl, Auferstehungskirche
Kirchenbau nach 1945 – Präsenz und Sonderform

In den Jahrzehnten nach dem Zweiten Weltkrieg entstand knapp die Hälfte des heutigen Gesamtbestandes an Kirchen und größeren Gemeindezentren im Ruhrgebiet, in kurzer Zeit also ebenso viele wie in den Jahrhunderten zuvor. Auf Bevölkerungsverschiebungen und -zunahme musste und wollte man kirchlicherseits reagieren: Spätestens jetzt wurden die alten Großgemeinden oder Kirchspiele aufgegliedert oder Bezirke verselbstständigt. Es entstand ein Netz überschaubarer Gemeinden »im Schlappenbereich« mit guter baulicher Ausstattung in der Fläche. Neben dem Wiederaufbau wurde der Kirchenneubau zur prominenten Bauaufgabe. Während zunächst schlichte, strenge, durchaus noch hierarchisch konzipierte Kirchen ent-

Abb. 5a: *Auferstehungskirche, Marl*

standen, experimentierte man später mit vielgestaltigen Grund- und Aufrissen, räumlichen Konzeptionen und Baustoffen wie Beton und Glas. 1961, auf dem Höhepunkt des Kirchbaubooms, entstand Denis Bonivers Auferstehungskirche in der jungen, aufstrebenden Bergbau- und Industriestadt Marl (Abb. 5a). Der achteckige Zentralbau setzt bewusst einen Kontrapunkt zu den nahen Wohnsiedlungs- und Industrie- und Zechengebäuden – das Thema ist die zeittypische »Sonderform«. Das Innere stellt quasi einen Zentralraum dar, die Bänke gruppieren sich leicht konzentrisch vor den exzentrisch auf einem Podest stehenden Prinzipalstücken. Typisch ist auch die introvertierte Abgeschlossenheit des Raumes, der einen Gegensatz zur profanen Welt bilden soll: Die Belichtung erfolgt von oben. Der Künstler Helmut Heinken aus Worpswede entwarf Fenster, deren farbige Elemente aus Kunststoff bestehen, der in den Chemischen Werken Hüls gefertigt wurde – ein Versuch, mit dem auch künstlerisch Bezug genommen wird auf die Lebenswelt der Gemeindeglieder (Abb. 5b). Kurz, es entstanden durchaus experimentelle Gesamtkunstwerke von eindrucksvoller Sonderform, wobei Assoziationen gesucht wurden wie Burg, Schiff, Arche oder, wie hier, zum Zelt. Nahezu selbstverständlich war die Verbindung mit Gemeinderäumen – doch Kirchen standen weiterhin im Mittel-

Abb. 5b: *Fenster in der Auferstehungskirche Marl, Entwurf: Helmut Heinken*

punkt, selbstbewusste, städtebaulich präsente Bauten, die mit gesteigerten Mitteln das »ganz Andere« vermitteln wollten. Im abgeschiedenen Inneren richtet sich der Blick zumeist allein auf ein Kreuz, auf Christus allein. Die Auferstehungskirche ist unter vielen qualitätvollen Kirchen eines der prägnantesten Beispiele.

Dortmund-Scharnhorst, Schalom-Gemeindezentrum
Mehrzweck als Programm

Die Umkehr: Seit den 1960er Jahren entstand bei Scharnhorst nordöstlich von Dortmund eine Satellitenstadt für über 20 000 Menschen, eines der größten Siedlungsbauprojekte der Zeit in Nordrhein-Westfalen. Die evangelische und die katholische Kirchengemeinden entwickelten mit der Architektengemeinschaft Gastreich, Moritz und Riepe inmitten der Siedlung am Rande eines Einkaufs- und Freizeitzentrums zwei um einen gemeinsamen Platz orientierte Gemeindezentren, realisiert 1971–1973 (Abb. 6). Das evangelische Schalom-Zentrum ist ein vielgliedriger Komplex mit variabel nutzbarem Gemeinde- und Gottesdienstsaal, kleinem Andachtsraum, Foyer, Gemeinderäumen, Büros, Jugendetage, Kindergarten und Café. Die Anlage wurde konsequent im Sinne der intensiven Diskussion der 1960er

Abb. 6: *Schalom-Gemeindezentrum, Dortmund-Scharnhorst*

Jahre (Bad Boll, Kirchbautag Darmstadt 1969) entwickelt: bewusst unauffällig, programmatisch ohne große Geste und Sakralität, ein niedrigschwelliges »Stadtteilzentrum«. Ähnlich verhält es sich bei dem katholischen Schwesterzentrum St. Franziskus, das jedoch einen dezidierten Sakralraum besitzt. Hier wurde das Konzept der »Kirche für andere« realisiert, dem bis heute sozialdiakonisch geprägten Profil der Gemeinde entsprechend mit offener, einladender Atmosphäre. Ähnliche, meist kleinere, weniger aufwändig angelegte Zentren entstanden zahlreich in der Fläche im Zuge der Aufgliederung der Ruhrgebietsgemeinden. Das Schalom-Zentrum ist wohl eines der prominentesten Beispiele für evangelisch-kirchliches Bauen im Ruhrgebiet um und nach 1968.

Dortmund-Eving, Segenskirche und weitere Bauten
Konzentration auf die historische Mitte

Die Segenskirche in Dortmund-Eving zeigt aktuelle Tendenzen evangelischen Kirchenbaus im Ruhrgebiet und fasst das Beschriebene noch einmal zusammen. Die Segenskirche ist ein typisches »Kind« der Hochindustrialisierung, auf dem Höhepunkt des Kirchbaubooms um 1900. Mit der Zuwanderung aufgrund des Bergbaus wurde aus dem bäuerlich geprägten Kirchspiel Kirchderne 1895 die Kirchengemeinde Eving verselbstständigt. Wie im Ruhrgebiet üblich, plante man als einigendes Ziel und selbstbewusstes Zeichen sofort eine Kirche. Der Bau wurde von der Bergbaugesellschaft im Rahmen des Ansiedlungsgesetzes bzw. in Hinblick auf die Bergsicherheit finanziell und materiell großzügig gefördert. 1897–1899 entstand nach Plänen des Hagener Architekten Gustav Mucke ein innovativer, auf der Höhe der intensiven zeitgenössischen Diskussion stehender Bau (Abb. 7a): gestalterisch mit seinen freien Formen in Abkehr vom strengen Historismus, konzeptionell durch seinen Zentralraum mit Emporen und der Anlage von Altar, Kanzel und Orgel übereinander nach dem »Wiesbadener Programm«. Dieses wurde hier in Westfalen mit zum ersten Mal realisiert, nicht zuletzt auf Wunsch der Gemeinde: Sie empfand etwa die Einbeziehung eines Konfirmandensaales unterhalb der Orgelempore in das ansonsten rein sakrale Gebäude als praktisch. Trotz Kriegsbeschädigungen, mehrfacher Umgestaltungen und Sanierungen aufgrund von Bergschäden ist die Grundanlage von 1899 in vielen Details überkommen.

Die Gemeinde in ihrem gegenwärtigen Zuschnitt besitzt bzw. besaß weitere Bauten: in Lindenhorst (westlich) einen kleinen Kirchraum von 1913, der an einen baugeschichtlich hoch bedeutenden Turm des 12. Jahrhunderts anschließt (Abb. 7b). Der sanierungsbedürftige, seit Jahren eingerüstete Turm gehört zu den ältesten Bauwerken im heutigen Stadtgebiet von Dortmund; darin hängt eine der ältesten Glocken des Ruhrgebietes von 1405 an originaler Stelle. In Kemminghausen (östlich) entstand 1959 im Zuge der weiteren Aufgliederung nach 1945 ein Gemeindezentrum mit Gottesdienstraum, der 1986 unter Wolfgang Kreutter neu gestaltet wurde (Abb. 7c). In den 1950er Jahren errichtete man ein Gemeindehaus hinter der

Abb. 7a: *Segenskirche, Dortmund-Eving*

Abb. 7b: *Kirchturm, 12. Jahrhundert, Kirche Dortmund-Lindenhorst*

Abb. 7c: *Gemeindezentrum mit Gottesdienstraum, Dortmund- Kemminghausen*

Abb. 7d: *Umbau Segenskirche 2008/9, Entwurf: Büro Brüning/Klapp/Rein & Thomas Kesseler*

Segenskirche. Damit spiegelt sich hier historisch wie auch baugeschichtlich bzw. bauzeitlich das klassische Ruhrgebietsprofil wider!

Im Zuge von Strukturveränderungen ist gegenwärtig das Ziel der Kirchengemeinde eine – häufig ähnlich realisierte – Konzentration auf den zentralen Standort bzw. die historische Segenskirche. Mit dem Abriss des Gemeindehauses, der Um- und erweiterten Nutzung des Gemeindezentrums Kemminghausen (und einem bislang noch ungelösten Umgang mit den Gebäuden in Lindenhorst) erfolgte ein kompletter innerer Umbau der Segenskirche. Nach einem Wettbewerb wurde der Entwurf des Büros Brüning/Klapp/Rein unter künstlerischer Mitarbeit von Prof. Thomas Kesseler 2008/09 realisiert. Er vereinigt alle Funktionen einer Kirche und eines Gemeindezentrums (Abb. 7d); eine höchst anspruchsvolle Bauaufgabe. Dies geschieht erstmals in dieser Konsequenz im Ruhrgebiet auch in einem denkmalgeschützten Kirchengebäude, das nunmehr mit seinem von der Gemeinde geschätzten, zeichenhaften Charakter den unterschiedlichsten Formen gemeindlicher Arbeit dient.

Schluss

Der Überblick zeigt die Vielgestaltigkeit, die historische Tragweite und die spannende Gegenwart der Kultur des evangelischen Kirchenbaus im Ruhrgebiet. Insbesondere die mittelalterlichen Bauten, die Kirchen des 19. Jahrhunderts sowie aus der Zeit nach 1945 machen heute das architekturgeschichtliche Profil aus und prägen die Landschaft mit allen ihren Transformationen, überraschenden Akzenten und auch ihrer überregionalen Bedeutung. Wichtig ist es, die Vielfalt und Qualität wahrzunehmen, die große kulturelle Bedeutung (nicht nur für das Ruhrgebiet) immer wieder neu zu vermitteln, die Kirchenlandschaft umsichtig und in Verantwortung vor dem Erbe zu gestalten und auch weiterzuentwickeln.

Peter Noss
Das Eigene im Fremden verstehen
Evangelisches Profil im Wandel

"'United in Diversity' is the leitmotif of European Integration. And it is our strength. This applies especially to religion and the legal systems governing the relations between religion and the state.
In principle, this is not only accepted, but positively recognised by EU and European law. Art 22 of the Charter of Fundamental Rights endorses 'Cultural, religious and linguistic diversity' in Europe. Art. 17 of the Treaty on the Functioning of the European Union respects the national competence in these matters."

Auf diese Grundbedingungen für das religiöse Leben in Europa machte 2012 der damalige Bevollmächtigte der EKD, Bernhard Felmberg, aufmerksam. Er sprach aus Anlass des ersten Auftritts von Religionsvertretern in der Geschichte vor der Parlamentarischen Versammlung des Europarates.[1]

Damit beschrieb er die Rahmenbedingungen für eine Situation, wie sie in den Metropolen und Ballungsgebieten in Europa längst gegeben, aber noch keineswegs verinnerlicht sind. Die rechtlichen Rahmenbedingungen ermöglichen eine Vielfalt von profilierten Kulturen, Religionen und Sprachen – und zielen damit auf Toleranz, Anerkennung und Verständigung.

Als im Ruhrgebiet 2010 das Jahr der Kulturhauptstadt Europas begann, war die Vielfalt des religiösen Lebens in dieser Region in allen ihren Dimensionen nicht bekannt. Zwar war man sich auch in der zentralen Planungsstelle in Essen dessen bewusst, dass es zahlreiche Religionsgemeinschaften gab, aber nicht, was es konkret

---

1 Die übrigen der fünf geladenen Religionsvertreter waren: Patriarch Daniel, Rumänien, Jean-Louis Kardinal Tauran (Präsident des Päpstlichen Rates für den Interreligiösen Dialog), Staat der Vatikanstadt, Prof. Dr. Mehmet Görmez, Präsident der Behörde für Religionsfragen (Diyanet), Türkei, sowie Berel Lazar, Chief Rabbi of Russia, Russland. Vgl. http://www.ekd.de/bevollmaechtigter/aktuell/2011/pm84_2011_felmberg_europarat.html (7.3.2012).

gibt und in welchen Größenordungen.² Immer wieder wird eine fiktive Zahl von 140 Religionen in den Raum gestellt, um die Vielfalt quantifizierend in den Griff zu bekommen – was der tatsächlichen Situation aber nicht entspricht.³ Zwar gibt es heruntergebrochen auf die lokale Ebene ca. 2 500 religiöse Gemeinschaften, doch diese Zahl umfasst sämtliche Gemeinden, Gemeinschaften und Gruppen aller Art, ob christlich, muslimisch oder esoterisch. Im Ruhrgebiet finden sich jedoch nur bis zu 20 verschiedene Religionsgemeinschaften, darunter das Christentum mit den verschiedenen konfessionellen Ausprägungen, das Judentum, der Islam, Hindus, Buddhisten und Bahá'í sowie einige kleinere Gemeinschaften. Doch die Lage ist jenseits aller Quantität viel komplexer, interessanter und vielschichtiger. Und es ist für die etablierten Gemeinschaften des Christentums eine starke Herausforderung geworden.

Religöse Pluralität

Seit 2008 findet das alljährliche Fußballspiel zwischen evangelisch-landeskirchlichen Pfarrern und muslimischen Imamen des türkischen DITIB-Verbandes im

---

2 Vgl. Geldbach, Erich/Noss, Peter (Hg.): Vielfalt und Wandel. Lexikon der Religionsgemeinschaften im Ruhrgebiet, Essen 2009. Noss, Peter: Vom Bethaus der Kleinzeche zum interreligiösen Stadtfest, in: kunst und kirche 2/2008, S. 21–27.
3 So etwa in einem Artikel zum Hochschulstandort Bochum, in dem der Rektor der Ruhr-Universität, Elmar Weiler, mit dem Hinweis auf den Forschungsschwerpunkt »Dynamiken der Religionsgeschichte zwischen Europa und Asien« zitiert wird: »… hier leben viele Kulturen und laut Rektor Weiler auch 140 Religionsgemeinschaften zusammen.« Natascha Plankermann, Wachstum dank Wissen. Die Wissenschaft arbeitet in Bochum eng mit der Wirtschaft zusammen und hat die Anwender im Blick (Welt am Sonntag, 17.2.2008) (http://www.welt.de/wams_print/article1684869/Wachstum_dank_Wissen.html). Auch Katja Thimm, Motive der Moderne (Der Spiegel, 1.3.2010), zitiert Elmar Weiler in vergleichbarer Weise: »Wir sind ein globales Dorf. Hier zeigen Menschen aus 140 Religionsgemeinschaften und mehr als 100 Nationen, wie man friedlich zusammenleben kann.« (http://www.spiegel.de/spiegel/print/d-69277678.html). »Da gibt keiner gerne etwas ab. 140 Religionsgemeinschaften aus über 100 Nationen leben in diesem globalen Dorf beieinander. Da sieht jeder zu, dass er sich ein privates Eckchen schafft. Mein Kirchturm, meine Laubenkolonie-Parzelle, mein Gartenzwerg«, schreibt Frederik Hanssen in seinem Beitrag »Achtung, Personen auf der Fahrbahn!« für den Tagesspiegel aus Berlin am 17.7.2010 (http://www.tagesspiegel.de/kultur/kulturhauptstadt-achtung-personen-auf-der-fahrbahn/1885924.html).

Plakat zum Spiel zwischen Pfarrern und Imamen: »Anstoß zum Dialog«, 2013

Hoeschpark im Dortmunder Norden statt, ein jüdischer Unparteiischer pfeift die Partie. Unter dem Motto »Anstoß zum Dialog« will die inzwischen um weitere Elemente angewachsene Veranstaltung zum Kennenlernen und zur Verständigung der unterschiedlichen Kulturen und Religionen beitragen. Der Ort im sozialen Brennpunkt ist gut gewählt: Auf dem ehemaligen Gelände der Firma Hoesch treffen die unterschiedlichsten Menschen und Milieus aufeinander, kaum jemand, der hier nicht eine Migrationsgeschichte von sich oder seiner Familie erzählen kann.

Die erste Partie dieses Spiels wurde 2006 ausgetragen, damals noch im Stadion »Rote Erde« direkt neben dem neuen Stadion des BVB Borussia Dortmund, eines Vereins, der vor über 100 Jahren aus einer kirchlichen Initiative heraus entstanden ist.

Anstoß zum Dialog, 2013 (Foto: Peter Noss)

Das Medienecho auf das erste Dialog-Spiel war riesengroß, das Heute-Journal des ZDF berichtete ebenso darüber wie das japanische Fernsehen, in etlichen Tageszeitungen waren Berichte zum Spiel zu lesen. Das öffentliche Interesse dokumentiert, dass das Bedürfnis nach Dialog und gegenseitiger Kenntnisnahme enorm ist – aber keineswegs selbstverständlich oder in ausreichendem Maße befriedigt.

Die Idee zu dem Spiel entstand während der Vorbereitungen auf die Fußball-Weltmeisterschaft der Männer 2006 in Deutschland. Imame und Pfarrer aus Dortmund hatten sich getroffen, um einen interreligiösen Stadtplan zu entwerfen. Da lag es nah, über eine spielerische Variante des Dialogs nachzudenken. Die Idee war indes nicht ganz neu: Auch in Berlin-Wilmersdorf hatten wenige Wochen zuvor vergleichbare Teams gegeneinander gespielt. An beiden Orten ist das Spiel zu einer festen Größe geworden, das Rahmenprogramm wird ständig weiterentwickelt.

Auch in anderem Zusammenhang wird der Sport zu einer Brücke von möglichst niedrigschwelliger Verständigung. So wurde schon 2005 bei den world-games in Duisburg, einem internationalen Sportfest, ein »Zelt der Religionen« aufgebaut, in dem es Gelegenheiten zur Begegnung gab. Bei der Ruhrolympiade, einem Sportfest für jugendliche Sportlerinnen und Sportler aus der Region, fand 2012 am Fronleichnams-Feiertag erstmals eine multi-religiöse Feier statt. Sie orientierte sich am »Sternlauf der Religionen«, die der »Arbeitskreis Kirche und Sport NRW« für das Kulturhauptstadtjahr 2010 erfunden hatte: Aus dem gesamten Ruhrgebiet kamen sportlich und religiös Interessierte per Rad oder Pferd, mit dem Kanu oder zu Fuß, um sich im Müga-Park in Mülheim zu einem Fest bei Musik, Tanz, Spiel und Essen zu treffen.[4]

Allerdings dürfen bei allem Engagement für die Verständigung Resonanz und Interesse der Bevölkerung nicht überschätzt werden. Die Mehrheit der Ruhrgebietsbewohner weiß nur wenig über die religiöse Landschaft in ihrer Region. Wie in anderen Regionen Deutschlands schwindet außerdem das Wissen um die jeweils eigene religiöse Identität und Herkunft.

Während die traditionellen Religionsgemeinschaften wie die katholische und die evangelischen Kirchen stetig schrumpfen, hat sich im Ruhrgebiet (wie auch andernorts) eine große Vielfalt anderer religiöser Gemeinschaften entwickelt. Zugleich zeigen sich Tendenzen eines sich immer kräftiger ausprägenden säkularen Zeitalters, dessen Wurzeln schon Jahrhunderte zurückreichen. In der Gesellschaft der westlichen Welt, so hat es der Religionssoziologe Charles Taylor beschrieben, hat sich der unangefochtene Glauben an Gott verflüchtigt.[5] Zugleich aber stellt sich heraus, dass die religiösen Wurzeln nicht einfach verloren gehen, sondern sich verwandeln. Ein Gottesbezug wird auch dann (negativ) hergestellt, wenn Atheisten

---

4 Für einige Jahre war beim Festival »Kemnade international« an der Ruhr zwischen Bochum und Witten eine interreligiöse Veranstaltung integriert, bei der sich neben den Kirchen der Arbeitsgemeinschaft Christlicher Kirchen (ACK) auch die jüdische Gemeinde, muslimische Verbände, die Hindus und die Baha'i vorstellten. Maßgeblich daran beteiligt ist der World Conference for Religions for Peace (WCRP) Witten. Informationen unter: http://www.wcrp.de.
5 Taylor, Charles: Ein säkulares Zeitalter, Frankfurt a. M. 2009.

oder Agnostiker Gott explizit ablehnen: Sie experimentieren weiter mit den Symbol des Kreuzes, indem sie es einfach auf den Kopf stellen – die Möglichkeit zur Revision bleibt bestehen.[6] Taylor beschreibt in seiner Theorie der Säkularität drei aufeinander bezogene Aspekte: den Rückgang der Religion im öffentlichen Leben, den Niedergang des Glaubens und der religiösen Praxis und – das ist entscheidend wichtig – die Veränderungen der Bedingungen des Glaubens. So ist zwar die alte, verzauberte Welt vergangen, dafür aber ein neues Feld des Heiligen und Spirituellen entstanden. Die Reformation, die protestantische Bewegung als Aufbruch in die Freiheit, hat eine Entwicklung in Gang gesetzt, die bis heute sich beschleunigend fortwirkt. Die alte Einheit der Schöpfungsordnung wurde aufgelöst und die Religion bekam einen eigenen Sinn in sich selbst, gepaart mit ersten Anzeichen von Konfessionalität und unterschiedlichen reformatorischen Strömungen, die – anders als zuvor die Ordens- und Protestbewegungen – nicht mehr unter das Dach der geeinten Kirche des Papstes zu bringen waren. Der Einzelne konnte in einen unmittelbaren Kontakt zu Gott treten, die vermittelnde und die Einheit des Weltbildes garantierende Kirche war verschwunden. So begann der Docht der Wahlmöglichkeit zu glimmen, zunächst als *cuius regio, eius religio* in der Phase kleinstaatlicher Vielfalt, dann weiter entwickelt zur Religionsfreiheit, im Grundgesetz der Bundesrepublik verankert in Art. 140. Doch scheint diese Entwicklung in den etablierten Kirchen kaum bewusst zu sein, sie befinden sich weitgehend in einem Dilemma zwischen einer falschen Annahme selbstverständlicher öffentlicher Präsenz und der Hoffnung darauf, dass die Menschen schon kommen werden. Diese finden zwar, dass die Kirchen als Institutionen irgendwie wichtig und erhaltenswert sind, suchen aber die Antworten auf ihre Sinn-Fragen an anderen Orten.[7] Die Mitgliedschaft in einer Kirche oder die Zugehörigkeit zu einer anderen Religionsgemeinschaft (sofern sie im Sinne einer Mitgliedschaft überhaupt notwendig ist, was bei Moscheegemeinden zum Beispiel nicht der Fall ist) bestimmt die Religiosität des Einzelnen nicht mehr eindeutig. Zwar bleiben an vielen Orten die Kern- bzw. Rumpfgemeinden bestehen, sie sind allerdings vor allem um gesellige Exklusivität bemüht und verhindern

---

6   Zu sehen ist dies z. B. bei den Veranstaltungen und Ständen einer Gruppe mit dem Namen »Religionsfrei im Revier«, die sich regelmäßig im Kulturzentrum »Bahnhof Langendreer« in Bochum trifft. Es wäre zu überprüfen, inwieweit der Anti-Klerikalismus der späten 1960er und 1970er Jahre die Hintergrundfolie für diese Gruppe bildet. Vgl. www.religionsfrei-im-Revier.de.
7   Bei all dem geht es selbstverständlich um die Bewältigung von Kontingenzerfahrung, also das Verarbeiten der Erfahrungen von Unbestimmtheiten, von Spannungen und Widersprüchlichkeiten, der Ängste und Hoffnungen in Leben und Sterben.

notwendige Öffnungsprozesse. Das Bewusstsein von Konfessionalität schwindet, was »evangelisch«, »katholisch« oder auch »muslimisch« ist, wird ebenso individuell festgelegt wie das je eigene Bild von Gott. Zwar wird die Existenz der großen Kirchen von der Bevölkerung auch im Ruhrgebiet prinzipiell bejaht, sie werden als Dienstleister und als Arbeitgeber geschätzt.[8] Auf der anderen Seite aber ist eine »Kirchenmüdigkeit« trotz aller Bemühungen um einen Gegen-Trend festzustellen, weil nach den übereinstimmenden Ergebnissen von Umfragen in Oberhausen und Hessen viele Menschen von den Kirchen keine Antworten auf ihre Sinn- und Lebensfragen erwarten.[9] Insofern haben die etablierten Gemeinschaften zusehends ein Vermittlungsproblem.[10]

Ob bei der Idee einer »Metropole Ruhrgebiet« möglicherweise ein katholischer Wunsch Vater des Gedankens ist und damit einer mehr oder weniger protestantisch kompatiblen Wirklichkeit in der Region widerspricht? Das für die Region schon häufig verwendete Bild vom »Kirchturmdenken« trifft den Kern des Problems. Die Kleinstaaterei feiert im Ruhrgebiet Urständ, dem aber durch eine bloße Parole nicht beizukommen ist. Vielmehr braucht es gesteigerte Sensibilität und die Bereitschaft, die Diversität des städtischen, kulturellen und religiösen Lebens anzuerkennen, damit das protestantische Christentum sich erkennbar engagieren kann.

Transformationsprozesse

Der Transformationsprozess von Religion und Religiosität im Ruhrgebiet ist zum einen paradigmatisch für die gesamte Gesellschaft, zum anderen ist er in einem solchen Ballungszentrum einer höheren Geschwindigkeit unterworfen als anderswo. Der Begriff der »Heimat« wandelt sich für die Menschen im Ruhrrevier.

»Der Grieche verlässt seine Heimat nicht gerne, wenn es nicht sein muss«, sagte Augustinos, der Metropolit von Deutschland und Exarch von Zentraleuropa, am

---

8   Bücker, Verena: Niedergang der Volkskirche – was kommt danach? Kirchlichkeit und Image der Kirchen in einer Ruhrgebietsstadt, Münster 2005.
9   Bücker, Verena: ebd., S. 68, hält fest: »... wenn die Kirchen auf die Lebensfragen und Probleme der Menschen keine Antwort haben, werden sie für sie irrelevant und die endgültige Abwendung ist möglicherweise nur eine Frage der Zeit. Hier liegt folglich ein zentraler Schlüssel für den Befund zum Zustand der Kirchen.«
10 Ebertz, Michael N. (unter Mitarbeit von Burkhard Werner, Lucia A. Segler, Samuel Scherer): Was glauben die Hessen? Ergebnisse einer Untersuchung im Auftrag des Hessischen Rundfunks, Freiburg, Januar 2012.

31. Januar 2005 in Bonn – und sprach damit für zahlreiche andere Immigranten ins Ruhrgebiet. Wer seine Heimat verlässt und ein neues Stück Heimat finden muss, verändert sich und er verändert den Ort, die Region, in die er kommt. »Der Grieche in der Diaspora wird mehr Grieche – nicht im nationalistischen Sinne – und orthodoxer. Hier musste man selbst etwas schaffen, indem man erneut begriffen hat, was man ist. Was ist meine Identität, was bin ich? Und erst dadurch fing auch die Integration an. Wer begriffen hat, was er ist, der hat auch ein bisschen verstanden, was die Umgebung ist. Er hat begriffen, hier kann ich leben, mit anderen Christen zusammen, und hat versucht sich zu integrieren. [...] Die Wirtschaft hat damals gedacht, sie hätte Arbeitskräfte nach Deutschland gebracht; sie hat aber eigentlich die orthodoxe Kirche gebracht. Und das ist von ungeheurer Bedeutung. Nicht nur für Deutschland, sondern für ganz Europa. Zum ersten Mal in der Kirchengeschichte wird der Dialog hier, am Ort geführt.«[11]

Wer schon da ist, braucht sich nicht zu integrieren – aber er muss sich an den Prozessen von Integration und Inklusion beteiligen, die mit den Integrationsbemühungen der Migranten ja nicht erledigt sind. Heimat lässt sich nur gestalten, indem sich Gemeinschaften auf Zeit oder Dauer zusammenfinden und miteinander Heimat und Zukunft, Raum und Zeit gestalten.[12] Die Mehrheit kann ihre Traditionen nicht absolut vorgeben, es müssen gemeinsam Wege gesucht und gefunden werden, um der Wirklichkeit von Diversität Raum zur Entfaltung zu geben.[13]

Religionsgemeinschaften und religiöse Phänomene transformieren sich vor dem Hintergrund hoher und kaum noch nachvollziehbarer Dynamiken in technologischer, wirtschaftlicher, politischer, sozialer und kultureller Hinsicht seit Beginn des 19. Jahrhunderts. Historisierend lässt sich der Prozess so beschreiben: Die konfessionelle Situation hatte sich vor dem Hintergrund von Reformation, kriegerischen Auseinandersetzungen bis zum Westfälischen Frieden 1648 und der Säkularisation seit 1803 im Ruhrgebiet sehr uneinheitlich entwickelt. Trotz der örtlichen Dominanz der katholischen oder der lutherischen Konfession gab es in der Regel auch Minderheiten der jeweils anderen Konfession am Ort. Zuwanderern aus dem

---

11 Kölnischer Kunstverein/DOMiT, Dokumentationszentrum und Museum über die Migration in Deutschland/Institut für Kulturanthropologie und Europäische Ethnologie der Universität Frankfurt a. M/Institut für Theorie der Gestaltung und Kunst, HGK Zürich (Hg.): Projekt Migration, Köln 2005, S. 133.
12 Von solchen gelungenen und gescheiterten Geschichten erzählen die Filme der Reihen »Heimat« von Edgar Reiz.
13 Vgl. dazu auch Kugelmann, Cilly: Heimatkunde, in: Jüdisches Museum Berlin (Hg.), Heimatkunde. 30 Künstler blicken auf Deutschland, München 2011, S. 5–12.

Rheinland, dem Münsterland und Ostwestfalen folgten schon bald Ströme aus Osteuropa. Sie alle brachten ihre religiösen Prägungen mit. Die Herausbildung eines stärker konfessionellen Bewusstseins setzte erst Mitte des 19. Jahrhunderts ein – zugleich mit der Industrialisierung und dem damit verbundenen enormen Bevölkerungswachstum. Grob gesprochen stand eine Mehrheit katholischer Arbeitnehmer einer eher protestantischen Unternehmerklasse gegenüber. In diesem Zusammenhang kam das konfessionelle Vereinswesen (vor allem Arbeitervereine, christliche Gewerkschaften) als Mittel zur Selbstorganisation zur Blüte, durch das religiöse, soziale und kulturelle Bedürfnisse bedient werden konnten. Die hohe Integrationsleistung der kirchlichen Gemeinden und der vielen Vereine darf nicht unterschätzt werden. Sie sind – wie auch die entsprechenden Institutionen anderer religiöser Gemeinschaften – bis heute der Kitt, der die uneinheitliche Ruhrgebietsgesellschaft zusammenhält.

Die Krise der NS-Zeit führte zu neuen konfessionellen und auch innerkirchlichen Verwerfungen; religiöse Minderheiten, die lange gesellschaftlich toleriert im Ruhrgebiet mit lebten, wurden entweder verfolgt und vertrieben (jüdische Gemeinden, kleinere christliche Gemeinschaften wie die Zeugen Jehovas) oder weltanschaulich integriert (einige Freikirchen). Nach 1945 reiften auf katholischer Seite Pläne für ein Ruhrbistum (Gründung am 1.1.1958), die Evangelischen im Ruhrgebiet blieben den beiden ehemaligen preußischen Provinzialkirchen als westfälischer und rheinischer Landeskirche zugeordnet. Rund 600 000 Flüchtlinge aus den Ostgebieten kamen ins Ruhrgebiet, seit 1955 vermehrt Flüchtlinge aus der DDR und schließlich seit 1960 weitere Arbeitsmigranten jetzt vornehmlich aus Südeuropa, der Türkei und Nordafrika. Diese Zeit war geprägt durch eine hohe Zahl an Gemeindegründungen, Kirchbauten und Strukturreformen im Bereich der Groß- und Freikirchen, der national bezogenen orthodoxen Kirchen (Serben, Griechen, Russen). Hinzu kamen kleinere Gemeinschaften, besonders die muslimischen, die sich durch Vereinsgründungen allmählich den vorgefundenen gesellschaftlichen Bedingungen anpassten. In dieses Spektrum gehören auch die christlichen Migrationsgemeinden zumeist afrikanischer und asiatischer Provenienz.

Die 1,5 Millionen Katholiken im Ruhrbistum aus dem Jahre 1960 sind heute auf unter eine Million zusammengeschmolzen; für die annähernd gleich große Evangelische Kirche wird im Zeitraum zwischen 1970 und 2015 mit einer Halbierung der Gemeindegliederzahlen gerechnet; tief greifende Veränderungen in Struktur, Verwaltung und den öffentlichen Tätigkeitsfeldern (besonders Bildung, Diakonie und Caritas) sind die unabweisbare Folge; zahlreiche kirchlich-religiöse Gebäude werden nicht mehr genutzt, verkauft, entwidmet. Die innerkirchlich und in der Öffentlichkeit geführten Debatten um die Schließung von Einrichtungen und Gebäuden, aber auch über die künftigen Strategien der gesellschaftlichen Präsenz zeigen einen Paradigmenwechsel an, der langfristig auf Spezialisierung und Konzentration hinausläuft. In vielen Bereichen etablieren sich die Kirchen des Ruhrgebiets neu als Anbieter von »Projekten«, die einen lebensweltlichen Bezug besitzen; neben traditionellen Angeboten wachsen neue, klientelbezogene Schwerpunkte (Beratungsstellen, Trauer- und Erzählcafés, Citykirchen, Diakonieprojekte).

Der Protestantismus fordert sich selbst heraus

Der Aufbruch in das Zeitalter der Säkularität ist der ständig laufende Motor der Reformation. Kirche war immer schon als kontextualisierte Vielfalt in der Welt.[14] Das hat die institutionelle Seite verstärkt, die jedoch Gefahr läuft, sich als Organisation immer wieder zu verselbstständigen und um sich selbst zu kreisen. Das Verbindende ist nicht die institutionalisierte Kirche, sondern die geglaubte und erhoffte Gemeinschaft der Heiligen auf Zukunft hin. Kirche sein heißt, sich so auf die Welt einzustellen, wie sie ist. Dazu gehört auch, Konfessionalität so zu erhalten, dass das Grundverständnis des christlichen Glaubens mit dem Bekenntnis zu Leben, Tod und Auferstehung Jesu Christi vermittelbar bleibt.

Der Werbetrailer der RUHR.2010 GmbH zur Kulturhauptstadt ist religiös aufgeladen: Neben starken Bildern über die aus verschiedenen Elementen zusammengewachsene Kultur des Ruhrgebiets erscheinen Menschen mit offensichtlich verschiedenen Herkunftshintergründen, Straßen, markante Orte und das Minarett einer Moschee – nicht aber die Kirchen, weder als Gebäude noch als Ereignis.

Um diesem Defizit Abhilfe zu schaffen, wurde ein Team beauftragt, eine ergänzende Darstellung der kirchlich-ökumenischen Landschaft zu kreieren. Das Ergebnis war ein Film, in dem das kirchliche Leben in seiner Vielfalt, von der Taufe bis zur Beerdigung, vom Gottesdienst bis zur Kirchenmusik, vom Sport bis zur Arbeit mit Menschen mit Behinderungen sichtbar wird.[15] Themen und Handlungsfelder kirchlichen Lebens wurden sichtbar gemacht – in diesem Film aber fehlt der Bezug zur vielfältigen Kulturlandschaft des Ruhrgebiets! Das auf der einen Seite beklagte

---

14 Vgl. Käsemann, Ernst: Begründet der neutestamentliche Kanon die Einheit der Kirche?, in: ders., Exegetische Versuche und Besinnungen, Bd. 1, Göttingen 1964, S. 214 ff.; ders., Einheit und Vielfalt in der neutestamentlichen Lehre von der Kirche, in: Zwischen den Zeiten 18, S. 81–85 (= Ökumenische Rundschau 33, 1964, S. 58 ff.).

15 Mitten im Leben. Kirche in der Metropole Ruhr 2010. Ein Film von Hendrik A. Kley 2010.

Defizit kehrt unter umgedrehten Vorzeichen zurück, die notwendige Begegnung findet nicht statt. Es ist ein Film für Insider geworden, für die, die in der Lage sind, die konfessionellen Zeichen zu entschlüsseln.

Zum Ende des Kulturhauptstadtjahres fand in Essen eine Abschluss-Veranstaltung statt, bei der unter anderem die beteiligten Akteure geehrt wurden. War es sinnbildlich, dass dieses Fest unter Ausschluss der Öffentlichkeit stattfand? Warum versteckt sich die Kirche vor der Öffentlichkeit? Warum gelingt es nicht, das Profil selbstbewusst zu schärfen und zugleich die Wahrnehmung der wachsenden Vielfalt im kulturellen und religiös-weltanschaulichen Bereich so zu entwickeln, dass sie in weitreichende Bemühungen um Verständigung mündet?

Immer wieder sind Kirchen und Religionsgemeinschaften Gegenstand medialer Berichterstattung. Dabei wird in den lokalen Medien von den lokalen kirchlichen Ereignissen oft und ausführlich berichtet, sofern sich die Veranstalter darum bemühen. Dagegen werden in überregionalen Medien (Tageszeitungen, Rundfunk und Fernsehen) sehr häufig eher konflikthafte Themen aufgegriffen.

So sind etwa der Streit um öffentliche Gebetsrufe des Muezzins, die anstehende Schließung von Kirchen (beides in Duisburg), die Frage, ob das Tragen eines Kopftuchs in öffentlichen Einrichtungen erlaubt ist, Meinungsverschiedenheiten in Fragen der Schulpflicht, Urteile des Bundesverfassungsgerichtes, die Anerkennung von Religionsgemeinschaften als »Körperschaften öffentlichen Rechts« (Muslime, Zeugen Jehovas), die Kirchensteuer, die Frage nach der Scharia als möglicher Grundlage bei kleineren juristischen Auseinandersetzungen – und im großen Zusammenhang die Terroranschläge von »Islamisten«, die Gewalt gegen Christen in Ägypten und im Irak etc. die Themen, die die öffentliche Wahrnehmung von Religion prägen. Zumindest umstritten war der Besuch des Papstes Benedikt XVI. in Deutschland 2011, ein belastendes Thema sind die sexuellen Missbrauchsfälle (nicht nur) im katholischen Bereich. Dies alles prägt mehr oder weniger auch das Bild der Kirchen im Ruhrgebiet. Hinzu kommen Diskussionen um schwindende Mittel und Ressourcen, um Fusionen und Kirchenschließungen, die Grenzverläufe zwischen den Landeskirchen Rheinland und Westfalen.

Das Christentum verliert seine Mehrheitsfähigkeit – für das Ruhrgebiet ist das aufgrund der seit langem anhaltenden Wandlung zur Vielfalt schon lange deutlich. Eine gesellschaftliche Integration ist auch ohne religiösen Bezug möglich.[16] Die Kirchen überaltern, verlieren Mitglieder durch Austritte. Zugleich ist der Organisationsgrad der Kirchen und ihrer Einrichtungen (Diakonie, Caritas) so groß gewor-

---

16 Ebertz, Michael N. (wie Anm. 10).

den, dass sie in eine Selbsterhaltungsfalle unter struktureller Spannung geraten sind, die sich der anhaltenden Tendenz zur Pluralisierung auch in religiösen Einstellungen ihrer Mitglieder verweigert. In den Gemeinden bestimmen die milieuverhafteten Kern- bzw. Rumpfgemeinden weitgehend das lokale Geschehen. Aufbrüche, Öffnungen und Veränderungen finden statt, sind häufig aber nur gegen erhebliche Widerstände und in Ausnahmefällen möglich.

Der Protestantismus ist im Ruhrgebiet am richtigen Ort. Die Region ist das Spiegelbild einer Entwicklung hin zur Vielfalt, die dem Evangelischen, dem Protestantischen selbst zu eigen ist. Sich unter diesem Vorzeichen zu öffnen, ist authentisch und überlebensnotwendig zugleich. Der Geist Gottes weht bekanntlich wo er will: Das zeigen die vielfältigen Anknüpfungsmöglichkeiten, die in den Beiträgen des Bandes sichtbar werden.

Ingo Reuter
Oberflächenwahrnehmung
Körperbild und Ruhrgebiet im Wandel

Strukturwandel der Selbstwahrnehmung
Vom Innen (Bergbau) zum Außen (Eventkultur)

Versucht man den Wandel im Körperverständnis der Gegenwart und den Wandel des seltsam ausufernden Raumkörpers Ruhrgebiet zusammen zu denken, so ergibt sich ein methodisches Problem. Der Körper ist universell, jeder Mensch hat einen Körper, jeder Mensch *ist* ein Körper. Gibt es also überhaupt so etwas wie einen Ruhrgebietskörper, einen Ruhrgebietsleib gar, so wie einen Auferstehungsleib, der sich ja vom körperlichen Leib des irdischen Lebens und Strebens fundamental unterscheiden soll? Maximal kann es wohl unterschiedliche Stilisierungen von Körperlichkeit geben. Und schon da scheint der tiefe Westen, in dem die Sonne verstaubt, eher unterbelichtet. Man »hat Rücken« und meint damit den Schmerz des geplagten Körpers. Aber der Werbespruch »Ein starker Rücken kennt keinen Schmerz« erscheint dem Ruhrgebietler doch schon etwas zu James-Bond-mäßig aufgemotzt. Mach dich mal locker, dann kommt das mit dem Rücken von allein, möchte man sagen.[1]

Sieht man das Ruhrgebiet als Ganzes als einen Raumkörper, ein gewachsenes, ineinander gewachsenes Gebilde, so verändert sich dieser Körper freilich schon, mutierte gleichsam vom untergründig belebten Organismus zum fassadenpolierten Präsentationskörper.

Der Strukturwandel im Ruhrgebiet stellt in Hinsicht auf den Körper eine Bewegung von innen nach außen dar. Man verlässt die Bergwerke und begibt sich an die Oberfläche. Die Oberflächen der frisch herausgeputzten neuen Kulturstätten glänzen den Besucher an und erzählen die Geschichte von einer schönen neuen

---

[1] Vgl. Friedrich, Marcus A.: Art. Körper, in: Kristian Fechtner/Gotthard Fermor/Uta Pohl-Patalong/Harald Schroeter-Wittke (Hg.), Handbuch Religion und Populäre Kultur, Stuttgart 2005, S. 159–169.

Zukunft. Manchmal lassen die neuen Perspektiven einen Blick von außen nach innen zu und reflektieren das Innen als Ehemaliges.

Der Blick wird nostalgisch und wo diese Nostalgie nicht aufkommen mag, weil der Betrachter zu jung ist, da wird der Arbeitsplatz zum Eventplace. Der Gasometer im Meidericher Hüttenwerk wird als Tauchplatz genutzt und die Erzbunker dienen als bizarre Klettergärten.

Oberfläche

Das Vordringen an die Oberfläche aber zeigt sich auch in der Gestaltung des Körpers. War der Körper früher als Resultat schwerer Arbeit stark und auch oft stark beansprucht oder aber unter der Kittelschürze und C&A-Jacke des durchschnittlichen Ruhrgebietsbewohners ohne Relevanz, so muss er nun gestaltet werden. Dies teilt das Ruhrgebiet selbstverständlich mit anderen Gegenden. Tattoo- und Fitnessstudios schossen wie Pilze aus dem Boden und erfreuen sich nach wie vor guten Zulaufs. Der Körper wird zum Oberflächenprojekt. Die Oberfläche des Körpers wird gestaltet, geformt, Muskeln werden definiert, Haare rasiert – die anvisierte Glätte erinnert an die metallicglänzende Oberfläche von Kühlerhauben. Der Körper des Menschen wird zum technischen Projekt der Materialformung.

Oberflächen bilden Kontaktflächen. Die Oberfläche lässt sich sehen, wird gesehen. Glitzernde Oberflächen spiegeln den Betrachter. Die Oberfläche ist glatt und kühl: abweisend und erratisch und doch versprechend, verheißungsvoll, den Narziss zurückspiegelnd auf sich selbst. Mein Begehren erscheint auf der Oberfläche als Spiegel meiner selbst und meines Selbst. Die Oberflächen glänzen metallen, edelstählern bezeugt die Oberfläche ihre Undurchdringlichkeit. Leben auf Oberflächen.

Und so konstruiert man die einst menschlichen Oberflächen nach dem Vorbild der Undurchdringlichkeit. Die Oberfläche schützt sie: vor dem Eindringen, dem Zu-Nahe-Kommen. Die Haut ist des Menschen Oberfläche. Die Haut spürt und erschaudert. In der Berührung. Feine Härchen richten sich auf, übertragen den Reiz: gegen den Strich gebürstet. Dafür aber bedarf es der Durchbrechung: Das Härchen gibt den Reiz nach innen weiter, die Haut empfindet Wärme oder Kälte als ein Eindringen, ein Gehen über die Grenze, die zwischen Innen und Außen besteht.

Diese Grenze erzeugt Angst: Angst vor dem Durchdringen, dem Überschreiten der Grenze. Die Glätte der Haut verbirgt das Innere: das Vegetative, das Pulsierende: Blut und Organe, die Erinnerung an das Animalische, das Lebendige, das aber auch Vorverwesliche.

Und so wird die Haut gestaltet nach dem Bild der kühlen Motorhaube. Abweisend und anziehend zugleich, eine glatte Spiegelfläche.

Die Übergänge werden beseitigt: Die Achseln werden rasiert, die Brust wird rasiert, die Beine, die Scham. Nichts soll zeigen, dass da etwas lebt und wächst und organisch vergeht. Der Körper selbst ist zur gestalteten Oberfläche geworden, die ihr Geheimnis nicht preisgeben darf. Der Übergang zwischen Innen und Außen wird mit Ekel besetzt. Wie kann man sich nur nicht die Beine rasieren? Wie kann man nur das Organische so offen zeigen? Der Hinweis darauf, dass der Körper sich öffnet, einlässt und herauslässt, muss verborgen werden.

Quelle: picture alliance/The Advertising Archives

Die Körper der Werbungen legen ein beredtes Zeugnis ab. Das Model ist ein Modell, eine Puppe, eine undurchdringliche Ikone. Das Organische des Körpers wird mysterienhaft eingeschlossen wie die Motoren der Autos in Plastikgehäuse. Wo früher geschraubt wurde, wird nun digital gemessen. Mantawitze versteht heute ohne Erklärung keiner unter 30 mehr.

Das Oberflächliche will die Bedrängnis abweisen, dass etwas nahe geht. »Cool« ist das höchste Lob, früher war es noch »geil«, aber die Geilheit riecht und schwitzt. Der Schweiß, der aus den Poren tritt, ist Zeichen des Inneren, das nach außen dringt: der Angstschweiß, der Erregungsschweiß. Das ist uncool. Man schwitze besser folglich nicht.

Der Körper soll kein Zeichen geben, dass hinter seiner Oberfläche etwas ist.

Diese Glätte ist ein Panzer gegen die Verletzlichkeit. Da, wo er nicht mehr ertragen wird, dieser Panzer, da schließlich wird die Oberfläche verletzt. Das Innere soll nach außen dringen können, Empfindung wird symbolisch dargestellt: Die Oberfläche wird aufgeschnitten: Das Ritzen der psychisch Kranken führt die Zerstörbarkeit der Oberfläche schmerzhaft und aufdringlich vor Augen. Seht her, es gibt ein Innen.

Sensibilität und Piercings kommen häufig zusammen. Der Eintritt des Metalls durch die Haut offenbart erst den Kontrast zwischen Haut und Metall. Je stärker der Kontrast inszeniert wird, desto stärker der Hinweis auf die Verletzlichkeit, das Durchdringende.

Die Haut wird zur Oberfläche. Ihre Chance wäre der Kontakt, das Berühren, das Durchdringen, das Leiten. Zumeist aber muss sie schützen und panzern.

Körperpräsentation – manchmal noch real und meist schon virtuell

Der so gestaltete Körper wird als Prestigeobjekt präsentiert, so er denn gelungen erscheint. Um so größer ist die Scham derer, denen dies nicht gelingt. Der Körper wird präsentiert: Auf der Reklamewand erscheinen die Körperikonen der Werbung und bannen den Blick des Passanten. Aus den Schmuddelbars dringt der Tabledance in die normalen Diskotheken vor. Die Glätte des verführerischen Körpers, der dadurch seltsam undurchdringlich wirkend bleibt, wird gefeiert.

Alles und jedes wird fotografiert und dokumentiert, um danach kommuniziert zu werden. Die Kommunikationsabsicht generiert klar definierte Posen. Insbesondere die weibliche Selbstinszenierung rückt die Pose in den Vordergrund. Das Handyfoto vor dem Spiegel, flirtend mit der Kamera, zählt zu den Standards wie auch das Dreierfoto der Freundinnen. Der Kopf geht automatisch in die Schräglage, die Zähne werden gebleckt, weiß-strahlend als Zeichen der Gesundheit. Naturgemäß stehen Gesichter im Vordergrund – wenn auch nicht ausschließlich. Das Gesicht soll sprechen: Seht her, ich erlebe mein Leben. Fixiertes Momentum, geronnene Bewegung – eine Inszenierung des Lebens, deren Glaubhaftigkeit fragwürdig bleibt.[2]

Das Leben findet nicht mehr vor Ort statt. Oder doch? Auch auf Facebook gibt es ein Ruhrgebiet. 11 371 gefällt das, 125 sprechen darüber, Ende November 2011. Die fünf »typischen Fotos« zeigen Zeche Zollern, Zeche Zollverein, einmal Schalkestadion und einmal Borussiastadion sowie das Aalto-Theater. Fußball und Koh-

---

2 Vgl. Reißmann, Wolfgang: Zweideutige Bilder. Jugendliche Selbstpräsentation in Onlinenetzwerken, in: medien + erziehung 54/2010, Heft 3, S. 27–31.

lezechen. Zumindest der Fußball ist nicht nur Nostalgie und findet auch noch vor Ort statt.

Jenseits der Seele: Inneres als Angst und obszöne Faszination

Sorgte sich der Mensch früher um seine unsterbliche Seele, so sorgt man sich heute um den sterblichen Leib. Der Körper des Menschen ist sein Himmelreich oder auch seine persönliche Hölle. Wurde bei den Asketen der Leib vernachlässigt, gar willentlich herabgewürdigt, weil er als Gefängnis der Seele galt, so bleibt heute nichts mehr, was gefangen werden könnte.[3] Der Körper ist so leer, wie er glatt ist. Eine Seele kommt erst wieder ins Spiel, wenn das Denken sich auf den Tod richtet. Da der Körper nicht ewig zu erhalten ist, bleibt am Ende die Seele als Avatar für die ewige Nachspielzeit.

Das Innere des Körpers erweckt Angst und Faszination in einem. Wer in die Höhlen vergangener Tage vordringt, den durchdringt ein Schauer. Die Körperwelten von Hagens lassen das Publikum erschauern wie einst vor dem Elefantenmenschen.[4] Die Angstlust an dem, was tagtäglich keiner sehen will, bannt den Blick. Das Nachaußenkehren des Inneren fasziniert nicht durch Zufall gerade im Zeitalter der Oberflächen so stark. Das Freilegen von Blutbahnen und Atemwegen, von Muskel- und Organgewebe fördert das Verdrängte aus dem Unbewussten wieder ins Tageslicht. Freilich bleibt es in seiner obszönen Showpräsentation nur eine Episode, ein Pornofilm, der tief unter die Haut schneidet.

Das Innerste nach Außen zu kehren, die Selbstprostitution hat als psychische Entblößung und Entblödung in die Massenmedien Einzug gehalten. Am Anfang waren die Fußbroichs, heute sind es die Geissens. Die präsentierte Leere des Alltagslebens ist lediglich teurer geworden. Wie von Hagens Leichen schichtweise Haut und Fleisch abgezogen wird bis hin zum letzten Organ, so schälen im RealityTV die Serien-Non-Stars die Zwiebelhäute ihres Daseins, bis die Leere der Alltäglichkeit sich im Blick des Betrachters vor dem Fernseher fängt und ins Unendliche zurückspiegelt. Dies ist mein Life.

---

3   Vgl. hierzu und zur Körperfrage insgesamt: Quinn, Regina Ammicht: Ver/Kleidung. Mode, Körper und die Frage nach dem Sinn, in: Matthias Sellmann (Hg.), Mode. Die Verzauberung des Körpers, Mönchengladbach 2002, S. 81–90.
4   Die zuletzt 2013/14 in Bochum gezeigte Ausstellung.

Die Rückkehr des Körpers: Körperflüssigkeiten und Feuchtgebiete

Tiefer schneidet (die Niederrhein-Engländerin) Charlotte Roche in ihrem Roman »Feuchtgebiete«.[5] Sie geht ins Innen und fördert das Innere zutage. All das des Körpers wird ans Tageslicht gefördert, was allgemein verdrängt wird. Körperstoffe und Flüssigkeiten aller Arten werden thematisiert, der Schmutz und die unterschiedlichen Aus- und Eingänge des Körpers: Körperbergbau. Die Oberflächen werden hier aufgebrochen und zwar nachhaltiger als bei von Hagens, weil sie eben alltäglich sind und kein grausiges Kuriosum, das schnell wieder verdrängt werden kann. Der Kör-

Werbung zur Ausstellung »Körperwelten« in Bochum im März 2014

5   Roche, Charlotte: Feuchtgebiete, Köln 2008.

per kehrt wieder als Sumpf- und Feuchtgebiet, als Stollen- und Gängelandschaft. Der Blick wird zurückgelenkt auf das, was von Innen kommt und was nach Innen drängt: Liebe und Schmutz liegen eng beieinander.

Theresia Heimerl hat das tiefgehend theologisch analysiert:

»*Das Titel gebende Zitat des Odo von Cluny lautet im Volltext: ›Denn wenn die Männer das, was unter der Haut ist, sehen würden, [...] würde es sie ekeln, Frauen anzuschauen. Dieser Schmuck besteht aus Schleim und Blut, Feuchtigkeit und Galle. Und wenn wir nicht einmal mit den Fingerspitzen Schleim oder Schmutz berühren können, wieso begehren wir dann diesen Sack voll Schmutz zu umarmen?‹ (Liber I collationum 8)*
Der weibliche Körper ist der Körper nach dem Sündenfall schlechthin. Anders als Odo und seine Novizen streben wir aber nicht mehr nach einem Leben in sexueller Askese. Im Gegenteil: Sex ist Pflichtprogramm und den Sündenfall haben wir in den Müll der Religionsgeschichte entsorgt. Gerade der allzeit verfügbare, allzeit präsente, allzeit begehrliche Körper ist Ausweis unserer aufgeklärten, liberalen, postmodernen Gesinnung, zentrales Symbol der Zeit nach 1968. Die Befreiung des Körpers gilt bis heute als Errungenschaft der Revolte, die öffentlichen BH-Verbrennungen werden heute vor allem von älteren Männern mit leuchtenden Augen erinnert. Gerade der weibliche Körper bedurfte schließlich der Befreiung, dass die Befreier zumeist Männer waren, beginnt erst jetzt zu stören. Also wurde der weibliche, unverhüllte, sexuell attraktive Körper zum Symbol der Befreiung von allem mittelalterlichen Muff unter Kutten wie jener Odos. Ein Symbol der Revolution und Befreiung darf freilich nicht altern, nicht hässlich werden, nicht vergehen und verfaulen. Niemand will einen Hängebusen und Cellulitis als Symbol der neuen und immerwährenden Freiheit. Und schon gar nicht Blut und Schleim, Feuchtigkeit und Galle. Der befreite Körper muss daher ein schöner, nein, ein perfekter, unvergänglicher und ein sauberer Körper sein. Ein reiner Körper, unbefleckt von allen Verwerfungen der Zeit.«[6]

Wer in Feuchtgebieten forscht, der bricht notwendig die Oberflächen scheinheiliger Heilsversprechen auf; doch nicht zur Faszination am Ekel, sondern in der Entdeckung des vergänglichen, imperfekten und schmutzigen Körpers als mensch-

---

6   Heimerl, Theresia: Ein Sack voll Blut und Schleim, Feuchtigkeit und Galle. Eine theologische Exkursion in die *Feuchtgebiete*, http://www.theologie-und-kirche.de/feuchtgebiete.pdf, 11 f.

Duisburger Innenhafen *(Foto: WAZ FotoPool/Andreas Mangen)*

lichem Leib, der so, wie er ist, geschaffen und geworden ist: Werk Gottes. Solche Schamlosigkeit geht dem Ruhrgebiet immer mehr verloren. Der schöne Duisburger Innenhafen ist eben kein »Innenhafen« mehr, sondern ein Aushängeschild; dafür, dass sich das Ruhrgebiet gewandelt hat, vom Schmuddelkind zum Modeltyp.

Das hat auch seinen Vorteil. Wer atmet schon gern den Ruß, der sich in meiner Kindheit noch in Ruhrort auf den Fensterbänken sammelte. Aber das Innen sollte nicht vergessen werden im Kampf ums schöne Außen, denn letztlich bleibt die Frage ja doch: Was wohl hinter der Fassade steckt?

Ne?

Jens Schlamelcher

»Und was hat sich in der Gemeinde so alles verändert?«
Die Auswirkungen der gegenwärtigen Restrukturierungsprozesse auf die Sozialgestalt einer Ruhrgebietsgemeinde

Setzt man konzeptionell daran an, Organisationen, Märkte und auch Gemeinschaften als distinktive Sozialformen der gesellschaftlichen Meso-Ebene zu unterscheiden, so lässt sich die kirchliche Sozialgestalt als Spannungsverhältnis zwischen Organisation und Gemeinschaft begreifen, das sich wie ein roter Faden durch die ganze Kirchengeschichte zieht. Seit dem ausgehenden 19. Jahrhundert erhielt dieses Spannungsfeld von Gemeinschaft und Organisation eine eigene Wendung, als im Zuge der Gemeindereformbewegung Gemeinschaft zum Programm der amtskirchlichen Organisation ausgerufen wurde. Die Kirchengemeinde sollte sich vereinsförmig restrukturieren mit dem Ziel, alle in ihr ansässigen Gläubigen zu vergemeinschaften. Die amtskirchliche Organisation stellte ihrerseits Ressourcen dazu bereit: eine kleinteilige parochiale Struktur, die persönliche Sozialkontakte zwischen Pfarrern und Gliedern ermöglichte, sowie den Bau von Gemeindehäusern, in denen sich die Gemeinde auch außerhalb von Feier und Verkündigung in der Kirche versammeln konnte.

Hervorstechend für die kirchliche Sozialgestalt war damit ein wohl genuines Arrangement von Organisation und Gemeinschaft. Dies betrifft sowohl die programmatische Ebene: Eine amtskirchliche Organisation, die Gemeinschaft zu ihrer Programmatik ausruft und sich dabei auch theologisch auf ein protestantisches Selbstverständnis als ›Gemeinschaft der Gläubigen‹ berufen kann. Es betrifft aber auch die kirchlichen Strukturen auf der untersten Ebene. Die Kirchengemeinden lassen sich als Hybrid von Gemeinschaft und Organisation begreifen. Gerade in der Kerngemeinde wird die organisatorisch relevante Unterscheidung zwischen hauptamtlichen Mitarbeitern und Mitgliedern unterlaufen. Die Hauptamtlichen befinden sich in einer Dienst-Gemeinschaft – nicht nur zueinander, sondern zur lokalen Gemeinschaft der Gläubigen und zur Kerngemeinde mit ihren zahlreichen engagierten Mitgliedern insgesamt.

Nun haben die derzeitigen Kirchenreformen in den Finanzierungsengpässen eine nahezu monokausale Ursache, die in erster Linie die kirchliche Organisation betrifft. Versteht man Kirche als Gemeinschaft, so ist diese derzeit nur bedingt Problemen ausgesetzt. Anders stellt sich das Problem eben für eine Organisationsförmigkeit dar. Für eine Organisation ist das Geld der Treibstoff, ohne den sie ihre Maschinerie, bestehend aus eingekaufter Arbeitskraft, nicht am Laufen halten kann.

Welche Veränderungen lassen sich auf der Ebene der Kirchengemeinden im Zuge des Versiegens ihrer Finanzstärke beobachten? Dies ist die Leitfrage, die mit diesem Artikel anhand eines Interviews mit einem Pfarrer einer Ruhrgebietsgemeinde empirisch beantwortet werden soll. Die Daten beruhen auf einem Lehrforschungsprojekt. Ziel dessen war die Herausarbeitung von Transformationsprozessen auf der Ebene von Kirchengemeinden.

»Verschlankung der Doppelungen« – Finanzeinbrüche

Interviewer (I): »... und ä:h was hat sich in dieser Zeit verändert in all den Jahren in denen du hier in der Gemeinde bist?«

Pfarrer (P): »Nix Ähähähä« *(lacht)* es hat sich in der Gemeinde nichts zum Negativen entwickelt; eher zum Positiven und positiv ist auch dass wir den Be- die hohe Bereitschaft der Evangelischen gehalten haben, mitzumachen das heißt es ist eher nach oben gegangen als nach unten gegangen es hat sich <.> nö <1 sec.> ich kann seit 2001 ni- keine keine wirklichen Entwicklungen nach oben oder nach unten sehen; es gibt 'ne Entwicklung nach unten von den von der Kirchensteuerzahl die aber gut abgefedert worden ist von der Gemeinde nicht ohne Schmerzen, das heißt weniger finanzielle Mittel bei gleichen Qualitätsstandard hat die Gemeinde selbst überlegt wie gehen wir damit um das heißt nicht ir:gend jemand, wir-haben- obengesagt wir machen das nicht mehr sondern es gab mehrere Vorschläge und die Gemeinde hat gesagt das und das und das streichen wir, und das hat die Gemeinde gut überstanden, diese Krisenzeit weil is' immer schwer wenn man dann 'n Bein amputiert kriegt.«

I: »Hm« *(amüsierte Intonation)*

P: »Aber die Gemeinde läuft weiter das ist das wichtige das heißt die Qualität ist trotz <2 sec.> 30-prozentiger Finanzeinbrüche weiter gehalten worden durch <1 sec.> Verschlankung der Doppelungen *(pointierte Intonation)* das heißt 's gab zwei Gemeindezentren, und zwei Kirchen und jetzt haben wir eine Kirche und ein Gemeindezentrum und die Menschen von drüben, fühlen sich jetzt hier auch zu Hause <.> obwohl das sicherlich noch einige Jahren dauert bis das wirklich dann

<1 sec.> vergessen wurde; vergessen wird das aber nicht das zweite Gemeindezentrum.«

Die vom Interviewer gestellte Frage basiert auf der Leitunterscheidung Veränderung/Nicht-Veränderung. Dabei ist Veränderung die markierte, Nicht-Veränderung die nicht-markierte Seite, was eine wichtige Konsequenz in sich trägt: Der Interviewte wird aufgefordert, Veränderungen, nicht aber Nicht-Veränderungen zu benennen. Die Redundanz des Nebensatzes mit der Betonung auf »all die Jahre« entblößt in gewisser Hinsicht die Hoffnung des Interviewers: In einem so langen Zeitraum, da wirst du doch bestimmt (hoffentlich?) etwas zu erzählen haben. Diese Hoffnung scheint sich zunächst zu zerschlagen. Die Antwort wird mit einem einzigen Wort eingeleitet: »Nix«, dieses »nix« wird im Folgenden in einer längeren Antwort kontextualisiert. Daran wird deutlich, dass die durch die zunächst knappe Antwort und das anschließende Lachen angedeutete Überraschung nicht primär in der Beziehung zwischen Interviewer und Pfarrer liegt, sondern in einem Sachverhalt, den der Pfarrer ausführt und auf den er sichtlich stolz ist: Die zentrale Veränderung liegt nämlich in der Nicht-Veränderung.

Dass eine Nicht-Veränderung eine Veränderung darstellt, ist zunächst ein Widerspruch. Doch der Kern der Aussage lautet, dass im Kontext negativer Entwicklungen – der gravierenden finanziellen Einbußen – die Aufrechterhaltung der Gemeinde eine positive Entwicklung, eben eine Veränderung ist. Die negativen Veränderungen sind mit den finanziellen Einbußen hier klar und eindeutig benannt. Eine andere Veränderungsursache wird in der Passage nicht aufgeführt. Ohne dass der Interviewer auf das Thema Finanzen von sich aus zu sprechen käme, wird dies unmittelbar von dem Pfarrer thematisiert und zugleich an zentraler Stelle pointiert. Die Hauptaussage der Nicht-Veränderung (nix) korrespondiert nämlich mit genau dieser Veränderung, den sinkenden Einnahmen. Nur im Kontext der sinkenden Einnahmen wird die Nicht-Veränderung selbst bedeutsam. Während die finanziellen Einbußen als »Entwicklung nach unten« »von der Kirchensteuerzahl« her klar benannt werden, stellt sich als nächstes die Frage nach der Einheit dessen, die so positiv unverändert diese »Entwicklung nach unten« überstanden hat. Die Antwort des Pastors birgt im Kern zwei unterschiedlich gelagerte Einheiten, die sich nicht ohne Weiteres miteinander in Bezug setzen lassen. Denn zum einen spricht der Pastor über die »Gemeinde«, zum anderen über das, was sie leistet, die »Qualität« ihrer »Arbeit«.

Deutlich wird, dass über die Gemeinde als Gemeinschaft gesprochen wird. Im Kontext der Freiwilligkeit der Zugehörigkeit hebt der Pastor hervor, dass das »Engagement der Evangelischen« gehalten wurde, mitzumachen. Es gibt trotz der finanziellen Einbußen keine Abbrüche, die Gemeinschaft, deren Autopoiesis auf Anwesenheit, Teilnahme und Engagement von Individuen basiert, ist weiterhin intakt. Alle sind damit durch das Entscheidungsverfahren inkludiert und haben Mitspracherecht. Zweitens wird der Gemeinschaftscharakter daran deutlich, dass Individuen in der Passage als Personen adressiert werden. Befindlichkeiten wie Gefühle (»Schmerzen«, »sich wie zu Hause fühlen«) und kognitive Prozesse (»Vergessen/nicht vergessen«) werden deutlich pointiert. Ebenso wird am Ende eine Person benannt, die sich zwar einer Entscheidung des Gemeinderates beugte, aus Protest jedoch ihr Amt niederlegte und dennoch weiter aktiv in der Gemeinde ist. Es geht also um »Menschen«, die zur Gemeinde gehören. Nicht nur werden die Mitglieder der Gemeinschaft als Personen inkludiert, sondern die Gemeinde selbst wird auch metaphorisch in Analogie zu einer Person gebracht. Die »Entwicklungen nach unten« haben der Gemeinde selbst nämlich »Schmerzen« zugefügt, schließlich musste sie ein »Bein amputiert kriegen«. Das Bild verweist durchaus auf die Drastik, mit der die Gemeinde betroffen wurde.

Doch neben der Semantik, die an Gemeinschaftsförmigkeit anschließt, verwendet der Pfarrer Begriffe, die sich in diese nicht ohne Weiteres einfügen lassen. Mit »Arbeit« »Qualität« und »Qualitätsstandard« werden Begriffe eingeführt, die eher der Semantik einer Organisation denn einer Gemeinschaft entsprechen. Mit »Qualität« wird dabei zugleich Messbarkeit suggeriert – unabhängig davon, ob diese tatsächlich vorgenommen wurde. Doch das für Gemeinschaften vorherrschende Prinzip generalisierter Reziprozität zeichnet sich dadurch aus, dass auf Messungen im Tausch explizit verzichtet wird. Schon aus dieser kurzen Passage lässt sich folglich ableiten, dass die Ortsgemeinde durch eine eher hybride Sozialform geprägt ist: einerseits Organisation, die qualitativ hochwertige »Arbeit« erbringt, und andererseits eine Gemeinschaft, die Menschen als Personen integriert. Pointiert ist diese duale Adressierung der Einheit – einmal als Gemeinde, das andere Mal als Organisation – gerade auch bei der Begriffswahl für die Aufgabe des Gemeindezentrums, durch die die finanziellen Einbußen ausgeglichen werden konnten. Für die Organisation bedeutet dies eine »Verschlankung der Doppelungen«, also im Prinzip eine Effizienzsteigerung, weil die gleiche Qualität auch mit weniger Mitteln aufrecht erhalten wird. Dasselbe bedeutet für die Gemeinschaft aber auch – metaphorisch – die Amputation eines Beines, sie leidet unter »Schmerzen« und auch darunter, »nicht vergessen« zu können.

Der Hauptargumentationsstrang, die Aussage, dass eine Nicht-Veränderung im Kontext sinkender Einnahmen eine positive Veränderung sei, trifft nun sowohl für die Gemeinde als Organisation wie auch auf die Gemeinde als Gemeinschaft zu. Der Aussage des Pastors zufolge werden die Einbußen der Kirchensteuer durch eine

»Verschlankung der Doppelungen« kompensiert. Dem entspricht die Aufrechterhaltung der organisatorischen Funktionalität. Schließlich bietet die Kirchengemeinde weiterhin ein Gemeindehaus und eine Kirche an. Das Kernangebot, die Bereitstellung von Gebets- und Versammlungsräumen, wird weiter aufrechterhalten; deshalb ändert sich zwar die Quantität des Angebots, diese wird um die Hälfte reduziert, nicht jedoch die Qualität. Diese Kernaussage wird auch später mehrfach im Interview wiederholt. Auch die Gemeinschaft ist weiterhin intakt, denn die Bereitschaft zum Engagement ist weiterhin da, und schließlich begegnet man den negativen »Entwicklungen nach unten« »gemeinsam«. Gemäß der Leitaussage, die Gemeinde sei intakt, wird nun angeführt, dass diese in dem verbliebenen Gemeindezentrum ein neues Zuhause gefunden habe und sich dort auch entsprechend zu Hause fühle. Doch diese Aussage wird gleich anschließend wieder relativiert. Zunächst wird zugegeben, dass es noch eine lange Zeit dauern werde, bis das zweite Gemeindezentrum »vergessen« sei, anschließend wird sogar diese Aussage relativiert dahingehend, dass das »aber nicht vergessen wird«.

»… wenn die Gemeinde schrumpft …« – Stellenreduktion

I: »… du hast ja schon angesprochen also die finanziellen Einschnitte also könntest du das noch ein bisschen genauer ausführen also ähm was das genau bedeutet die Veränderungen, die ihr vorgenommen habt?«

P: »*(Räuspern)* also erstens die finanzielle Vorgabe die wir vom Finanzamt bekommen ist *(Räuspern)* dass wir pro Kopf eine Zuweisung bekommen wenn die Gemeinde schrumpft; weil es keine Kinder mehr gibt, oder weniger Kinder gibt gibt es weniger Geld in der Gemeinde ohne dass die Gemeinde ärmere Steuerzahler hat, das heißt weniger Leute weniger Kirchensteuer.«

I: »Mhm.«

P: »Dann gibt es das zweite Problem *(Räuspern)* dass wir an die Lohnsteuer gekoppelt sind, und wenn es weniger Lohnsteuer gibt gibt's weniger Kirchensteuer das heißt Arbeitslosigkeit ist für uns eine große Gefährdung; ein Arbeitsloser zahlt keine Kirchensteuer äh das ist das zweite was viel ausmacht an den Einnahmen die einsinken wir haben <1 sec.> ein Drittel der Einnahmen verlor:'n etwa das heißt etwa 30 Prozent der Einnahmen aus den 80er Jahren sind heutzutage weg; *(tiefes Einatmen)* dann hat die Gemeinde überlegt was machen wir, wir müssen ja einen Haushalt abgeben abliefern wir müssen im Presbyterium das Leitungsgremium der Gemeinde überlegen was machen wir mit dem Geld, was leisten wir uns an Personal, und ganz klar war wenn wir nichts tun wird die rote Zahl immer roter, und dann haben wir überlegt was macht man denn da und dann wurde überlegt dass in jedem Bereich gekürzt wird und äh den- jeden Bereich heißt bis hin zu den Pastoren bis hin zu den Kirchenmusikern bis hin zu dem Jugend- und Kindergartenbereich und das hat damit angefangen dass zum Beispiel die Eltern mittlerweile die Fahrt von ihren Konfirmanden übernehmen das heißt die bringen ihre Konfirmanden selber hin wir müssen nicht für 3000 Euro 'n Bus mieten *(tiefes Einatmen)* den wir selbst bezahlen müssen äh dann wurde gesagt was machen wir im Kindergarten, das heißt im Kindergarten wurde dann gesagt wir müssen 40 000 Euro eingespart werden; […], die zweite Sache ist unser Kirchenmusiker leitet in einer anderen Gemeinde 'nen Kirchenchor bringt Geld ich bin Dienstag und Donnerstag an der Schule, das heißt ich bringe Geld an die Kirche rein das heißt öffentliche Gelder die in den Haushalt der Gemeinde reinkommen; ich bin Mittwoch und Donnerstag in der Gemeinde nicht das heißt ich bin weg, und unterrichte und ein Gemeindezentrum wurde abgerissen und verkauft; das Grundstück und das sind Einschnitte die die Gemeinde natürlich auch betreffen, aber wie gesagt nur qualitativ; nicht quantitativ, also nach wie vor hab'n wir einen dreigruppigen Kindergarten; nach wie vor hab'n wir einen gut ausgebildeten Kirchenmusiker; nach wie vor hab'n wir zwei Pastor'n; nach wie vor hab'n wir äh ein Gemeindezentrum und nach wie vor haben wir eine schöne Kirche, das heißt qualitat- Qualität wurde nicht eingespart sondern nur Quantität das heißt zwei Gemeindezentren äh zwei ganze Pastor'n jetzt sind wir bei 1,75 Pastor'n Kirchenmusiker is auch nicht mehr so ganz da aber das merkt man eigentlich so nich' qualitativ.«

I: »Pastor'n was?«

P: »Genau 1,75 Pastor'n heißt dass ich Dienstag und Donnerstag nicht in der Gemeinde bin, ich unterrichte von 8 bis 2 und kriege Geld dafür das heißt die Gemeinde kriegt das Geld dafür <1 sec.> und wenn Beerdigungen auf den Tag fallen dann macht das mein Kollege.«

Nachdem die Leitfrage am Anfang des Interviews ganz allgemein an »Veränderungen« orientiert war, versucht der Interviewer den narrativen Inhalt nun von der Seite der finanziellen Einschnitte her zu beleuchten. Damit geht er genau auf das ein, was dem Pfarrer zufolge der alleinige Grund für alle von ihm bisher aufgeführten »Veränderungen« gewesen ist.

Die so formulierte Frage verleitet den Pfarrer zu einer ausführlichen Narration, in der er zunächst auf die Ursachen der finanziellen Einschnitte eingeht und daraufhin die vorgenommenen Veränderungen aufzählt. Für die Ursachen der Einnahmereduktionen stellt er Kinderlosigkeit und Arbeitslosigkeit in Rechnung. Nicht erwähnt werden dabei andere Faktoren wie gerade Kirchenaustritte oder sinkende Lohnsteuereinnahmen. Trotz der Ausführlichkeit lässt sich auf Grundlage von Kontextwissen erschließen, dass die Aufzählung in dieser Passage keineswegs vollständig ist, obwohl der Pfarrer an anderer Stelle auf Kirchenaustritte eingeht und diesen in jüngerer Zeit wenig Bedeutung bezüglich ihrer Auswirkungen auf die Gemeindeeinnahmen beimisst. Das Resultat wird relational mit dem Verlust von 30 Prozent in Bezug auf die Einnahmen in den achtziger Jahren angegeben. Im Anschluss geht er auf die Konsequenzen ein. Dieser Sachverhalt mündete dem Pfarrer zufolge in einen Reflexionsprozess, der von Sachzwängen geleitet war und im Leitungsorgan der Gemeinde, dem Presbyterium, zu Entscheidungen führen musste: dem Beschließen von Einsparungen.

Der Beschluss des Presbyteriums lautete »Kürzungen in jedem Bereich« – folgte also dem sogenannten Rasenmäherprinzip, was auf Grundlage des Gemeinschaftscharakters der Gemeinde durchaus naheliegend ist, gilt es doch insbesondere in Gemeinschaften und ihrem Prinzip allgemeiner Reziprozität, so gut es geht Gewinner und Verlierer zu vermeiden und entsprechend alle am finanziellen Verlust zu beteiligen. An diesem Sachverhalt kann man wiederum festmachen, wie sehr die Vorschläge der Kirchenleitungen aufgrund des Hybridcharakters von Gemeinschaft und Organisation auf der Ebene der Kirchengemeinschaften teils zum Scheitern verurteilt sind. Während die Kirchenleitungen gerade davor warnen, dass sich die Kirche mit dem Rasenmäherprinzip »kaputt sparen« und damit zu einem Verlust an Präge- und Profilkraft beitragen würde (siehe EKD 2006: 8), und statt dessen für eine Profilbildung durch Schwerpunktsetzung plädieren, ist es den basisdemokratisch aufgebauten Presbyterien im Kontext von Gemeinden als Gemeinschaften kaum möglich, eine solche Strategie durchzusetzen.

Systematisiert man die Auflistung der Einsparungen in dieser Passage, so lassen sich drei unterschiedliche Strategien in Bezug auf die finanziellen Einschnitte unterscheiden. Zunächst, dies betrifft die Aufgabe eines Gemeindehauses, wird der finanzielle Aufwand zur Erhaltung eines Gebäudes reduziert. Hier handelt es sich um eine Einsparung im engeren Sinn, weil die Sachkosten durch die Aufgabe reduziert werden. Bei der zweiten Strategie handelt es sich hingegen nicht um Einsparungen. Hier, dies wird am Kindergarten ebenso deutlich wie an den Fahrtkosten der Konfirmandenfreizeit, werden die anfallenden Kosten auf andere Träger umgewälzt. Die dritte Strategie betrifft die Stellen. Hier wurden Einsparungen durch die Kürzung der Stellen bei gleichzeitigem Verkauf von Arbeitskraft erzielt.

Ein Bereich, in dem laut Betonung des Pfarrers auch quantitativ keine Einschnitte vorgenommen werden, sind die Dienstleistungen, die die hauptamtlichen Mitarbeiter verrichten. Nach wie vor werden Beerdigungen auch dienstags und donnerstags abgehalten, eben vom Kollegen. Auch dass der Kirchenmusiker »nicht mehr so ganz da« ist, »merkt man eigentlich so nich«, da er seine Dienstleistungen, Kirchenmusik und Kirchenchor, weiterhin erbringt. Dies führt zu der Schlussfolgerung, dass trotz quantitativer Einschnitte im Stellenvolumen keine quantitativen Einschnitte in den von diesen Stellen erbrachten Dienstleistungen vorliegen. Das zuvor entfaltete Argument: »keine Einsparungen in der Qualität« betrifft damit wiederum die Gemeinde als Organisation.

Wenn an diesen formalen Dienstleistungen nicht gespart wird, bleibt die Frage, an welchen Stellen die Gemeinde davon – quantitativ oder qualitativ – betroffen ist. Hier wiederholt sich dasselbe Muster, das schon (in einem hier nicht dokumentierten anderen Abschnitt des Interviews) bei dem Abzug der Pfarrsekretärin deutlich wurde: Wovon quantitativ dann weniger bleibt, ist Arbeitszeit, die für Interaktionen aufgewendet oder in die Gemeinde-als-Gemeinschaft eingebracht wird. An der Restrukturierung der Verwaltung wie auch an der Reduktion des Stellenvolumens hauptamtlicher Mitarbeiter der Gemeinde wird deutlich, dass genau das »eingespart« wird, was das Mitarbeitsverhältnis früher als »Surplus« ausgemacht hatte: die Verfügung über Zeit, die für persönliche Interaktionen genutzt werden konnte und sollte. Insbesondere in Bezug auf den Pfarrberuf fällt auf, dass bei der Reduktion von Stellenanteilen die Interaktionsleistung am ehesten betroffen ist, während Dienstleistungen und Verwaltungsarbeit auch weiterhin anfallen. Damit wird genau das gekürzt, was in der praktischen Theologie als das zentrale Merkmal pfarrberuflicher Profession hervorgehoben wird.

»Männergottesdienst ham wä nich' aber könn' wä auch machen« – Zielgruppenorientierung

Diese Sequenz wird dadurch eingeleitet, dass der Interviewer den Pfarrer bittet, auf die von diesem kurz zuvor erwähnten Zielgruppengottesdienste einzugehen. Da die Frage nach Zielgruppenorientierung für die Frage nach kirchlichen Ökonomisierungsprozessen relevant ist, nicht zuletzt, weil sich darunter potentiell eine strukturelle Kundenorientierung verbirgt, soll diese Sequenz im Folgenden analysiert werden.

I: »Und äh du hast Zielgruppengottesdienste erwähnt welche Zielgruppen sind damit gemeint?«

P: »Zielgruppen fängt- fängt bei Null an und hört bei hundert auf also Null heißt bei uns Krabbelgottesdienste alle zwei Monate, letzten Sonntag grade <1 sec.> zwei Taufen <2 sec.> 120 Leute <.> in der Kirche dann ist der nächste Zielgruppengottesdienst der Kindergartengottesdienst wo −nur −die −Kindergartenkinder sind; der findet auch alle sechs Wochen statt allerdings nur im Kinder- also nur mit dem Kindergarten in der Kirche dann gibt's die Kindergartengottesdienste mit Familien, <.> dann gibt es die äh Kindergottesdienste jeden Sonntag in der Schulzeit wo die Kinder im Gottesdienst normal beginnen mit den Erwachsenen, Liturgie mitbekommen; Gebete mitbekommen; Singen mitbekommen; dann während Predigt ä:h nach Nebenan gehen und äh und dann bastelweise handwerklich etwas zu dem Thema machen dann gibt es den äh Jugendgottesdienst, der am Abend gefeiert wird der nicht nur von Jugendlichen besucht wird, aber von Jugendlichen vorbereitet wird <1 sec.> auch viel von Jugendlichen besucht wird aber nicht nur einige ältere Leute finden Jugend- die Gottesdienste am Abend auch schön, <1 sec.> dann gibt's Konfirmations- Konfirmandengottesdienste, die von den Konfirmanden vorbereitet werden zweimal im Jahr dann gibt es äh Senior'ngottesdienst einmal −im Jahr der nur von Senioren besucht wird, äh dann gibt es äh Gottesdienste die von einem Team vorbereitet werden; das heißt komplett theologenfrei das heißt Ehrenamtliche bereiten den vor <2 sec.> 2 bis 3 mal im Jahr <.> und auch nicht nur wenn der Pastor dann Urlaub hat sondern −der −Pastor −hilft −schon −bei der Durchführung und Planung allerdings wenn der Gottesdienst dann läuft machen das nur Laien, also Nich'-Theologen <1 sec.> Frauenhilfsgottesdienst reiner Frauengottesdienst Frauen-Weltgebetstag reiner Frauengottesdienst <2 sec.> hammäs Männergottesdienst ham wä nich' aber könn' wä auch machen <.> von Männern nicht nur für Männer.«

I: »Jo.«

P: »Wir hab'n eher das Problem das wir diese ganz normalen Gottesdienste kaum noch unterbringen, und die Gemeinde schimpft halt so diese Generation der <.> älteren Damen die Sonntag in die Kirche kommen und sagen, Jeden Sonntag wenn man herkommt ist irgendwie etwas anderes los, also so'n ganz normaler Gottesdienst ham wir <.> noch einmal im Monat der Rest sind <.> eigentlich Sondergottesdienste ...«

Durch die Konzipierung der Zielgruppen anhand des Lebensalters gelingt der Gemeinde eine Inklusion aller Individuen, doch diese Lösung der Inklusion durch Zielgruppenorientierung birgt selbst eine Problematik. Auf diese geht der Pfarrer selbst ein: Das eher Problematische ist die Durchführung von »ganz normalen Gottesdiensten«. Damit führt der Pfarrer eine deutliche Unterscheidung von »Zielgruppen«- oder »Sondergottesdiensten«' und »ganz normalen Gottesdiensten« ein. Die »ganz normalen Gottesdienste« sind »kaum noch unterzubringen«. Das heißt nichts anderes, als dass das Normale in diesem Arrangement den Status des Besonderen bekommt.

Die Problematik dieser Verkehrung von Ausnahme und Regel wird durch Unzufriedenheit zum Ausdruck gebracht: »Die Gemeinde schimpft«. Das Subjekt der Unzufriedenheit, die offen artikuliert wird, wird jedoch sofort korrigiert. Es ist nämlich die Generation der »älteren Damen«, die sich über die Ersetzung des immer Selben durch etwas Anderes aufregen. »Jeden Sonntag ist hier was anderes los.« Diese Verschiebung von »Gemeinde« auf »ältere Damen« ist insofern aufschlussreich, als den Milieustudien zufolge diese »älteren Damen« den Kern einer normalen Kerngemeinde bilden. Die Formulierung »ältere Damen« schlüsselt eine Haltung des Pfarrers gegen die von ihm so benannte Gruppe innerhalb der Gemeinde auf. Der Ausdruck Dame allein ist zwar eine höfliche Bezeichnung für eine Frau, doch wird er oftmals eingesetzt, um situative strukturelle Inferiorität zu euphemisieren. Zur strukturellen Inferiorität gehört in diesem Fall, dass man redet, aber dieses Reden offenbar kein Gewicht hat. Zwar belastet es die Atmosphäre in der Gemeinde, weil »halt« jemand »schimpft«, aber das Schimpfen wirkt sich nicht auf Entscheidungen aus. Ebenso wird in seinen Formulierungen erkennbar, dass diese im engeren Sinn keine Zielgruppe darstellen, um die man sich kümmern müsste. Denn schließlich kommen sie in den Gottesdienst, ohne dass eine Bemühung um dieses Milieu erforderlich wäre. Dies unterstreicht einmal mehr die These der Marginalisierung der Kerngemeinde, die unter anderem im Zuge der Zielgruppenorientierung einsetzt.

Wie korrespondiert nun die hier vorgenommene Zielgruppenorientierung mit der vom Reformdiskurs eingeforderten Sensibilisierung an den Lebensstil-Milieus? Eine derartige »Milieusensibilisierung«, wie sie in den bereits oben angesprochenen Milieustudien nahegelegt wird, ist nicht explizit vorgenommen. Auffällig ist jedoch, dass Heranwachsende fast immer Adressaten sind. Während Senioren- und Frauengottesdienste nur sehr selten (einmal im Jahr) angeboten werden, werden Kinder in den häufiger stattfindenden Familien-, Kinder- und Kindergartengottesdiensten angesprochen. Für Kleinstkinder gibt es den Krabbelgottesdienst, für ältere den Jugendgottesdienst. Da Kinder nicht von sich aus in den Gottesdienst gehen, sind der eigentliche Adressat dahinter Familien. Das Zielmilieu ist, zieht man die Sinus-Milieu-Studie zurate, die »bürgerliche Mitte«, die sich durch eine konservative Werthaltung auszeichnet, zu der die Familie ebenso wie eine gewisse, wenn auch oftmals lose Bindung an die Kirche gehört. Der Sinus-Studie zufolge ist dies zugleich das einzige Milieu, das für die Kirche »erreichbar« ist. Mit dieser in dieser Gemeinde vorliegenden Zielgruppenorientierung wird das Problem der Milieuverengung letztlich jedoch reproduziert: Es wird nur auf das Milieu zugegangen, das sich ohnehin durch Erreichbarkeit auszeichnet.

Bereits Krech und Höhmann (2006) haben auf die Paradoxie hingewiesen, dass beim Versuch der Inklusion von Kirchenfernen durch Zielgruppenorientierung zugleich Exklusionseffekte entstehen. Genau dieser Effekt lässt sich auch in dieser Kirchengemeinde aufzeigen. Einerseits bedeutet die Familienfokussierung, dass andere potentielle (auch: »unerreichbare«) »‚Zielgruppen« wie etwa Singles und damit sämtliche jüngeren Milieus, ausgenommen die bürgerliche Mitte, mit diesen Angeboten nicht nur nicht angesprochen, sondern geradezu ausgeschlossen werden. Denn für einen Single ist ein »normaler« Gottesdienst mutmaßlich immer noch attraktiver als ein Familiengottesdienst, zumal sein Familienstatus als »ledig« und »kinderlos« im Rahmen einer solchen Veranstaltung geradezu als Defizit empfunden werden mag. Doch nicht nur die (potentiell unerreichbaren) Kirchenfernen werden damit ausgeschlossen, sondern auch – wiederum – die klassische Kerngemeinde, die vor allem aus »älteren Damen« besteht.

Die Gottesdienstgestaltung ist damit von zwei homologen Widersprüchlichkeiten geprägt: Erstens ist der »normale«, konzeptionell auf Generalinklusion aller auf Grundlage des Glaubens hin angelegte Gottesdienst de facto milieuverengt (Höhmann 2009). Doch dies trifft auch für die zweite Strategie zu, die Generalinklusion durch die Klassifizierung von Altersgruppen, in die prinzipiell jedes Individuum eingeordnet werden kann. Denn de facto wird damit nur ein Milieu, nämlich die bürgerliche Mitte bedient. Dabei scheint die vom Reformdiskurs favorisierte Lösung einer Zielgruppenorientierung an den bisher nicht erreichten Milieus vor die größten Probleme gestellt zu sein. Denn erstens muss eine weiterführende Pluralisierung des Angebots mit den zunehmend kleiner werdenden Ressourcen in Konflikt geraten. Zweitens stellt sich unter diesen Bedingungen die Frage, warum man gerade Zielgruppen ansprechen will, bei denen die Erfolgsaussichten sehr gering sind. Dies ist schließlich eine Einsicht, die die Milieustudien ebenso mitliefern, auch wenn sie anschließend zur »Eroberung« dieser Milieus aufrufen. Warum aber unter schwindenden Ressourcen in Bereiche investieren, in denen die Erfolgschancen denkbar gering sind?

Schlussfolgerungen

Anhand der ausgewerteten Daten lässt sich die These erhärten, dass es im Zuge des Versiegens der kirchengemeindlichen Finanzen, von dem nahezu alle Kirchengemeinden im Ruhrgebiet betroffen sind, zu einem paradoxen Effekt kommt: Obwohl finanzielle Einbußen in erster Linie die Organisationsförmigkeit und nicht die Gemeinschaftsförmigkeit der Kirchengemeinde betreffen, scheinen sich die negativen Auswirkungen vor allem in der Gemeinschaftsförmigkeit der Kirchengemeinden zu zeitigen. Dies impliziert auch, dass das kirchliche Kernmilieu, die

»Kirchentreuen«, am meisten unter diesem Rückbau zu leiden hat. Den Kirchengemeinden gelingt es, ihre organisatorische Funktionalität beizubehalten; gleichzeitig werden Ressourcen zur Gemeinschaftsstiftung abgezogen. Dieser Prozess macht sich an allen Facetten des amtskirchlichen Rückbaus bemerkbar:

1. Durch die Auslagerung der Verwaltung bleibt die organisatorische Funktionalität dieses Bereichs erhalten; doch zugleich wird mit der Aufgabe der örtlichen Pfarrbüros eine Anlaufstelle für persönliche Interaktion abgebaut.
2. Durch die Vermietung von Stellen bzw. deren Ansiedlung auf der Ebene des Kirchenkreises wird die Bindung der Stelleninhaber an die Gemeinde geschwächt. Das Dienst-Gemeinschaftsverhältnis tendiert dazu, sich in ein Dienstleistungsverhältnis zu verwandeln, wenn beispielsweise ein Kirchenmusiker für mehrere Kirchengemeinden zuständig ist.
3. Die Pfarrer haben immer weniger Zeit für persönliche Interaktion; der Vollzug von Amtshandlungen und die Verwaltungsaufgaben scheinen sie vollkommen auszulasten. Mit der tendenziellen Unterlassung persönlicher Interaktion scheint jene Säule zu erodieren, welche die Pfarrer zur Förderung der Gemeinschaftlichkeit zuvor bereitstellten.
4. Die Aufgabe von Kirchengebäuden und Gemeindehäusern kann gravierende Effekte haben. Fusionen gelingen oftmals organisatorisch nur unter größten Schwierigkeiten; bei der Fusion von Gemeinschaften entsteht oftmals zwangsläufig eine Gewinner-Verlierer-Differenz. Die Beheimatung der »Verlierer«, deren Gebäude aufgegeben werden, gelingt oftmals nicht; es kommt zu Abbrüchen und qualitativen Einbußen der Partizipation von Gemeindemitgliedern.
5. Durch die Fusionierungen wachsen die Zahlen der formalen Gemeindemitglieder. Doch Gemeinschaften sind nur bis zu einer bestimmten Größe aufnahmefähig; sie überschreiten selten die Größe von wenigen Hundert Menschen. Zugleich nimmt auch prozentual die Zahl derjenigen, die an den amtskirchlichen Entscheidungsprozessen beteiligt werden, im Verhältnis zur Anzahl der formalen Gemeindemitglieder ab. Die Fusionierung von zwei Gemeinden macht beispielsweise aus zwei Gemeinderäten nur noch einen mit meist reduzierter Mitgliedschaft. Selbst für diejenigen, die wollen, ergibt sich damit immer weniger die Möglichkeit, an den Entscheidungsprozessen zu partizipieren. Die Amtskirche gewinnt dadurch zunehmend den Charakter einer Dienstleistungsorganisation, die einer großen Zahl nicht vergemeinschafteter Individuen gegenübersteht.
6. Durch Zielgruppenorientierung und Außenorientierung geraten vor allem diejenigen in den Blick, die nicht zur Kerngemeinde gehören. Eine Fokussierung auf Zielgruppen fördert den Marginalisierungsprozess der kirchlichen Kernmilieus.

Die klassische Kirchengemeinde scheint damit auf den Weg zu sein, zunehmend den Charakter einer Organisation anzunehmen. Es wird sich zeigen müssen, ob dieser Transformationsprozess in Zukunft weiter an Fahrt gewinnt und ob sich damit der Erosionsprozess des Protestantismus beschleunigt oder aber aus der Sozialgestalt der Organisation heraus produktive Dynamiken entstehen.

III.

Andreas Isenburg
Zwischen Event und Hochkultur
Das Evangelische Kulturbüro Ruhr.2010

»Vom Schatten ins Licht?!«
Auf dem Weg zu einer evangelischen Beteiligung an der Kulturhauptstadt RUHR.2010

Es sind Bilder, die berühren. Emotional und bewegend zugleich. Eine perfekte visuelle Inszenierung. Verdichtet in einem knapp zweiminütigen Video präsentiert sich das Ruhrgebiet im Jahre 2009 auf der ITB in Berlin mit seinem Werbetrailer auf eine einzigartige Weise – weit entfernt vom Klischee der verstaubten Industrieregion führt es dem Betrachter etwas Neues vor Augen: eine lebendige, junge und multikulturelle Kultur-Metropole ganz eigener Prägung. Jenseits kommunaler Grenzen zeigt dieser Film nur noch eine einzige Region – bestehend aus 53 Städten und 5,3 Millionen Einwohnern – in der das gesungene »Glück auf!« des alten Bergmann-Chores problemlos von jungen Hip-Hoppern mit Migrationshintergrund aufgenommen und weitergeführt wird. Jung und Alt, Menschen aus über 140 Nationen zeigen sich hier in einem neuen Licht – ebenso wie das reichhaltige Kulturangebot dieser Region mit seinen 200 Museen, 100 Kulturzentren, 120 Theatern, 100 Konzertstätten sowie 3.500 Industriedenkmälern. »*Kultur durch Wandel – Wandel durch Kultur*« – selten wurde das Motto einer Kulturhauptstadt so faszinierend und technisch perfekt umgesetzt wie in diesem mehrfach preisgekrönten Werbevideo der RUHR.2010 GmbH.

Kann man sich der Wirkung dieses Videos nur schwer entziehen, so erlebt der kirchliche Betrachter jedoch, oftmals erst auf den zweiten Blick, eine »kleine« Überraschung: Die Kirchen oder gar die kirchliche Kulturarbeit sucht man in diesem Video vergebens.

Dieser Umstand weist – unabhängig davon, welche Gründe für die fehlende Berücksichtigung der Kirchen wie auch der anderen Religionsgemeinschaften bei der Herstellung des Films eine Rolle gespielt haben mögen – auf eine Spannung hin, in der sich die evangelische wie die katholische Kulturarbeit seit langem bewegt und die zugleich Voraussetzung wie Herausforderung einer kirchlichen Beteiligung an der Kulturhauptstadt 2010 im Ruhrgebiet markierte. Deutlich benannt wurde sie bereits 2007 von Olaf Zimmermann, Geschäftsführer des Deutschen Kulturrates: »Die Kirchen sind eine weitgehend unbekannte kulturpolitische Macht in Deutschland. [...] Die Wirkungen der beiden großen christlichen Kirchen auf das kulturelle Leben in Deutschland sind allerorts zu spüren. [...] Sie haben ein universelles gesellschaftliches Gepräge.«[1] *Können die beiden Kirchen also einerseits*, allein schon wegen ihres finanziellen Engagements, durchaus als einer der »zentralen kulturpolitischen Akteure« angesehen werden, so spielt dieser Umstand andererseits doch in der Öffentlichkeit wie in kulturpolitischen Debatten bis heute kaum (noch) eine Rolle.

Die dabei von Zimmermann benannte Anonymität kirchlicher Kulturarbeit bedeutet jedoch nicht, dass Kultur innerhalb der beiden Konfessionen gar nicht vorhanden wäre – im Gegenteil: Kultur war und ist bis heute an vielen Orten ein fester Bestandteil der kirchlichen Arbeit. Dies gilt im evangelischen Bereich nicht etwa nur für die Evangelischen Akademien oder die Stadt- und Citykirchen, sondern gerade auch für die Ortsgemeinden. Bildet dabei häufig die Kirchenmusik mit ihren Kirchen-, Jugend-, Gospel- oder Posaunenchören einen Schwerpunkt des gemeindlichen Kulturangebots, so finden sich andererseits auch Angebote aus den Bereichen der Literatur – präsent schon durch die zahlreichen evangelischen Gemeindebüchereien –, sowie der bildenden und darstellenden Kunst, so zum Beispiel im erfolgreichen Projekt »Kirche & Kino« der Evangelischen Kirche von Westfalen. Zu Recht verweisen daher die Kulturpolitischen Leitlinien der Evangelischen Kirche von Westfalen auf diese vielleicht oft »unsichtbare«, jedoch kontinuierlich stattfindende »evangelische Kulturarbeit«: »Kunst und Kultur sind tief verankert im Leben der Kirche. In vielfältigen Ausdrucks- und Erscheinungsformen leistet die Kirche einen kulturellen Beitrag, ereignet sich Kunst in ihren Gemeinden und Kirchenräumen.«[2]

Diese von der (medialen) Öffentlichkeit oft nur selten wahrgenommene »diskrete Präsenz evangelischer Kulturarbeit« (Thomas Erne) ist nun nicht etwa abwertend zu beurteilen, vielmehr stellte dieser kontinuierlich stattfindende kulturelle Beitrag der Kirchen eine der grundlegenden Voraussetzungen für die Beteiligung

---

1   Olaf Zimmermann in: Zimmermann, Olaf/Geißler, Theo (Hg.): Die Kirchen, die unbekannte kulturpolitische Macht. Aus politik und kultur, 2, Berlin 2007, S. 5.
2   Landeskirchenamt der Evangelischen Kirche von Westfalen (Hg.): Räume des Glaubens – Räume der Freiheit. Kulturpolitische Leitlinien der Evangelischen Kirche von Westfalen, Bielefeld 2004, S. 7.

der westfälischen und rheinischen Landeskirche an der Kulturhauptstadt 2010 im Ruhrgebiet dar. Ermöglichte sie es doch von Beginn der Planungen an, an bereits vorhandene Kulturangebote und bestehende Kooperationen mit Künstlerinnen und Künstlern in Gemeinden und Kirchenkreisen wie auch an erste Strukturen kirchlicher Kulturarbeit in den Kirchenkreisen, die beispielsweise in der westfälischen Kirche ab 2005 durch die Benennung kreiskirchlicher Kulturbeauftragter entstanden, anzuknüpfen.

Eine besondere Bedeutung für die Planungen der rheinischen und westfälischen Kirche zur Kulturhauptstadt 2010 hatte darüber hinaus das Kulturprogramm »FREIRÄUME« zum 24. Deutschen Evangelischen Kirchentag im Ruhrgebiet 1991, mit dem die evangelische Kulturarbeit erstmals über einen begrenzten Zeitraum ins öffentliche Bewusstsein rückte (s. dazu den Beitrag von Rüdiger Sareika in diesem Band). Das Projekt »FREIRÄUME« gewann modellhaften Charakter für die Planungen der Landeskirchen zur Kulturhauptstadt 2010, indem es einerseits Wege für einen neuen Dialog und neue Kooperation zwischen Kirche und Kultur aufzeigte, andererseits erste Strukturen kirchlicher Kulturarbeit im Ruhrgebiet initiierte, so zum Beispiel die Arbeitsstelle Kirche und Kultur AKKU in Dortmund, an die angeknüpft werden konnte und die zugleich geografisch wie zeitlich ausgeweitet wurden. Die im Blick auf Organisation und Durchführung gemachten Erfahrungen der »Projektgruppe Kultur zum Kirchentag« gaben darüber hinaus wertvolle Anstöße zum Aufbau einer eigenen Organisationsstruktur für die Kulturhauptstadt 2010. Nicht zuletzt machte FREIRÄUME, wie die Landessynode der Evangelischen Kirche von Westfalen 1991 besonders hervorhob, auch die Unverzichtbarkeit des Dialogs der Kirche mit Kunst und Kultur deutlich; eines Dialogs, der, so die Landessynode, auch nach dem Kirchentag innerhalb der gesamten Landeskirche fortzusetzen sei.

Auftrag und Aufgaben des Evangelischen Kulturbüros Ruhr.2010

Neue und konkrete Formen gewann dieser »unverzichtbare Dialog« dann mit der Bekanntgabe der Bewerbung des Ruhrgebiets um den Titel »Kulturhauptstadt Europas 2010« im Jahre 2003. Als einer der ältesten Kulturträger im Ruhrgebiet unterstützten die rheinische und westfälische Landeskirche zusammen mit der Konferenz der Ruhrsuperintendentinnen und -superintendenten von Beginn an die Bewerbung der Stadt Essen und signalisierten damit ihre Bereitschaft zur Weiterführung bzw. Neuinszenierung des Dialogs von Kirche und Kultur im Ruhrgebiet.

Grundlage ihres Engagements bildeten dabei nicht allein die seit langem vorhandene »diskrete Präsenz evangelischer Kulturarbeit« vor Ort und des ruhrgebietsweiten Kulturprojekts FREIRÄUME sowie die daraus sich entwickelten Strukturen (kreis-)kirchlicher Kulturarbeit. Die selbstverständliche Bereitschaft zur Beteiligung an der Kulturhauptstadt 2010 erwuchs vor allem aus einem kulturellen Selbstverständnis, wie es sich unter anderem in der Denkschrift der EKD »Räume der Begegnung« und den 2003 von der Landessynode der Evangelischen Kirche von Westfalen verabschiedeten Kulturpolitischen Leitlinien niederschlug. »Christlicher Glaube lässt sich nur in konkreter und damit kulturell bestimmter Gestalt leben. Damit ist er in seiner jeweiligen Ausdrucksform schon Teil der Kultur. Weil [solche] Glaubensäußerung genuiner Ausdruck von Kultur ist, [darum] haben die Kirchen nicht nur auf kulturelle Entwicklungen reagiert, sondern auch selbst solche in Gang gesetzt.«[3] Eine besondere Herausforderung für die evangelischen Kirchen innerhalb dieses Prozesses ist dabei, Räume zu gestalten, in denen Religion und Kultur miteinander ins Gespräch kommen können. Den Kirchen als »Kulturorten« fällt dabei eine besondere Rolle zu. So sind sie nach evangelischem Verständnis nicht als Tempel anzusehen, die durch den Kult geheiligt wären, sondern vielmehr als Glaubenszeugen, die den Geist der Freiheit atmen. Sie bieten Menschen Freiräume an, ihre alltägliche Wirklichkeit im Licht des Evangeliums zu deuten. Kultur als solch ein »Spielraum der Freiheit« (Dietrich Bonhoeffer) lässt Menschen ihre Potenziale wahrnehmen für ein Leben in Selbstbestimmung, kreativer Entfaltung und gesellschaftlicher Verantwortung.[4]

Auf der Basis dieses kulturellen Selbstverständnisses erarbeitete die von den beiden Landeskirchen einberufene »Arbeitsgruppe zur Koordinierung der kirchlichen Aktivitäten zur Kulturhauptstadt 2010« ein Konzeptpapier, das als Organisationsstruktur für eine Beteiligung an der Kulturhauptstadt 2010 die Einrichtung eines Evangelischen Kulturbüros anregte. Das Kulturbüro sollte das evangelische Engagement bereits im Vorlauf der Kulturhauptstadt initiieren, während des Jahres 2010 begleiten und es nicht zuletzt in seiner Nachhaltigkeit fördern. Den Vorschlag der Arbeitsgruppe aufnehmend, wurde im August 2007 das Evangelische Kulturbüro Ruhr.2010 als gemeinsame Einrichtung der Evangelischen Kirche im Rheinland und der Evangelischen Kirche von Westfalen mit einer Auftaktveranstaltung in der St. Petri Kirche in Dortmund eröffnet. Mit der Leitung des Büros, das seinen Sitz in Essen hatte, wurden zwei Pfarrer aus der Evangelischen Kirche im Rheinland und von Westfalen betraut. Die Arbeit des Evangelischen Kulturbüros sollte dabei

---

3   Trägerkreis des Evangelischen Kulturbüros Ruhr.2010 (Hg.): evangelisch 2010. Europäische Kulturhauptstadt RUHR.2010 und Evangelische Kirche, Essen 2010.
4   Vgl. ebd.

in direkter Verantwortung gegenüber einem von den Landeskirchen einzusetzenden Trägerkreis geschehen, der die Richtlinien der Arbeit des Kulturbüros festlegte und die Entscheidungen über den Einsatz von Personal und Finanzen traf. Dieser Trägerkreis setzte sich aus Mitgliedern der Landeskirchen, der Ruhrsuperintendentinnen- und superintendentenkonferenz und des Stadtkirchenverbandes Essen zusammen, weitere Fachleute konnten darüber hinaus jederzeit hinzugezogen werden. Im Unterschied zum Evangelischen Kulturbüro war der Trägerkreis jedoch nicht mit dem operativen Geschäft betraut, sondern nahm vielmehr eine beratende und begleitende Funktion wahr.

Die Aufgaben des Evangelischen Kulturbüros wurden in einer Vereinbarung zwischen den Landeskirchen und dem Stadtkirchenverband Essen wie folgt festgelegt: »Als evangelischer Ansprechpartner und Kontaktstelle zur RUHR.2010 GmbH liegen seine Aufgaben darin, die von beiden Landeskirchen ausgehenden Projekte auf dem Weg zur Kulturhauptstadt Ruhr.2010 zu fördern und zu begleiten. Im Einzelnen arbeitet das Büro
- als Informationsstelle
- als Plattform zur Kommunikation und Planung
- durch Kooperation mit den jeweiligen Trägern für eine umfassende Vernetzung der einzelnen Projekte,
- sowie als Koordinationsstelle für besondere Kulturprojekte der beiden Landeskirchen.«

Konkret bedeutete diese eher formale Aufgabenbeschreibung, dass »alle [...] Projekte [im Ev. Kulturbüro] gebündelt und beraten [werden] mit dem Ziel [...] der Unterstützung von ausgezeichneten Projekten, der Beratung bei der Projektplanung, der Initiierung *wie Realisierung innovativer* Projekte und der Einbringung in das offizielle Programm und ggf. der Förderung der Kulturhauptstadt. [...] [Darüber hinaus pflegen] die Leiter des Büros [...] offizielle Kontakte zum Büro der Kulturhauptstadt, zur katholischen Kirche und zu relevanten gesellschaftlichen Gruppen. Zu ihren Aufgaben gehört [weiterhin] Fundraising und professionelle Öffentlichkeitsarbeit: Sie leisten interne und externe Information über die Engagements und Projekte, Pressearbeit, Begleitung eines ›Kirchlichen Kulturführers‹, Mitarbeit bei der Internetpräsenz.«[5]

Angesichts der begrenzten Personal- und Finanzausstattung des Ev. Kulturbüros stellte dieser »Aufgabenkatalog« das Ev. Kulturbüro von Beginn an vor große

---

5 Schilling, Konrad A. (Hg.): Kulturmetropole Ruhr. Perspektivplan II, Essen 2007, S. 140.

Herausforderungen. Dabei wurde der zunächst noch im Konzeptpapier benannte Auftrag der Realisierung von Projekten nicht in die Vereinbarung zwischen den Landeskirchen und dem Stadtkirchenverband Essen mit aufgenommen, da er aufgrund der geringen Personal- und Finanzausstattung des Ev. Kulturbüros nicht umsetzbar gewesen wäre. Ungeachtet dieser Streichung ergab sich im Zuge der Planungen zur Kulturhauptstadt jedoch immer wieder die Notwendigkeit, zahlreiche Projekte vom Ev. Kulturbüro selbst zu organisieren bzw. bei der Umsetzung mitzuwirken, da sich die Grenzen zwischen den Aufgaben »Kooperation« und »Organisation« zunehmend als fließend erwiesen. Bedingt durch die landeskirchlichen und kreiskirchlichen Beschlüsse zum Ev. Kulturbüro ließen sich aber auch die anderen genannten Aufgaben oft nur ansatzweise realisieren, so dass seitens des Ev. Kulturbüros von vornherein eine Schwerpunktsetzung in der eigenen Arbeit unumgänglich wurde.

Arbeitsweise und Arbeitsstruktur des Evangelischen Kulturbüros Ruhr.2010

So stand das Ev. Kulturbüro letztlich vor der Aufgabe, mit geringen (Personal-)Ressourcen die benannten Aufgaben von »*Information – Kommunikation – Kooperation*« umzusetzen. Dies geschah in einem zeitlich parallelen Doppelschritt: Anknüpfend an die bereits genannten vorhandenen mehr oder weniger losen Strukturen zur kirchlichen Kulturarbeit in Gemeinden, Städten und Kirchenkreisen, ging es zunächst darum, »nach innen« zu arbeiten, das hieß, einen innerkirchlichen Beteiligungsprozess in den beteiligten 22 Kirchenkreisen des Ruhrgebiets anzustoßen und die dafür notwendigen Strukturen aufzubauen. Angesichts der presbyterial-synodalen Verfassung beider Landeskirchen konnte dieser von vornherein jedoch nur als ein »Prozess freiwilliger Aktivität und Kooperation« verstanden werden. Neben der Sichtung und ggf. Weiterleitung der eingehenden kirchlichen Projektvorschläge an die RUHR.2010 GmbH ging es daher in der Arbeit des Ev. Kulturbüros von Beginn an um die Einladung wie Motivation von Gemeinden, kirchlichen Einrichtungen und Werken sowie Kirchenkreisen zur Beteiligung an der Kulturhauptstadt. Zugleich galt es, über eine Internetpräsenz und Printmedien sowie über lokale und thematische Arbeitsgruppen und Foren eine möglichst effektive Kommunikations- und Arbeitsstruktur aufzubauen.

Die Organisationsstruktur für eine kirchliche Beteiligung an der Kulturhauptstadt bestand so insgesamt aus vier Säulen, die durch das Ev. Kulturbüro initiiert und zum Teil geleitet wurden: »Ein Schwerpunkt der Arbeit lag [dabei] in der Förderung der Basisbeteiligung der Kirchengemeinden [und funktionalen Dienste] in den 52 Städten und Kommunen der Kulturhauptstadt RUHR.2010.«[6]

So wurden (1) zunächst auf lokaler Ebene Arbeitsgruppen initiiert, die in den westfälischen Kirchenkreisen überwiegend von den kirchlichen Kulturbeauftragten koordiniert und geleitet wurden. Zu diesen Arbeitsgruppen waren neben Pfarrerinnen und Pfarrern alle an dem Thema interessierten Haupt- wie Ehrenamtlichen aus Gemeinden und Einrichtungen des Ortes bzw. der Kirchenkreise sowie interessierte Künstlerinnen und Künstler aus der Region eingeladen. Ziel der jeweiligen lokalen bzw. regionalen Arbeitsgruppen war es, vor Ort ein kirchliches Kulturprogramm aufzubauen, das entweder einen eigenständige Charakter trug, in Kooperation mit der jeweiligen Stadt geplant wurde oder sich an den von der Ruhr.2010 GmbH oder den überregionalen kirchlichen bzw. ökumenischen geplanten Projekten beteiligte, die in verschiedenen Städten durchgeführt werden sollten. Dazu gehörte zum Beispiel auf Seiten der Ruhr.2010 GmbH das Projekt »Local Heroes«, das »jeder Stadt der Metropole Ruhr die Möglichkeit [gab], sich eine Woche lang als Mittelpunkt der Europäischen Kulturhauptstadt zu präsentieren. Jede Stadt gestaltet[e] ihr kulturelles Programm und Potenzial [dabei] in eigener Verantwortung. Im Spannungsfeld zwischen lokaler Heimat, metropolitaner Herausforderung und europäischer Dimension [...] [galt] es, die eigene kulturelle Visitenkarte zu präsentieren.«[7] Auf kirchlicher Seite bot beispielsweise der Konzertzyklus »Momente der Ewigkeit« Gemeinden die Gelegenheit, während des Kulturhauptstadtjahres die Kantaten von Johann Sebastian Bach in ihren Kirchen aufzuführen.

Neben die lokale Ebene traten – die Idee der sogenannten Passagen der RUHR.2010 GmbH aufnehmend – (2) vierzehn thematische Arbeitsgruppen, die sich jeweils eines kulturellen Themas annahmen und vom Ev. Kulturbüro geleitet und koordiniert wurden. Insgesamt wurde vom Ev. Kulturbüro ab August 2007 versucht, folgende thematische Arbeitsgruppen ins Leben zu rufen (die kursiv gedruckten Titel bezeichnen die bis 2010 kontinuierlich arbeitenden Gruppen): (1) *Bildende Kunst* – (2) Theater und Tanz – (3) *Medien (Film, Foto, Video)* – (4) Literatur, Lyrik, Lesungen – (5) *Kirchenmusik* – (6) *Posaunenchorarbeit* – (7) Gospelmusik (ab 2009: Projekt »Die 10 Gebote. Ein Pop-Oratorium«) – (8.1) Genderthemen I: Frauen – (8.2) Genderthemen II: Männer – (9.1) *Kirchentourismus* – (9.2) *Pilgerwege* – (10) *Architektur und Kirchbau* – (11) *Interkulturalität* – (12) *Kirche und Sport* – (13) *Kinder und Jugend* – (14) *Hochschule und Akademien*. Wie in den

---

6 evangelisch 2010, S. 8.
7 Ruhr.2010 GmbH (Hg.): Kulturhauptstadt Europas. RUHR.2010, S. 104 f.

lokalen Arbeitsgruppen so waren auch hier haupt- und ehrenamtliche Mitarbeitende sowie Künstlerinnen und Künstler aus der Region zur Mitarbeit eingeladen. Die Einrichtung solcher Arbeitsgruppen war dabei gerade auch im Blick auf die Kontaktaufnahme zur vielfältigen Kulturszene mit ihren zahlreichen Künstlerinnen und Künstlern, Kulturträgern bzw. kulturellen Einrichtungen im Ruhrgebiet notwendig, da dies angesichts der zur Verfügung stehenden Ressourcen durch das Ev. Kulturbüro nicht leistbar gewesen wäre.

Während viele Arbeitsgruppen auf ein breites Interesse stießen, so zum Beispiel die Gruppen »Interkulturalität«, »Kirchenmusik«, »Kirchentourismus und Pilgerwege« und die AG »Medien (Film, Foto, Video)«, kamen andere Arbeitsgruppen, wie zum Beispiel zum Thema »Literatur« und »Theater und Tanz«, nicht zustande oder mussten aufgrund nachlassenden Interesses ihre Arbeit einstellen, so zum Beispiel die Arbeitsgruppen zu Genderthemen.

Im Unterschied zur lokalen Verortung von kirchlichen Kulturprojekten ging es in den thematischen Arbeitsgruppen darum, Projekte zu inszenieren, die – wenn möglich – in der gesamten Region oder in Teilen davon umgesetzt werden oder überregionale Ausstrahlungskraft entwickeln können. Zugleich entstanden in diesen Arbeitsgruppen auch Ideen für Projekte, die aufgrund ihres Charakters und der Erfüllung der Kriterien der RUHR.2010. GmbH (I. Modell für Europa – II. Horizontale und vertikale Verknüpfungen – III. Nachhaltigkeit) zur Aufnahme in das offizielle Kulturhauptstadtprogramm als offizielle Projektvorschläge der beiden Landeskirchen bei der RUHR.2010 GmbH eingereicht wurden, so zum Beispiel für das ökumenische Projekt »Orgellandschaft Ruhr« und das Posaunenfestival »RU(E)HR mich an!«.

Darüber hinaus wurden aber auch außerhalb dieser Strukturen weitere zahlreiche Projektvorschläge erarbeitet, die beim Ev. Kulturbüro als Vorschläge für das offizielle Kulturhauptstadtprogramm eingereicht wurden. Diese wurden zum Beispiel von selbstständigen Arbeitskreisen, die sich aus oder neben den thematischen Arbeitsgruppen bildeten, entwickelt, so zum Beispiel von den fünf Citykirchen an der A40 im Projekt »Kirche-der-Kulturen«, oder sie entstanden aus Einzelinitiativen, wie beim Projekt »LichtKunstRaum« der St. Reinoldikirche in Dortmund. Diese Entwicklung macht deutlich, dass der vom Ev. Kulturbüro initiierte Beteiligungsprozess mit seinen zur Verfügung gestellten Strukturen nicht als in sich abgeschlossener Prozess intendiert war. Vielmehr blieb er jederzeit offen, um möglichst viele für die Mitwirkung an der Kulturhauptstadt zu interessieren und zu gewinnen.

Deutlich wurde dies auch (3) am Aufbau einer eigenen Internetpräsenz, die unter dem Namen www.evangelisch2010.de nicht nur die (Zwischen-)Ergebnisse dieses Beteiligungsprozesses dokumentierte, sondern durch seine offene Gestaltung jederzeit zu einer Mitwirkung einlud. Die Internetpräsenz bot dem Ev. Kulturbüro die Möglichkeit, die genannten Aufgaben von »Information – Kommunikation – Kooperation« auf gelungene Weise miteinander zu verbinden und zu verdichten. So flossen in die Homepage die Ergebnisse der lokalen und thematischen Arbeitsgruppen ein, förderten damit die Vernetzung miteinander und gaben zugleich Impulse für neue Projektideen. Zugleich war die Internetseite das Hauptmedium für die Öffentlichkeitsarbeit des Ev. Kulturbüros und trug damit nicht unwesentlich zur Bewusstmachung kirchlicher Kulturarbeit im öffentlichen Raum bei.

Diente die Internetpräsenz, zusammen mit dem regelmäßig per E-Mail versandten Infobrief des Ev. Kulturbüros der Vernetzung und dem Austausch auf virtuelle Art und Weise, so lud (4) das Forum des Ev. Kulturbüros zur Kulturhauptstadt die Aktiven und Verantwortlichen aus Kirche und Kultur zum Austausch und zur Vernetzung miteinander ein. Pfarrerinnen und Pfarrer aus gemeindlichen und funktionalen Diensten, unter anderem der kirchlichen Öffentlichkeitsarbeit, Kirchenmusikerinnen und Kirchenmusiker, ehrenamtlich Mitarbeitende sowie Künstlerinnen und Künstler bekamen hier die Möglichkeit, ihre Projektideen vorzustellen und gemeinsam neue Ideen und Kooperationen zu entwickeln, die direkt in den Planungsprozess zur Kulturhauptstadt einfließen konnten.

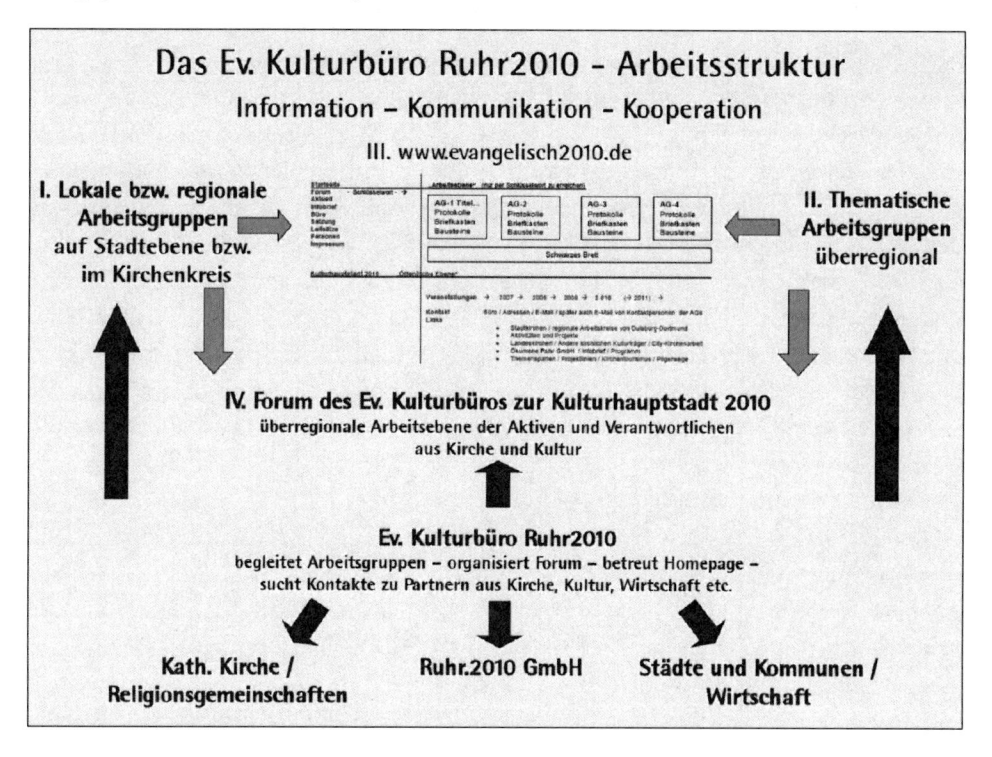

Diese vier »Säulen« ermöglichten es dem Ev. Kulturbüro, ab 2008 den von ihm in den Kirchenkreisen des Ruhrgebiets initiierten und geförderten Beteiligungsprozess zu begleiten und zu moderieren und sich zugleich als zentrale Anlaufstelle für die Planungen der Ev. Kirche im Ruhrgebiet ins kirchliche Bewusstsein zu bringen. Die Vorteile solch einer »Bottom-up«-Organisation lagen dabei vor allem in der Ermöglichung der Partizipation vieler Interessierter an den Planungen zur Kulturhauptstadt sowie in einer hohen Transparenz des gesamten Prozesses. Die Grafik auf S. X führt die ab August 2007 vom Ev. Kulturbüro aufgebaute Arbeitsstruktur für die Kirchenkreise des Ruhrgebiets noch einmal vor Augen.

Die im unteren Bereich der Abbildung 1 genannten Einrichtungen bzw. gesellschaftlichen Gruppen verweisen auf den zweiten, parallel stattfindenden Schritt in der Arbeit des Ev. Kulturbüros, bei dem es um eine Wendung »nach außen« ging, also um die Herstellung bzw. den Aufbau von Kontakten und Kooperationen zu möglichen ökumenischen, religiösen, kulturellen, kommunalen und wirtschaftlichen Partnern sowie zur RUHR.2010 GmbH als Organisatorin der Kulturhauptstadt 2010. Als ökumenischer Ansprechpartner kam dabei von Beginn an vor allem das Bistum Essen in den Blick, mit dem in regelmäßig stattfindenden Kontaktgesprächen die Möglichkeiten einer Kooperation ausgelotet und geplant wurden, während das Gespräch mit anderen Religionsgemeinschaften im Rahmen der Arbeit der Gruppe »Interkulturalität« geführt wurde.

Im kommunalen Bereich wurde zunächst der Kontakt vor Ort mit den Kulturbeauftragten der Städte und Kommunen gesucht, dann jedoch ab Ende 2008 bei den Treffen der RUHR.2010-Beauftragten der Ruhrgebietskommunen weitergeführt. Diese Treffen gaben dem Ev. Kulturbüro die Gelegenheit, zusammen mit den Vertretern des Bistums Essen, die evangelischen bzw. ökumenischen Projekte zur Kulturhauptstadt vorzustellen sowie Kontakte zu den einzelnen Vertreterinnen und Vertretern der Städte zu knüpfen. Aus diesen Kontakten und Gesprächen entstanden zahlreiche Kooperationen auf kommunaler Ebene, so zum Beispiel bei den Projekten »Die 10 Gebote. Ein Pop-Oratorium« und dem Posaunenfestival »RU(E)HR mich an!« in Dortmund oder beim Interkulturellen Fest auf der Zeche Carl in Essen.

Darüber hinaus stand das Ev. Kulturbüro auch vor der Aufgabe, »einen neuen Dialog zwischen Kirche und Politik zum Thema [der Kulturhauptstadt] ›Kultur durch Wandel – Wandel durch Kultur‹ zu initiieren. Die Frage, wie und auf welchen Ebenen Kirche und Politik gemeinsam Impulse zu einem ›Wandel durch Kultur‹ geben können, begleitete so die Planungen zur Kulturhauptstadt von Beginn an. Antworten darauf fanden sich dabei u. a. in dem Ankerprojekt ›Schattenkultur‹, das mit dem Justizministerium des Landes Nordrhein-Westfalen durchgeführt wurde, wie beim ›Martin-Luther-Forum Ruhr‹, für das die damalige Landtagspräsidentin Regina van Dinther die Schirmherrschaft übernahm.«[8]

Schwieriger gestaltete sich die Kontaktaufnahme mit potenziellen Sponsoren aus den Bereichen der Wirtschaft im Ruhrgebiet. Bedingt durch die Ende 2008 einsetzende weltweite Wirtschaftskrise, war die Zurückhaltung der Unternehmen der Region im Blick auf eine Förderung von Kulturprojekten zur Kulturhauptstadt allgemein sehr hoch, so dass die Aufgabe des Fundraising nur selten effektiv umgesetzt werden konnte. Neben den Sponsoren, mit denen das Ev. Kulturbüro im Zuge der Planungen in Kontakt trat, wurde aber auch von den jeweiligen Projektverantwortlichen selbst ein intensives Fundraising und Sponsoring betrieben, das die Umsetzung ihrer Projektideen ermöglichte bzw. förderte; so zum Beispiel in den Projekten »Die 10 Gebote – Das Pop-Oratorium«, dem »Martin-Luther-Forum Ruhr« und beim »Platz des europäischen Versprechens« in Bochum.

Neben der Kooperation mit dem Bistum Essen bildete aber von Beginn an vor allem der regelmäßige Kontakt zur RUHR.2010 GmbH einen Schwerpunkt der Tätigkeit des Ev. Kulturbüros. Diese Notwendigkeit ergab sich nicht allein daraus, dass schon Ende Oktober 2007 die Projektvorschläge für das offizielle Programm der Kulturhauptstadt 2010 einzureichen waren. Notwendig waren sie auch aufgrund einer sich von Beginn an zeigenden laizistischen Grundhaltung der RUHR.2010 GmbH, wie sie sich neben dem Werbe-Trailer zur Kulturhauptstadt auch in Publikationen der RUHR.2010 GmbH ausdrückte, bzw. aufgrund der zum Teil großen Unkenntnis darüber, über welch kulturelles Potenzial die evangelischen Kirchen als einer der ältesten Kulturträger im Ruhrgebiet verfügen. Die hier mit den Geschäftsführern der RUHR.2010 GmbH, Dr. h.c. Fritz Pleitgen und Prof. Dr. Oliver Scheytt, sowie den Direktoren der für die Kulturhauptstadt benannten Handlungsfelder (1. Entdecken – Stadt der Möglichkeiten, 2. Erleben – Stadt der Künste, 3. Bewegen – Stadt der Kulturen und 4. Fördern – Stadt der Kreativen) geführten Gespräche, zum Beispiel über eine Einbeziehung kirchlicher Kulturprojekte in das offizielle Kulturprogramm, dienten so gleichzeitig immer auch der Förderung einer öffentlichen Präsenz kirchlicher Kulturarbeit sowie der Bewusstmachung des kulturellen Potenzials und der kulturellen Möglichkeiten der Evangelischen Kirche im Ruhrgebiet.

---

8   evangelisch 2010, S. 42.

Das Evangelische Kulturbüro: Ziele – Formen – Identität

Das angestrebte Ziel in der unter Punkt 3 skizzierten vielfältigen und facettenreichen Arbeit des Ev. Kulturbüros »nach innen« wie »nach außen« lag dabei in der Konzentration auf ein kulturell engagiertes, repräsentatives und nachhaltiges Profil der Evangelischen Kirchen und ihrer Kulturarbeit in der Region. Mit der aktiven Beteiligung am Prozess zur Kulturhauptstadt eröffnete sich von dort aus ein Weg mit einem doppelten Ziel: »Neben der punktuellen Präsenz durch herausragende Kulturprojekte im Jahr 2010 [...] [sind] nachhaltige Anstöße [zu] erwarten, die zu einer strukturellen Stärkung der öffentlichen Präsenz der Kirchen in der gesamten Region führen.«[9]

Parallel zum offenen und partizipatorischen Beteiligungsprozess zur Kulturhauptstadt wurde dabei auch im Blick auf den Charakter der aus diesem Prozess entstandenen Projektideen von vornherein versucht, ein möglichst breites Spektrum der Beteiligung zu ermöglichen und möglichst viele Projektideen und -vorschläge in das kirchliche Kulturprogramm zur Kulturhauptstadt zu integrieren. Der Charakter der später in das kirchliche Programm aufgenommenen Projekte bewegte sich daher bewusst im Spektrum zwischen »Event und Hochkultur«. So machte das Ev. Kulturbüro zugleich deutlich und öffentlich sichtbar, dass »Kultur [...] als Hoch-, Volks-, Pop-, Massen- Sub- und in anderen Kulturformen auftreten«[10] kann. Damit orientierte sich das kirchliche Kulturprogramm zur Kulturhauptstadt bewusst am Kulturverständnis der EKD-Denkschrift »Räume der Begegnung«: Gibt es »Kultur nur in Kulturen« und ist eine »Pluralität kultureller Formen unverzichtbar«, dann kann man »den Kulturbegriff nicht derart verengen, dass darunter nur noch hochkulturelle Erzeugnisse zu verstehen wären, die in Opernhäusern und Gemäldegalerien präsentiert werden. Damit würde man zum Beispiel all das aus dem Blick verlieren, was als sog. triviale Alltags- und Popkultur im Leben vieler Menschen von weitaus größerer Bedeutung ist.«[11]

Entgegen dem möglichen Vorwurf eines »kulturellen Abstiegs« bzw. einer »kulturellen Verflachung« verstand das Ev. Kulturbüro so sein Programm vielmehr als adäquate Antwort auf eine sich kontinuierlich wandelnde kulturelle und gesell-

---

9   Andreas Volke, Vortrag zur Arbeit des Ev. Kulturbüros Ruhr2010, unveröffentl.
10 Kulturmetropole Ruhr, S. 137.
11 Kirchenamt der Evangelischen Kirche in Deutschland (Hg.): Räume der Begegnung. Religion und Kultur, Gütersloh 2002, S. 29–33.

schaftliche Situation und versuchte damit zugleich einer häufig kritisierten »Milieuverengung« innerhalb der Kirche und der Gemeinden zu wehren.

Dies bedeutete andererseits aber nicht, dass im Blick auf die Auswahl von Projekten nun einem »anything goes« Tür und Tor geöffnet wurde. Leitender Maßstab bei der Beurteilung der Projektvorschläge und -ideen blieb das genannte evangelische Kulturverständnis, das sich beispielsweise im Blick auf die Auswahl von Projekten in der Frage konkretisierte, inwiefern ein Projekt »Spielräume der Freiheit« ermöglicht bzw. verhindert. Darüber hinaus hatten sich kirchliche Projektvorschläge auch innerhalb des Mottos der Kulturhauptstadt »Kultur durch Wandel – Wandel durch Kultur« zu verorten bzw. zu dem intendierten Wandel einen kulturellen Beitrag zu leisten. So verstanden sich die in das kirchliche Kulturprogramm aufgenommenen Projekte zugleich immer auch als Beiträge zu einem Prozess des Wandels von »der einst größten Industrieregion und der größten ‚Kohlenzeche' Europas [hin] zu einer lebendigen Metropole der Zukunft durch den ‚Wandel durch Kultur'«.[12]

Dabei konnte die kirchliche Beteiligung an diesem Weg, als unkonventionelle Metropole im Werden ein neues Zentrum Europas zu bilden, durchaus kritischen Charakter tragen und nahm dann auch eine kritisch begleitende Funktion hinsichtlich der Tendenz zur Glorifizierung bzw. »Mystifizierung« des Ruhrgebiets und seiner (Industrie-)Geschichte innerhalb der Kulturhauptstadt wahr, wie sie etwa im Programmangebot unter dem Titel »Mythos Ruhr« sichtbar wurde, das die mit der Industrialisierung verbundenen unmenschlichen Arbeitsbedingungen im 19. Jahrhundert häufig komplett ausblendete.

Projekte wie »Schattenkultur« und »Kunst trotz(t) Armut« erweiterten darüber hinaus den Kulturbegriff um einen sozialen Aspekt. So griffen sie einerseits auf innovative Weise die Frage nach der Teilhabe an Kultur im öffentlichen Raum auf, andererseits verbanden sie die Themen »Kultur« und »Armut« auf künstlerische wie öffentlichkeitswirksame Art und Weise. Zugleich legten sie damit »eine Welt offen, die nur allzu oft ins Schattenreich zwischen bürgerlicher Existenz und öffentlich gelebter Randlage abgeschoben wird«.[13]

Analog zur von der RUHR.2010 GmbH vorgenommenen Einteilung von Projekten wurden die bereits genannten wie die anderen zahlreichen kirchlichen Projektvorschläge drei möglichen Formen eines kirchlichen Engagements an der Kulturhauptstadt 2010 zugeordnet. Im Blick auf die möglichen Formen einer Beteiligung wurde unterschieden zwischen

---

12   Ruhr.2010 GmbH, Kulturhauptstadt Europas, S. 3.
13   Dr. Petra Bahr, in: evangelisch 2010, S. 31.

- **Leitprojekten**, die vom Ev. Kulturbüro bei der RUHR.2010 GmbH eingereicht wurden und das offizielle Dachmarken-Logo und unter Umständen auch eine finanzielle Förderung der Kulturhauptstadt erhalten sollten;
- **Ankerprojekten** der Evangelischen Kirchen für ihre Region, die von den Kirchen im Sinne von Nachhaltigkeit gefördert werden sollten; sowie
- **Lokalprojekten**, die während des Jahres 2010 in den vorhandenen Strukturen kirchlich und lokal bedeutend sind und in das allgemeine wie kirchliche Programm aufgenommen wurden.

Im Unterschied zur RUHR.2010 GmbH sollten die Projekte jedoch nicht mit verschiedenen Logos versehen werden. Stattdessen wurde bereits 2008 ein eigenes Logo als Wort-Bild-Marke entwickelt, das von allen Projekten, Leitprojekten wie Ankerprojekten oder Lokalprojekten, ohne Auflagen bei allen ihren Veranstaltungen verwendet werden konnte. »Angefangen bei Großveranstaltungen (Eröffnung mit Beteiligung der Kirche) und geförderten Projekten der Ruhr GmbH [...] bis hin zu lokalen und regionalen Veranstaltungen im Kontext der ‚Local Hero'-Orte [...] [sollte mit diesem Logo] deutlich werden: ‚Die evangelische Kirche ist Kulturträger und Veranstalter im Rahmen der Kulturhauptstadt 2010!'«[14] Auf diese Weise förderte das Logo zugleich eine identitätsstiftende Wirkung innerhalb der beteiligten 22 Kirchenkreise und zwischen den Gemeinden wie in den beteiligten Städten und Kommunen.

Das Logo von »evangelisch2010«

Die in das Logo evangelisch2010.de integrierten Begriffe »*Inspiration – Begegnung – Kultur*« bezeichneten dabei den Leitgedanken, unter den die evangelischen Beiträge zur Kulturhauptstadt 2010 zu stehen kamen. »Sie betonen in diesem Dreischritt, dass Inspiration kein isoliertes Geschehen von einzelnen Menschen ist, sondern aus der Kommunikation untereinander hervorgebracht wird. Inspiration bedarf der Begegnung. Andere mitzunehmen führt dahin, aus dem Dialog heraus an der

---

14 Uwe Moggert-Seils, Vorlage zur Entwicklung einer Wort-Bild-Marke zur Kulturhauptstadt 2010, unveröffentl.

Gestaltung des öffentlichen Raumes zu partizipieren. Aus der Teilnahme der vielen erwächst Kultur.«[15]

Im Anschluss an die Präsentation des Logos im Herbst 2008 entwickelte das Logo der Ev. Kirchen, unterstützt durch die Konferenz der Ruhrsuperintendentinnen und -intendenten wie die Öffentlichkeitsreferate der 22 Kirchenkreise, eine eigene Dynamik und wurde auf allen Ebenen der kirchlichen Beteiligung rezipiert und in vielen Fällen zur Kennzeichnung eigener Veranstaltungen verwendet. Dies galt neben den sogenannten Ankerprojekten auch für die lokal verorteten Projekte von Gemeinden und Kirchenkreisen, die auf diese Weise innerhalb einer Region bzw. einer Stadt den gemeinsamen evangelischen Beitrag zur Kulturhauptstadt in das öffentliche Bewusstsein rückten. Verstärkt wurde diese Wirkung nicht allein durch die Internetpräsenz des Ev. Kulturbüros, sondern vor allem durch seine verschiedenen Publikationen, wobei die beiden Halbjahresprogramme »Kultur ist ...« zur Kulturhauptstadt eine besondere Rolle einnahmen. Sie bündelten einen Großteil der kirchlichen Kulturveranstaltungen und -projekte zur Kulturhauptstadt und machten diese unter dem »Dach« des Logos »evangelisch2010.de« einer breiten Öffentlichkeit bekannt.

Das Ev. Kulturbüro: Konkretionen

Dieser bis hier beschriebene und vom Ev. Kulturbüro seit August 2007 initiierte Beteiligungsprozess mit seinen verschiedenen Schritten der Organisation, Motivation und Präsentation evangelischer Kulturveranstaltungen und -projekte konkretisierte sich ab Januar 2010 in einem vielfältigen und breit angelegten Kulturprogramm, dass sich über das gesamte Jahr hin erstreckte. Den Auftakt der kirchlichen Beteiligung an der Kulturhauptstadt bildete im Januar 2010 ein ökumenischer Gottesdienst im Dom zu Essen, bei dem zugleich auch das gemeinsam von evangelischer und katholischer Kirche in Auftrag gegebene Kulturhauptstadt-Kreuz vorgestellt und auf seine »Reise« durch alle 53 Städte des Ruhrgebiets geschickt wurde. Über das Logo wurde so auf lokaler Ebene eine ökumenische kirchliche Identität gefördert und gestärkt, die vor allem in gemeinsamen ökumenischen Gottesdiensten mit dem Kulturhauptstadtkreuz zu Beginn der sogenannten Local-Hero-Wochen ihren Ausdruck fand.

---

15 Präses Nikolaus Schneider, Pressekonferenz Essen, 4.11.2009.

Das Kulturhauptstadt-Kreuz im Eröffnungsgottesdienst zur Kulturhauptstadt

Darüber hinaus boten die öffentlichkeitswirksamen Projekte der Ruhr.2010 GmbH »Schachtzeichen«, »!Sing« und »Still-Leben A40« den Gemeinden des Ruhrgebiets Gelegenheit, sich als »Kulturträger« zu präsentieren und sich zum Beispiel mit ihren »kirchenmusikalischen Schätzen« in diese Projekte mit einzubringen. Hinzu kamen eigene Veranstaltungen, wie zum Beispiel eine Kunstausstellung mit Dortmunder Künstlern in der Lutherkirche in Dortmund-Hörde oder das Jahresprojekt des Bochumer »Kulturraum Melanchthonkirche«, das in Zusammenarbeit mit der Ev. Stadtakademie und der Ruhr-Universität Bochum durchgeführt wurde. Diese, wie zahlreiche andere auf der »diskreten Präsenz evangelischer Kulturarbeit« aufbauende Veranstaltungen und Projekte trugen so auf vielfältige Art und Weise mit zur von den Landeskirchen wie vom Ev. Kulturbüro intendierten Stärkung der öffentlichen Präsenz kirchlicher Kulturarbeit bei.

Eine besondere Rolle bei der Verfolgung des Ziels, mit profilierten Projekten Kirche als Kulturträger verstärkt ins öffentliche Bewusstsein zu rücken und sich zugleich als aktiver kulturpolitischer Akteur zu präsentieren und – sofern möglich – zu etablieren, kam vor allem den »Ankerprojekten« zu. Sowohl konzeptionell als auch aufgrund ihrer überregionalen Ausstrahlungskraft erreichten sie, die Impulse des Kirchentagsprojekts »Freiräume« aufnehmend und weiterführend, eine bisher nicht vorhandene repräsentative öffentliche Präsenz kirchlicher Kulturarbeit im Ruhrgebiet. Zugleich gaben sie wichtige Impulse zu der von der RUHR.2010 GmbH intendierten »Stadtwerdung« bzw. »Metropolenbildung« des Ruhrgebiets. Die Aufnahme von sieben dieser Projekte in das offizielle Programm zur Kulturhauptstadt spiegelt die Bedeutung und Prägekraft, die diesen Ankerprojekten zukommt, wider. Nicht zuletzt stehen sie auch, wie beispielsweise beim Ankerprojekt »Orgellandschaft Ruhr« sichtbar, für eine gelungene ökumenische Kooperation.

Am Ende des Weges: »Viel erreicht – wenig gewonnen?«

Auf dem Hintergrund dieses zweifachen Beteiligungsprozesses, der sich während des Kulturhauptstadtjahres in einer Vielfalt und Fülle von Kulturveranstaltungen und -projekten niederschlug, zogen die beiden Landeskirchen zu Recht ein insgesamt positives Fazit: »Die aktive Beteiligung am Prozess zur Kulturhauptstadt hat […] zu einer repräsentativen Präsenz durch herausragende Kulturprojekte geführt […]. Die evangelischen Kirchen haben sich damit nicht allein als einer der ›zentralen kulturpolitischen Akteure‹ (Deutscher Kulturrat) im Ruhrgebiet präsentiert, sondern haben zugleich wichtige Schritte getan in Richtung einer verstärkten kulturpolitischen Präsenz im öffentlichen Raum.«[16] Dabei stehen diese Bemühungen nicht isoliert neben dem Geschehen der Kulturhauptstadt, vielmehr ordnen sie sich ein in den von der RUHR.2010 GmbH initiierten und intendierten »Wandel durch Kultur« – von »der einst größten Industrieregion und der größten ,Kohlenzeche' Europas zu einer lebendigen Metropole der Zukunft« (Votum des EU-Komitees).

Ganz bewusst wurde dabei, ausgehend vom evangelischen Verständnis der Kultur als »Spielraum der Freiheit«, ein Weg beschritten, der sich inhaltlich stark unterscheidende Kulturprojekte in das evangelische Kulturprogramm integrierte. Die Spannbreite von »Event bis Hochkultur« stellte somit kein zufälliges Produkt dieses Beteiligungsprozesses dar, sondern entsprang vielmehr einem weiten Verständnis von Kultur. Dabei ist durchaus kritisch zu fragen, ob die von dort aus sich entfaltende »Pluralität kirchlicher Kulturverständnisse« im Rahmen eines Projekts in der Größenordnung der Kulturhauptstadt nicht eher dazu verführt[e], »den Reichtum der kirchlichen Kulturlandschaft […] zu entfalten als ihn auf ein klares Profil oder thematisches Motto zu konzentrieren«.[17] War es auf der Ebene der »Ankerprojekte« – in Verbindung mit dem entwickelten Logo »evangelisch2010« – möglich, solch ein überregionales Profil immer wieder sichtbar zu machen, so stellte sich dies auf lokaler und regionaler Ebene oft anders da. So wurde des Öfteren »vor Ort eine Woge öffentlicher Informationen produziert, die unterschiedlicher nicht hätte sein können und deren Einbettung in die Kulturhauptstadt oder Trägerschaft der Evangelischen Kirchen [trotz der Verwendung des Logos »evangelisch 2010«] nicht immer eindeutig war.«[18]

Diese unterschiedliche Beobachtung im Blick auf die »Ankerprojekte« und »lokalen bzw. regionalen Projekte« weist zugleich auf einen grundsätzlichen Unterschied kirchlicher Beteiligung an Projekten wie einer »Kulturhauptstadt 2010« hin. So kann sich innerhalb einer presbyterial-synodalen Struktur, wie sie in der rheinischen und westfälischen Kirche vorausgesetzt ist, ein Beteiligungsprozess immer nur auf freiwilliger Basis entfalten. Dies bedeutete für das Ev. Kulturbüro, dass die Grundlage seiner Arbeit von Beginn an nicht die Organisation, sondern die »Einladung« zur Beteiligung an der Kulturhauptstadt bildete. Eine Einladung, die dann – je nach Interesse und Möglichkeiten der Kirchenkreise und Gemeinden – durchaus unterschiedlich beantwortet wurde und es so nicht möglich machte, ein übergreifendes und identitätsstiftendes Erscheinungsbild aus- und durchzuhalten.

---

16 evangelisch 2010, S. 45.
17 Ebd., S. 46.
18 Ebd., S. 37.

Die Umsetzung der in den lokalen und thematischen Arbeitsgruppen entwickelten Projektideen blieb daher immer »an jene Kräfte und Personen gebunden, die Potenziale freisetzen konnten und aus Interesse und Lust auf freiwilliger Basis mitzuwirken begannen«.[19]

Auf der anderen Seite zeigen die sogenannten Ankerprojekte sowie regionale Projekte wie das 1. Kirchliche Filmfestival in Recklinghausen oder das Multimedia-Projekt »Blinken-Bible« in Marl, dass auch innerhalb dieser Strukturen ein modernes Projektmanagement durchaus möglich ist. Die hier gewählte Organisationsstruktur selbstständiger, das heißt von presbyterialen und kreissynodalen Entscheidungen unabhängig arbeitender Projektgruppen sowie die von 2007 an zielgerichtete Arbeitsweise zur Verwirklichung der entwickelten Projektideen, verbunden mit einem konsequenten Fundraising, bildeten somit die Voraussetzung für eine relevante Beteiligung an der Kulturhauptstadt und zeigten so modellhaft, wie sich Kirche als Kulturträger öffentlich positionieren kann. Dabei waren jedoch auch hier aufgrund der zur Verfügung stehenden personellen wie zeitlichen Ressourcen dem Hang, ins »Gigantische« zu verfallen, ebenso Grenzen gesetzt wie auch die »Gefahr eines kirchlichen Triumphalismus« zu keiner Zeit im Raume stand. Projekte wie die »Kirche der Kulturen – StadtKirchenPassage A40« wehrten in ihrer Programmstruktur solchen »Triumphalismen« explizit und bildeten so »nach innen« wie »nach außen« ein notwendiges Korrektiv.

Kann also im Blick auf das vom Ev. Kulturbüro von Beginn an verfolgte Ziel eines auf allen kirchlichen Ebenen kulturell engagierten und repräsentativen Profils der Evangelischen Kirchen und ihrer Kulturarbeit in der Region – mit den genannten Einschränkungen – ein durchaus positives Fazit gezogen werden, so stellt sich die Situation im Blick auf das weitere Ziel »nachhaltige[r] Anstöße […], die zu einer strukturellen Stärkung der öffentlichen Präsenz der Kirchen in der gesamten Region führen«[20], unterschiedlich dar. So sind die während der Planungen zur Kulturhauptstadt 2010 entstandenen Netzwerke und Kooperationen zunächst durchaus positiv zu bewerten. Denn in vielen Fällen wäre eine Realisierung des sich »zwischen Event und Hochkultur« bewegenden kirchlichen Kulturprogramms – vor allem im Blick auf die überregional ausstrahlenden Ankerprojekte – ohne die von Beginn an gesuchten zahlreichen Kooperationen auf ökumenischer, politischer und kommunaler wie kultureller und interreligiöser wie wirtschaftlicher Ebene weder denkbar noch möglich gewesen. Die hier eingegangenen Kooperationen, nicht zuletzt mit

---

19 Ebd., S. 13.
20 Andreas Volke (wie Anm. 9).

zahlreichen regionalen Künstlerinnen und Künstlern, wie die entstandenen Netzwerke auf allen kirchlichen Ebenen – gemeindlich, kreiskirchlich, funktional wie landeskirchlich – knüpften konsequent an die Impulse des Kirchentagsprojekts »FREIRÄUME« wie an die vorhandene »diskrete Präsenz kirchlicher Kulturarbeit« in den Gemeinden an und bilden damit auch für die Zukunft Anknüpfungspunkte für ein ruhrgebietsweites kulturelles Netzwerk, das die Evangelischen Kirchen zunehmend auch als »bekannte kulturpolitische Macht« im Ruhrgebiet verstärkt in den Mittelpunkt öffentlichen Interesses und Bewusstseins rücken könnte.

So vielfältig diese Anknüpfungspunkte für solch ein kulturelles Netzwerk im Vorfeld und während der Kulturhauptstadt auch waren, so wurde im Anschluss an die Kulturhauptstadt 2010 doch bald deutlich, dass nicht alle sich hier bietenden Möglichkeiten (weiter) genutzt werden konnten. Dabei waren neben den als einmalige Veranstaltungen bzw. »Events« geplanten Projekten wie dem Posaunenfestival »RU(E)HR mich an!«, dem musikalischen »Babel-Projekt« oder dem Bach-Kantaten-Projekt »Momente der Ewigkeit« nicht wenige der kirchlichen (Anker-)Projekte, so zum Beispiel die »Orgellandschaft Ruhr«, das »Martin-Luther Forum Ruhr«, die »Kirche der Kulturen – StadtKirchenPassage A40« oder das Pop-Oratorium »Die 10 Gebote«, auf eine Fortführung über 2010 hinaus und damit auf die intendierte Nachhaltigkeit hin angelegt. Im Zuge der Überlegungen zur Fortführung dieser und anderer Projekte zeigte sich jedoch, dass die für das gesamte Ruhrgebiet intendierte »Nachhaltigkeit« vor allem von den notwendigen personellen und finanziellen Ressourcen sowie einer überregionalen Organisations- und Kommunikationsstruktur abhängt, damit durch sie auch in Zukunft weiterhin »Anstöße zu einer strukturellen Stärkung der öffentlichen Präsenz der Kirchen in der gesamten Region« und damit zugleich auch zur »Stadtwerdung des Ruhrgebiets« gegeben werden können.

Das Ev. Kulturbüro zeigte in seiner vierjährigen Tätigkeit, wie hilfreich und effektiv solch eine überregionale Organisations- und Kommunikationsstruktur »nach innen« wie »nach außen« wie auch nicht zuletzt im Blick auf die Erschließung neuer Finanzquellen sein kann. Die Schließung des Büros im März 2011 führte jedoch dazu, dass die auch über 2010 hinaus bestehenden kirchlichen Kulturprojekte nun allein vor der Aufgabe standen, sich öffentlich als Kulturträger im Ruhrgebiet zu präsentieren und aus eigener Kraft die öffentliche Präsenz der Kirchen im Ruhrgebiet zu stärken und zu fördern.

Ein Ergebnis dieser Entwicklung war, dass sich Projekte wie das Pop-Oratorium »Die 10 Gebote« oder das Projekt »Pilgern im Pott« aus dem Kontext der kirchlichen Kulturarbeit im Ruhrgebiet herauslösten und seitdem als eigenständige Angebote der Initiatoren fungieren. Während die »10 Gebote« sich so seit 2011 als ein deutschlandweites Angebot der Creativen Kirche gGmbH und des Musikproduzenten Dieter Falk öffentlich positionieren, wird das Projekt »Pilgern im Pott« vom Pilgerbüro des Ev. Erwachsenenbildungswerks Westfalen und Lippe e. V. in Dortmund aus weitergeführt und innerhalb des Bildungsprogramms des Erwachsenenbildungswerkes verortet.

Bot das Ev. Kulturbüro noch die Möglichkeit, die von verschiedenen lokalen und thematischen Arbeitsgruppen wie die von eigenständigen Trägerkreisen entwickelten Projektideen unter dem Logo »evangelisch2010« als kulturellen Beitrag der evangelischen Kirchen im Ruhrgebiet öffentlich zu positionieren wie zu präsentieren, so stellt der seitdem einsetzende Prozess aus Sicht des 2007 für die Kulturhauptstadt formulierten Zieles der Nachhaltigkeit und öffentlichen Präsenz kirchlicher Kulturarbeit im Ruhrgebiet einen Rückschritt dar. Zwar ist das Ziel, einen Prozess zu gestalten, der weit über das Kulturhauptstadtjahr hinaus Impulse setzt, im Blick auf die Fortführung kirchlicher Projekte durchaus erreicht worden. Das Ziel, »mit profilierten Projekten [evangelische] Kirche als Kulturträger verstärkt ins öffentliche Bewusstsein zu rücken und sich als aktiver kulturpolitischer Akteur zu engagieren und zu etablieren«, wurde demgegenüber aber nur während des Kulturhauptstadtjahres 2010 erreicht.

Eine Organisationsstruktur, wie sie im Anschluss an das Projekt »FREIRÄUME« in Dortmund in Form der Arbeitsstelle Kirche und Kultur »AKKU« entstand, ist derzeit für das gesamte Ruhrgebiet nicht im Blick bzw. geplant. Es stellt sich daher unter anderem die Frage, wie die oben benannten Netzwerke und Kooperationen in Zukunft auf einer überregionalen Ebene im Ruhrgebiet weiter geführt werden können, sofern man sich nicht auf eine lokale Präsenz kirchlicher Kulturarbeit, wie sie auch schon vor 2010 vorhanden war, beschränken möchte. Ob sich die evangelische Kirche mit solch einer »diskreten Präsenz evangelischer Kulturarbeit« auf Dauer begnügen kann und sollte oder ob der Weg hin zu einer »bekannten kulturpolitischen Macht in Deutschland«, der neben einer Präsentation und Positionierung von Kirche als Kulturträger im öffentlichen Raum immer auch eine selbstkritische Reflexion über diesen Prozess mit einschließt, nicht der angemessenere wäre, bliebe zu diskutieren.

Dabei könnten im Blick auf die genannten Perspektiven für eine kirchliche Kulturarbeit im Ruhrgebiet wie für die (neue) öffentliche Präsenz von Evangelischer Kirche als Kulturträger, auch angesichts der gegenwärtigen kirchlichen Entwicklungen in den beiden an der Kulturhauptstadt2010 beteiligten Landeskirchen, der Ev. Kirche im Rheinland und der Ev. Kirche von Westfalen, folgende Fragen hilfreich sein:

1. Wie kann die intendierte Nachhaltigkeit zahlreicher kirchlicher Kulturhauptstadtprojekte – unter Einbeziehung der neu entstandenen Kooperationen und

Netzwerke – auf Dauer gesichert werden? Ist eine Organisationsform sinnvoll, bei der jedes Projekt nach 2010 selbstverantwortlich und ohne übergeordnete Koordination und Unterstützung weiterzuführen ist? Oder wird – analog zur Einrichtung des Kulturbüros AKKU in Dortmund im Anschluss an den Kirchentag 1991 – ein Ev. Kulturbüro für das gesamte Ruhrgebiet über 2010 hinaus benötigt?
2. Wie kann das Ereignis »Kulturhauptstadt 2010« genutzt werden, um Gemeinden und Kirchenkreisen – gerade angesichts der gegenwärtigen Struktur- und Finanzdebatten – Impulse zu geben, eine eigene Kulturarbeit vor Ort aufzubauen? Welche Schritte wären hier notwendig und sinnvoll?
3. Deutlich wurde im Rahmen der Kulturhauptstadt, dass – vor allem im Blick auf die überregionale Ausstrahlung, Präsenz und Wahrnehmung – die City- und Stadtkirchen als wesentliche kirchliche Kulturträger im Kulturhauptstadtjahr fungieren. Zu fragen ist jedoch: Wie kann die öffentliche Rolle von City- und Stadtkirchen als »den« herausragenden kirchlichen Kulturträgern im Ruhrgebiet gestärkt werden? Diese Frage ist umso dringlicher, als die City- und Stadtkirchenarbeit aufgrund kreiskirchlicher Entwicklungen und Entscheidungen immer stärker eingegrenzt, beschnitten bzw. ganz aufgelöst wird.
4. Wie kann eine ausreichende Finanzierung kirchlicher Kulturprojekte über 2010 hinaus gesichert werden? Ist gerade angesichts sinkender Kirchensteuereinnahmen und vor allem enger werdender Spielräume in den jeweiligen Pfarrstellen eine entlastende – kreiskirchliche oder landeskirchliche – Begleitung und Unterstützung in den Bereichen »Fundraising, Sponsoring und Beschaffung von Drittmitteln« sinnvoll wie notwendig?
5. Angesichts der Vielzahl kirchlicher Kulturbeiträge zur Kulturhauptstadt, die nicht allein der sogenannten Hochkultur entstammten, sondern auch der Volks-, Pop- oder Massenkultur, ist zu fragen, wie eine in all diesen Kulturformen notwendige Qualität erreicht bzw. gesichert werden kann, sofern man nicht einer »Laissez-faire-Kultur« das Wort reden möchte. Anders gefragt: Gilt für kirchliche (!) Kulturarbeit und -veranstaltungen ein »anything goes«? Ist also alles, was an Kultur in unseren Gemeinden, Kirchenkreisen und Stadtkirchen stattfindet, eo ipso »gut« und »richtig«, weil es sich allein durch die Durchführung und/oder den (quantitativen) Erfolg selbst legitimiert? Oder ist es sinnvoll oder geradezu nötig, die kirchliche Kulturarbeit nicht allein geschehen zu lassen, sondern auch unter qualitativen Aspekten zu diskutieren und zu begleiten? Wenn ja, wie wäre dann konkret vorzugehen?

Von der Beantwortung dieser Fragen wie vor allem von den daraus gezogenen praktischen wie organisatorischen Konsequenzen wird es zukünftig abhängen, ob und wie die evangelische Kulturarbeit über seine lokale »diskrete Präsenz« hinaus im gesamten Ruhrgebiet öffentlich wahrgenommen wird und ob die »Wirkungen der beiden großen christlichen Kirchen auf das kulturelle Leben in Deutschland [auch zukünftig] [...], allerorts zu spüren«[21] sind.

Die Arbeit des Ev. Kulturbüros in den Jahren 2007 bis 2010 ist im Rahmen der kulturellen wie kulturpolitischen Arbeit der evangelischen Kirchen im Ruhrgebiet darum letztlich nicht als Abschluss, sondern nur als ein weiterer Schritt auf dem Weg zu einer öffentlichen Präsenz evangelischer Kulturarbeit zu werten. Dabei gab es 16 Jahre nach dem Kirchentag im Ruhrgebiet neue und wesentliche Impulse für die Stärkung evangelischer Kulturarbeit in der Region. »Der Kulturarbeit unserer beiden Landeskirchen ist zu wünschen, dass [diese wie] die Impulse der Kulturhauptstadt RUHR.2012 aufgenommen und weitergeführt werden. Das geschieht dort, wo protestantisches Profil und künstlerische Autonomie ihren fruchtbaren Dialog fortsetzen, wo Kirche unterschiedlichen Kulturen Raum gibt und sich mit ihrer spezifischen Botschaft einbringt in den kulturellen Diskurs unserer Gesellschaft.«[22]

21 Zimmermann (wie Anm. 1), S. 5.
22 evangelisch 2010, S. 6.

Thomas Wessel
Die Würde des Profanen

I

Das *Paradies* hat seinen Platz in Günnigfeld, das ist ein Stadtteil von Wattenscheid, das ist ein Stadtteil von Bochum. In Bochum hieß das Paradies *Eden* und war ein übel herunter gekommenes Hotel. Um die Ecke entsteht der *Platz des europäischen Versprechens*, er fließt um die *Christuskirche* herum, die ihren Platz hat zwischen *Stahlwerk*, *Rotlicht* und *Brauerei*. Neben ihr die andere Dreifaltigkeit des Ruhrgebiets, *Rathaus*, *Verwaltung* und *VHS*. Das Ruhrgebiet ist Stückwerk, »ein Auseinanderfallen ohne Ende und Form«, wie der Schriftsteller Florian Neuner[1] das nennt, was aus der Ferne wie eine Stadt erscheint und, wenn man zu nahe kommt, wie reine Gegenwart. Erfüllte Zeit, die bis zur nächsten Ecke reicht.

Freiwillig geben solche Fragmente nicht preis, dass sie sich vor kurzem noch zur Einheit fügten, zur gleichförmigen Trümmerlandschaft. 1945 wurde das Bild der Stadt, die keine war, vom Turm der Christuskirche geprägt, dem Überreste ihrer kurzen Geschichte, »Reliquie« in einer »Wüste der Geschichtslosigkeit«, so Dieter Oesterlen, der Architekt der neuen Christuskirche, der die Turm-Reliquie 1956 in seinen Entwurf einbezog.[2]

Gebaut wurde die neue Christuskirche, als das Zechensterben begann: ein Bauwerk von epochalem Rang im Grenzgebiet von »Bierlandschaften und Industrielandschaften«. Im Ruhrgebiet besteht der städtische Raum aus solchen Überschneidungen, hier liegen Aufbruch und Abbruch wie Löwe und Lamm beieinander: Zwei Tage, bevor die Christuskirche im September 1959 eingeweiht wurde, demonstrierten Zehntausende gegen die Schließung der Zeche *Prinzregent*, fünf Monate später wurde die Schachtanlage stillgelegt. Das Ruhrgebiet wird von seiner Gegenwart verschluckt – Florian Neuner:

»*Oberhausen, Gelsenkirchen, Herne, Gladbeck, Bochum, Witten. ... Schlacken, Mauerreste, Bahndämme, Stahlträger, Absatzbecken. Formen, die die Stadt hätte annehmen können, wäre sie nicht aus diesem oder jenem Grunde so geworden,*

---

1 Neuner, Florian: Ruhrtext, Wien 2010.
2 Schmedding, Anne/Oesterlen, Dieter: Tradition und zeitgemäßer Raum, Berlin 2012.

wie wir sie heute sehen. Massive Schönheit & abrupte Hässlichkeit. Einfamilienhäuser, Gewerbegebiete in der erstaunlichsten Mischung aus Werkstätten, Villen, aufgegebenen Hallen & Schuppen, wilde Kleingärten & Brachflächen, Discotheken & Billigmärkte. Krankenhäuser, Reiterhöfe, Reste von Landwirtschaft. ... Die Stadt ist übervoll. Sie wiederholt sich, damit irgend etwas im Gedächtnis haften bleibt.«

Sie wiederholt sich wildwüchsig, ein Fressen und Gefressenwerden, Leben und Lebenlassen. »Die Stadt als zweite Natur«[3], das Gegenteil von einem »Œuvre«. Bei dem Versuch, den Zwang der Natur unter Tage zu brechen, geriet man über Tage nur tiefer in ihn hinein: Diese Stadt ist geschehen und nicht gebaut, sie widerfährt als Unerforschliches, als etwas, das höhere Mächte betreiben: »Der Einzelne wird gegenüber den ökonomischen Mächten vollends annulliert«, hatten Horkheimer/Adorno geschrieben, als das Ruhrgebiet, das sie nicht eigens meinten, gerade von guten Mächten zerbombt wurde: »Während der Einzelne vor dem Apparat verschwindet, den er bedient, wird er von diesem besser als je versorgt.«[4]

Natur teilt zu, wie »Hitlers Volksstaat«[5] tat, sie schafft keine Welt zum Leben, sondern das, was Tiere haben, Lebensraum. Ob sich hier, in Zweiter Natur, eine spezifische Frömmigkeit ausgebildet hat? Es gibt, neben einer Nerv raubenden Ruhrgebietsromantik, auch deren kritische Version, die ähnlich enervierend ist, wenn sie darauf aus ist, die Seufzer der bedrängten Kreatur zu zählen, die zu mehr Innigkeit geführt hätten, mehr Solidarität, mehr Toleranz und zuverlässig zu mehr Widerstand. Aber dass die Menschen, die diese Art Stadt bewohnen – und beim Wohnen geht es um das, was Heidegger einen »Aufenthalt bei den Dingen« genannt hat –, deshalb, weil sie diese Stadtart bewohnen, tatsächlich mutiger bekennen, fröhlicher glauben und brennender lieben?

Natürlich nicht, und doch hat sich hier eine eigentümliche Alltagserfahrung ausgebildet, die religiöse Bezüge hat und darin besteht, dem Absterben von Erfahrung selber beizuwohnen.

Das Ruhrgebiet ist monoton darin, dass seine Formen zweckmäßig sind und sonst nichts, dass sie sich damit begnügen, Nutzen zu schaffen, ohne Vergnügen

---

3   Lefèbvre, Henri: Die Revolution der Städte. Neuausg. Berlin 2003, Nachdr. d. Ausg. München 1972, S. 30.
4   Horkheimer, Max/Adorno, Theodor W.: Dialektik der Aufklärung. Philosophische Fragmente, Vorrede. Frankfurt a. M. 1969.
5   Aly, Götz: Hitlers Volksstaat. Raub, Rassenkrieg und nationaler Sozialismus, Frankfurt a. M. 2005.

zu bereiten. Formschönheit, die es wohl plötzlich gibt, kommt elitär rüber, Gestaltungswille autoritär, Siedlungen wirken wie der Befehl zu wohnen. Das Ruhrgebiet ist die Stadt als Ding,

> »auf bloße Handhabung beschränkt, ohne einen Überschuss, sei's an Freiheit des Verhaltens, sei's an Selbständigkeit des Dinges zu dulden, der als Erfahrungskern überlebt, weil er nicht verzehrt wird vom Augenblick der Aktion«.[6]

Oder lässt sich gerade dies – die Erfahrung, keine zu machen außer der, dass sie verschwindet – als vielleicht religiöse Erfahrung lesen? Gegen die ganze Erfahrungstheologie, die »spirituelles Erleben« für planbar hält, gehört es seit jeher zur Religion, nicht bei sich selber zu Hause zu sein. »Die Stadt, das Urbane, ist auch Mysterium«, sagt Florian Neuner, der versucht hat, das Mysterium der Ruhrstadt zu erfahren, genauer: es zu ergehen. Wie Jesus durch Galiläa ist Neuner »achtsam & respektvoll durch den Siedlungsbrei gelaufen«. Jahrelang hat er versucht, dem Absterben von Erfahrung seine Sinnlichkeit entgegen zu setzen, die sich um Formen bekümmert in der diffusen Stadt, die Symbole in ihr sucht und einen Sinn:

> »Wir müssen ein neues Verständnis des Begriffs ›Stadt‹ als Ort des Unzusammenhängenden, des Heterogenen, des Bruchstückhaften & der ununterbrochenen Umgestaltung erarbeiten. Wir müssen quasi bei Null beginnen. Als ginge es um die Deutung von Tintenklecksen. Strukturen hineininterpretieren oder herauslesen. Im Grunde steht man der diffusen Stadt ähnlich hilflos gegenüber wie der erste Mensch dem Sternenhimmel...«

Neuners *Ruhrtext* beginnt – »Ausverkauf an der Ecke Westring. Es handelt sich um Matratzen.« – eben da, wo die Christuskirche steht und ein »Kiosk total«.

---

6 Adorno, Theodor W.: Minima Moralia. Reflexionen aus dem beschädigten Leben. Gesammelte Schriften Band 4, hg. v. Rolf Tiedemann, Frankfurt a. M. 1980. »Nicht anklopfen« heißt die Notiz (I 19): »Man wird dem neuen Menschentypus nicht gerecht ohne das Bewußtsein davon, was ihm unablässig, bis in die geheimsten Innervationen hinein, von den Dingen der Umwelt widerfährt.«

II

Dem Stadtding standen, staunend wie die ersten Menschen unter Sternen, auch die ersten Planer der Kulturhauptstadt gegenüber:

> *»Wie verwenden wir den gebauten Stoff der Vergangenheit – und ihre Lücken (und Brachen) – für einen Zusammenhalt, der die Bewohner nicht zu Nomaden macht, sondern zum Bleiben verlockt, zum Da-Sein ermutigt?«*[7]

Das Ruhrgebiet ist *shrinking city*, die Jugend, hier gut ausgebildet, wandert gerne ab, insgesamt bleibt die Bildungsquote gering, die Arbeitslosenquote hoch, die Staatsquote höher. Die Idee für diese »Stadt aus Stadthäufchen«[8] hieß »Stadtwerdung« – wo Ruhrgebiet ist, soll Kulturstadt werden – und war eine gute Idee, sie ging davon aus, dass man sich selber die eigene Geschichte erzählen muss, um sie in eigene Hände zu nehmen:

> *»Während die Zahl der Gastspiele in Aufführungen und Ausstellungen stetig gestiegen ist, kann vom Verbleib oder der Mehrung kreativer Kräfte in der Region nicht das gleiche festgestellt werden. Es mangelt nicht an der Dichte von Spielstätten und Programmen aller Art, sondern es mangelt an einem kulturellen Klima, in dem die Künste schon im Alltag selbst ihre Gegenwart beweisen. Es mangelt an schöpferischen Milieus.«*

Das zu ändern war kritisches Programm von RUHR.2010, es war dem »erweiterten Kulturbegriff« verpflichtet und, wenn man so will, auch jenem Denken, aus dem heraus sich Luthers Theologie entwickelt hat, dem nominalistischen: So wie Begriffe nichts sind, was außerhalb des Denkens existiert, ist auch die Kultur in keinem Jenseits vertäut. Was einmal das Schöne und Wahre, das Edle und Gute geheißen hat, sind keine Wesenheiten außerhalb – früher: des Denkens, heute: des Ruhrgebiets –, sondern das, was zwischen Dortmund und Duisburg zu sehen ist und man im Kon-

---

7   www.kultur2010.de/news/kultur2010_110305_2.html.
8   Joseph Roth: »Eine einzige, grausame Stadt aus Stadthäufchen, aus Städtchengruppen. Dazwischen läuft eine eingebildete Landesgrenze. Aber darüber wölbt sich ein einheitlicher Himmel aus Rauch, Rauch, Rauch.« Roths Reisebericht von 1926 »Der Rauch verbindet Städte« in: Joseph Roth, Werke in vier Bänden. Bd. 3, Köln 1976.

zerthaus genauso hören kann wie im Kirmeszelt. Großes Staunen, dass eine Autobahn »Kunst-Trasse« sein möchte und, wenn sie gesperrt ist, »soziale Skulptur«.[9]

Weswegen – und das ist Aufklärung in einem Gebiet, in dem der Staat als Natur und die Natur als Staatspark erscheint – weswegen auch die Kultur nicht mehr sein möchte, was einem von Amts wegen zugeteilt wird: Für einen Moment sahen sich die Kulturverwaltungen im Ruhrgebiet einem ähnlichen Problem gegenüber wie die Papstkirche im Mittelalter. Aber dann bekamen auch die Kultur-Nominalisten ein Problem, als sie anfingen, das Ruhrgebiet kulturell zu rastern. Der Kulturbegriff ist weit, das Ruhrgebiet weiter, man zählte Museen und Theater, die Chöre, Ensembles und Orchester, addierte Spielstätten und Programme, sortierte Bestände und Magazine, nahm Off-Szenen in den Blick und Clubs und Kirchen, rechnete Ticketverkäufe und Auslastungen hoch und schwärmte aus, die Alltagskulturen zu erfassen, Soziokulturen und Kulturmilieus, Erinnerungsspuren und kulturelle Identitäten ...

Alles ist lesbar. Alles ist Kultur. Ohne Ende, ohne Form und ohne Vorwarnung. Nie weiß man, woran man ist, ob im Theater oder davor, dem *cultural turn* zufolge erfasst Kultur nun mal, was Menschen halbwegs regelmäßig tun: Geige üben fürs Konzert, die Geige im Konzerthaus hören oder vorm Konzerthaus Bierchen kippen, wer wollte richten, was schöner sei. Kultur ist die neue Universalie, die alles mit allem vermittelt.

Dies allerdings um den Preis, dass sie, was sowieso ist, als seine eigene Kultur verdoppelt: Die höhere Weihe kehrt, soeben vom Sockel geholt, als heilige Wirklichkeit zurück, was unterscheidet Duchamps Pissoir vom Bahnhofsklo in Gladbeck-Dorsten. Nominalistisch betrachtet wird alle Kultur am Ende grau wie das Ruhrgebiet es war, und je gleichförmiger sie erscheint, umso *Höhere Mächte befahlen*, was als Kultur gefärbt werden soll und was nicht. Das *Branding* entscheidet, das *Label* wird zugeteilt, das Amt kehrt zurück.

Es gibt ein Bild für das, was passiert, wenn die Wirklichkeit vor lauter Wirklichkeit entrückt und der nominalistische Blick in sie hinein liest wie in den Sternenhimmel: ein Satellitenfoto, mit dem die Macher der Kulturhauptstadt, anstatt in die Sterne zu staunen, die Perspektive verkehrten. Aus kosmischer Sicht, hieß es die Jahre hindurch, in denen RUHR.2010 beworben wurde, nehme sich das Ruhrgebiet aus wie eine von drei Lichtinseln in einem durchweg finsteren Europa. Beharrlich warb die 2010-Gesellschaft mit einem Foto, das sehr schön war und sehr mani-

---

9 So der Geschäftsführer der Kulturhauptstadt, Oliver Scheytt, über »Still-Leben Ruhrschnellweg«, siehe etwa www.welt.de/vermischtes/article8518566/Millionen-Picknick-legt-A-40-im-Ruhrgebiet-lahm.html u. v. a. m.

Das Ruhrgebiet leuchtet

puliert, was sie sehr selten nur angemerkt hat, aber immerhin öfter, als man dem Ruhrgebiet angemerkt hätte, dass es strahlender sei als Berlin, heller als Moskau und vitaler als Barcelona. »Pleitgen will London und Paris Paroli bieten«,[10] hieß es frei von Ironie. Kiosk total. Die FAZ zog als Erklärung für diese Mixtur aus »Größenwahn und Provinzialität« das »alte Denken« hinzu, das auf Größe gerichtet sei wie jene alten Großunternehmen, »die das Revier an seine Grenzen geführt haben«.[11] Zu diesem alten Denken aber war nun ein neues getreten, eines, das in der Lage war, die Sehnsucht nach Größe ästhetisch zu übersetzen. Sein Credo – der Satz fand sich überall, in der Antragsprosa von Kleinkunstprojekten, den Werbetexten der Großindustrie, der Rede des Bundespräsidenten – sein Credo hieß: *Das Ruhrgebiet erfindet sich neu.* Als zöge es sich selber aus dem Taufbad wie Münchhausen aus dem Tümpel. Die Vorstellung, sich selber erfinden zu können, hat ihren Sinn, solange klar ist, dass es um jenen Schein geht, der seiner selbst bewusst bleibt: Wir tun so, als sähen wir Lünen wie London an und böten Paris Paroli. Sobald das

---

10   Headline der Westdeutschen Allgemeinen Zeitung (WAZ) vom 28. Juni 2007.
11   Andreas Rossmann in der Frankfurter Allgemeinen Zeitung (FAZ) vom 27. Juli 2010.

spielerische Moment wegfällt,[12] fällt Selbstreflexion aus. Nur so ist zu erklären, dass jedes Kunstwerk, das halbwegs auf sich hielt, 2010 als *performativer Akt* geadelt wurde, mithin als Akt, »in dem etwas sagen etwas tun heißt«, so die klassische Definition von J. L. Austin. Das Modell des performativen Akts ist Genesis 1, das Wort, das Welt wird, und im Grunde bestand RUHR.2010 darin, nicht nur bestimmte sprachliche Akte als Schöpfungsakt zu behaupten, sondern das Behaupten selber als schöpferisch auszugeben.

Es war nicht so, nach 205 Tagen als Kulturhauptstadt waren 21 Besucher der »Love-Parade« in Duisburg am Ausgang eines Tunnels, der sie zum Partygelände führen sollte, zu Tode getreten. Der Tunnel hatte sich um keinen performativen Akt geschert und seine Maße gehalten: »Zahlen wurden immer um den Faktor drei oder vier nach oben übertrieben«, erklärte der unsägliche Sauerland, verantwortlicher OB der Stadt, hinterher. Er meinte nicht die Tunnelmaße, sondern die große Zahl der Teilnehmer, die er eingeladen hatte, sich durch Kleinstadttunnel zu quälen. 48 Stunden vor der Katastrophe noch hatte die 2010-Gesellschaft erklärt, »bei der Kulturhauptstadt verwirklichen wir große Ereignisse im Wochenrhythmus«. 48 Stunden nach der Katastrophe erklärte dieselbe Gesellschaft, »die Loveparade trägt das Label der Kulturhauptstadt« und darum null Verantwortung. Kulturhauptstadt hieß, eine richtige Frage zu stellen – nämlich wie sich »mit Mitteln der Kunst und Kultur gesellschaftliche und politische Probleme in den Griff bekommen« lassen – und dann der Kultur den Laufpass zu geben. Nicht etwa, weil eine Fitnesskettenbetriebsfeier als Kultur geadelt worden ist, sondern weil die Loveparade, als es Tote gab, aus der Kultur heraus geworfen wurde wie eine peinliche Verwandtschaft, die sich beim Lügen erwischen ließ. Zum Tod der 21 fiel dieser Kultur – »200 Museen, 120 Theater, 100 Kulturzentren, 100 Konzertsäle, 250 Festivals usw.« – nichts anderes ein als eine Minute zu schweigen.

Die 1 Minute wurde Wochen später eingelegt, danach zog die »Symphonie der Tausend« an. »Es ist nicht das Marketingsprech, das die Kultur dieser Kulturstadt verraten hat«, hatte ich damals auf dem Blog der Christuskirche geschrieben,

> »es ist ihr Schweigen, es ist unseres. Alle Kultur nach Duisburg samt der dringlichsten Kritik an ihr ist Müll, solange das Schweigen anhält. In dieses Bewusstsein sei alles getaucht, was wir, als Teil dieser Kulturhauptstadt, nun selber als Programm anbieten. [...] es ist nun mal so, wie seit Adorno bezeichnet, dass,

---

12   »Wir spielen mal Metropole.« Oliver Scheytt, Geschäftsführer der RUHR.2010 GmbH, im Interview mit DER STANDARD vom 29. Dezember 2009.

wer für die Weiterführung dieser schuldigen und schäbigen Kultur plädiert, zu ihrem Helfershelfer wird, während, wer dieser Kultur sich verweigert, die Leere beschwört, die in ihr wohnt und wir in ihr.«

III

»Nie weiß man, wo man ist.« Die Stadt, die Florian Neuner durchlaufen hat, ist Kleinstadt und Kulturhauptstadt, RuhrTriennale und Cranger Kirmes. Im Ruhrgebiet zu wohnen heißt, bei Dingen zu wohnen, die tun, als seien sie von Ewigkeit und könnten allezeit von Null beginnen. Neuner beginnt bei Null, er liest Lünen nicht als London, bemerkt aber den »Millennium Döner III«, der in Hamm-Herringen steht, und die Bedingung für Urbanität erkennt er darin, »dass es eine nächste Kneipe gibt«. Reine Gegenwart:

> *»Wenn es eine Konstante im Ruhrgebiet gibt, so ist es die permanente Veränderung & die mit ihr verbundene Gewissheit, in einer unfertigen, vorläufigen, jederzeit gemäß des wirtschaftlichen ›Auf & Ab‹ widerrufbaren Situation zu leben. In einem mehr oder weniger unüberschaubaren Provisorium ohne Begriff von sich selbst, auf buchstäblich unsicherem Boden.«*

Paulinische Existenz? Neuner hat ein präzises Gefühl fürs Widerrufliche, das sich zum Lebensgefühl entwickelt. Wirklichkeit, die nicht geworden ist, sondern verhängt, dichtet sich ab gegen das Aufgeschlossensein, das jeder Erfahrung voraus geht – außer der einen, nicht bei sich selber zu Hause zu sein. Überm Ruhrgebiet besagen die Sterne, wir haben hier keine bleibende Stadt.

Ende von *Metropoly* und neuen Visionen der neuen Stadt. So unsicher, wie hier der Boden ist, ist sicher nur der Parusieverzug, die neue Stadt ist nicht voraus. Womöglich aber mitten unter uns, jedenfalls dann, wenn man sie versehentlich verwechselt: Irgendwann hatte ich begonnen, das Kürzel, das seit Jahren für »Reich Gottes« stand, für »Ruhrgebiet« zu tippen, RG. Eine erhellende Verschiebung:

> *»Massive Schönheit & abrupte Hässlichkeit. […] Das Reich Gottes ist eine chaotische Landschaft, in der sich Mietskasernen, Schornsteine, Sportplätze, Zechentürme, Parkanlagen, Aschenhalden, Villen in Barockmanufaktur, Gartenlokale, Hochöfen, burgenhafte Fabrikfassaden & Kolonien im Schwarzwälder Puppenstil unaufhörlich durcheinanderschieben.«*

Was heißt hier, in einer Stadt, die nur aus »Ausnahmen, Ausschließungen, Gegensätzlichkeiten« besteht, was heißt hier – *sub contrario species:* »unter gegensätzlichem Anblick, Empfinden, Erfahren«[13] – was heißt hier *Kreuz* und was *Rechtfertigung?*

Es heißt *Anblick Empfinden Erfahren:* Luthers theologisches Programm *sub contrario* ist ein ästhetisches. Es geht um Sinnlichkeit, die einen Überschuss stifte, sei's an Freiheit des Verhaltens, sei's an Selbständigkeit des Denkens. Die aber solchen Überschuss in keinem Hohen sucht, sondern dem Geringen, nicht im Hochamt der Kultur, sondern in ihrem Alltag. Genauer: nicht im hochsubventionierten Theaterbetrieb, auch nicht im Off-Theater, sondern da, wo beide durchlässig werden dafür, eine Erfahrung zu machen. Und beim Machen – beim Anblicken Empfinden Erfahren – geht es nun einmal nicht um das, was im Altarraum hier passiert oder im Saustall dort, sondern um uns, nicht um den exklusiven Raum, sondern um den öffentlichen. Kultur, sagt Jochen Gerz, ist ein »Programm für die Gesellschaft«, die demokratische. Kultur beginnt, wo der Protestantismus beginnt, nämlich da, wo man sich nicht vertreten lässt. Kreativität, die *imitatio Dei,* ist keine Eigenschaft von Künstlern, Königen und Kardinälen, sondern von allen. Künstler haben so wenig ein Privileg auf sie wie Priester auf den Glauben:

»Wir müssen erst noch lernen, unser eigenes schöpferisches Potential ebenso zu schätzen wie unsere Pyramiden«,

so Gerz, wir müssen lernen, die eigene Welt so anzusehen wie einen Picasso. Anblick Empfinden Erfahren ist ein Programm für die Gesellschaft, fürs allgemeine Priestertum. Keine Kultur für alle, auch nicht von allen, sondern mit allen.

Und eben das in einer Zeit, in der die öffentliche Hand sich darauf beschränkt, das Nötigste zu tun oder was sie dafür hält: Städte ziehen sich, Folge kommunaler Finanzkrise, aus eben den Bereichen zurück, die *öffentliches Leben* erfahrbar machten, und dieser Rückzug ist mehr als ein sozialstaatliches Problem, dem diakonisch beizuspringen wäre, er wird zum Problem des *demokratischen* Staats. Öffentlichkeit ist der Souverän der Demokratie, wenn sie sich der Erfahrung entzieht, erscheint die Welt als eben das, was die urbane Ästhetik im Ruhrgebiet spiegelt: ein Anderes, ein Fremdes und das, was einem geschieht. Wenn aber die demokratische Erfah-

---

13 So hat Martin Luther die kreuzestheologische Methode definiert, als Negative Dialektik.

rung so wird wie die Stadt, die widerfährt, woran ließe sich festmachen, ob es einen Unterschied macht, in einer Demokratie zu leben oder einem willkürlichen System?

Im RG zeigt sich mehr als anderswo, dass der evangelischen Kirche die Aufgabe zuwächst, Demokratie erfahrbar zu machen. Hier, wo sich Städte nicht um Kirchen herum entwickelt haben, sondern um Abbaugebiete herum gewickelt wurden, wo die Bürgergesellschaft bis heute »notorisch unterentwickelt«[14] ist und es mehr öffentliche Brachen gibt als öffentlichen Raum, wären protestantische Kirchen – dies eine priesterliche Funktion, aber keine exklusive – Mittler zwischen Demokratie und Kultur. Sie wären – bleiben wir noch etwas im Konjunktiv – Agenten der Öffentlichkeit, wenn sie den Rückzug auf ein »Profil« verweigerten und sich, aus ihren Gemeinden heraus, zu Stadt- und Stadtteilkirchen wandelten. Sie wären öffentlicher Raum, der einzige wohl, der allen gehörte, weil alle gehört würden in ihm. »Im Zentrum dieses Wandels«, nochmals Jochen Gerz, jeder Kirchlichkeit unverdächtig, »im Zentrum dieses Wandels steht eine plurale, kollektive Autorschaft.« Das also, was auch die Bibel nutzt, um von dem Einen Gott zu reden und Seinem Reich. Zwei Beispiele:

»*Interkulturelle Gärten*« – also Gemeinschaftsgärten, in Parzellen unterteilt, die Freiräume nutzen in der Stadt[15] – gibt es hier und da auch auf kirchlichem Grund, gibt es sie auch auf einem Kirchplatz? So ein Garten ist reversibel, aber die Erfahrung, durch das Gemüse der Welt zum Gottesdienst zu gehen – oder, wenn nicht zum Gottesdienst, dann zum Markt in die Kirche, auf dem, wenn nicht Gott, dann das Gemüse unter die Leute kommt – solche Erfahrung ist nicht so schnell zurückzuholen.

In Bochum haben wir Jochen Gerz eingeladen, dem öffentlichen Raum vor der Christuskirche das zu geben, was er nicht hat, Bedeutung. Ein Unort, dieser Ort, etwas Parkplatz etwas Durchgang, etwas Vorplatz etwas Hinterhof. Linkerhand das Rotlicht, rechterhand die stillgelegte Brauerei, hier entsteht der *Platz des europäischen Versprechens*.

Er ist die Einladung an uns selbst, einen gemeinsamen Raum zu gründen. Wer Teil nimmt, gibt diesem Platz seinen Namen und sich selber ein Versprechen. Die Namen werden dem Platz eingeschrieben, sie bilden den Platz, die Versprechen bleiben unsichtbar, sie sind frei. Ihre Verschiedenheit ist das, was uns zusammen bringt, nicht das gemeinsame Bekenntnis, keine Parole und kein Programm. 2014 soll der Platz der Öffentlichkeit übergeben werden, dann werden 14 500 Namen in

---

14 Klaus Leggewie, Kulturhauptstadt wozu? Die Zeit vom 7. Januar 2010.
15 Siehe www.stiftung-interkultur.de.

Steinplatten eingefräst sein, deren erste heute im Turm der Christuskirche liegt. Hier erinnert eine prekäre Gedenkhalle an die Vergangenheit Europas: Ein Mosaik listet die Namen von Bochumern auf, die im Ersten Weltkrieg, der *Urkatastrophe Europas*, gefallen sind, daneben eine Liste mit den Namen der »Feindstaaten Deutschlands«. Der Gedenkraum wurde 1931 eingeweiht, acht Jahre später begann der nächste Krieg.

Können wir uns auf uns verlassen? Nicht jeder, der heute seinen Namen gibt, wird das versprechen, was in der Kirche als »Weltverantwortung« firmiert. Wir haben die Einladung weit gestreut und sind dahin gegangen, wo man es nicht gewohnt ist, gefragt zu werden und routiniert zu posen. »Können wir überhaupt noch sagen, wer wir sind? Wir sind wie die andern. Eigentlich ist diese nackte Nähe schön.«[16]

Weil sie *imago Dei* ist, ein Anblicken Empfinden Erfahren von dem, was man nicht sieht – dem Versprechen, das der andere ist. Es bleibt ein Geheimnis zurück in einer Stadtlandschaft, die keine Geheimnisse kennt, weil alles zweckgemäß ist in ihr und durchsichtig und monoton belanglos. In diesem öffentlichen Raum sagen Namen,

> *»wir sind Räume der Vorstellung und Geheimnisträger. Jeder ist eine geheime Botschaft, jeder von uns ist eine Insel. [...] Jeder Mensch ist Teil des Unbekannten.«*[17]

Wenn die Sinnlichkeit eines solchen Platzes religiös erscheinen könnte, dann deshalb, weil sie in kein Jenseits türmt, sondern bis zum Nächsten reicht. Kein ozeanisches Gefühl, sondern Sinn und Geschmack fürs Endliche, für Schlacken, Bahndämme und Pommesbuden. Würde ist ein Konjunktiv, ein Potentialis, und die Würde des Profanen ist die Freiheit seines Verhaltens, die Kreativität, mit der es Tintenkleckse deutet. So erfände es sich neu, das RG.

---

16 Jochen Gerz, Interview mit K.West – Das Kulturmagazin des Westens 12/2007.
17 Ebd.

Rüdiger Sareika

Heavy Metal
Protestantismus und Kultur an der Ruhr
Von FREIRÄUME 1991 bis RUHR.2010

Auf der Zeche Zollverein Zwölf in Essen hämmerte in den Sommernächten von 1991 ein Schauspieler des Griftheaters aus Amsterdam mit riesigen Schraubenschlüsseln rhythmisch auf Leitungsrohre und andere Metallteile in den Räumen der seit 1986 stillgelegten Zeche. Das war Heavy Metal pur und ein Signal dafür, dass es an der Ruhr zu einem neuen Kulturaufbruch gekommen war. Der Klang ging den Besucherinnen und Besuchern in den riesigen, dunklen Hallen direkt unter die Haut. Zum ersten Mal wurden das Gelände und das Bauensemble aus den dreißiger Jahren des 20. Jahrhunderts großflächig mit einem Theaterstück bespielt.

Der Titel des Theaterstücks lautete »ZZZ« und stand für Zeche Zollverein Zwölf. Auf die drei Buchstaben hatte man sich konzentriert, weil die Theatertruppe von der Industrieanlage so überwältigt war, dass Worte ihr nicht gerecht werden konnten. Stattdessen drei Buchstaben: »das Ende des Alphabets, gleich zu Beginn ein dreifacher Schlusspunkt«. (FREIRÄUME, S. 141) Veranstalter war FREIRÄUME, das Kulturprogramm zum Kirchentag 1991 in Dortmund, Bochum und Essen. Zehn Jahre später erklärte die UNESCO die Zeche Zollverein zum Weltkulturerbe. Im Rahmen von RUHR.2010 – Kulturhauptstadt Europas war Zeche Zollverein das Zentrum des Gesamtprogramms. Die Vision des Griftheaters und des FREIRÄUME-Programms war mit RUHR.2010 endgültig Wirklichkeit geworden: Das Revier hat sich selbstbewusst mit seiner Vergangenheit auseinandergesetzt und mit Kunst und Kultur eine neue Zukunft gewonnen. Die Kirchen haben sich an diesem Prozess beteiligt, eine eigene kulturpolitische Position gewonnen und auch im Bereich Kultur eine Vision von einer »Kirche mit Zukunft« entwickelt.

Bei den Aufführungen des Griftheaters waren die Besucher den größten Teil des Abends unterwegs: mit dem Bus vom Hauptbahnhof zur Zeche, auf alten Wagen der Schmalspurbahn und zu Fuß. Der Wandel des Reviers wurde so intensiv erfahrbar. Ulrich Greiner schrieb dazu in der Frankfurter Rundschau am 29.5.1991:

> »*So, wie der Spielraum* [der Zechenhallen] *seine alte Funktion verloren hat – da rückt ZZZ in eine Analogie mit der Lage der christlichen Großkirchen – verlieren*

auch die einzelnen Bestandteile aus der Arbeitswelt mit ihrer alten Funktion ihren Sinn. [...] Insgesamt präsentiert das Griftheater [...] eine Vorstellung, die allmählich die Beziehung zu dem faszinierenden Raum verliert: ein Spiegel des gesamtgesellschaftlichen Umgangs mit dem zunehmenden Sinnverlust. Je länger der sich bis Mitternacht erstreckende Abend dauert, desto feiner wird die Spielgesellschaft. Am Ende führt sie ein veritables Tanzfest vor.« (FREIRÄUME, S. 146–147)

Der leichte, heitere Tanz am Schluss wirkte wie ein Versprechen auf eine Zukunft, die sich von den Hypotheken einer beschwerenden Vergangenheit löst und für Kirche und Gesellschaft mit den Mitteln von Kunst und Kultur eine Gegenwart ermöglicht, die sich den Schatten der Vergangenheit stellt, aber konstruktive Perspektiven für die Zukunft eröffnet, die den kreativen Möglichkeiten der Menschen einen weiten Raum gibt. Genau dies war das Anliegen von ZZZ und seinem Auftraggeber, dem Büro FREIRÄUME der gastgebenden Kirchen von Rheinland und Westfalen für den Kirchentag 1991. Der Auftrag für das Kulturprogramm der Büros lautete dem Sinne nach: Ohne krampfhafte Deutungshinweise den Strukturwandel in Kirche und Gesellschaft des Ruhrgebiets mit künstlerischen Ausdrucksmitteln so zu gestalten, dass eine Ahnung davon entstehen konnte, was die Industrialisierung über 150 Jahre eigentlich aus den Menschen und der Umwelt dieser Region gemacht hat und welche Zukunftschancen sich daraus ergeben.

Knapp zwanzig Jahre nach dem Kulturprogramm FREIRÄUME wurde im Rahmen der Veranstaltungen zu RUHR.2010 – Kulturhauptstadt Europas deutlich, dass diese Selbstverpflichtung sowohl in der Gesellschaft als auch in der Kirche zu vorzeigbaren Erfolgen geführt und sowohl die Menschen als auch die Strukturen an der Ruhr verändert hat. Man schaue nur exemplarisch nach Dortmund, Bochum und Essen – in die drei Kernstädte des Reviers.

Das Ensemble der vier historischen Innenstadtkirchen in Dortmund macht diese Veränderungen auf anschauliche und nachdrückliche Weise deutlich:
- St. Reinoldi ist zum Zentrum von hochrangigen Tanzveranstaltungen in Kirchen geworden und kooperiert dabei unter anderem auch mit dem Ballett des Dortmunder Schauspielhauses. Außerdem setzt St. Reinoldi immer wieder Akzente in den Bereichen von Lichtkunst und neuer Musik. Ein neuer Eingangsbereich mit viel Glas und innovativer Architektur signalisiert deutlich die Offenheit der Kirche für Veränderungen.
- St. Marien, direkt gegenüber gelegen, bietet dank eines engagierten Programms der Kirchenpädagogik eine lebendige Geschichte der Architektur und der bildenden Kunst.

- St. Petri ist zu einem Zentrum neuer geistlicher Bewegungen geworden und präsentiert ein breit gefächertes Programm zwischen Spiritualität, Theologie und Kultur.
- Das Katholische Forum der Propsteikirche in unmittelbarer Nähe bietet ein vielfältiges Bildungs- und Kulturprogramm, eine Wiederbelebung franziskanischer Traditionen und ein Café im modernen Gebäudeensemble direkt gegenüber dem alten Kreuzgang des ehemaligen Dominikanerklosters.

Die Beispiele zeigen, wie die veränderten Ansprüchen an Gottesdienste und Kirchen aufgenommen werden. Die Religion bleibt die Klammer, die das Ganze umschließt, aber an jedem Ort zeigt sich eine andere Facette der Möglichkeiten, wie sich kirchliches Leben heute kulturell gestalten lässt.

In Dortmund wird im Bereich der Gesellschaft dieser vom Griftheater 1991 antizipierte Tanz der Künste für den Wandel der Region ebenso auffällig:
- Auf dem Gelände des bis 1998 aktiven Stahlwerks Phönix-West ist mit dem Phönixsee ein städtebaulicher Akzent mit hoher Signalwirkung entstanden, für den die Evangelische Kirche in Deutschland (EKD) 2008 einen Wettbewerb zur Beteiligung mit einem eigenen Baukörper ausgerufen hat.
- Das Dortmunder U, einst Synonym für die Dortmunder Union Brauerei, ist zu einem multifunktionalen Museums-, Ausstellungs- und Kulturzentrum geworden.
- Mitten im Geschäftsviertel sind das Konzerthaus und das Orchesterzentrum NRW entstanden.
- Außerdem wurde der 70 ha große Westfalenpark seit der Bundesgartenschau 1991 Schritt für Schritt im Sinne des Naturschutzes und der Nachhaltigkeit aus- und umgebaut. Neben dem ohnehin schon immer sehr breiten Spektrum an bildender Kunst im Park wurde zusätzlich eine Sammlung von Shona Skulpturen eröffnet, die die Verbundenheit der Region mit außereuropäischen Kulturen signalisiert.

Vergleichbare Entwicklungen können für fast alle Ruhrgebietsstädte und Orte mit ähnlicher Signifikanz nachgewiesen werden.
Zum Beispiel in Bochum:
- Mit der evangelischen Christuskirche und dem Platz des europäischen Versprechens von Jochen Gerz ist ein kirchliches und städtebauliches Projekt entstanden, das förmlich die überkommenen Strukturen von Kirche und Gesellschaft aufbricht und einen neuen Kulturraum eröffnet.
- Die katholische Marienkirche wird zum Probenraum der Bochumer Symphoniker.

- Und die Jahrhunderthalle, ehemals Gebläsehalle für die Hochöfen, öffnet als Veranstaltungszentrum bisher unbekannte Dimensionen der Begegnung von Kultur und Gesellschaft.

Oder man denke an Essen:
- Das neue Museum Folkwang, das die Alfried Krupp von Bohlen und Halbach-Stiftung finanzierte und dafür David Chipperfield, den Planer der Berliner Museumsinsel, als Architekten gewinnen konnte, präsentiert eine neue Leichtigkeit im Umgang mit Kunst.
- Das im Folkwang-Museum »sichtbar« werdende Prinzip der Transparenz als ein Wunschtraum der Gegenwart spiegelt sich erneut in der Architektur der von 2007 bis 2010 erbauten Konzernzentrale von ThyssenKrupp mitten in Essen auf dem Gelände der alten Gussstahlfabrik.
- Natürlich wirkt dagegen die neue Westfassade der Marktkirche relativ bescheiden, ist aber von ihrer Wirkung her vergleichbar. Sie signalisiert mit künstlerischen Mitteln eine neue Offenheit der Kirche.
- Schließlich ist auch das Café Church im Gebäude des Stadtkirchenverbands von einer ähnlichen Wirkung. Kulinarik als Kunstform in einem protestantischen Haus in aller Offenheit zu präsentieren ist wohl eine kulturelle Revolution für sich.

All das wurde mit dem Programm zu RUHR.2010 sichtbar. Die Kirchen im Revier hatten sich an diesem herausragenden Kulturereignis unter dem Titel »evangelisch2010« mit einem eigenen Kulturprogramm beteiligt. Nach 20 Jahren konnten die Kirchen so zeigen, was aus dem Neubeginn im Verhältnis von Kirche und Kultur unter dem Stichwort FREIRÄUME im Jahr 1991 geworden war.

Der Beginn dieser neuen Ära von Protestantismus und Kultur an der Ruhr hat viele Wurzeln. Sie an dieser Stelle in ihrer Gesamtheit zu schildern und zu würdigen würde den Rahmen sprengen. Von daher steht das Kulturprogramm FREIRÄUME der Regionalen Arbeitsstelle zum Kirchentag 1991 als exemplarisches und zugleich am deutlichsten erkennbares Beispiel für den Neubeginn. Wie sehr erst dieses Programm das Arbeitsfeld »Kirche und Kultur« an der Ruhr ins Bewusstsein gehoben hat, zeigt etwa die umfangreiche Studie *Kirche im Ruhrgebiet*, herausgegeben von Günter Brakelmann und Traugott Jähnichen. In der ersten Ausgabe, herausgegeben im Mai 1991 zum Kirchentag im Ruhrgebiet, wird das Thema Kultur noch nicht erwähnt. Erst in der zweiten, stark überarbeiteten und erweiterten Auflage von 1998 wird dem Thema »Kirche und Kultur« ein eigenes Kapitel eingeräumt. Exemplarisch werden einige Tätigkeitsfelder benannt, so dass sich in etwa erschließen lässt, welchen Weg die »kulturpolitische Verortung« der Kirche nach 1991 Stufe für Stufe genommen hat.

Einen ersten Schritt im Hinblick auf die Stärkung der Position der Kirche im Bereich Kultur machte die Evangelische Kirche von Westfalen (EKvW), als sie 1981 den Literatur- und Sozialwissenschaftler Dr. Rüdiger Sareika als dritten Studienleiter an die Evangelische Akademie Iserlohn berief. Die Landeskirche selbst stellte ihm die Aufgabe, den Bereich Kultur an der Akademie so zu entwickeln, dass damit den besonderen Herausforderungen des Bereichs Kultur für Kirche und Gesellschaft Rechnung getragen werden könnte. Die Akademie hatte seit der Gründung durch Pfr. Walter Becker und in der Leitung durch Pfr. Dr. Fritzhermann Keienburg und Pfr. Walter Schmidt eine Vielfalt von Veranstaltungen auch im Bereich Kultur und immer wieder auch mit speziellem Bezug auf das Ruhrgebiet angeboten. Mit dem Arbeitsbeginn von Rüdiger Sareika wurden diese Aktivitäten nach und nach in ein langfristig angelegtes Konzept zum Thema Kunst – im Sinne des Kollektivsingulars –, Kultur und Interkultur einbezogen. In diesem Rahmen wurden unter anderem systematisch die Kontakte zu Künstlern in der Region sowie zu den einschlägigen Kultureinrichtungen und kulturpolitischen Akteuren aufgebaut. Dabei zeigte sich die Notwendigkeit, dass Kirche sich zu einem differenzierten Handeln in diesem Bereich würde entschließen müssen.

Schon 1988 hatte die Präsidialversammlung des Deutschen Evangelischen Kirchentages die Auseinandersetzung mit dem Thema Kultur und Künste gefordert und darum gebeten, dass dazu auf dem Kirchentag im Ruhrgebiet 1991 Gelegenheit gegeben werden sollte. Prof. Dr. Günter Ebbrecht, seit 1985 Akademieleiter und 1989 beim Berliner Kirchentag beteiligt an der Forumsreihe »Künste und Kirche«, stellte ein hohes Maß an begrüßenswerter Laienkultur und Laienkunst auf den Kirchentagen fest, mahnte aber vehement eine Professionalisierung beim Umgang mit der Kunst und Kultur an. In einem internen Papier schrieb er dazu: »Der Kirchentag muss jetzt aber verstärkt in eine Phase umfassender ‚Kultur-Arbeit' und des ‚Kunst-Dialoges' eintreten. Er wird die Zeitgenossen mit dem fremden, uns verfremdenden Gesicht, den Künstlern und Kulturschaffenden entdecken, die Infragestellungen von dort annehmen, stellvertretend und vorwärtspreschend für die Kirche. Sie muss das abgebrochene, von Animositäten noch durchsetzte, gegen vorschnelle Umarmungen sich schützende Gespräch mit den Künstlern und der professionellen Kultur aufnehmen.« (MS, S. 3)

So entstand seit Anfang 1989 in mehreren Gesprächen mit Pfarrer Alfred Buß, dem designierten westfälischen Leiter der Regionalen Arbeitsstelle (RAST) und späteren Präses der Evangelischen Kirche von Westfalen, die Grundstruktur für ein Kulturprogramm zum Kirchentag, das mit den Künstlerinnen und Künstlern sowohl der Region als auch auf nationaler und internationaler Ebene das Thema des Kirchentages »Gottes Geist befreit zum Leben« entfalten sollte. Damit wurden erstmals zu einem Kirchentag in einem differenzierten Prozess Künstler auf sehr breiter Ebene gebeten, sich nicht nur mit dem Motto des Kirchentags, sondern mit den Möglichkeiten der Kirche als Raum der Inspiration und des kreativen Handelns auseinanderzusetzen.

Mit Michael Küstermann, damals noch Vikar und heute Pfarrer an St. Reinoldi mit dem Schwerpunkt für Kunst und Kultur, wurde ein Leiter für das noch zu etablierende Kulturprogramm FREIRÄUME gefunden, der bereits Erfahrungen aus dem Bereich der Kulturorganisation mitbrachte. Er setzte die verschiedenen Ideen für das Programm um und baute nach und nach das Kulturbüro auf, in dem in der Schlussphase über zehn Mitarbeiterinnen und Mitarbeiter die verschiedenen Projekte entwickelten und betreuten. Wichtig für alle Beteiligten war, dass über FREIRÄUME nicht nur Kirche ihr Verhältnis zu den Künsten und zur Kultur neu definierte, sondern dass auch Künstler und Kulturorganisationen und -akteure ihre Position zu Kirche neu überdachten. Dazu schrieb Küstermann in der Rückschau: »In erster Linie sollte die Zusammenarbeit mit der Kulturszene des Ruhrgebiets gesucht werden, da es uns um einen längerfristigen Prozess zwischen der Kulturszene und der Kirche ging, der auch nach dem Kulturprogramm weitergehen sollte, [...].« (FREIRÄUME, S. 10) Ein Blick in die Liste der durchgeführten Projekte zeigt am schnellsten, mit welch hoher Intensität das FREIRÄUME-Büro die notwendige Vernetzung geleistet hat. Sie macht die neue Qualität des Dialogs zwischen Kunst und Kultur, Kirche und Gesellschaft an der Ruhr, die mit FREIRÄUME gewonnen wurde, offensichtlich. (Vgl. FREIRÄUME, S. 257–267)

Alfred Buß schrieb in seiner Auswertung zu diesem Kulturprogramm, dass Kunst und Kultur in der Kirche bis 1991 noch zu sehr den Vorgaben einer bürgerlichen Traditionskultur folgten, und fragte: »Wo sind in unseren Kirchen und Gottesdiensten die Kunstschaffenden, die Menschen also, die dem Lebensgefühl, den Ängsten, den Hoffnungen und Visionen ihrer Zeitgenossen aus unterschiedlichen Lebenskulturen Ausdruck verleihen können? Wo findet in unseren Kirchen und Gottesdiensten ein Austausch mit den KünstlerInnen statt, die im scheinbar Profanen das Geheimnisvolle entdecken und dem Unsagbaren Ausdruck verleihen können? Wenn der Austausch geschieht, erliegen Theologen oft der Gefahr, KünstlerInnen als Fachleute zur Gestaltung vorgegebener Lehrinhalte zu beanspruchen, als Illustratoren von immer schon Gewusstem. Ließe sich ein Kunstwerk in dogmatische Sätze fassen, bedürfte es des Kunstwerkes nicht.« (FREIRÄUME, S. 35) Die Unlust der Menschen an Dogmen jeder Art führt, so stellte Buß weiter fest, zu vollen Museen, Konzertveranstaltungen und Lesungen, aber die

Kirchen würden ebenso wie andere »dogmenorientierte Organisationen« zunehmend gemieden.

Reinold Schmücker, damals als Promovend im Bereich Philosophie und Kunst als freier Journalist für das Deutsche Allgemeine Sonntagsblatt (DAS) tätig, heute Professor für Philosophie in Münster, artikulierte hohes Lob für das Konzept. Kirche hat sich, so stellte er fest, als kulturpolitischer Faktor und als Mitspieler bei der Wahrnehmung und Gestaltung der aktuellen Kunstszene bewährt. »Das Kulturprogramm FREIRÄUME hat gezeigt, dass Kirche – als Institution und als konkreter Gemeinderaum – ein kulturpolitisch wichtiger integrativer Ort sein kann.« (FREIRÄUME, S. 58) Neben der Benennung von seiner Meinung nach sehr guten Einzelveranstaltungen wie »ZZZ« vom Griftheater, »Klangräume«, Fotoausstellung »GottesHäuser« oder »Lyrische Anschläge« folgte aber auch die Anmerkung: »Im Blick auf zukünftige Projekte würde ich mir jedoch wünschen, dass meine Kirche sich als Auftraggeber nicht nur wie ein liberaler Mäzen verhält, der gönnerhaft FREIRÄUME gewährt, sondern dass sie den Mut findet, Künstler herauszufordern, dass sie Ansprüche stellt und dabei in Kauf nimmt, dass Künstler diese Ansprüche als Zumutung empfinden und ihnen nicht entsprochen wird.« (FREIRÄUME, S. 59)

Schmücker und Buß machten gleichermaßen deutlich: Kirche gewinnt, wenn sie auf Künstlerinnen und Künstler zugeht und sich kulturpolitisch positioniert, aber Kirche verliert, wenn sie nicht den Eigenheiten der Kunst folgt oder die eigene Position vernachlässigt.

Als Ergebnis des FREIRÄUME-Programms ermöglichten die EKvW und die Vereinigten Kirchenkreise (VKK) Dortmund die Fortsetzung der Arbeit von Michael Küstermann. Bis 1993 förderte die Landeskirche die Stelle mit Projektmitteln. Später ging die Stelle dann in den Stellenplan der VKK ein und besteht bis heute fort. Mit je eigenen Zielsetzungen wertete man auch in der Evangelischen Kirche im Rheinland (EKiR) und in den anderen Kirchengemeinden der Ruhrgebietsstädte die Erfahrungen mit dem Kulturprogramm aus und schaffte Strukturen, die nach und nach eine Differenzierung der Kulturarbeit an der Ruhr ermöglichten.

Ein wesentlicher Faktor für die weitere Entwicklung von Kirche und Kultur an der Ruhr waren die Veranstaltungen der Evangelischen Akademie Iserlohn (ab 2008 Evangelische Akademie Villigst). Studienleiter Dr. Rüdiger Sareika hatte das FREIRÄUME-Programm in vielfacher Hinsicht begleitet, den Vorsitz des Beirats übernommen, Veranstaltungen an der Akademie organisiert sowie Tagungen, Ausstellungen und Projekte der Akademie an dem Ziel orientiert, die kulturellen Aktivitäten der Landeskirche zu stärken und eine kulturpolitische Verortung der Kirche voranzutreiben. In diesem Sinne schuf er nach 1991 die Institution des »Forums Kirche und Kultur«, das unter anderem einmal jährlich alle Akteure in diesem Bereich zu weiterführenden Gesprächen einlud. So fand in Westfalen ein kontinuierlicher Dialog zwischen Kirche und Gesellschaft zum Bereich Kunst und Kultur statt, an dem viele prominente Vertreter dieses Bereichs teilnahmen. Dazu wurden selbstverständlich auch Vertreter aus anderen Regionen eingeladen, denn auch dort hatte sich sowohl unabhängig vom Kirchentag im Revier als auch von diesem zusätzlich inspiriert eine differenzierte Kulturszene entwickelt.

Wie notwendig diese »Nacharbeit« zum Kulturprogramm des Kirchentags war, machte das Positionspapier von Landeskirchenrat Gerhard Senn im Herbst 1993 deutlich. Darin hielt er das fortbestehende Defizit in Sachen Kultur und Kirche so fest: »Wer als kirchlicher Insider über das Thema Kultur und Kirche nachdenkt, wird zu dem Ergebnis kommen müssen, dass die evangelische Kirche an der Kulturentwicklung so gut wie keinen Anteil hat. Das wird bereits formal daran deutlich, dass es eine offizielle Zuordnung oder gar Beauftragung des mit der Thematik Kirche und Kultur angesprochenen Sachverhalts in der westfälischen Kirche bis heute nicht gibt.« Etwas weiter hieß es dann: »Die zunächst negativ-pessimistische Feststellung, dass Kirche jedenfalls auf der Ebene der Landeskirche, an der Kulturentwicklung kaum Anteil hat, schließt nicht aus, dass es solche Entwicklungen an der Basis, d.h. in den Gemeinden und Kirchenkreisen in verstärktem Maße gibt. Nach evangelischem Verständnis baut sich die Kirche von unten nach oben auf, d.h. sie wird nicht von oben her reglementiert. Daher spielt sich das kirchliche Leben und damit auch das, was wir Kultur nennen, an der Basis ab. Dort sind auch die Ressourcen dafür vorhanden und nicht bei der Landeskirche selbst. Das heißt für das Handlungsfeld der Landeskirche, dass der Dialog zwischen Kirche und Kultur in den Gemeinden beginnen und wachsen muss. Die Erfahrungen und Impulse können dann auf der gesamtkirchlichen Ebene aufgenommen und in landeskirchliche Strukturen umgesetzt werden.« (MS, 28.10.1993, S. 1)

In dem von Landeskirchenrat Senn apostrophierten Sinne kam also den Gemeinden gerade auch im Ruhrgebiet nach dem Kulturprogramm FREIRÄUME eine besondere Rolle zu. Hier wirkte sich für die weitere Entwicklung von Kirche und Kultur an der Ruhr sehr positiv aus, dass das Programm FREIRÄUME sich nicht nur auf die Kernstädte Dortmund, Bochum, Essen konzentrierte, sondern auch andere Städte wie Hagen, Schwerte, Unna, Gelsenkirchen oder Recklinghausen einbezog. So konnte nun an vielen Orten weitergearbeitet werden. Die Anbindung von Kunst und Kultur an die verschiedenen kirchlichen Einrichtungen war dabei sehr unterschiedlich. Einige City- oder Stadtkirchen weiteten ihr Programm in Richtung Kunst und Kultur aus (siehe dazu auch den Beitrag von Andreas Isenburg in diesem Band). Eigene »Kulturkirchen« wie Melanchthon in Bochum oder St. Reinoldi in

Dortmund hatten mit dem FREIRÄUME-Programm an Profil gewonnen und setzten ihre Arbeit in diesem Sinne fort. Traditionelle Orte für kirchliche Kulturprogramme wie die Stadtakademien in Recklinghausen und Bochum verstärkten ihr Engagement in diesem Bereich.

Auf der gleichen Sitzung des Forums Kirche und Kultur der EKvW von 1993 sprach aber auch der Soziologe Prof. Dr. Gerhard Schulze vor dem Hintergrund seiner 1992 erschienenen und viel beachteten Studie zur »Erlebnisgesellschaft« von den Risiken, die Kirche eingeht, wenn sie dem »Trend« zu Kunst und Kultur folgt. Schulze konstatierte für die Erlebnisgesellschaft: »1. Sowohl Kirche als auch Kunst befinden sich in einer *Existenzkrise*. 2. Dabei mischen sich zwei Probleme: *Sinnproblem* und Überlebensproblem. [...] 3. Es besteht die Gefahr, dass das Überlebensproblem Priorität gegenüber dem Sinnproblem bekommt: [...] 5. [...] Kirche und Kunst sind in die Position von Anbietern geraten, die mit vielen anderen Anbietern konkurrieren und deren Überlebenschancen maßgeblich vom Verhalten der Nachfrager abhängen.« Kirche und Kunst seien, so führt Schulze weiter aus, gleichermaßen in den »Sog der Erlebnisrationalität geraten«. Das kritische Potential drohe zugunsten einer »7. [...] sanften, angenehmen, therapeutischen, alles akzeptierenden Kirche« vernachlässigt zu werden. (MS vom 28.10.1993, S. 1 und 2)

Die kollegialen Gespräche auf den Foren Kirche und Kultur der Evangelischen Akademie hatten also immer zum Ziel, auf der einen Seite die Aktivitäten der kirchlichen Akteure im Bereich von Kunst und Kultur zu stärken und auf der anderen Seite die kritische Positionsbestimmung einzubeziehen. Gerade der hohen Bevölkerungsdichte im Revier, der Vielzahl und Vielfalt der Gemeinden und der anderen kirchlichen Einrichtungen ist es zu verdanken, dass so seit Ende der achtziger Jahre an der Ruhr eine stark ausdifferenzierte kirchliche Kulturlandschaft entstehen konnte. Dazu trug wesentlich mit bei, dass die im Revier zahlreichen City- oder Stadtkirchen von Pfarrer Andreas Isenburg im Rahmen einer Beauftragung im Amt für missionarische Dienste koordiniert und weiterentwickelt wurden. Weiterhin nahm im Evangelischen Erwachsenenbildungswerk (EBW) Pfarrerin Antje Rösener als Studienleiterin für den Bereich Kultur die Arbeit auf und unterstützte die hauptamtlichen und nebenamtlichen Pädagogischen Mitarbeiterinnen und Mitarbeiter bei der Profilierung der Kulturarbeit im Bereich der Evangelischen Erwachsenenbildung. So entstand gerade im Ruhrgebiet in kirchlicher Trägerschaft ein dichtes Netz von Angeboten im Bereich von Kunst und Kultur. Die Notwendigkeit zur Umnutzung von Kirchengebäuden trug dazu bisweilen erheblich bei, denn Kirchenräume sind immer schon Kulturräume und eignen sich in besonderer Weise für unterschiedliche Kulturangebote.

Einen weiteren Impuls erhielt die Entwicklung des Themas Kunst und Kultur in den kirchlichen Handlungsfeldern 2001 durch die Publikation *Kirche und Kultur. Aspekte und Tendenzen der Kulturarbeit in der Ev. Kirche von Westfalen.* Sie war entstanden im Rahmen des Konsultationsprozesses »Gestaltung und Kritik«, zu dem die EKD im Jahr 1999 die Landeskirchen aufgerufen hatte und der letztlich auch durch das Kulturprogramm zum Ruhrgebietskirchentag 1991 angeregt worden war. In einer Projektgruppe wurden die Entwicklungen in allen Teilen der Landeskirche zusammengestellt und reflektiert. Die Aktivitäten im Ruhrgebiet nahmen dabei erwartungsgemäß einen breiten Raum ein, obwohl an dieser Stelle ausdrücklich gesagt werden muss, dass die Arbeit im Bereich von Kunst und Kultur bereits zu dieser Zeit auch an vielen anderen Orten der Landeskirche mit hoher Intensität und Qualität betrieben wurde.

Die nächsten Schritte der Gesamtentwicklung des Themas Kultur auf EKD-Ebene hatten direkte Auswirkung auf die Kirchen im Ruhrgebiet. 2001 wurde Rüdiger Sareika neben seiner Tätigkeit als Studienleiter an der Evangelischen Akademie zum landeskirchlichen Beauftragten für Kunst und Kultur ernannt. Auch im Landeskirchenamt wurde nun offiziell die Zuständigkeit für diese Arbeit geklärt und im Dezernat 1 für theologische Grundsatzfragen angesiedelt. Damit hatte sich das erfüllt, was Landeskirchenrat Senn 1991 als strategisches Vorgehen beschrieben hatte. Der Arbeitsbereich Kunst und Kultur wuchs in den Gemeinden, schuf sich seine eigenen Strukturen, ging zum Teil Kooperationen mit bestehenden kirchlichen und gesellschaftlichen Einrichtungen ein und wurde nun im Rahmen eines die gesamte EKD umfassenden Prozesses in landeskirchliche Strukturen eingebunden. 2002 erschien dann als Ergebnis des Konsultationsprozesses die Kulturdenkschrift der EKD *Räume der Begegnung,* in der zwei wesentliche Forderungen gestellt wurden:

Die Kirchen müssen von sich aus auf die Künstlerinnen und Künstler zugehen und den direkten Dialog mit ihnen ohne Vereinnahmungstendenzen suchen. (S. 95)

Weiterhin wurden die Landeskirchen und Gemeinden dazu aufgerufen, sich kulturpolitisch zu verorten, also ihr Handeln in den verschiedenen kulturell wirksamen Bereichen im Horizont aktueller Kulturpolitik zu reflektieren, zu beschreiben und zu publizieren. (S. 89)

Aus diesem Impuls heraus entstanden dann die *Kulturpolitischen Leitlinien* der EKvW, die, wiederum unter der Leitung von Rüdiger Sareika von einer Projektgruppe erarbeitet, 2004 unter dem Titel *Räume des Glaubens – Räume der Freiheit* publiziert und in einem Festakt mit Präses Alfred Buß in der St. Petri-Kirche in Dortmund der Öffentlichkeit vorgestellt wurden. Damit war die EKvW die erste

Landeskirche, die auf die EKD-Denkschrift in der dort gewünschten Form reagierte. Dass dieses Ergebnis so vergleichsweise schnell erreicht werden konnte, war unter anderem der seit FREIRÄUME 1991 gut entwickelten Struktur der Zusammenarbeit aller an diesem Thema Beteiligten zu verdanken. Wiederum hatten die Kirchen an der Ruhr einen erheblichen Anteil an der Weiterentwicklung der Thematik, aber wesentlich war auch der intensive Austausch mit allen anderen kirchlichen Akteuren im Bereich von Kunst und Kultur.

So konnten nun auch die Beauftragten für Kunst und Kultur sowohl in den Kirchenkreisen und Gestaltungsräumen als auch in den Ämtern und Werken der Landeskirche zügig ernannt werden. Wiederum ergab sich aufgrund der hohen Dichte an Kirchenkreisen im Ruhrgebiet eine gewisse Konzentration von Kirche und Kultur an der Ruhr. Die mit dem FREIRÄUME-Programm begonnene enge Zusammenarbeit führte dazu, dass die Kooperation in Sachen Kultur an der Ruhr auch kirchlicherseits von Anfang an sehr hoch war. Zusätzlich zum jährlichen Forum Kirche und Kultur an der Akademie fanden nun jeweils pro Jahr zwei Sitzungen der Konferenz der Kulturbeauftragten in der EKvW statt. Sie dienten nicht nur dem Austausch der verschiedenen Aktivitäten, sondern immer auch der Diskussion über Qualitätsstandards und Fragen der gemeinsamen Organisation und Kooperation. Dazu wurden jeweils Fachreferentinnen und referenten eingeladen.

In der Zwischenzeit war 2002 die »Stiftung Protestantismus, Bildung und Kultur« des EBW gegründet worden. Auch wenn die Fördersummen vergleichsweise bescheiden sind, ergibt sich damit seither die Möglichkeit, im Bereich der EKvW weitere Akzente in der kirchlichen Kulturarbeit zu setzen. Die kirchlichen Kulturprojekte im Revier konnten davon profitieren und erhielten zusätzliche Impulse für ihre Arbeit.

Mit dem Programm der beiden Landeskirchen zu RUHR.2010 – Kulturhauptstadt Europas bekam das Thema Kirche und Kultur einen weiteren Innovationsschub. Schon mit Bekanntwerden der Bewerbungspläne nahm Rüdiger Sareika 2004 den Kontakt mit dem Büro für die Bewerbung der Kulturhauptstadt auf. Bereits 2005 wurde Jürgen Fischer, der damalige Geschäftsführer des Kulturhauptstadtbüros, zu einer Konferenz der Kulturbeauftragten eingeladen, um die Fragen des Konzepts und der Möglichkeiten zur Beteiligung der Kirchen anzusprechen. Die Gespräche wurden später mit dem Vorsitzenden Fritz Pleitgen und Oliver Scheytt als neuem Geschäftsführer fortgesetzt. Wiederum trugen die seit 1991 weiterentwickelten Strukturen von Kirche und Kultur dazu bei, schnell zu Konzepten zu kommen.

Nachdem über Kirchenleitungsbeschlüsse geklärt war, dass zumindest ein kleines eigenes »Kulturbüro« der EKiR und der EKvW gegründet werden konnte, setzte ein neuerlicher Prozess der Auswertung bisheriger und der Planung neuer kirchlicher Kulturprojekte im Rahmen von RUHR.2010 ein. Mit dem durch die Pfarrer Andreas Isenburg (EKvW) und Andreas Volke (EKiR) geleiteten Büro »evangelisch2010« konnte nun landeskirchenübergreifend das kirchliche Kulturangebot weiter profiliert werden. Sehr viel stärker als 1991 konnte und musste man jetzt aber auf die Strukturen vor Ort zurückgreifen, denn in dem mit lediglich eineinhalb Planstellen besetzten Büro konnte man nur sehr bedingt eigene Projekte entwickeln und neue Schwerpunkte setzen.

In der vom Trägerkreis erarbeiteten Auswertungsbroschüre *evangelisch2010. Europäische Kulturhauptstadt RUHR.2010 und Evangelische Kirche* wird dazu selbstkritisch vermerkt: »Ein Projekt in der Größenordnung der Kulturhauptstadt und Metropole Ruhr verführt dazu, den Reichtum der kirchlichen Kulturlandschaft eher zu entfalten als ihn auf ein klares Profil oder thematisches Motto zu konzentrieren. So verbirgt sich in der unübersehbaren Zahl von Angeboten und Veranstaltungen auch die Pluralität kirchlicher Kulturverständnisse, die mindestens so zahlreich wie die 22 Kirchenkreise in der Metropole Ruhr sind. Beinahe alles, was in kirchlicher Trägerschaft öffentlich oder institutionell, exzellent oder marginal angeboten wird, kann unter dem erweiterten Kulturbegriff subsumiert werden. Im dichten Fischernetz der kirchlichen Kulturflotte wird viel bewahrt und kaum gesiebt. So ist der Fang groß, aber von unterschiedlicher Qualität und Bedeutung. Im Windschatten der Kulturhauptstadt wurde so manches Boot wieder flottgemacht, das sich bisher und andernorts bei Feier- und Kirchentagen bewährt hatte.« (S. 36) Wie schon 1991 wird so vor der Gefahr gewarnt, statt der geforderten Auseinandersetzung mit der Gegenwartskunst sich auf die kircheninterne Form der Gebrauchskunst zurückzuziehen. In aller Deutlichkeit hat das immer wieder Andreas Mertin aus Hagen/Westfalen angemahnt. So schreibt er 2010 in der von ihm herausgegebenen Internetzeitschrift »theomag«: »Ruhr 2010 wäre die Gelegenheit gewesen in einem quasi spielerischen kulturellen Probehandeln einmal darzustellen, wie es wäre, wenn die Kirchen kulturell geistesgegenwärtig wären. Einfach drei oder vier Künstler mit ihren Arbeiten in eine Kirche einzuladen, ist noch keine kulturelle Leistung. Auf die Kultur so zu schauen und so zu hören, dass vielleicht in der Folge die Gemeindetheologie geändert werden müsste, wäre es schon. Aber davon sind wir meilenweit entfernt.« (http://www.theomag.de/64/am310.htm) Diese hier nur beispielhaft angeführten internen und externen Anmerkungen zur Kritik verweisen auf einen lang anhaltenden Diskurs über die nur bedingte Bereitschaft (und Möglichkeit?) der Kirchen, sich auf einen angemessenen Dialog mit den Künsten einzulassen, in dem die kirchliche Position von den Künsten eigenständig interpretiert wird.

Dank des konsequenten Aufbaus und der Vernetzung der kirchlichen Kulturarbeit in den vergangenen Jahren konnte trotz aller oben genannten Schwierigkeiten und Einschränkungen ein beachtliches Programm entwickelt werden. So entstanden faszinierende Projekte wie etwa das 1. Kirchliche Filmfestival in Recklinghausen, das Martin Luther Forum Ruhr in Gladbeck, das Projekt Schattenkultur in der stillgelegten Haftanstalt in Moers, die ganzjährigen Church Tours Ruhr mit Sitz in Essen, der Platz des europäischen Versprechens an der Christuskirche in Bochum und der LichtKunstRaum an und in der St. Reinoldikirche in Dortmund. Qualität und Quantität kirchlicher Kulturangebote und die Vernetzung der Kirchen mit anderen Kulturträgern und -akteuren im Rahmen von RUHR.2010 wurden ein wesentliches Stück weiterentwickelt. Bedingt durch die knappe Personalkapazität, die die Kirchen für das Projekt freistellen konnten, fehlt noch immer eine breitere Auswertung, die über die knappe Darstellung und Reflektion in der Broschüre *evangelisch2010. Europäische Kulturhauptstadt RUHR.2010 und Evangelische Kirche* hinausgeht.

Mit Sicherheit kann aber gesagt werden, dass das Programm der Kirchen zu RUHR.2010 Impulse für die anderen Regionen der Landeskirchen gegeben und Impulse von dort aufgenommen und weiterentwickelt hat. Auch für den Prozess von Kirche und Kultur in der EKD und der Konferenz der europäischen Kirchen haben sich von der Ruhr her viele neue Ansätze ergeben, die es weiterzuführen gilt. Ganz entscheidend ist aber, dass an der Ruhr selbst in dieser Phase von gut 20 Jahren ein neues Verständnis von Kirche und Kultur entstanden ist. Die dröhnenden Heavy Metal Rhythmen aus der Zeche Zollverein vom Sommer 1991 sind vom Protestantismus an der Ruhr gehört worden. Jetzt gilt es, weiter daran zu arbeiten, dass die beiden für das Ruhrgebiet zuständigen Landeskirchen ihr Verständnis von Kultur gemeinsam beschreiben und ausdifferenzieren. Darüber hinaus gilt es in beiden Landeskirchen, die Erkenntnisse von der Ruhr auch in den anderen Kirchenkreisen umzusetzen bzw. Erkenntnisse von dort an die Ruhr zu übernehmen. Gerade nach dem Projekt evangelisch2010 muss die Devise lauten: Nach dem Spiel ist vor dem Spiel!

IV.

Friedhelm Kreiß
Bewegt sein: Kirche und Sport

Die Sportorganisation ist als gesellschaftliche Großgruppe eingebunden in die Fülle der gesellschaftlichen Probleme und Themen wie alle anderen gesellschaftlichen Gruppen auch. Der Sport will, muss und kann seinen Beitrag zur Lösung vieler gesellschaftlicher Probleme leisten, aber dieses nicht allein. Alle gesellschaftlichen Gruppen sind zu einer breit angelegten Zusammenarbeit verpflichtet, um gesamtgesellschaftlich wirken zu können. So begründet sich die Partnerschaft von Kirche und Sport, sie sind Partner im Dienste der Menschen.

Ein Sport, der die Bedürfnisse von Seele und Geist außer Acht lässt, schadet dem Menschen. Eine Kirche, die die Sorge um den Leib gering schätzt, schadet dem Menschen.

Nikolaus Schneider und Theo Zwanziger beim EKD-KonfiCup in Berlin 2011
(Foto: Dietrich Biederbeck)

Man kann das verkürzen mit einem Zitat der Kirchenlehrerin Teresa von Avila (16. Jh.): »Sei freundlich zu deinem Leib, damit die Seele Lust hat, darin zu wohnen.« Sie wird unterstützt von Paulus im 1. Korintherbrief, in dem er den Leib als »Tempel des heiligen Geistes« bezeichnet (1 Kor 6,19).

Die Grundlagen der Zusammenarbeit von Kirche und Sport

Die Kirche muss sich ernsthaft auf die Herausforderungen und die Probleme, die durch den Sport entstehen, einlassen, wenn sie nicht an einem wesentlichen Bestandteil heutiger Lebenswirklichkeit vieler Menschen vorbeigehen will. Der Sport muss zu einer tragfähigen Ethik finden und darf Grundsatzfragen nicht weiter verdrängen, wenn er wirklich dem Menschen dienen und das Menschsein der Menschen im Sport nicht gefährden will.

Kirche und Sport können gemeinsam zu wichtigen Fragen unserer Gesellschaft Position beziehen – sie tun das auch. Sie können zusammen darauf hinwirken, dass ein Leben in dieser unserer Gesellschaft lebenswert bleibt.

Für Kirche und Sport bestehen Grundlagen des Handelns, die im Sinne von Wertesystemen Leitlinien vorgeben. Das christliche Ethos bestimmt in der Kirche die Lebensführung und dokumentiert sich unter anderem in den Zehn Geboten. Für den Sport sind die Olympische Idee und mit dieser die Olympische Erziehung Orientierung des ethischen Handelns der Akteure. Darüber hinaus versucht der Sport über die Regeln der »Welt Antidoping Agentur« (WADA) wie auch die der »Nationalen Antidoping Agentur« (NADA) ein faires Verhalten der Athletinnen und Athleten zu steuern und zu beeinflussen. Christliches Ethos und Olympisches Denken ergänzen und verstärken sich im Miteinander. Im Vergleich der Inhalte beider werden viele Gemeinsamkeiten offenkundig. Das legt ein Zusammengehen eigentlich zwingend nahe. Die Olympische Idee spiegelt christliche Ethik, beide zusammen sollten und können sportliche wie auch allgemeine Lebensgestaltung prägen.

Kontakte zwischen Kirche und Sport sind auf dieser Basis von großer Bedeutung für das gesellschaftliche Klima und den Zusammenhalt der Menschen:

- Wo regelmäßig Gespräche zwischen Kirche und Sport stattfinden, können Konkurrenzen zwischen Kirche und Sport zum Beispiel in Form zeitgleicher Veranstaltungen, Kinder- und Jugendarbeit, Festen und Feiern entschärft und beseitigt werden.
- Wo in Kirchen und Pfarrgemeinden der Freude am Körper und an der Bewegung Raum gegeben ist, wird zugleich der Verkürzung des kirchlichen Dienstes

Bewegt sein: Kirche und Sport 179

Pfarrer-Fußballturnier der Evangeischen Kirchenkreise Westfalen 2011 in Kaiserau

Aktion beim Sternlauf der Religionen im Mügapark Mülheim (Fotos: Peter Noss)

auf die Seele und der einseitigen Ausrichtung des Menschen auf das Jenseits entgegengewirkt.
- Kirchen- und Pfarrgemeinden können die Bemühungen um das Ziel eines »Sports für alle« wirkungsvoll unterstützen. Mehr als die Sportvereine haben die Kirchen durch ihre diakonische und karitative Arbeit Zugang zu den sozial – und damit auch vielfach sportlich – benachteiligten Gruppen.
- In ihrer Verkündigung erreichen die Kirchen viele Menschen – auch nach der Lebensmitte –, die dem Sport distanziert gegenüber stehen, denen aber Bewegung, Spiel und Sport ein Stück neuer Lebenserfüllung bringen könnten und zunehmend bringen.
- Bewegung, Sport und Spiel sind Teil der gesellschaftlichen Alltagskultur geworden – mit vielen Freiräumen, aber auch Gefährdungen.

Kirche und Sport leisten in unserer Gesellschaft einen wichtigen Dienst: Bei beiden stehen der Mensch und die Entfaltung seiner Anlagen im Mittelpunkt. Der Mensch soll befähigt werden, für sich selbst und anderen gegenüber verantwortlich zu handeln.

Neben der persönlichen Seelsorge für die Menschen im Sport sind das Gespräch und das Nachdenken über ethische Entscheidungen, über Sinn- und Wertfragen ein besonderer Inhalt der Arbeit von Arbeitskreisen »Kirche und Sport«.

Bewegung, Spiel und Sport bilden für viele Menschen in unserer Gesellschaft und gerade auch in dieser Region Ruhrgebiet ein zentrales Element ihres Lebens. Doch das allgemein verbreitete Bild des »Kulturguts Sport« differenziert sich sehr stark aus – von welchem Sport ist die Rede?

Den Kern bildet der »alltagskulturelle Sport«, wie er traditionell in den Vereinen betrieben wird. Darüber hinaus umfasst er das sportliche Treiben vieler Menschen aus eigenem Antrieb und in selbst gewählter Organisationsform.

Der »mediale« Sport dient als Medium zur Minderung gesundheitlicher und anderer gesellschaftlicher Problemfelder. Er wendet sich an bestimmte Zielgruppen und Problembereiche (zum Beispiel Sport nach Herzinfarkt, Sport mit Diabeteskranken, Sport mit adipösen Kindern, Sport von Migrantinnen als Motor zur Integration).

Sport wird in diesem Feld vielfach instrumentalisiert, um zum Teil der ureigenen Idee des Sports ferne Ziele anzustreben; diese Aussage soll nicht den Wert dieser Aktivitäten herabsetzen, zeigen diese doch die Bandbreite der Möglichkeiten des Sports.

Im Grenzbereich zum Gesundheitsaspekt befindet sich der »Fitnesssport«, der vermehrt in wirtschaftlich ausgerichteten Einrichtungen seinen Platz findet.

»Hochleistungssport« wie auch »Profisport« zielen ab auf Grenzen menschlicher Leistungsfähigkeit, sie sind stark eingebunden in kommerzielle Strukturen und auf öffentliche Anerkennung angelegt. Sie machen im gesamten Feld des Sports nur einen Bruchteil aus, doch prägen sie auf Grund ihrer Medienpräsenz das Bild des Sports in der Öffentlichkeit. Sie sind dennoch nur ein Teil des Ganzen.

Im Trend sind »Abenteuer- und Risikosport«. Sie haben zum Ziel, Grenzerfahrung zu vermitteln, Angst kontrolliert erlebbar zu machen, Selbstbestätigung und Anerkennung von Dritten zu erfahren.

Darüber hinaus ist der »Zuschauersport« ein Teil dessen, was man unter dem Begriff Sport subsumiert. Hier ist die Fanproblematik angesiedelt, bei deren Lösungsversuchen die Kirchen aus meiner Sicht ein höheres Engagement einbringen könnten und auch sollten. »Public Viewing« vor dem Kirchenportal greift die Probleme nicht wirklich auf, ist eher eine Form reiner Geselligkeit oder einer Anbiederung an den Sport und/oder Ausdruck des Bestrebens der Kirche, Menschen an und in die Kirche zu »locken«. »Public Viewing« ist kein unmittelbarer Ausdruck dessen, was Kirche und Sport verbindet. Zuweilen ist das Verhalten der Besucher dieser Veranstaltungen vergleichbar mit dem der Fans in den Stadien.

»Kirche und Sport« auf Bundesebene

Die Geschichte der Sportorganisation in Deutschland ist in ihren Anfängen nach 1945 ganz wesentlich mit geprägt worden von Vertretern der beiden großen Kirchen. Zu einer einheitlichen deutschen Sportorganisation ohne ideologische Belastung kam es durch Betreiben und Befürwortung von weiten Kreisen kirchlicher Organisationen.

Nach dem Zweiten Weltkrieg beginnt eine enge Zusammenarbeit zwischen den Kirchen und dem Sport. Die erste Phase zwischen 1945 und 1950 ist bestimmt durch regelmäßige Kontaktgespräche zwischen Prälat Ludwig Wolker (DJK – Deutsche Jugendkraft) und dem Deutschen Sportbund (DSB), er sorgte gemeinsam mit Pfarrer Karl Zeiss dafür, dass die Arbeitersportbewegung dem neu entstehenden Sportbund erhalten blieb. Die Gründung des Deutschen Sportbundes 1950 erfolgte unter der besonderen Mitwirkung von Prälat Wolker, dem es gelang, die Einheit des deutschen Sports zu erhalten. Prälat Wolker wurde zum Mitglied des ersten Präsidiums des Deutschen Sportbundes gewählt.

1955 wurde Prälat Bokler aus Nordrhein-Westfalen in den DSB-Sportbeirat berufen. Auf ihn geht in besonderer Weise die Initiative »Zweiter Weg« zurück, der Vorläufer der Breitensportentwicklung. Prälat Bokler war über viele Jahre in das Präsidium und die Arbeit des Landessportbundes NRW eingebunden.

In den Jahren 1964 (Evangelische Kirche in Deutschland – EKD) und 1966 (Katholische Kirche Deutschland – KKD) kam es zur Gründung eigener Arbeitskreise »Kirche und Sport« in den beiden großen Kirchen. Zeitgleich oder im Anschluss daran wurden weitere Arbeitskreise auf der Landesebene gegründet, so auch in Nordrhein-Westfalen.

1967 richtete die Evangelische Kirche von Westfalen (EKvW) einen Arbeitskreis »Kirche und Sport« ein. 1971 wurde der Landesarbeitskreis »Kirche und Sport NRW« als ökumenischer Arbeitskreis auf Landesebene gegründet.

Bundesweit entwickelten sich zwei unterschiedliche Strukturformen: Arbeitskreise auf Landesebene innerhalb der jeweiligen Kirchen und ökumenische Landesarbeitskreise, so wie hier in Nordrhein-Westfalen.

In Bayern gibt es eine ergänzende Konstruktion: Hier haben beide großen Kirchen eigene Arbeitskreise »Kirche und Sport« eingerichtet. Darüber gibt es einen Landesarbeitskreis, der beide verbindet und der in das Präsidium des Landessportverbandes eingebunden ist.

Bundesweit ist das Bild auch heute noch sehr unterschiedlich. Nahezu in allen diesen Gründungen waren die Landessportbünde beteiligt oder sogar initiativ.

Seit 1976 gibt es auf Bundesebene die sogenannte Kontaktkommission, in der Vertreter von EKD, DBK (Deutsche Bischofskonferenz) und DOSB (Deutscher Olympischer Sportbund) zusammenwirken.

Eine besondere Qualität erfährt die Zusammenarbeit von Kirche und Sport durch die Einführung der Spitzengespräche zwischen den Kirchen und der Sportorganisation DSB. Diese Gespräche finden in unregelmäßigen Abständen statt, sie werden geführt vom Präsidenten des DOSB (bis 2003 DSB), dem/der Ratsvorsitzenden der Evangelischen Kirche in Deutschland (EKD) und dem Vorsitzenden der Deutschen Bischofskonferenz (DBK).

Es ist eine Überlegung wert, weitere Religionsgemeinschaften in diese Gespräche einzubinden. Es macht aus meiner Sicht wenig Sinn, Programme der Integration zu initiieren und auf der Leitungsebene keine institutionelle Gesprächsrunde aller Beteiligten einzurichten.

Eine besondere Bedeutung hat das Ergebnis des Spitzengesprächs aus dem Jahr 1990: die »Gemeinsame Erklärung der Kirchen zum Sport«; sie trägt den Titel: *Sport und christliches Ethos*. Diese Erklärung versteht sich als Grundlage für die weitere Zusammenarbeit und als Orientierungshilfe bei dem gemeinsamen Bemühen um ethische Maßstäbe im Sport.

Das 5. Spitzengespräch (1995) führte zur Veröffentlichung einer gemeinsamen Erklärung, die die Aufgaben innerhalb der Bemühungen von Kirche und Sport festlegt: »Gemeinsamer Einsatz für das soziale Klima in unserem Land«.

- Ehrenamtliches Engagement in den Kirchen und im Sport – Die sozialen Begabungen des Menschen wiederentdecken.
- Gesundheit und Wohlbefinden in ihren körperlichen, seelischen und sozialen Dimensionen – Eine sinnvolle und würdige Lebensperspektive für den Menschen entwickeln.
- Besinnung und Bewegung in Gemeinsamkeit – Menschen brauchen »Sozialzeiten«.
- Gemeinden und Vereine als Orte gesellschaftlichen Zusammenlebens – Fremde brauchen Freunde.

Das Spitzengespräch im Jahr 2009 hat die im Folgenden genannte Erklärung verabschiedet: *Zum Wohl der Menschen und der Gesellschaft – Perspektiven der Zusammenarbeit von Kirche und Sport in Deutschland*. Das folgende Zitat aus dieser Erklärung beschreibt eine der wesentlichen Grundlagen der Zusammenarbeit von Kirche und Sport:

> *»[...] Die Kirchen wenden sich an den ganzen Menschen, mit Leib und Seele, Gewissen, Vernunft und Willen – in der Gesamtheit der Wirklichkeiten, in denen er lebt. Deshalb ist der Sport für die Kirchen als Kultur- und Freizeitbewegung wie in seiner organisierten Form, als Breiten- und Spitzensport, ein wichtiges Handlungsfeld. Der Sport leistet als bedeutende Freizeitbewegung und freiwillige Organisation in der Zivilgesellschaft einen wichtigen Beitrag zu ihrem Zusammenhalt und zum Gemeinwohl. Kirchen und Sport stellen sich ihrer Verantwortung, die Gesellschaft aktiv mitzugestalten und den Menschen, gerade in Zeiten der Unsicherheit, Räume für eigenverantwortliches Handeln, Verlässlichkeit und Geborgenheit zu bieten. Dabei verbinden Sport und Kirchen gemeinsame Werte. Beide wirken durch Vermittlung von Toleranz, Rücksichtnahme, Solidarität oder Fairness an der Gestaltung der Gesellschaft mit. Diese Grundorientierungen sind die gemeinsame Basis für das gesellschaftliche Engagement von Kirche und Sport [...].«*

In jüngster Zeit wird erkennbar, dass Kirche und Sport sich gegenseitig auf verschiedenen Feldern unterstützen. Da geht es unter anderem um den Schutz der Sonn- und Feiertage, um diese zum Wohl der Freizeit und der Sozialzeiten vor weiterer Kommerzialisierung zu bewahren. Es geht auch um die Sicherung der Position der sogenannten »Nebenfächer« Sport und Religion im Kanon der Unterrichtsfächer aller Schulformen. Hier stehen Kirche und Sport zusammen.

Der Deutsche Olympische Sportbund (DOSB)

Der Deutsche Olympische Sportbund hat mit der Bestandserhebung aus dem Jahr 2009 27 553 516 Mitgliedschaften in über 91 000 Vereinen registriert. Dem DOSB gehören 16 Landessportbünde und 62 Fachverbände sowie 20 Verbände mit besonderer Aufgabenstellung an, zu letzteren zählen auch DJK, CVJM und MAKKABI DEUTSCHLAND. Der Spitzenverband wird geführt von dem Präsidium, das von der Mitgliederversammlung gewählt wird.

Kirche und Sport sind in diesem DOSB strukturell verbunden über die »Gemeinsame Kommission Kirche und Sport«, in der die Evangelische Kirche, die Katholische Kirche und der DOSB zusammen arbeiten. Die Kommunikation zwischen dieser Kommission und den Mitgliedsorganisationen wird über Rundschreiben und Ähnliches hergestellt; es bedarf allerdings einer Überlegung, wie die Ergebnisse wirkungsvoller in die Mitgliedsorganisationen eingebracht werden können.

Der Landessportbund Nordrhein-Westfalen (LSB)

Der Landessportbund Nordrhein-Westfalen e. V. verzeichnet derzeit (2010) 5 000 000 Mitgliedschaften in 20 000 Sportvereinen. Die 116 Mitgliedsorganisationen teilen sich auf in 63 Sportfachverbände und 53 Stadt- und Kreissportbünde. An der Spitze steht das Präsidium, das von der Mitgliederversammlung gewählt wird. Eine strukturelle Verbindung zwischen Landessportbund und Kirchen in NRW gibt es nicht, wenngleich auf der Ebene der Vereine zahlreiche Verbindungen bestehen. CVJM, DJK und MAKKABI sind als Sportverbände Mitglieder des LSB. Ein lange angestrebtes und vom Landesarbeitskreis »Kirche und Sport« angeregtes Spitzengespräch zwischen Kirchen und Sport steht noch aus. Die Bereitschaft der Kirchen dazu ist gegeben.

Der Landesarbeitskreis »Kirche und Sport« Nordrhein-Westfalen (LAK)

Der Landesarbeitskreis »Kirche und Sport« NRW ist eine selbstständige Einrichtung mit eigener Geschäftsordnung, er ist als ökumenischer Arbeitskreis angelegt, er ist kein Ausschuss oder Gremium des Landessportbundes. Allerdings ist der Landessportbund engagiert in die Arbeit eingebunden und fördert diesen Landesarbeitskreis in besonderer Weise, so wie er auch bei seiner Gründung maßgeblich beteiligt gewesen ist.

Mitglieder des Arbeitskreises sind: Vertreter der Evangelischen Kirche, Vertreter der Katholischen Kirche, Vertreter weiterer Religionsgemeinschaften, Vertreter des Landessportbundes, Vertreter von Einzelorganisationen und persönliche Mitglieder, ein Vertreter des für den Sport zuständigen Landesministeriums.

Die Leitung des Landesarbeitskreises liegt in den Händen des Vorstandes, der von der Mitgliederversammlung gewählt wird.

Die Ziele des Landesarbeitskreises sind in der Ordnung des LAK niedergeschrieben und bilden den Rahmen für dessen Aktivitäten.

Ich greife nur wenige exemplarisch auf; so heißt es zum Beispiel:
- Die Kommunikation zwischen Kirche und Sport fördern.
- Die pädagogische Verantwortung gegenüber jungen Menschen in Kirche und Sport deutlich machen.
- Auf die mögliche Gefährdung an Leib und Seele durch Sport hinweisen und zu deren Überwindung beitragen.
- Die Kirche daran erinnern, dass die Leiblichkeit elementar zum Menschsein gehört und auch gepflegt und bewahrt werden will.
- Die ethischen Werte im Sport und damit die Würde des Menschen erhalten.

Sichtbarer Ausdruck der Bemühungen und Aktivitäten sind gemeinsame Gespräche mit allen Partnern.

Die jährlich stattfindende Mitgliederversammlung des LAK wird inhaltlich getragen von einem Schwerpunktthema in dessen Arbeit und findet an entsprechenden Orten statt. So wurde im Jahr 2000 im Sport- und Olympiamuseum in Köln getagt. Am Ende stand eine Verabredung, den Versuch zu wagen, in diesem Museum die Arbeit der Arbeitskreise »Kirche und Sport« zu dokumentieren.

2001 fand die Versammlung in der »Arena auf Schalke« statt. Hier stieß naturgemäß die Kapelle im Stadion und deren Funktion auf großes Interesse, ist diese Kapelle doch der äußere Beweis für das Zugehen der Kirche auf den Sport – und umgekehrt.

Der LAK hat angeregt, in den Sportschulen und Bildungsstätten unseres Landes »Räume der Stille« einzurichten. Zwischenzeitlich ist dieses zum Beispiel in der Bildungsstätte des LSB in Hachen geschehen, so auch in der DJK-Bildungsstätte in Münster, weitere sind in Planung. Es erfüllt mit Befriedigung, dass selbst im Landtag Nordrhein-Westfalen seit diesem Jahr ein »Raum der Stille« eingerichtet wurde.

Im Jahr 2002 wurde die Mitgliederversammlung im Landtag Nordrhein-Westfalen abgehalten. Im Zentrum der Diskussionen standen Fragen der Zusammenarbeit von Staat, Kirche und Sport. Darüber hinaus war die Olympische Idee und deren Umsetzung ein Gegenstand. Die Vorsitzenden des LAK sind mehrfach in den Sportausschuss des Landtages eingeladen worden, um über die Arbeit des LAK zu berichten oder zu bestimmten Fragestellungen ihre Meinung darzulegen.

Im Jahr 2008 wurde die Mitgliederversammlung in der Synagoge der Jüdischen Gemeinde Duisburg-Mülheim-Oberhausen in Duisburg durchgeführt. Die Jüdische Gemeinde hat ihrerseits ein Interesse an einer Zusammenarbeit bekundet und ist bereits in den Vorstand des LAK eingebunden.

2009 hielt der LAK seine Mitgliederversammlung in der Merkez-Moschee in Duisburg-Marxloh ab. Eine beeindruckende Führung durch die Moschee und ein sehr informatives und auch aufklärendes Gespräch mit Vertretern der DITIB-Gemeinde bestärkte die Teilnehmer in den Bemühungen zur Integration und gab Antworten auf viele Fragen. In der Folge wurden einzelne Kontakte fortgeführt.

Der Landesarbeitskreis »Kirche und Sport« hat zu einer schon Tradition gewordenen Zusammenarbeit mit der Katholischen Akademie »Die Wolfsburg« gefunden. Diese dokumentiert sich vor allem durch eine jährlich einmal stattfindende gemeinsame Tagung mit jeweils unterschiedlichen Themenschwerpunkten im Bereich »Ethik im Sport«. Diese Veranstaltungen wurden mit Unterstützung des für den Sport zuständigen Landesministeriums in Nordrhein-Westfalen durchgeführt.

Im Folgenden sind Themen dieser Tagungen genannt:
  1988: Veränderte Arbeit – veränderte Freizeit. Flexibler Sonntag
  1989: Hauptsache gesund
  1990: Seelsorge im Sport – Leibsorge in der Kirche
  1991: Sieg in der Niederlage – Niederlage im Sieg
  1992: Kirche und Sport – Gemeinsam für die Menschen
  1994: Kommen – Gehen – Bleiben in Sportverein und Kirche
  1995: Geld regiert die Welt – auch unseren Sportverein?
  1997: Die verfassungsstaatliche Erwartung an den Sport
  1998: Die Gefährdung des Sports in Kommune, Städtebau und Schule
  1999: Der sportliche Erfolg und seine Schatten
  2000: Das Prinzip Fortschritt im Sport – »Schneller – Höher – Weiter«
  2001: Vom Umgang mit dem eigenen und fremden Körper im Sport
  2002: Persönlichkeitsentwicklung im Sport
  2003: Der Gewinn des Verlierens
  2004: Betreuen und Führen in Kirche und Sport

2005: Werte und Wertevermittlung in Kirche und Sport
2006: Vom Umgang mit der Macht im Sport
2008: Sportverein 2020 – Sportverein und Kirche in einer sich wandelnden Gesellschaft
2009: Sport zwischen wertorientiertem Leistungsstreben und Siegen um jeden Preis – »The winner takes it all« (ABBA)
2011: Grenzen erfahren

Im Jahr 2011 hat ergänzend zu diesen Tagungen eine Abendveranstaltung zum Thema »Schweigen schützt die Falschen – Prävention und Intervention sexualisierter Gewalt« stattgefunden und bundesweit Beachtung gefunden. Diese Abendveranstaltung wurde in Kooperation von Landessportbund, Katholischer Akademie »Die Wolfsburg« und dem Landesarbeitskreis »Kirche und Sport« geplant und durchgeführt.

Die Beschäftigung mit ethischen Fragen des Sports hat dazu geführt, dass der Arbeitskreis eingebunden wurde in die Erarbeitung eines »Ehrenkodex für Trainerinnen und Trainer im Deutschen Sportbund«. Dieser Kodex wurde vom Hauptausschuss des DSB 1997 verabschiedet und findet seinen Niederschlag in der Arbeit der Sportverbände.

Der LAK hat darauf gedrungen, dass innerhalb der Ausbildung an der Trainerakademie Köln Themen zur Ethik im Sport zum Unterrichtsgegenstand gemacht worden sind und Aufnahme in das Curriculum gefunden haben.

Zwischenzeitlich ist es auf Grund einer Initiative des Landesarbeitskreises zu einer Kooperation zwischen der Trainerakademie Köln und der katholischen Akademie »Die Wolfsburg« gekommen. Jährlich werden mehrere Seminare für die Studierenden der Trainerakademie zu Themen der Ethik im Sport in der Katholischen Akademie »Die Wolfsburg« durchgeführt.

Im Rahmen einer öffentlichen Veranstaltung hat 2008 der Weihbischof Franz Grave (Bistum Essen) mit dem Vorsitzenden des Landesarbeitskreises das Thema »Ethik und Fairplay im Sport« diskutiert und aus Sicht der Kirche und des Sports betrachtet. Die Veranstaltung fand in der Bildungsakademie des Essener Sportbundes (ESPO) statt und traf auf eine große öffentliche Resonanz.

Der LAK »Kirche und Sport« NRW hat eine Broschüre herausgegeben mit dem Titel *Impulse*. Diese Schrift lag in allen Sportschulen des Landes aus. In ihr sind kurze Texte zusammengestellt, die geeignet erscheinen, christliche Maßstäbe des Handelns im Sport und in der Kirche erfahrbar zu machen. Leider ist diese Schrift zurzeit vergriffen, hat viele »neue Besitzer« gefunden und harrt der Überarbeitung.

Es ist dem LAK gelungen, in den Sportschulen des Landes auf allen Zimmern Exemplare des Neuen Testaments auszulegen; diese sind in Form eines Sonderdrucks als Sportbibeln gestaltet. Der Schwund ist groß – aber das spricht für das Interesse. Wer eine Bibel »klaut«, will in dieser lesen.

Der LAK bietet weiter jährlich bis zu sechs sogenante Sportexerzitien an, die zunehmend angefragt werden und zu einem Kernstück seiner Arbeit geworden sind. Sportexerzitien gehen von einer ganzheitlichen Sicht des Menschen aus und verbinden in ihrem Ablauf geistliche und körperliche Impulse gleichrangig nebeneinander.

Im Jahr 2007 wurde erstmals durch den LAK eine Pilgerwoche angeboten und stieß auf ein großes Interesse. Das Angebot wurde in den Folgejahren wiederholt.

»Beim Pilgern werden wir wieder zum achtsamen Sucher und Beobachter, allein oder in der Gemeinschaft. Pilgern bedeutet Ortsveränderung, körperlich und spirituell. Neue Wege gehen, sich neu orientieren, ›die Seele laufen lassen‹. So vereint es die körperliche Herausforderung mit der Suche nach der spirituellen Dimension.« (Aus der Begleitbroschüre zu den Pilgertagen 2009)

Der Weg ist das Ziel – Gedanken eines Pilgers 2009 auf dem Weg von Marburg nach Köln: »Auf einem Weg hat man viel Zeit, denkt über sich und seine Beziehung zu Gott und den Menschen nach. Man kommt zur eigenen Mitte. Der Weg wird so eine spirituelle Erfahrung neben all dem sportlichen Tun. Impulse sollen helfen, diesen inneren Weg zu gehen, sollen helfen, ihn mit den äußeren Gegebenheiten zu vergleichen.« (MS.)

In der Vergangenheit hat sich der LAK mit der Thematik »Neue religiöse Bewegungen, Sekten und Sport« befasst. Gemeinsam mit dem DSB, jetzt DOSB, war ein Flyer entstanden, in dem Vereine auf besondere Entwicklungen in diesem Feld – insbesondere im Zusammenhang mit Scientology – aufmerksam gemacht wurden. Es scheint derzeit angebracht, sich dieser Problematik wieder verstärkt zuzuwenden. Aktivitäten von Scientology im Jugendbereich, in Schulen und anderen gesellschaftlichen Segmenten signalisieren neue Bemühungen dieser Organisation. Der Verfassungsschutzbericht des Landes Nordrhein-Westfalen über das Jahr 2010 gibt Informationen, die durchaus eine erhöhte Aufmerksamkeit auf diese Entwicklung lenken sollte.

Selbstredend hat der Komplex »Ehrenamt« diesen Landesarbeitskreis besonders beschäftigt. In der Befassung mit diesem Thema ist es zur Zusammenarbeit und zu gemeinsamen Veranstaltungen mit den Caritas-Verbänden und anderen kirchlich geprägten Einrichtungen gekommen. Eine kleine hilfreiche Broschüre zur Mitarbeitergewinnung ist in diesem Themenzusammenhang entstanden.

Der LAK hat den Vorschlag eingebracht, innerhalb der Kommunen »Arbeitskreise Ehrenamt« einzurichten, in denen all die Organisationen an einem Tisch sitzen sollen, deren Arbeit durch bürgerschaftliches Engagement getragen wird.

Im Jahr 2005 hat der LAK im Rahmen der World Games in Duisburg gemeinsam mit Vertretern verschiedener Religionsgemeinschaften ein umfangreiches religiöses Begleitprogramm über die gesamte Dauer dieses Sportgroßereignisses gestaltet. Zu der Organisation fanden sich sehr unterschiedliche Religionsgemeinschaften zusammen: Jüdische Gemeinde Duisburg, Katholische und Evangelische Kirche, Evangelische Freikirchen Duisburg, Orthodoxe Kirche/Patriarchat Moskau, Muslimischer DITIB-Stadtverband, Alevitische Gemeinde Duisburg und die Buddhistische Gemeinschaft. Das »Zelt der Religionen« im Zentrum der Veranstaltung und im Zentrum des Sportparks hat viel Beachtung gefunden und mit den Angeboten der verschiedenen Religionsgemeinschaften zahlreiche Besucher angelockt.

Im Rahmen des Programms der Kulturhauptstadt »RUHR.2010« hat der Landesarbeitskreis als Programmpunkt den »Sternlauf der Religionen« eingebracht. Im Kanon der Aktivitäten des Programms »RUHR.2010« war diese Veranstaltung die einzige, die das Thema Sport realisierte.

Die Idee war, dass Gruppen aus unterschiedlichen Religionsgemeinschaften, Sportvereinen oder anderen Gruppierungen wie auch Einzelpersonen sich zum Sternlauf auf den Weg machen, auf dem Rad, laufend, im Kanu oder Ruderboot, auf Inlinern, im Rollstuhl, am Fallschirm hängend – wie auch immer. Die Absicht der Veranstaltung bestand darin, Bewegung und Besinnung, Integration und Gemeinschaft bewusst zu machen. Das Ziel und der Abschluss waren eine beeindruckende interreligiöse Feier auf dem Gelände der ehemaligen Bundesgartenschau neben dem Schloss Broich in Mülheim. Das Projekt wurde gemeinsam geplant und organisiert vom Landesarbeitskreis »Kirche und Sport NRW« und dem Landessportbund NRW.

Einen besonderen Akzent setzte die Arbeit des LAK durch die Erstellung einer DVD mit dem Titel *Bewegen & bewegt sein*. Hier wurde versucht darzustellen, auf welche Weise sportliche Bewegung zur Vermittlung von Werten eingesetzt werden kann. Diese DVD hat ein großes Interesse gefunden und wird bundesweit angefordert.

Das Projekt »Bewegter Religionsunterricht« hat eine unerwartete Nachfrage gezeigt. Es geht hierbei darum, über Bewegung Themen des Religionsunterrichts zu vermitteln. In zahlreichen Fortbildungsveranstaltungen für Lehrkräfte, Pfarrer und Bildungsreferenten ist das Thema vermittelt worden. Die DVD findet mit ihren Inhalten Eingang im Schulunterricht, im Konfirmandenunterricht wie auch in verschiedenen Gruppenaktivitäten.

Sportorganisationen im Umfeld von Religionsgemeinschaften

Die Aktualität des Themas Kirche und Sport führte um die Wende zum 20. Jahrhundert und kurz danach zur Gründung kirchlicher und konfessioneller Sportorganisationen, so z. B. Makkabi Deutschland 1903, Deutsche Jugendkraft (DJK) 1920, Eichen-Kreuz-Verband für Leibesübungen 1926, später »Eichenkreuz im CVJM«. Zentrales Thema in dieser Phase war das Ringen um den sport- und arbeitsfreien Sonntag.

Trotz anfänglicher erfolgreicher Kooperation mit dem nationalsozialistischen Deutschen Reichsausschuss für Leibesübungen und Anerkennung als »Beitrag zur Gesamterziehung des deutschen Volkes« kam es zunehmend zu Schwierigkeiten im Spiel- und Übungsbetrieb. Im Jahr 1935 wurden die kirchlichen Sportorganisationen im Rahmen einer Polizeiverordnung aufgelöst: » Allen konfessionellen Jugendverbänden [...] ist jede Betätigung, die nicht rein kirchlich-religiöser Art ist, insbesondere eine solche politischer, sportlicher und volkssportlicher Art untersagt.«

Nach dem Zweiten Weltkrieg kam es in den Jahren 1945–1955 zu Wiedergründungen einzelner Organisationen, die gerade im Ruhrgebiet rege Aktivitäten entwickelten. Die Gründung des Deutschen Sportbundes (DSB) im Jahr 1950 beschleunigte diese Aktivitäten zusätzlich. 1951 trat der »CVJM-Eichenkreuz«, heute »CVJM-Sport«, dem DSB bei.

Im Ruhrgebiet hatten sich bereits 1947 mehr als 100 DJK-Vereine zusammengeschlossen und gründeten in Herne die »Spiel- und Sportgemeinschaft katholischer Vereine Rhein-Weser der Deutschen Jugendkraft«. Im August desselben Jahres wurde in Düsseldorf die DJK wieder gegründet.

In den 1950er Jahren gründeten sich die ersten Makkabi-Vereine wieder, bis es 1965 zu »Makkabi Deutschland« als nationalem Dachverband kam. Schwerpunkt der Aktivitäten liegen im Raum Frankfurt, Berlin und Düsseldorf, vereinzelt im Ruhrgebiet.

1971 wurde die Organisation SPORTLER RUFT SPORTLER (SRS) gegründet mit Sitz in Altenkirchen. SRS fördert und begleitet leistungsorientierte Sportler und Menschen in deren Umfeld in einer Gott ehrenden und Menschen dienenden Art, sie unterstützt diese, ihr Christsein im Sport zu leben. SRS beteiligt sich an sportlichen Großveranstaltungen, veranstaltet Seminare sowie Lehrgänge und veröffentlicht verschiedene Publikationen zum Thema »Christ und Sport«. SRS arbeitet zusammen mit dem Arbeitskreis Sport innerhalb der EKD wie auch mit dem Landesarbeitskreis NRW. SRS ist mit ihren Aktivitäten im Ruhrgebiet stark vertreten, sie betreut unter anderem verschiedene Spitzenfußball-Mannschaften und einzelne Spitzensportler im Revier.

Bildung im Feld Kirche und Sport

In einer Gesellschaft, in der zunehmend Werteunsicherheit oder mehr noch Werteverlust bestimmend ist, bekommen gesellschaftliche Institutionen wie Kirche und Sport einen besonderen Auftrag. Stehen sie doch beide für Wertesicherheit, für Fairplay, Frieden, Miteinander, Aufrichtigkeit und Integration.

Kirche und Sport setzen auf die Bedeutung der Bildung des Einzelnen für die Teilhabe an der Gesellschaft. Es gibt ein Recht auf Bildung.

Kirche und Sport bieten sich als außerschulische Partner in der pädagogischen Gestaltung von Ganztagsangeboten der Schulen an. Sie betonen ihr Verständnis für ein ganzheitliches Menschenbild.

Sport hat für sich die Schule als Partner erschlossen, die Kirchen befinden sich auf dem Weg dahin. Es muss aber deutlich werden, dass es nicht nur die Blickrichtung der außerschulischen Einrichtungen auf die Schule gibt, sondern dass auch die Schule ihrerseits sich auf die potenziellen Partner zu bewegen muss.

Wenn es Partnerschaften zwischen Schule und Sport gibt, sollte es auch möglich sein, Partnerschaften zwischen Kirche und Schule zu installieren und mit Inhalt zu füllen.

Solche Partnerschaften dokumentieren sich auch in der Zertifizierung und Einrichtung von Bewegungskindergärten, die in Kooperation mit Sportvereinen Bewegungsangebote schaffen. In Nordrhein-Westfalen gibt es bereits über 400 derartige durch den LSB zertifizierte Einrichtungen, davon eine erhebliche Zahl in kirchlicher Trägerschaft.

Die Bildungseinrichtungen des Sports wie das Bildungswerk des Landessportbundes in Duisburg und die Trainerakademie des DOSB in Köln nehmen sich zunehmend Themen der Ethik im Sport als Aufgabe an und versuchen mit entsprechenden Einrichtungen der Kirche zu kooperieren, wie das Beispiel der Zusammenarbeit mit der katholischen Akademie »Die Wolfsburg« in Mülheim zeigt. Es fällt auf, dass die Bildungseinrichtungen der Evangelischen Kirche in NRW in ihren Tagungsinhalten sich dem Thema Sport noch nicht sonderlich angenähert haben.

Bewegung und Sport vor Ort in Gemeinden und Kirchenkreisen

Kirche und Sport setzen sich für die Bedeutung körperlicher Aktivität zur gesundheitlichen Prävention und Rehabilitation in allen Altersstufen ein. Das System der Sportvereine sowie die diakonische und karitative Arbeit im kirchlichen Raum bieten hier viele Möglichkeiten der Zusammenarbeit vor Ort in den Gemeinden und Kirchenkreisen.
Wenige Beispiele:
– Da gibt es den Turnverein in Hochdahl, der in einem nachbarschaftlich zugeordneten Altenwohnheim in kirchlicher Trägerschaft Gymnastikstunden für die Insassen anbietet.
– Ein Reitverein in Duisburg arbeitet zusammen mit einer diakonischen Betreuungseinrichtung und ermöglicht auf seiner Anlage therapeutisches Reiten für Menschen mit Behinderung.
– In einer Pfarrgemeinde wird im Gemeindehaus ein Ruderergometer aufgestellt, auf dem trainingswillige Gemeindemitglieder üben können.
– Tischtennistische gehören zunehmend zur Grundausstattung von Gemeinden und werden nicht nur von Jugendlichen benutzt.
– Die Seniorengymnastik im Gemeindesaal als Angebot der Gemeinde ist kein Einzelfall mehr, auch nicht der Seniorentanz dort am Nachmittag.
– In der Evangelischen Gemeinde Nierenfeld (Velbert) gehört Sport zum festen Angebotsprogramm der »aktiven Gemeinde«; der Gemeindesaal wird dort zur Turn- und Gymnastikhalle, Bewegungsberatung und Bewegungskurse sind fester Bestandteil der Gemeindearbeit. Kirche und Sport werden hier gelebt und bewegt.
– In einer Kirche im Ruhrgebiet gehört Squaredance als zivilreligiöse Bewegung zum Angebot und findet reichlich Zuspruch.

Die Tatsache, dass in den letzten Jahren verstärkt Gemeinden zusammengelegt wurden und weiter noch werden, führt dazu, dass Kirchen und die dazu gehörenden Gemeindeimmobilien aufgegeben und zum Teil sogar abgerissen werden. Diese Entwicklung schränkt die beschriebenen Aktivitäten neben weiteren Unternehmungen der Gemeindemitglieder und ihrer Gäste ein.

Der Fußball hat den Konfirmandenunterricht erreicht. Es geht um den »KonfiCup«. Konfirmandinnen und Konfirmanden spielen in gemischten Teams gegeneinander, die Sieger gewinnen die Meisterschaft in ihrer Landeskirche. Dieser KonfiCup hat schon Tradition, immer mehr Landeskirchen beteiligen sich. Sie registrieren, dass dieses Turnier ein Gewinn für die Jugendlichen und auch für die

Gemeinden ist; das partnerschaftliche Miteinander von Kirche und Sport wird vor Ort gefördert und gestärkt.

Die Siegermannschaften der Landeskirchen trafen 2011 zu einem ersten EKD-weiten KonfiCup-Turnier aufeinander, Anpfiff war der 25. Juni 2011 in Berlin, am gleichen Spielort, an dem die Frauen-Fußball-WM einen Tag später eröffnet wurde. Dieses Finale fand unter der Schirmherrschaft des EKD-Ratsvorsitzenden Schneider und des DFB-Präsidenten Zwanziger statt und dokumentierte so die Zusammenarbeit von Kirche und Sport.

Unabhängig davon wurden im Juni 2011 innerhalb des offiziellen Programms des Deutschen Evangelischen Kirchentages in Dresden die Deutschen Pfarrerfußballmeisterschaften ausgespielt, die »German Popen Open« der EKD.

Auf der Ebene der Landeskirchen wurden entsprechende Turniere durchgeführt, aus denen die an der Meisterschaft teilnehmenden Mannschaften hervorgingen.

Im Rahmen der Fußball-Weltmeisterschaft der Frauen im Jahr 2011 fanden drei Spiele der deutschen Mannschaft dieser WM in der Vorrunde in Nordrhein-Westfalen statt. Zur Vorbereitung und Organisation eines kirchlichen Begleitprogramms hatte sich ein ökumenischer Arbeitskreis gebildet, der ein entsprechendes Rahmenprogramm im Umfeld der Stadien vorhielt.

Es ist auffallend, dass sich die Evangelische Kirche in besonderer Weise der Sportart Fußball zuwendet, wo es doch im Kanon der Sportarten sehr aktive und mitgliederstarke Verbände und Vereine gibt, die auch in den Gemeinden vor Ort ihre Verbreitung haben.

»Kraxeln in der Kirche« – ein mobiler Hochseilgarten in einer Kirche. Auf dem Klettergerät bewegen sich Jugendliche, gesichert durch das Sicherungsseil, das der Kletterpartner am Boden in den Händen hält und so Ängste nimmt und Vertrauen stärkt. Ein Projekt, mit dem sich die Kirche für junge Menschen öffnen möchte. Jugendliche sollen die Kirche als offenen Raum erleben, in dem sie ein Stück ihrer Lebenswelt wiederfinden. »Zwischen Himmel und Erde« war der Titel dieser Aktion, die im Jahr 2010 jeweils über mehrere Wochen in einer Kirche in Gelsenkirchen, Bochum und Duisburg stattgefunden hat.

Haltfinden und Haltgeben, das Getragenwerden und das Loslassen sind beim Klettern nicht nur erlebnispädagogische Elemente, sondern sie vermitteln auch spirituelle Erfahrungen. Deshalb gehört in diesem Projekt zu jeder Klettereinheit eine Reflektionsphase, in der die Erfahrungen beim Klettern in Bezug gesetzt werden zum eigenen Leben und zu Gott. Das ist für viele teilnehmende Jugendliche eine völlig neue Erfahrung und beeindruckt diese. Initiator des Projekts war die Katholische Kinder- und Jugendarbeit im Bistum Essen.

Die Öffnung des kirchlichen Raums für eine derartige Aktion fand bei manchen Gemeindemitgliedern, insbesondere in der Gruppe der Älteren, nicht unbedingt Zustimmung. Es bedarf hier einer sensiblen Einführung eines solchen Vorhabens. Dennoch zeigt das Projekt, dass der Raum einer Kirche sich öffnen kann für Aktivitäten, die den Zugang zur Kirche erleichtern und damit sich kirchenfernen Zielgruppen anbieten. »Bewegung« in die Kirche zu bringen ist das Ziel. Damit verbunden ist ein völlig neues Verständnis der Nutzung einer Kirche, eines sakralen Raumes. Zu Zeiten Christi war ein Tempel ein sehr lebendiger Raum und Treffpunkt vieler Menschen.

Eine Kletterwand außen an der Kirche wird sicherlich weniger Unruhe in der Gemeinde hervorrufen. Bietet sich doch eine solche Anlage zum Treff für jugendliche Aktive an und bringt diese dazu, sich der Kirche zu nähern, ohne Gemeindegruppen zu stören. Eine solche Anlage ist zum Beispiel an der Matthäuskirche in Bielefeld zu finden. Dennoch hat der Kirchenraum selber naturgemäß eine besondere Atmosphäre und fördert emotionale Momente, die das Erlebnis der Grenzerfahrung stützen.

Evangelische Kirchenkreise können Beauftragte für einzelne Arbeitsfelder berufen, so auch für den Bereich Sport. Im Bereich der Evangelischen Kirche in Westfalen finden regelmäßig Zusammenkünfte dieser Sportbeauftragten statt, bei denen einzelne Sportarten in Zusammenarbeit mit den betreffenden Sportverbänden vorgestellt und praktiziert werden. Diese Pastoralkollegs werden zunehmend von Pastorinnen und Pastoren im Sinne einer pastoralen Fortbildung wahrgenommen. Offen bleibt, wie weit dieser Sportartenkontakt Eingang in die Arbeit der Gemeinde und des Kirchenkreises findet; wichtig ist die Tatsache, dass Sport in seinen vielfältigen Formen auf diese Weise in das Bewusstsein gebracht wird. Neuerdings sind diese fünftägigen Pastoralkollegs für die vier nordwest-deutschen Landeskirchen Westfalen, Rheinland, Lippe und Reformiert gemeinsam organisiert und angeboten.

Bei all diesen angeführten Beispielen und Überlegungen wird deutlich: Sport ist mehr als das »0:1« am Ende des Spiels, Kirche ist mehr als das »Amen« am Ende der Messe oder des Gottesdienstes. Kirche und Sport sind »mitten drin« in der Gesellschaft und im Revier.

Hans-Martin Gutmann
Die Popkultur und das Triviale

I

»*Du bist Wahnsinn, warum schickst Du mich in die Hölle* – HÖLLE HÖLLE HÖLLE
Eiskalt lässt du meine Seele erfrier'n
Das ist Wahnsinn du spielst mit meinen Gefühlen – FÜHLE FÜHLE FÜHLE
Und mein Stolz liegt längst schon auf dem Müll – MÜLL MÜLL SONDERMÜLL
Doch noch weiß ich was ich will – ich will dich.«

Bottrop-Kirchhellen. Brezelfest. Vielleicht viertausend Menschen feiern drei Tage und Nächte, und vor allem die Nächte werden in den drei auf der Festwiese nebeneinander aufgebauten Zelten wieder zum Tage. Kirchhellen hat schulfrei in diesen Tagen, es würde sowieso niemand hingehen, auch die Lehrer nicht. Viertausend singen den Refrain von Wolfgang Petrys Hit »Wahnsinn«, glückselig vereint und laut. Es fließen einige Hektoliter Bier und Kölsch, aber es gibt nur wenige, fast gar keine Gewaltszenen, die Leute sind wirklich beglückt. Irgendwann 1883 einmal als Persiflage aufs Schützenfest entstanden, das die Tage vorher auch schon gefeiert wurde und bis heute auch gefeiert wird. Einige vom Fest übriggebliebene Schützen sollen damals aus Frust, nicht König geworden zu sein, gebackene Stuten von einer Stange geschlagen haben, das war der Auftakt. Seitdem wird alle paar Jahre das Brezelfest gefeiert, jedes Mal aufs Neue werden Brezelgesellschaft, Vorstand, Brezeloffiziere (teilweise beritten) und Brezelpolizei neu gegründet (um keine dauerhaften Hierarchien entstehen zu lassen), bei den Aufmärschen marschieren die Brezelbrüder mit Gewehrattrappen aus Holz in einträchtigem Chaos auf den Äckern Kirchhellens im Kreis herum. Alles ist Parodie auf den tierischen Ernst der Schützenumzüge, und nachts wird gefeiert. Nicht nur Kirchhellen, nicht nur Bottrop ist da, die ganze Region feiert mit, und für diese paar Tage ist selbst der Krieg zwischen BVB und Schalke 04 vertagt. »Hölle, Hölle, Hölle« – oder »Wir lieben das Leben, die Liebe und die Lust, wir glauben an den lieben Gott und hab'n noch immer Durst« (De Höhner »Viva Colonia«), oder selbst Roland Kaisers »Manchmal möchte ich schon gerne mit dir diesen unerlaubten Weg zu Ende gehen.« Alle können die Texte mitsingen, es wird getanzt und mitgegrölt. Ein ekstatisches, aus dem Alltagsleben ebenso deutlich wie der Karneval ausgegrenztes Fest, liminoide Situation im Sinne von Victor Turners Ritualinterpretation par excellence.

Ich nehme dieses Ruhrgebietsereignis als Anlass, über das Triviale in der populären Musikkultur nachzudenken. Was man sonst über WDR4 (oder andernorts NDR1 und ähnliche Schnarchsender) als Konserve geboten bekommt, wird beim Brezelfest lebendig, wird verflüssigt, erreicht die Herzen und das Bauchgefühl der Leute.

II

Bevor es also konzentriert auf die deutschen Schlager zugeht, einige Überlegungen vorneweg zum Trivialen in der populären Kultur überhaupt. In der Denkschrift der evangelischen Kirche und der Vereinigten Evangelischen Freikirchen 2002 mit dem Titel *Räume der Begegnung. Religion und Kultur in evangelischer Perspektive* ist nach einem langen, höchst kontroversen Diskussionsprozess über eine erste Fassung dieser Denkschrift eine Öffnung zum Phänomen des Trivialen vor allen Dingen in der populären Kultur unternommen worden. Das Triviale wird jetzt nicht mehr, ausgehend von einer Unterscheidung von E- und U-Kultur, in die Schmuddelecke des Kitsches verwiesen, sondern in seinen Phänomenen analysiert und wertgeschätzt. Das Triviale funktioniert voraussetzungslos im Hier und Jetzt, es berührt das Gefühl, es ermöglicht Gemeinschaftsbildung, es eröffnet Wege zu kleinen Fluchten aus dem Alltag bzw. macht den Alltag selber zum Fest, es erlaubt einen leichten Zugang zu den großen Lebensthemen von Liebe und Trauer, Krankheit, Sterben und Neubeginn. Der in dieser Denkschrift erreichte Stand sollte in weiteren Reflexionen über das Phänomen des Trivialen nicht mehr unterschritten werden. Religion und Kultur erreichen in dem Maße das Herz der Leute und die Vereinigung der Herzen im gemeinsamen Event, in dem sie trivial werden.

Das Triviale begegnet an verschiedenen Orten. Nicht nur, vor allen Dingen aber auch, ist hier die populäre Kultur im Blick. Das Format der 20.15-Uhr-Glücksfilme führt Familien nach der Tagesschau generationenübergreifend zusammen, und die Erzählbewegung »getting into trouble and getting out again« (Theodor W. Adorno zur kulturindustriellen Erzählform) kann nur dann die Herzen und Sinne erreichen, wenn die vorgeführten Milieus, Lebensstile, Dramatiken von Beziehungsaufnahme und Abbruch, Lebenskrise, Trauer und Aufbruch realistisch, das heißt nahe am Alltag der Leute inszeniert werden. Die Differenziertheit und Komplexität »wirklicher« Alltagskrisen wird im trivialen Melodram, erst recht der Komödie, elementarisiert. In der Regel können sich die Menschen, die den Film gemeinsam angeschaut haben, nach einer halben Stunde nicht mehr genau erinnern, worum es gegangen ist, aber es bleibt das tragende Gefühl, dass das Leben so oder so wieder in Ordnung gekommen ist.

Ein Besuch in den Kinopalästen des Blockbuster-Business eröffnet für den überschaubaren Zeitraum von zwei bis dreieinhalb Stunden eine Reise in eine gegenüber dem Alltäglichen gefahrvollere und gefühlsintensivere Welt, in der die Zuschauenden die Reise des Helden oder der Heldin vom Aufbruch aus der Welt des Alltäglichen und dem Ruf des Abenteuers bis hin in die tiefste Krise, die so oder so Lebenshingabe und Wandlung erfordert, schließlich zur veränderten Rückkehr in den Alltag mit vollziehen können.

Das Ritual eines Stadionbesuchs zum Beispiel im Westfalenstadion in Dortmund, in der Arena Auf Schalke oder auch am Millerntor in Hamburg folgt eben dieser Erzählbewegung in stärker körperbetonter und ekstatischer, im Entscheidenden dennoch ähnlicher Weise: Trauer und Glück, das Drama drohender Vernichtung und möglicher Wiederauferstehung werden nach der Schwellenüberschreitung, an der alkoholische Getränke mittlerweile zurückgelassen werden müssen, in erheblich größerer Intensität als Reise in eine gegenüber dem Alltäglichen wildere, gefahrvollere und zugleich beglückendere Welt erlebt, ermöglichen danach aber genauso das Einstimmen in den wieder einmal erträglicher gemachten Lauf der Dinge in den jeweiligen Alltagswelten.

Für viele insbesondere junge Leute eröffnen die neuen Formate des Internet, die eine schnelle mediale Verdoppelung der Alltagserfahrungen und den Austausch mit vielen »Freunden und Freundinnen« (zum Beispiel über Facebook und andere Formate) erlauben, eine Dramatisierung und zugleich vielfältige Kommunikation der kleinen und größeren Glückserlebnisse und Trauererfahrungen, von »Schmerz und Sehnsucht« (Henning Luther) des alltäglich gelebten Lebens – wobei das Medium so oder so eine Intensitätssteigerung ermöglicht. Andere Formen der interaktiven Netzbenutzung erlauben (und bieten darin bisweilen auch Gefährdungen) eine Teilnahme an einer zweiten Welt, in der über Avatare für eigene Ehre in fremden, oft mysteriösen Welten gekämpft wird; auch hier gelingt, unter der Bedingung des hier möglichen eigenen Erfolges und der Kompetenz zur zeitlichen Begrenzung dieser Reisen, die Dramatisierung und Aufladung je alltäglichen Lebens.

Die Gefühle und Gemeinschaftsbildung anmutenden trivialen Inszenierungen können je und je ihre für die Menschen ermutigenden, manchmal sogar heilsamen Wirkungen einbüßen. Wenn kommerzielle Interessen alle anderen Verpflichtungen überdecken, kann dies nicht nur den Lebensgewinn und -genuss stören, sondern in extremen Fällen auch Gesundheit und Leben der Beteiligten (zu erinnern ist hier an eine der vielfältigen Facetten des katastrophalen Scheiterns der Duisburger Love-

Parade 2010). Wo Gefühle und Gemeinschaft einer – sozialen, kulturellen oder religiösen – In-Group vor allem durch Abgrenzung und Herabsetzung, im Extremfall durch Gewaltbereitschaft gegenüber dem und den Fremden erreicht werden sollen, kann Trivialität in Fundamentalismus umschlagen – mit teilweise verheerenden Konsequenzen für die demokratische Kultur pluralisierter Gemeinwesen. In diesem Sinne sind die tea-party-Bewegung in den USA (Stephen King über den tea-party-nahen Moderator Glenn Beck: »satan's metally challanged younger brother«) oder in Deutschland der erschütternde Medien- und Stammtischerfolg von Thilo Sarrazins biologistischen Abwertungsparolen gegenüber Muslimen und Juden Hinweise auf die problematische Seite des Trivialen.

Fernsehen und Fußball, Kino, populäre Musikkultur, Internet – all dies sind triviale Formate der aktuellen populären Kultur, und die Übergänge zu hochkomplexen und differenzierten Ästhetisierungsformen sind durchgehend fließend.

Kirchliche Rituale und Symbolisierungen unterliegen der entsprechenden Phänomenologie, sobald sie intendieren oder auch ins Gelingen bringen, die Emotionalität der Leute zu erreichen, im Hier und Jetzt zu funktionieren, Gemeinschaftsbildung zu ermöglichen. Dies ist schon der Fall, bevor ausdrücklich eine Predigt in einer gottesdienstlichen Liturgie inszeniert wird oder vereinsähnliche Angebote für Kirchenchöre, Müttergruppen und Seniorennachmittage angeboten werden, auch noch bevor angesichts einer zunehmend in Arm und Reich aufgespaltenen Gesellschaft die Durchlässigkeit kirchlicher Arbeit für Gottes Gerechtigkeit in Stellungnahmen und konkreten Aktionen inszeniert wird. Die Hamburger Arbeitsstelle Kirche und Stadt unter Leitung von Wolfgang Grünberg hat in vielen Einzeluntersuchungen deutlich gemacht, wie kirchliche Räume im Ensemble eines Quartiers – eines Stadtviertels, eines Dorfes usw. – als »symbolisches Kapital« (Pierre Bordieu) wirksam werden können und durch ihre räumliche Anmutung, ihr architektonisches Gesicht, die Chance eröffnen, dass sich Menschen hier zu Hause fühlen, beheimaten und über alle allfälligen Krisen und Entwertungserfahrungen hinweg getragen fühlen können. In dem Maße, wie Gottesdienste und Predigten, aber auch die Vernetzung mit anderen Orten und Menschen, die im Sinne des »symbolischen Kapitals« jeweils wirksam werden, gelingen, wird diese symbolische Präsenz der kirchlichen Räume vereindeutigt und im Sinne einer guten Gestaltfindung für die biblische Erzähltradition hier und jetzt verdeutlicht. Aber schon durch die Präsenz und Gestalt der kirchlichen Räume selber ist ihre Wirkung als symbolisches Kapital spürbar. In dem Maße, wie dies der Fall ist, wirken nicht erst die Erzählungen, Rituale und Inszenierungen, sondern bereits die Kirchen-Räume vor Ort im Sinne einer trivialen Anmutung: Sie erreichen das Herz, sie wirken gemeinschaftsbildend, sie erlauben, ohne weiteren Anspruch, sich hier zu Hause zu fühlen. Es liegt alles daran, dass diese symbolische Präsenz nicht verstellt wird: weder durch Werbeflächen an den kirchlichen Außenflächen noch durch eine ökonomistische Selbstsäkularisierung der kirchlichen Organisationen, die den hier engagierten Individuen, haupt- wie nebenamtlichen, die Luft zum Engagement und zum lebendigen Dasein für andere zu nehmen droht.

III

Nehmen wir uns mit langsamerem Blick das Triviale in der populären Musikkultur vor und sehen wir auf einige Beispiele im deutschen Schlager. Nicht alles kann hier über den gleichen Leisten gezogen werden: Udo Lindenberg beispielsweise ist nach seinem Comeback mit »Stark wie zwei« 2008 milieuübergreifend populär in Deutschland, aber die musikalischen Plots sind auch in seinen Liebesballaden (»Hinter dem Horizont geht's weiter« oder »Ich lieb' dich überhaupt nicht mehr«) einen Kick zu differenziert, und erst recht die Texte sind nicht trivial, sprechen sie doch immer wieder in ironischer, selbstdistanzierter und manchmal auch deutlich parteilicher Weise persönlich und gesellschaftlich brisante Themen an. Sarah Connor, im Februar 2012 von Pro7 zur besten deutschen Schlagersängerin gekürt, ist eine Soul-Röhre auf internationalem Niveau, außerdem singt sie englische Texte. Die Gewinnerin des Song Contest 2010, Lena Meyer-Landrut, hat damals im Sturm die Herzen der deutschen Schlagerhörerinnen und hörer erobert, aber sie bricht – zumindest bisher – in der Frische ihres Auftretens und in den an internationalen Rock- und Soulstandards orientierten musikalischen Atmosphären ihrer Songs die Grenzen des Trivialen immer wieder. Noch.

Reden wir also über Howard Carpendale und Andrea Berg, über Michael Holm und Nicole, über Vicky Leandros, die Gruppe »Pur« und Wolfgang Petry als exemplarische Beispiele fürs Triviale in der deutschen populären Musikkultur. Die musikalischen Plots sind so gebaut, dass sie sofort ins Ohr gehen, umstandslos mitgesungen werden können und an keiner Stelle Erwartungen zu enttäuschen drohen, wie eine Melodie oder eine Akkordfolge im nächsten Moment weitergehen wird.

Kommen wir zu den Texten. Meistens geht es um Liebe, ihr Glück, ihr Scheitern. Es geht um Sehnsucht und um Enttäuschung, um ekstatische Alltagsunterbrechung und Erfüllung in einer Beziehung und, wenn sie fehlt, um Einsamkeit. Um es vorweg zu sagen: Ohne Gender-Orientierung im Blick wäre jede Interpretation verfehlt. Klar, es handelt sich bei den Schlagern der männlichen Interpreten um Männerphantasien verschiedener Couleur, und kein Mann hätte mit dem Song »Ein bisschen Frieden« einen Song Contest gewinnen können wie Nicole 1981. Die Schlager verbreiten und stabilisieren Standards der Geschlechtsrollentypisierungen, nach denen der Mann auf der Suche nach Abenteuern ist und die Frau eher an verlässlichen Beziehungen orientiert. Dieses erste Interpretationsergebnis ist erwartbar und trivial bis zur Langeweile, solange nicht genauer zugesehen wird. Worum geht es den Männern?

Erstaunlich oft sind sie enttäuscht, nämlich von der Liebe enttäuscht und von den Frauen, genauer von dieser einen Frau. Sie sind verlassen worden oder haben den entscheidenden Moment verpasst, sich zu engagieren. Und nun sitzen sie da. »Ein ti amo, ein schönes ti amo war nur Begleitmusik für die Sommertage. Mehr kam nicht in Frage. Und ich hab geglaubt das mit uns geht so weiter. Jetzt bin ich leider gescheiter. Aber ich kann nicht bestreiten, dass es schön war, ja schön war«, beklagt sich Howard Carpendale nach einem erotischen Urlaubsabenteuer, in dem ihm anscheinend das widerfahren ist, wovon normalerweise Frauen älteren Alters zu erzählen hätten, die sich mit zu hohen Erwartungen auf derlei Begegnungen eingelassen haben. Und in »Tür an Tür mit Alice« bekennt er, dass seine eigene Inaktivität am Scheitern, genauer: am Nichtzustandekommen einer Beziehungsmöglichkeit schuld sein könnte: »Fast jeden Tag traf ich sie im Flur, ich grüßte jedes Mal, doch sie lächelte nur, es ist schwer, ich leb nicht mehr Tür an Tür mit Alice. Warum ich wohl nie zu ihr fand, dabei trennte mich nur eine Wand, mmmh eine Wand trennt mich von Alice. Warum habe ich ihr nie eine Frage gestellt und ihr nie gesagt, wie sehr sie mir fehlt ...?« Lassen wir offen, ob es in diesem Fall zu einer intensiveren Begegnung gekommen wäre, aber: Howard hat es eben nicht versucht. In einem anderen Fall (»Hello again«) kommt er zur Liebsten zurück, nachdem er sie (anscheinend unangekündigt) lange verlassen hatte: »... ich will dir gegenüber steh'n, viel zu lang war die Zeit.« Er überlegt auf dem Weg zu ihrer Wohnung, wo er nachts noch Licht sieht, mit ein bisschen Angst im Herzen, was wohl passieren wird, wenn er ihr gegenübertritt (»vielleicht lebst du nicht mehr allein?«), aber ist doch voller Hoffnung und Sehnsucht, Verlässlichkeit, Dauer und Heimat, die er verlassen hatte, jetzt dennoch wiederzufinden: »Oh, hello again, dort am Fluss wo die Bäume steh'n, will ich dir in die Augen seh'n, ob ich da bleiben kann.«

Eine kurze Zwischenüberlegung scheint nötig. Ich merke beim Schreiben dieses Textes, dass ich in diesem Moment gerade nicht auf dem Brezelfest in Kirchhellen tanze und singe. Jenseits der Flow-Situation, der Communitas-Erfahrung solcher ekstatischen Festsituationen »funktionieren« die trivialen Songs bei mir nicht. Was nach Victor Turners Ritualinterpretation nahe liegt, erfahre ich bei dieser Gelegenheit wiederum am eigenen Leibe. Das Fest eröffnet die Möglichkeit der Unterbrechung von alltäglichen Wahrnehmungsmustern. Diese sind in vieler Hinsicht durch Milieuzugehörigkeit geprägt. Nach einem gegenwärtig weit akzeptierten

Raster von Milieuzugehörigkeiten gehöre ich selber einer altersbedingten Mischform zwischen dem jugendkulturell-modernen und dem kritischen hochkulturell-modernen Milieu an. Die Menschen, die deutsche Schlager auch jenseits von Festen gerne hören, beispielsweise den Musikantenstadl im Fernsehprogramm der ARD oder das Musikprogramm in Gruß- und Glückwunschsendungen von WDR4 oder NDR1 kaum erwarten können, werden eher zu den Milieus der »Bodenständigen« oder »Geselligen« gehören, bisweilen – wenn sie diese Musik ausschließlich im heimischen Wohnzimmer hören – zu den »Zurückgezogenen«. Meine Hypothese ist also: Während das Triviale in der populären Musikkultur bei Festen, in ekstatischen Alltagsunterbrechungen milieuübergreifend die Herzen erwärmen, die Beine in Bewegung und die Kehlen in Wallung bringen kann, ist dies bei mitlaufender Alltagsunterhaltung nicht der Fall. Hier schlagen die Milieugrenzen erbarmungslos zu. Genauer: In dörflichen Festsituationen werden deutsche Schlager von kaum jemandem als »trivial« empfunden, sie sind einfach die hier angesagte und angemessene Musik. Sie wirken über die Milieugrenzen hinweg, allerdings wissen Menschen, die dem popkulturell-modernen oder kritisch-hochkulturellen Milieu zugehören, in der Regel vorher, worauf sie sich einlassen, wenn sie beim Karneval, beim Schützenfest oder beim Brezelfest mitfeiern, und sie überschreiten die Grenze zu diesen Situationen mit der Einstellung, sich auf die gegebene Situation einzulassen. Dann allerdings, spätestens nach dem dritten Bier, fällt in der Regel die Distanz – und diese Menschen tauchen in die Atmosphäre ebenso ein wie die »Bodenständigen« und »Geselligen« neben ihnen. Dagegen sind für Menschen aus diesen Milieus Schlager auch unter alltäglichen Bedingungen nicht trivial, sondern schöne Musik, die das auf den Punkt bringt, was wir fühlen.

Jedenfalls, ich bitte für alles Folgende um Nachsicht: Ich höre unter Alltagsbedingungen Free Jazz, wenn's hart kommt Soul, HipHop und guten alten Rock. Ich kann nicht anders, wenn es jenseits der Feste um deutsche Schlager geht.

Kommen wir also zu den von ihren Abenteuern oder auch längerfristigen Beziehungen enttäuschten Männern zurück. Reden wir über Wolfgang Petry. Wolfgang hat einiges an Enttäuschungen in die Welt zu singen. Allzu vieles bleibt im Mittelteil von »Verlieben, verloren, vergessen, verzeih'n« stecken. »Verdammt war ich glücklich, verdammt bin ich frei. Ich hatte doch alles, alles was zählt. Aber ohne dich leben – jetzt ist es zu spät.« Alkohol ist auch keine Lösung: »Jetzt sitz ich auf meinem Bett rum, hab die Kneipe hinter mir. In meinem Kopf geht gar nichts mehr. Mein Herz braucht dich so sehr.« Aber die Chance, die Krise beim Schopf zu packen und die Beziehung auf neue, vertrauensvolle Beine zu stellen, ist ein für allemal vergeigt: »Auf einmal war da keiner mehr da und half mir auch nicht. Du, jetzt liebst du halt 'nen anderen, und mein Herz schaut traurig zu.«

Noch einmal dramatisch gesteigert blitzt dieses deprimierte Lebensgefühl in dem Hammer-Hit ungezählter Parties auf, »Wahnsinn«. Wolfgang ist hier nicht mehr nur traurig, er ist schon ziemlich gereizt, um es milde zu sagen. »Von dir keine Spur, die Wohnung ist leer, und mein Herz wie Blei so schwer. Ich geh kaputt, denn du bist wieder bei ihm. Ich weiß nur eins, jetzt ist Schluss ... Wahnsinn, warum schickst du mich in die Hölle, eiskalt lässt du meine Seele erfrier'n ... Ich lauf' im Kreis von früh bis spät, denn ich weiß, dass ohne dich nichts geht. Ich brauche Luft, bevor mein Herz erstickt, und wie ein Wolf renn ich durch die Stadt, such hungrig uns're Kneipen ab, wo bist du, sag mir, wo bist du?«

Wie gesagt, Alkohol ist keine Lösung. In den Statements der Schlager singenden Frauen finden sich verschiedene alternative Konfliktlösungen:

- Konfliktreduktion, zum Beispiel Nicole: »Ein bisschen Frieden«; das könnte allerdings als Harmonisierungsstrategie für den beteiligten Mann auch leid- und konfliktverschärfend wirken;
- Wegfahren und die Lebenswelt wechseln (Vicky Leandros: »Theo wir fahr'n nach Lodge«. Weg aus der Enge des Dorfes, raus in die Stadt. »Ich habe diese Landluft satt, will endlich wieder in die Stadt ... dieses verdammte Nest gibt mir den Rest, ... ich brauch' Musik und Tanz und etwas Eleganz; ... dann feiern wir ein großes Fest, das uns die Welt vergessen lässt«);
- Konfliktbearbeitung und Konfrontation des Mannes mit seinem eigenen Versagen, um wirkliche Trauerarbeit und damit auch die Chance zur Selbstveränderung zu ermöglichen, zum Beispiel Andrea Berg: »Du hast mich tausendmal belogen, du hast mich tausendmal verletzt. Ich bin mit Dir so hoch geflogen, doch der Himmel war besetzt. Du warst der Wind in meinen Flügeln, hab so oft mit dir gelacht. Ich würd es wieder tun mit dir heute Nacht.«

In den abschließenden Verheißungssätzen scheint eine echte Hoffnungsperspektive für den Mann auf, hier und jetzt. Es könnte ihm das widerfahren, was die Münchner Gruppe »Pur« in durchaus intensiven sprachlichen Bildern als wirkliche Überschreitung von beengenden und auf die Dauer zerstörerischen Alltagsroutinen ausmalt: »Komm mit mir ins Abenteuerland. Auf deine eigene Reise komm mit mir ins Abenteuerland. Der Eintritt kostet den Verstand«; oder, in »Hab' mich wieder mal an Dir betrunken«, auch als erfüllende, alle Alltagskonflikte überschreitende und entmächtigende erotische Begegnung: »Alles Festgelegte sich so leicht verschiebt, Ansehn'n, Zuhör'n völlig leicht gemacht. Nehmen, Geben total unbedacht. Bin so froh, mein Kopf in deinem Schoß. All die schönen kleinen Dinge werden groß. Augen, Hände, feuchter Hauch, und dann ohne Anfang ohne Ende: wo fängt der Himmel an?«

Die Anspielung an religiöse Metaphorik ist in den abschließenden Versen sehr deutlich. Und aus dieser Perspektive von »Gottesliebe und Lebenslust« wird es diesen Münchner Musikern sogar möglich, Einfühlungsfähigkeit für die Perspektive der Frau zu entwickeln: »Lena«. »Wenn der Himmel mir jetzt auf den Kopf drauf fällt, bist du die einzige, die noch zu mir hält. Ich brauch jetzt deine ruhige Hand ... Lena, du hast es oft nicht leicht. Wie weit die Kraft noch reicht: wenn ich am Boden liege, erzählst du mir, dass ich bald fliege ... Ich lieb dich alltagsgrau, ich lieb dich sonntagsblau ...«

IV

Ein besonders langer Blick scheint mir auf ein Werk eines der Interpreten deutscher Schlager nötig, der nun schon seit etwa fünfzig Jahren die Bühnen bevölkert (die erste Chartnotierung schaffte er bereits 1962 mit »Lauter schöne Worte«) und dem es immer noch gelingt, sein Publikum zu bezaubern und zum Mitsingen zu animieren. Sprechen wir über Michael Holm.

Ein deutscher Schlager, der einer ganzen Generation von durch Liebeskummer oder anderen Herzschmerz gebeutelten Zeitgenossinnen und Zeitgenossen in schweren Stunden Halt und Trost gegeben hat, ist Michael Holms »Tränen lügen nicht« – nach »Mendocino« (1969) und »Barfuß im Regen« (1971) der 1974 wohl erfolgreichste Hit dieses 1943 in Stettin geborenen Schlagersängers. Die musikalische Intensität und Durchschlagskraft dieses Schlagers verdankt sich einer anmutigen Schlichtheit, die es Schützenfesthallen auch nach dem Genuss des ersten Hektoliters Bier ohne weitere Vorbereitung ermöglicht, laut und begeistert einzustimmen. In diesem Beitrag soll es um die Analyse des Textes von »Tränen lügen nicht« gehen. Sehen wir zunächst auf die lyrics selber:

»Wenn du mir sagst alles ist vorbei
wenn du nicht glaubst sie ist immer treu
dreh dich einmal um schau in ihr Gesicht
und du wirst sehn, Tränen lügen nicht

Bei Tag und Nacht mit ihr war alles schön
die Tür steht auf willst du wirklich gehn
wie ein offenes Buch ist ihr Herz für dich
und du erkennst, Tränen lügen nicht

Vergossenen Wein den trinkt keiner mehr
ein verlorenes Herz bleibt für immer leer
es ist nie zu spät komm entscheide dich
reich ihr die Hand, Tränen lügen nicht

Sag doch selbst, was wirst du anfangen mit deiner
Freiheit die dir jetzt so kostbar erscheint,
wie früher mit Freunden durch Bars und Kneipen
zieh'n? Ha und dann wenn du es satt hast
glaubst du das Glück liegt auf der Straße und du
brauchst es nur aufzuheben wenn dir danach
zumute ist, nein nein mein Freund

Die große Stadt lockt mit ihrem Glanz
mit schönen Frau'n mit Musik und Tanz
doch der Schein verbirgt was er dir verspricht
kehr endlich um, Tränen lügen nicht

|: Dreh dich einmal um
schau in ihr Gesicht und du wirst sehn
Tränen lügen nicht :|

Kommen wir zum Versuch einer Interpretation.

»*Wenn du mir sagst alles ist vorbei*« –

Was ist los mit dem Mann – und es handelt sich doch offensichtlich um einen Mann? »Wenn du mir sagst, alles ist vorbei« – wer ist das »Ich«, dem hier etwas gesagt wird? Offensichtlich ist es nicht die Person, die Grund der Melancholie, der Trauer, der Orientierungslosigkeit des Mannes ist, die hier angesungen wird: »wenn du nicht glaubst sie ist immer treu«. »Sie« ist der Grund des Jammers, kommt allerdings in der dritten Person in den Blick; die Rolle des »ich« spielt also jemand anders, der allwissende Erzähler, einstmals der mittlerweile vergessene Michael Holm, heute wahrscheinlich ich selber, der oder die Sänger/innen dieses Herz-Schmerz-Liedes, ich selber, der bierselig lauthals in den Gesang einstimmt.

Mir als Zuhörer kommt offenbar die Rolle zu, den Mann zu trösten – und ihn zuallererst mit der Realität zu konfrontieren. »Schau ihr ins Gesicht«: die basale Forderung, vor dem Urteilen erst einmal wahrzunehmen. Was sieht er, das angesprochene »Du«? Tränen. So viel ist sicher: Wenn der Mann traurig ist, dann ist er es nicht allein. Das ist schon mal gut: geteiltes Leid, halbes Leid. Und wenn die »sie«, die anscheinend Grund seiner Trauer ist, die eigene Trauer teilt, wenn wir auch noch nicht wissen, wie: umso besser. Ich, der Sänger, und sagen wir es in aller Offenheit: ich in der Rolle des Seelsorgers dieses Ratsuchenden, schlage ihm außer realistischer Wahrnehmung zugleich eine Interpretationsperspektive vor: »Tränen lügen nicht.«

Es geht also nicht nur um Trauer, es geht hier um eine zentrale Frage auch unserer alltäglichen Lebensführung: Lüge oder Wahrheit, Lüge oder Wahrhaftigkeit. Was ist Wahrheit??? Das hat seinerzeit schon nach dem Evangelium des Johannes der römische Statthalter Pilatus den Jesus gefragt, kurz bevor er ihn zur Hinrichtung freigab. Eine traurige Geschichte.

Wollen wir sehen, ob unsere heute besser ausgeht.

Dem Mann kommen jedenfalls Zweifel: Stimmt seine Einschätzung der Situation, der Gefühle und Handlungen der ihn verletzt habenden Frauensperson? Süße Erinnerungen werden wach –

»*Bei Tag und Nacht mit ihr war alles schön*«.

Gerade getrennt, und schon wird die Beziehung verklärt. Wer soll das denn glauben? Die Frage nach Wahrheit und Wahrhaftigkeit stellt sich schon jetzt gar nicht zuerst gegenüber der Frau – was soll sie denn überhaupt Schlimmes getan haben? – sondern gegenüber diesem Mann, der seine Wahrnehmungen, Gefühle und Urteile sortiert bekommen muss. Anscheinend ist es gar nicht sie, die diese irgendwie schwierig gewordene Beziehung verlassen will, sondern er. »Die Tür steht auf, willst du wirklich gehn?« Die offene Tür. Dieses starke Symbol der Freiheit, des offenen Raumes löst in dieser zugespitzten Lage keinen Gewinn an Lebensgewissheit aus, sondern stellt die unsicher werdende Entscheidung schon wieder infrage. Willst du wirklich???

Das könnte die innere Stimme dieses Mannes sein, die ich als seelsorgerlicher Begleiter verstärke, gewissermaßen zum Klingen bringe, eine Art Lautsprecher des Lenor-Gewissens, die den ersten Hörern und Hörerinnen dieses Schlagers in den frühen siebziger Jahren im allabendlichen Werbefernsehen deutlich vor Augen gestanden haben dürfte.

Einmal in Fahrt, mache ich einen auf Metaphern-Trainer, und zwar gleich in Serie: ihr Herz »wie ein offenes Buch«, »vergossener Wein«, den keiner mehr trinkt, »verlorenes Herz«, das für immer leer bleibt. Ich merke selber: Das ist starker Tobak, das ist ein bisschen viel, das versteht mein Gegenüber offenbar nicht, ich verstehe es ja selber kaum. Meine Forderung, sich zu entscheiden (»komm, entscheide dich«), löst keine klare Resonanz, sondern eher Ratlosigkeit aus.

Okay, wechsele ich die Ebene. Also: konkret werden. »Sag doch selbst, was wirst du anfangen mit deiner Freiheit?« So viel ist klar: Die Frau und ihr mögliches Fehlverhalten spielen eigentlich gar keine Rolle in dem inneren Konflikt dieses Mannes. Das Problem ist offensichtlich gar nicht, dass ihre Tränen nicht lügen, sondern es ist offenbar der Mann, der ihr irgendwas unterstellt hat, um gerechtfertigt und legitim durch die offene Tür in die Freiheit gehen zu können. Die Beziehung zur Wahrheit – also zu dem, was außerhalb seiner Gefühle in der Realität statthat – scheint genauso gestört wie seine Wahrhaftigkeit, also die Übereinstimmung zwischen den in seinem seelischen Haushalt vorherrschenden Gefühlen und Intentionen und dem, was er nach außen hin artikuliert. Ich merke, dass ich meine seelsorgerlich geforderte Perspektivenübernahme – parteilich für den Ratsuchenden – kaum noch durchhalten kann, dass mir die Tränen der offenbar zu Recht weinenden, überhaupt ganz und gar nicht lügenden und zu Unrecht beschuldigten Frau emotional näher rücken als die Perspektive dieses – sagen wir es hart – in der Lüge befangenen Mannes. Ich muss deutlich werden, aussprechen, worum es geht:

»Wie früher mit Freunden durch Bars und Kneipen zieh'n«??? Der Mann will doch nur trinken. Und er hat ein fast unentwirrbares Gespinst von Zuschreibungen auf seine Partnerin projiziert, die jetzt – völlig verständlich – in Tränen ausbricht. Und das sind Tränen, in denen es gar nicht um eigene Wahrheit und Wahrhaftigkeit geht, sondern um die stille und angesichts dieser Situation völlig hilflose Wut gegen dieses unauthentische, verlogene Mannsbild, das nichts anderes im Kopf hat, als – sagen wir mal – die etwas skurrile Art von Fastenunterbrechung, die neuerdings auch zum Repertoire von protestantischen Kirchenfürstinnen gehört. Der Mann will auf die Piste und sich einen doppelten Käßmann genehmigen, alles andere ist erstunken und erlogen. So geht es nicht: »nein, nein, mein Freund.«

Mittlerweile wird mir auch in meiner eigenen Rolle als Sänger unwohl. Ich werde das Gefühl nicht los, dass ich hier in ein Lügengeflecht hineingeraten bin, das mir selber mein Verhältnis zu Wahrheit und Wahrhaftigkeit vernebeln könnte. Und so suche ich nach einer Möglichkeit, diesem in seiner Melodie doch sehr einschmeichelnden Lied einen Text zu geben, dessen Verhältnis zu der Welt der Tatsachen und artikulierten Intentionen eindeutig ist. Ich finde ihn bei Otto Waalkes, »Dänen lügen nicht«.

»Du machst Dich an eine Dänin ran.
Da kommt ihr Freund, und droht Dir Prügel an.
Schau im Krankenhaus, im Spiegel Dein Gesicht. Und Du siehst ein,
Dänen lügen nicht.

Ein Däne sagt: Ich krieg Geld von Dir.
Du lachst ihn aus, fragst: wieso von mir?
Doch sein Ballermann überzeugt Dich schlicht. Und Du siehst ein,
Dänen lügen nicht«

Schlusswort

Ich habe Sehnsucht nach dem Kirchhellener Brezelfest. Oder nach dem Karnevalsumzug in Bottrop. Leider (aber nur in dieser Beziehung: leider) hat es mich nach Hamburg verschlagen. Aber auch hier gibt es den Schlager-Move. Am 26. Mai 2012 geht es wieder los (aus dem Internet-Auftritt): »Hossa, wir starten am Samstag, 26.05., mit der 2ten Ausgabe der Schlagermove KULT-Party im Platzhirsch (Hans-Albers-Platz) durch ... Hossa ihr Lieben, wir haben wieder viel mit euch vor ... Und wie immer gilt: Schlager-Klamotte ist keine Pflicht, aber es macht mehr Spaß.«

Also, bis zum Mai. Das ist ein überschaubarer Zeitraum. Ansonsten gibt es immer noch die Möglichkeit, ins Ruhrgebiet aufzubrechen. Auch wenn das Brezelfest nur alle paar Jahre stattfindet.

Peter Noss
»Der Gastgeber ist sein eigener Gast«
Zu Tisch im Ruhrgebiet

Sie war die Tochter des Dorfpfarrers Ernst Heinrich Davidis und seiner Frau Katharina Litthauer in Wengern, dem Ort, in dem ich aufgewachsen bin: Henriette Davidis, die Verfasserin des wohl bekanntesten deutschen Kochbuches mit dem Titel *Praktisches Kochbuch. Zuverlässige und selbstgeprüfte Recepte der gewöhnlichen und feineren Küche. Practische Anweisung zur Bereitung von verschiedenartigen Speisen, kalten und warmen Getränken, Gelees, Gefrornem, Backwerken, sowie zum Einmachen und Trocknen von Früchten, mit besonderer Berücksichtigung der Anfängerinnen und angehenden Hausfrauen,* erstmals erschienen im Jahre 1845. Selbstverständlich besaßen auch meine Großmutter und meine Mutter das Buch, das im Laufe der Zeit und über den Tod der Autorin im Jahre 1876 hinaus zahlreiche Auflagen von insgesamt

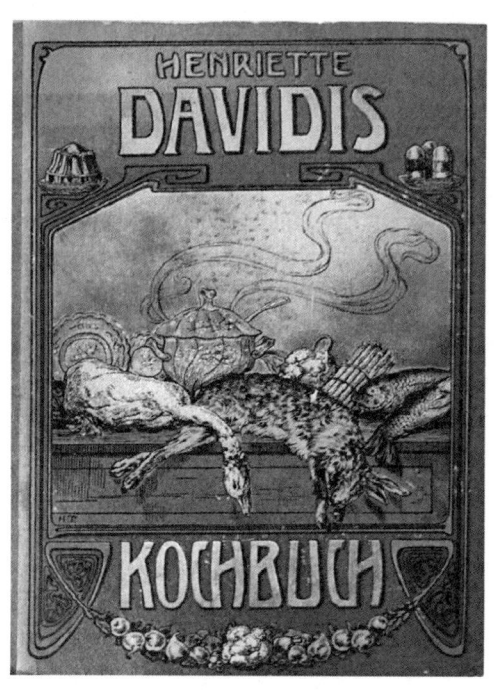

Die erste Ausgabe des Kochbuchs von Henriette Davidis

mehreren hunderttausend Exemplaren und auch eine Reihe von Übersetzungen erreichte. Im Bereich Wengern/Bommern am Flusslauf der Ruhr hat also nicht nur der Kohlenbergbau seinen Anfang genommen und eine ganze Region geprägt, sondern auch eine kochende und kulturprägende Bewegung ihren Weg in die deutsche Gesellschaft begonnen. Und gegenwärtig kommt die kochende Zunft zurück in die Region mit ihren spezifischen Gerichten, mit ihren Produkten und Traditionen – eine Rückbesinnung mit Überzeugungskraft.

In Wengern und Bommern, dann auch in Schwelm, Dortmund und Bremen hat Henriette Davidis gelebt und gearbeitet, sie hat also über den Tellerrand geschaut und gelernt. Sie galt schnell als eine Autorität in Fragen der Haushalts- und Küchenführung, was sie vermutlich motivierte, auch zu anderen Alltagsfragen des Hausfrauenlebens Stellung zu nehmen. Für die sich wandelnde Gesellschaft des Ruhrgebiets mit vielen neuen Haushalten in allen sozialen Schichten und Milieus waren die Bücher willkommene Lektüre und ein gutes Geschenk zu mancher Vermählung. Die Anforderungen an die Hausfrau ihrer Zeit hatte Davidis einleitend zusammengefasst mit den Stichworten: Achtsamkeit, Reinlichkeit, Sparsamkeit und Überlegung. Spätere Auflagen enthielten außerdem Vorschläge für die Bewirtung von Gästen. 1950 erschien als erster Band eines umfassenden Werkes zur Haushaltsführung *Der Gemüsegarten. Praktische Anweisung einen Gemüse-Garten mit Berücksichtigung der Schönheit und des reichlichsten Ertrages zu besorgen*, 1856 folgte die *Puppenköchin Anna. Ein praktisches Kochbuch für kleine liebe Mädchen* – ein weiterer großer Erfolg, bis 1898 in neun Auflagen erschienen. 1861 schließlich hielt das lesefreudige Publikum das Werk *Die Hausfrau. Praktische Anleitung zur selbständigen und sparsamen Führung des Haushalts, eine Mitgabe für junge Frauen zur Förderung des häuslichen Wohlstandes und Familienglücks* in den Händen.

Die Davidis-Bücher waren nicht die einzigen Veröffentlichungen zum Thema – aber sie sind die mit der größten Wirkung gewesen, vergleichbar mit den erfolg-

Currywurst-Stand bei der Extraschicht 2013, Jahrhunderthalle Bochum (Foto: Uli Wetzel)

reichsten Kochsendungen im Deutschen Fernsehen heute: »Küchenschlacht«, »Topfgeldjäger«, »Das perfekte Dinner« oder »Lanz kocht«. Hier wie dort gab und gibt es leichte und schwere Kost, Tipps und Tricks rund um das Kochen und die verwendeten Zutaten, gewürzt mit Ratschlägen zu einem guten Leben. Hier wie dort sind es Heile Welten, politisch sehr korrekt, kaum einmal kritisch oder modern.

Damals wie heute spaltet sich die Gesellschaft in verschiedene Esskulturen auf – auch und gerade im Ruhrgebiet. Hier findet sich seit langem alles, was das Herz begehrt und der Magen vertragen kann: von der Hausmannskost über fastfood bis zu »Gut bürgerlich« und der teuren Gourmetküche, von den Eintöpfen über die internationalen Angebote bis zur Curry-Wurst, von der Tafel bis zur Suppenküche. Das Ruhrgebiet hat sich zu einer »kulinarischen Erlebnisregion« entwickelt, im Sommer jagt ein Openair-Event das nächste: das »Spargel Gourmet-Festival« in Bottrop, das »Matjesfest« in Duisburg, das »Panhas-Fest« in Hattingen, das »Pfefferpotthastfest« in Dortmund, »Essen verwöhnt«, die »Gourmetmeile Metropole Ruhr« oder der »Kulinarische Altstadtmarkt« rund um die St. Georgs-Kirche in Hattingen. Auf der anderen Seite wächst sich die »Tafelbewegung« zu einer problematisch verselbständigten, zumindest aber höchst ambivalenten Institution aus, die das verfestigt, was es zu überwinden gilt.[1] Die Kirchen versuchen, mitzukochen: In Hattingen stellt die Gemeinde den Platz rund um die Kirche zur Verfügung, während der inzwischen traditionellen »Nacht der Offenen Kirchen« sind Gäste zu kulinarischen Angeboten ebenso willkommen wie bei den zahllosen Gemeindefesten rund um die nicht minder zahlreichen Kirchtürme im Ruhrgebiet. Im Juni 2011 veranstaltete die Evangelische Gemeinde in Wickede/Ruhr »Eine kulinarische Reise um die Welt«, im Mai 2012 gab es in der Evang. Stiftskirche in Fröndenberg gemeinsames Essen, einen Sektempfang und kulinarische Betthupferl. Die Melanchthon-Gemeinde in Bochum lädt einmal im Monat um 12 Uhr zum Gottesdienst der »Mittagskirche« ein, Imbiss inbegriffen. St. Petri in Dortmund ist inzwischen auch bekannt für das Feierabendmahl im Rahmen der feministischen Gottesdienste, bei dem es mehr gibt als Oblate und einen Schluck Wein aus dem Kelch: Die Gemeinde nimmt sich Zeit zum Essen, Trinken und Reden. In Bochum-Wiemelhausen hatten wir vor ein paar Jahren zum Ökumenischen Erntedank-Fest im Kirchviertel auch die muslimische Gemeinde des Stadtteils eingeladen, um im Anschluss an die Gottesdienste und einen gemeinsamen liturgischen Rahmen die mitgebrachten

---

1 Vgl. Lorenz, Tafeln. – Alle näheren bibliographischen Angaben im Literaturverzeichnis zu diesem Beitrag im Anhang.

Früchte und Speisen zu essen – auch als Erwiderung der Einladung zum gemeinsamen Fastenbrechen nach dem Ramadan. Die inzwischen geschlossene Suppenküche der Gemeinde offenbarte hingegen das genaue Gegenteil, einen tiefen Riss: Die Besucher des Kirchenkaffees im Anschluss an den sonntäglichen Gottesdienst verschwanden spätestens dann, wenn die Töpfe mit der heißen Suppe durch das mittlerweile abgerissene Gemeindehaus getragen wurden: Die Unterstützer und das (zumeist weibliche) Küchenteam kamen fast allesamt von außerhalb, während von Offenheit und Gastfreundlichkeit der Gemeinde nur sehr bedingt die Rede sein konnte.[2] Es lohnt sich, über den Tellerrand hinauszuschauen.

Die genannten Beispiele sind ein Teil der überschaubaren Schnittmengen von Protestantismus und Esskultur im Ruhrgebiet – denn so recht will der Kontakt (noch) nicht funktionieren, Sinn- und Körperlichkeit sowie die für das Ruhrgebiet doch so oft gerühmte Offenheit scheinen dem protestantischen Geist vieler Gemeinden nicht ausreichend vertraut: Als die A40 im Kulturhauptstadtjahr auf einer Länge von über 50 Kilometern für den Auto-Verkehr gesperrt wurde, waren die Kirchen nur am Rande präsent, obwohl das Motiv doch sehr an die ursprüngliche Idee des Abendmahls erinnerte, an das Motiv der Teilhabe, an das sinnliche Geschehen der Gemeinschaft einschließlich einer Dimension von Transzendenz. In der einzigen Autobahnkirche des Ruhrgebiets in Bochum-Hamme gab es zur Eröffnung nicht nur eine Stehgreifrede des Bundestagspräsidenten Norbert Lammert, sondern auch leckere Häppchen im Keller – heute bleiben die Räume kulinarisch leer. Dabei sind doch die biblischen Geschichten grundsätzlich vom Charakter der Teilhabe geprägt, wenn es um kulinarische Dinge geht: Die Freiheitsgeschichte des Volkes Gottes zu Beginn der (Aus-)Reisegeschichte aus Ägypten wandelt sich zur prinzipiellen Gastfreundschaft auch gegenüber dem Fremden (Lev. 19). Jesus ist nicht nur der Gast fröhlicher Hochzeitsfeiern in Kana, er lässt sich auch von Außenseitern einladen, die so wieder in die Mitte der Gesellschaft zurückgeholt werden: Zachäus etwa oder die beiden Männer auf dem Weg nach Emmaus. Das gemeinschaftliche Mahl der 5000 Zuhörer sättigte mehr als gedacht, die frühe Kirche (Apg. 2–4) teilte selbstverständlich allen Reichtum – auch den der Speisen – und die Vision einer überfließenden Fülle. Als Philippus dem Eunuchen aus Äthiopien die Tora auslegte, wird es in dessen Sänfte ausreichend Speisen und Getränke gegeben haben.

Viele spätere Traditionen haben religiöse, christliche, jüdische Wurzeln: Das süße Osterbrot erinnert nicht zuletzt an das Passah-Fest; weil in der Fastenzeit

---

2 Vgl. Därmann/Lemke, Tischgesellschaft, S. 22.

auch die Eier nicht gegessen werden durften, gab es sie gekocht zur Osterzeit; der Verzicht im ebenfalls als Fastenzeit verstandenen Advent provozierte die Gelüste, die zu Weihnachten üppig befriedigt werden; Fischgerichte sind nicht nur an Freitagen oder zum Aschermittwoch gesund; die Martinsgänse haben ihren berühmten Namensgeber, den Bischof von Tours, im Jahre 371 möglicherweise bei der Predigt gestört. Und nicht zuletzt waren es Luthers Anekdoten und Sprüche bei Tisch, die, von seinen Freunden und Tischgenossen festgehalten, das allgemeine Wissen über ihn genährt haben: »Einer sagte: Herr Doktor, die Bergleute geben gern, aber sie haben diesen Fehler: an den Sonntagen und am Sabbath zechen sie sich einen Rausch an. Erwiderte der Doktor: Die Bergleute handeln da zwar nicht recht, aber wenn sie an den andern Tagen fleißig schaffen, muss man ihnen etwas zugut halten. [...] Sie haben sehr schwere und gefährliche Arbeiten zu verrichten, und auch in ihrem Lande muss man etwas zugestehen. Ich zech auch.«[3] Luthers Einlassung passt zum Ruhrgebiet und seiner vergehenden Arbeitswelt der Bergleute, zum Büdchen und zum Kiosk »um die Ecke«, zu Frikadelle, Wurstbrötchen und Sol-Ei. Und Friedrich Schleiermacher schwebte eine Tafel-Runde vor, die – weitergehend noch als Immanuel Kant – auf freie Geselligkeit der Teilnehmenden setzte, ohne dabei exklusiv zu sein.[4]

Ist also die Kirche im Ruhrgebiet dabei, trotz ihres reichhaltigen Angebots an Nahrhaftem die sich ankündigende »gastrophysische«[5] Wende zu verpassen? Verrät sie sich und ihre ureigensten Wurzeln? »Die Nahrung ist nicht das Beispiel einer Gabe unter anderem, sondern der Inbegriff der Gabe und des Gebens schechthin.«[6] Folgt man dem Diktum von Marcel Mauss und verknüpft es mit der jüdisch-christlich gesättigten Idee der »Gastfreundschaft«, kommt der Protestantismus im Ruhrgebiet nicht aus seiner prinzipiellen Verantwortung heraus. Es bedeutet allerdings, sich im Feld von Inklusion und Exklusion ständig hin und her zu bewegen: denn die temporäre Gemeinschaft beim Essen entsteht immer wieder neu – beim Abendmahl, beim Fest, bei den Mahlzeiten –, um sich danach wieder in die Gesellschaft hinein aufzulösen. Evangelisch auf gutem, auf kulinarischem Grund – vielleicht wäre das eine Parole für die kommenden Jahre.

---

3   Luther, Tischreden, 315. In: Luther im Gespräch. Aufzeichnungen seiner Freunde und Tischgenossen, übertragen und herausgegeben von Reinhard Buchwald, Frankfurt a. M. 1983, 315.
4   Därmann/Lemke, Tischgesellschaft, S. 24 f.
5   Ebd., S. 9.
6   Ebd., S. 18.

Im Geburtsort von Henriette Davidis ist man mittlerweile auf den Geschmack gekommen. So erinnert ein kleines Museum an Henriette Davidis, es liegt direkt neben dem erhaltenen Geburtshaus der Autorin von Koch- und Erziehungsbüchern. Nordrhein-Westfalens Ministerpräsidentin Hannelore Kraft und der ehemalige Rheinische Präses und EKD-Ratsvorsitzende Manfred Kock waren schon da: Hinweise auf die Bedeutung dieser (koch-)kulturprägenden Persönlichkeit des 19. Jahrhunderts. Warum ausgerechnet ihr *Praktisches Kochbuch* bald zur Grundausstattung des deutschen Haushaltes zählte, ist nicht klar – ihr Konzept für ein umfassendes Bildungsprogramm für die »moderne« Frau jedenfalls fand großen Anklang, vielleicht weil die Arbeit der wichtigsten Adressatin, der Hausfrau, Wertschätzung und Anerkennung erfuhr. Vielleicht ist es aber auch diese dezidiert weibliche Gastlichkeit, die auf eine menschliche Grunderfahrung verweist, bei der sich »an der Frauenbrust [...] Liebe und Hunger treffen«, wie Siegmund Freud betonte[7]. Auf diesem Niveau ist auch der Protestantismus integrationsfähig, sofern er denn beginnt, sich auf sich selbst zu besinnen. Denn was ist besser als ein sättigendes, zum Gespräch anregendes Mahl in einer weiten Runde von Menschen mit Potential.

Wer beim Kirchentag in Dresden 2011 an der Abendmahlsfeier im Zwinger (»Freiheit aufgetischt«) teilgenommen hat, weiß, wie ein inklusiver Ansatz wirken kann. Die Künstlerin Gabi Erne lud an einem Aktionstag 2010 nicht nur die Nachbarschaft zu einer langen Tafel auf die Straße, sondern kochte unter dem Motto »Verwandlung zwischen Küche und Altar« in einem Gottesdienst am 5. Februar 2012 in der Universitätskirche in Marburg. Ideen und Ansätze, die den Gastgeber zum Gast werden lassen.[8]

---

7 Zitiert nach ebd., S. 31.
8 Vgl. den auch von Därmann/Lemke, S. 33, zitierten Passus aus dem Nachruf von Jacques Derrida auf Emmanuel Lévinas: Adieu, München 1999, S. 62.

Harald Schröter-Wittke
Protestantische Ruhrgebiets-Komponisten
Kulturtheologische Annäherungen an ein disparates Phänomen

Der Protestantismus im Ruhrgebiet war und ist eine wichtige kulturelle Größe. In der Musik hat er sich explizit jedoch nur disparat zur Geltung gebracht. Es bedarf einer komplexen Suche, um ihm auf die Spur zu kommen. Wer nach Ruhrgebietskomponisten fragt, wird sie natürlich finden, z. B. in der Sammlung der Musikbibliothek »Komponisten im Ruhrgebiet« in der Stadbibliothek Essen. In dieser Sammlung spielt allerdings die religiöse oder konfessionelle Zugehörigkeit der Komponisten keine erkennbare Rolle. Das erscheint mir typisch für das öffentliche Kulturbewusstsein des Ruhrgebiets, welches sich jenseits der traditionellen religiös-konfessionellen Grenzziehungen etabliert hat und aus diesem Umstand, durchaus mit Recht und Stolz, auch sein Selbstbewusstsein zieht. Die religiöse oder konfessionelle Prägung einer Kunsterscheinung spielt im gegenwärtigen kulturellen Ruhrgebietsbewusstsein so gut wie keine Rolle.

Das Feld, in das hinein ich einen Blick wage, bezieht sich auf das, was man klassische Musik zu nennen pflegt. Die Nachkriegszeit mit der Etablierung von Jazz- sowie Rock- und Popmusik hat sicherlich auch manche Protestanten im Ruhrgebiet zur Geltung gebracht. Dies aber zu eruieren, ist zum einen noch einmal schwieriger als bei der sog. E-Musik. Zum anderen ist dieses Feld aufgrund seiner Quanität und Pluralität noch deutlich weniger zu überblicken als der Bereich der sog. E-Musik. Ich beschränke mich daher auf diesen Bereich, wohl wissend, dass er musikalisch gesehen eher einen kulturellen Randbereich für das Ruhrgebiet darstellt, sind hier doch von der Blasmusik bis hin zu Schlager und Rock ganz andere Musikstile und –genres pop gewesen.

Dazu kommt eine weitere kulturelle Prägung, die an meinem Kulturphänomen deutlich wird: In der Tat hat die Musikbibliothek Essen Komponisten gesammelt. Dies liegt wesentlich daran, dass es m. W. so gut wie keine Komponistinnen aus dem Ruhrgebiet gibt. Meine kulturelle These lautet daher: Das kulturelle Ruhrgebietsbewusstsein ist, zumindest was Künste und Kultur angeht, weitgehend männlich geprägt. Natürlich hatten Frauen im Musikbetrieb des 19. und 20. Jh. auch anderswo geringere Darstellungsmöglichkeiten und -chancen als Männer. Aber dass es so gut wie keine Frau aus dem Ruhrgebiet gibt, die als Komponistin in Erscheinung getreten ist, ist angesichts der hohen Bevölkerungszahl der letzten 150 Jahre doch eine sehr bemerkenswerte Beobachtung. Ob diese Beobachtung auch für andere Kulturformen gilt, ist m. W. eine offene Frage. Vom Gefühl her lässt sich m. E. aber die These wagen: Auf der Ebene äußerer sichtbarer Kulturwerke spielen Frauen im Ruhrgebiet nur eine sehr marginale Rolle. Frauen wurden hier offenbar sozial und gesellschaftlich für anderes gebraucht, jedenfalls nicht für die Kunst. Sie hatten kaum ein förderndes bürgerliches Umfeld, so dass sie im Ruhrgebiet künstlerisch noch einmal marginalisierter sind als anderswo.

Schließlich muss ich eine weitere Einschränkung vornehmen: Mein Interesse gilt nicht in erster Linie der sog. Kirchenmusik. Die Erforschung der Geschichte der Kirchenmusik im Ruhrgebiet wäre eine eigene Studie wert, weil sie das musikalische Leben des Protestantismus in einer für die Industrialisierung typischen Gegend zur Darstellung bringen würde und dabei ein bestimmtes protestantisches Milieu vermutlich sehr deutlich machen würde. Dabei würden insbesondere die Posaunenchöre eine große Rolle spielen müssen, die z. B. für die Arbeiterschicht im Ruhrgebiet deutlich attraktiver waren als Kirchenchöre oder andere »etablierte« Kirchenmusik, die eher ein bürgerliches Milieu ansprach.[1] Ob die sog. traditionelle Kirchenmusik dabei milieutheoretisch eher als kulturelle Abgrenzungsmusik denn als Inkulturationsmusik im Ruhrgebiet wahrgenommen wurde, ist eine spannende kirchenmusiksoziologische Frage, die hier nicht weiter verfolgt werden kann.

Im Rahmen des Projektes »Protestantische Profile im Ruhrgebiet. Fünfhundert Lebensbilder aus fünf Jahrhunderten« habe ich auch einige Komponisten entdecken können. Vor dem oben geschilderten Hintergrund präsentiere ich deren kurze Lebensbilder.[2] Dabei verstärkt sich eine bestimmte Tendenz des Ruhrgebiets: Vor der Mitte des 19. Jh. habe ich nur zwei Komponisten ausfindig machen können,

---

1 Zu dieser kirchenmusiksoziologischen These vgl. Schroeter-Wittke, Harald: Posaunenchorarbeit im Schnittfeld von Kirche und Welt, in: Irmgard Eismann, Hans-Ulrich Nonnenmann (Hg.), Praxis Posaunenchor. Handbuch für Bläserchorleitung, Stuttgart 2007, 328–332.
2 Die Darstellung besteht aus den jeweils leicht bearbeiteten Artikeln zu diesen Komponisten bei Basse, Michael/Jähnichen, Traugott/Schroeter-Wittke, Harald (Hg:): Protestantische Profile im Ruhrgebiet. 500 Lebensbilder aus 5 Jahrhunderten, Kamen 2009 (= Profile).

die zudem auch nur am Rande etwas mit dem Ruhrgebiet zu tun haben: Philipp Nicolai (1556–1608)[3], der in Unna wirkte, und Ludwig Erk (1807–1883)[4], der knapp 10 Jahre lang in Moers am Lehrerseminar tätig war. Alle anderen protestantischen Komponisten, die ich bis zum Geburtsdatum 1930 fand, wurden erst nach 1860 geboren.[5] Vor der Industrialisierung war das Ruhrgebiet ein Randgebiet an der Grenze zwischen Rheinland und Westfalen. Erst in der 2. Hälfte des 19. Jahrhunderts explodieren die Bevölkerungszahlen. Und mit ihnen kommen auch einige Komponisten zur Welt, die einen protestantischen Hintergrund haben, von denen ich einige vorstellen möchte:

Ich beginne mit Wilhelm Middelschulte (1863–1943), der seit einigen Jahren in Forschung und Musikproduktion wiederentdeckt wird.[6] Middelschulte ist einer der bedeutendsten Organisten seiner Zeit. Aufgewachsen auf einem Bauernhof in Heeren-Werve bei Kamen, spielt er mit 12 Jahren seinen ersten Gottesdienst in der ev. Kirche zu Heeren. Als er nach Berlin geht, wird er rasch zu einem der angesehensten Orgelvirtuosen und wirkt 1888 am Trauergottesdienst für Kaiser Friedrich III. mit. Middelschulte emigriert 1891 nach Chicago, spielt und lehrt dort in verschiedenen evangelischen, katholischen und jüdischen Gotteshäusern und wird Konzertorganist beim Chicago Symphony Orchestra. Seine Orgelkompositionen sind geprägt von einer noch tonalen spätromantischen Klangsprache, wobei er auch viele Werke für Orgel bearbeitet, so z. B. die Bachschen Goldbergvariationen. Er kommt immer wieder zu Konzertreisen nach Deutschland, die ihn auch ins Ruhrgebiet führen, vor allem nach St. Reinoldi in Dortmund, wo er sich u. a. mit Gerard Bunk anfreundet. 1939 kehrt Middelschulte endgültig nach Deutschland zurück. Er

---

3   Vgl. Jürgen Düsberg: Nicolai, Philipp; in: Profile, 69–71. Nicolai dichtete und komponierte angesichts der Pest in Unna in seinem Trostbuch »Freudenspiegel des ewigen Lebens« 1599 zwei der bedeutendsten Choräle des Protestantismus: »Wie schön leuchtet der Morgenstern« und »Wachet auf, ruft uns die Stimme«.

4   Vgl. Michael Fischer: Erk, Ludwig; in: Profile, 213–215. Der Musikpädagoge Erk machte sich im Geiste deutscher Romantik mit unzähligen Liederbüchern um die Sammlung und Verbreitung des deutschen Volkslieds verdient.

5   Bei dem bedeutenden Klavierpädagogen Max Bisping (1817–1890), der mit seinem Geburtsort Fröndenberg und seinem Schulort Wesel auch eher am Rande des Ruhrgebiets zu verorten ist, war ich zunächst davon ausgegangen, dass er Protestant ist, weil er sich für die Einrichtung des Ev. Gymnasiums in Lippstadt eingesetzt hatte, was sich erst im Prozess der Drucklegung dieses Buches als Fehler herausstellte. So habe ich ihn als vorbildlich ökumenisch gesinnten Katholiken im Band belassen.

6   Vgl. Hans-Dieter Meyer: Middelschulte, Wilhelm; in: Profile, 290 f.; sowie Ders.: »Wie aus einer anderen Welt«. Wilhelm Middelschulte – Leben und Werk, Kassel 2007.

stirbt 1943 in Dortmund-Oespel und wird im Familiengrab in Heeren beigesetzt. Sein Nachlass befindet sich im Westfälischen Musikarchiv Hagen.

Middelschultes Freund Gerard Bunk (1888–1958)[7] gehört zu den wichtigsten Organisten des Ruhrgebiets und Orgelkennern Deutschlands. Von ihm sind über 3000 Konzertprogramme erhalten. Als spätromantischer Komponist ist er jedoch nahezu in Vergessenheit geraten. Geboren in Rotterdam als Kind eines Lehrers und Chordirigenten tritt er 1901 ins Rotterdamer Konservatorium ein und ist nebenbei Hilfsorganist in verschiedenen evangelischen Kirchen. Nach einem Studienaufenthalt in London wechselt er 1906 zum Klavierpädagogen Hans Hermanns nach Bielefeld, wo er im Juni 1907 sein erstes Orgelkonzert in der dortigen Synagoge gibt. 1910 spielt er beim Dortmunder Regerfest im Wechsel mit Max Reger zum erstenmal die 1909 eingeweihte Walcker-Orgel in St. Reinoldi und erklärt die dortige Organistenstelle zum ersehnten Ziel seines Lebens. 1912 wird er in Dortmund Organist der Altkatholischen Krimkapelle und heiratet die Pianistin Elsa Gessner (1890–1976). 1916 erhält er einen Vertrag als ständiger Solist und Begleiter des Dortmunder Orchesters. Ab 1919 studiert er jährlich zwei große Werke der Chorliteratur mit dem Unnaer Musikverein ein. 1920 wird er Organist an der Dortmunder Petrikirche. 1923 entflieht er der Ruhrbesetzung, um in einem geheimen Aufenthalt als Pianist des Zermatter Kurorchesters an stabile Währung zu gelangen. 1924 erklingt die erste Klavierübertragung im Sender Münster. 1925 wird Bunk Reinoldikantor und -organist und beginnt dort im Auftrag des Presbyteriums seine unentgeltlichen Kirchenmusiken. Er unterrichtet außerdem Orgel an der Kirchenmusikschule, die dem städtischen Konservatorium angegliedert ist. 1926 finden die ersten Orgelübertragungen aus St. Reinoldi statt, die bis nach England gehört werden. 1928 begegnet er Albert Schweitzer (1875–1965), der in St. Reinoldi ein Orgelkonzert spielt. 1929 nennt Bunk ein Konzert erstmals »Orgel-Feierstunde«, die nun alle 14 Tage stattfindet und mit denen er einen Überblick über die wichtigsten Orgelwerke vermitteln will. Im Mittelpunkt stehen dabei die Orgel-Gesamtwerke von Johann Sebastian Bach (1685–1750) und Max Reger (1873–1916). Außerdem leitet er nun den Bachverein. 1930–1933 ist er zusätzlich Organist der Dortmunder Synagoge. 1931 dirigiert er erstmals das Orchester der Berufsmusiker beim Arbeitsamt Dortmund, das ihm fortan auch für kirchenmusikalische Aufführungen, aber auch für Unterhaltungskonzerte der Sender Köln und Breslau zur Verfügung steht. Außerdem begleitet er öffentliche Stummfilmvorführungen. 1936 ernennt Oskar Söhngen (1900–1983) Bunk zum Kirchenmusikdirektor. Kurze Zeit später gibt Bunk

---

7 Harald Schroeter-Wittke: Bunk, Gerard; in: Profile, 386 f.

seinen Rücktritt bekannt als Dirigent des Unnaer Musikvereins, 1933 umbenannt in Städtischen Volkschor. Bunk spielt 1938 »zu Gunsten der Bekenntnisfront«. 1944 wird die Reinoldiorgel samt Notenbestand völlig vernichtet. 1945 nimmt Bunk die Arbeit in den unzerstörten Kirchen Dortmund wieder auf. 1946 schließt er wieder einen Vertrag mit dem Musikverein Unna. Ab 1949 gibt er auch Musikunterricht am Gymnasium Gelsenkirchen. 1952 wird Bunk Organist der Dortmunder Westfalenhalle, deren neue Walcker-Orgel er disponiert. 1956 wird St. Reinoldi mit der h-moll-Messe Bachs wieder eingeweiht. 1958 erleidet Bunk am 4. April nach der Aufführung der Bachschen Matthäuspassion einen Zusammenbruch. Am 18. Mai weiht er die neue Walcker-Orgel in St. Reinoldi ein. Am 7. Juni spielt er seine letzte, die 338. Orgel-Feierstunde (zugleich 528. Kirchenmusik) und erleidet drei Tage später einen Infarkt, von dem er sich nicht mehr erholt. Albert Schweitzer schreibt Anfang 1959 an Bunks Witwe: »Ich kann es noch nicht fassen, dass Gerard Bunk vom Tode ereilt wurde, wo er uns noch so viel zu geben hatte.«

Middelschulte und Bunk sind musikalisch der Spätromantik zuzurechnen, von denen sich die folgenden Komponisten der Moderne mehr oder weniger stark absetzen. Als erster sei hier Erich Sehlbach (1898–1985)[8] genannt, der zu den prägenden Musikern des Ruhrgebiets im 20. Jahrhundert gehört. Als der Sohn einer Barmer Kaufmannsfamilie 1919 ins Leipziger Konservatorium aufgenommen wird, liegen aufgrund des Ersten Weltkriegs, den Sehlbach als Artillerie-Leutnant erlebt, alle bisherigen ästhetischen Maßstäbe danieder, so dass sich die Künste auf die Suche nach neuen Ausdrucksweisen machen. Sehlbachs Kompositionen sind vorwiegend für Gesang und Klavier und schließen sich keiner der tonangebenden Richtungen an. 1925 lässt sich Sehlbach in München als Musikkritiker nieder, 1927 wechselt er als Chorleiter nach Halberstadt und wird 1928 an die 1927 gegründete Folkwang-Schule in Essen berufen. Essen ist für Sehlbach, der stets die Zentren mied, eine ideale Wirkungsstätte. Als die Folkwang-Schule 1964 zur Hochschule erhoben wird, erhält er eine Woche vor seiner Pensionierung den Professorentitel. Er stirbt 20 Jahre später am Reformationstag 1985 in Essen.

Sehlbach gehört zu den Gründerfiguren der Folkwang-Schule, die mit ihrer ausgezeichneten musikpädagogischen Arbeit deren internationalen Ruf begründen. Er leitet die Opernabteilung, unterrichtet Harmonielehre, Kontrapunkt und Gehörbildung, komponiert in nahezu allen Genres und schreibt zudem Gedichte, die er z. T. selbst vertont. Sein Credo formuliert er 1962:

---

8 Harald Schroeter-Wittke: Sehlbach, Erich; in: Profile, 464 f.

»In allen Jahrzehnten meiner schöpferischen Arbeit ist immer der Glaube in mir wirksam gewesen, dass Kunst, insbesondere die Musik, zu den wenigen wirklichen Notwendigkeiten unseres Daseins gehört. Gerade unser technisch-wissenschaftliches Zeitalter erfordert mehr denn je ein Gegengewicht gegen die allzu gewaltsamen Belastungen des Intellekts, und dieses Gegengewicht ist das Erleben künstlerischer Manifestationen.«[9]

Sehlbach komponiert 5 Opern, darunter Galilei, die 1937 in Essen uraufgeführt wird, in der zwei Prinzipien aufeinandertreffen: »der unbedingte Glaube und Gehorsam der Kirche gegenüber und die Selbstverantwortlichkeit des Einzelnen, oder die Herrschaft des unbewiesenen Dogmas und die feststehende, sachlich erwiesene Tatsache«[10].

Sehlbachs erste Oper Baal –seine einzige Komposition mit explizit religiösen Anklängen – wird 1932 fertig gestellt. Die Uraufführung in Mannheim 1933 kommt aber nicht zu stande, vermutlich aufgrund ihres jüdischen Sujets (Susanna im Bade – Vom Bel zu Babel). Die Partitur geht im Krieg verloren. 1959 beginnt Sehlbach sie noch einmal neu auszuarbeiten, indem er einen Klavierauszug erstellt, jedoch keine vollständig instrumentierte Fassung.[11] So wird Baal nie aufgeführt, obwohl diese Oper auf beeindruckende Weise die Exilsituation in und unter einem totalitären System darstellt. Sie entlarvt die Götzen als selbstgemachte und versucht Mut zu machen, die Wahrheitsfrage kompromisslos zu stellen. Sehlbachs Baal verdiente heute – gerade in diesem fragmentarischen Zustand – eine Aufführung, ebenso wie sein breites Gesamtschaffen, welches nur selten zu hören ist. In seinem Nachlass, der in der Stadt- und Musikbibliothek Essen verwaltet wird, befindet sich eine instrumentierte Partitur der ersten drei Bilder des Baal sowie ein 1968 verfasster autobiographischer Bericht »Nach dem Gesetz, wonach du angetreten. Bericht der ersten Jahrzehnte« (144 Seiten maschinengeschriebene Seiten). Dieser Bericht beschreibt die ersten drei Jahrzehnte seines Lebens bis zum Antritt der Stelle an der Folkwangschule, gefolgt von knapp vier Seiten, die kurz auf die Zeit von 1928–1968 eingehen. Dieser Bericht wartet noch auf eine umfassende Auswertung, die deshalb von Interesse sein könnte, weil sie die »fromme« Wuppertaler Luft zu Beginn des 20. Jahrhunderts intensiv beschreibt und in einer für diese Zeit typischen Attitüde die Jahre 1933–1945 marginalisiert. Diese Zeit ist in Sehlbachs eigener Biographie

---

9   Zit. n. Schuhmacher, Gerhard: Erich Sehlbach zum 70. Geburtstag. Gedanken an sein Werk, Wolfenbüttel/Zürich 1968, 9.
10 Ebd., 14.
11 Sehlbach, Erich: Baal. Oper in 5 Bildern, Wolfenbüttel 1960.

extrem blass. Dazu passt die Beobachtung, dass Sehlbach zwar in der in der Nazi-Zeit konzipierten MGG mit einem eigenen Artikel begegnet, aber ansonsten in keinem wissenschaftlichen Werk auftaucht, das sich mit der nationalsozialistischen Kulturpolitik befasst. Sehlbach bleibt in diesen Jahren nahezu spurlos,[12] obwohl er seine Anstellung behalten und in ihr auch öffentlich gewirkt hat.

Die Liste der Duisburger Komponisten, die es in Deutschland – oder gar über die nationalen Grenzen hinaus – zur Berühmtheit geschafft haben, ist nicht lang. Zu ihnen gehört aber zweifelsohne der in Duisburg geborene Ernst Pepping (1901–1981)[13], den man retrospektiv zum Kreis der neo-barocken Komponisten zählen kann. Diese Richtung, zu der auch Komponisten wie Paul Hindemith (1895–1963), Hugo Distler (1908–1942) oder Johann Nepomuk David (1895–1977) gehörten, sahen ihr ästhetisches Hauptziel in einer »Wiedereroberung« der Kontrapunktik, deren Verfall sie im Laufe der Romantik und Spätromantik zu diagnostizieren meinten. Als Konsequenz resultiert dieses Bemühen in einer Betonung der horizontalen Kompositionsebene die allerdings – anders als beispielsweise im Falle eines Johann Sebastian Bach – zumeist nicht mit einer schlüssigen harmonischen Komponente unterfüttert wird.

Zurück zu Ernst Pepping: Er wollte bei Franz Schreker (1878–1934) in Berlin Komposition studieren; der lehnt aber dieses Ansinnen ab und vermittelt ihn an seinen Schüler Walter Gmeindl (1890–1958). Nach seinem Studium wird Pepping während der Kriegsjahre Dozent für Harmonielehre, Kontrapunkt und Partiturspiel an der evangelischen Schule für Volksmusik, der späteren Evangelischen Kirchenmusikschule in Berlin-Spandau. An der Berliner Musikhochschule unterrichtet er zunächst als Dozent, nach dem Krieg dann ab 1953 als Professor für Kompositionslehre. Unter den zahlreichen Ehrungen, die ihm zuteil werden, finden sich der Felix Mendelssohn-Preis für Komposition (1926), der Kunstpreis des Landes Berlin (1948) sowie der 1956 verliehene Robert Schumann-Preis der Stadt Düsseldorf. Pepping war ordentliches Mitglied der Berliner Akademie der Künste Berlin und Ehrendoktor der Philosophie.

In seiner kompositorischen Laufbahn konzentriert sich Pepping neben der Kammermusik und Klaviermusik zunehmend auf den Bereich der (evangelischen) Kirchenmusik, als deren bedeutendsten Vertreter der jüngeren Vergangenheit ihn

---

12 Dies bestätigt auch ein Brief von Juan Allende-Blin vom 2.11.2009, der einer der profundesten Kenner der musikalischen Szene im Ruhrgebiet zur Zeit des Nationalsozialismus ist.

13 Jörg Abbing: Pepping, Ernst; in: Profile, 491 f.

zahlreiche Lexika nennen.[14] Es darf jedoch nicht verschwiegen werden, dass sich Pepping (ebenso wie Hugo Distler) während der Zeit des Nationalsozialismus – um es vorsichtig zu benennen – recht kooperativ verhielt. So liest sich auch der vorletzte Artikel in einem Standardwerk für Musikwissenschaft über Pepping bei der folgenden Stelle ungesund nationalverliebt: »[...] mit der frühen Überwindung seiner experimentierenden Anfänge hat er alsbald die schöpferische Mitte [...] im Bekenntnis zur Ausdrucksfunktion der Musik gefunden. Dieser spezifisch deutschen Anschauung [...] ist er in seinem reichen instrumentalen und vokalen Schaffen traditionsbewusst verpflichtet.«[15]

Dass Pepping nicht recht in den derzeitigen Trend der geistlichen Musik passt, kann man anhand der peripheren Präsenz seiner Werke in den Konzertprogrammen nachvollziehen. Die Gründe hierfür liegen möglicherweise in seiner konsequenten kontrapunktisch orientierten Ästhetik, die die Emotion des Zuhörers als einen wichtigen – wenn nicht den wichtigsten – Rezeptor nicht genügend einkalkuliert hat. Nichtsdestotrotz erreicht die 2009 vom Berliner Rundfunkchor eingespielte CD mit Peppings »Passionsbericht des Matthäus« mit dem »Diapason d'or« eine der höchsten Auszeichnungen der Klassikindustrie. Neben diesem doppelchörigen a capella-Werk von 1950, in dem die Leiden jener Jahre anklingen, sticht die ebenfalls für vier-bis siebenstimmigen Chor a capella komponierte Weihnachtsgeschichte des Lukas (1959) hervor. Im Paul-Gerhardt-Liederbuch (1945/46) vertont Pepping bekannte Paul-Gerhardt-Texte in der Tradition des Kunstlieds neu. Hörenswert sind schließlich seine seine drei Symphonien, die im 2. Weltkrieg entstanden, sowie das Klavierkonzert von 1950.

Eine kurze Zeit im Ruhrgebiet gewirkt hat Günter Raphael (1903–1960),[16] einer der interessantesten Komponisten des 20. Jahrhunderts. Seine Biographie ist ein Spiegel der deutschen Geschichte des 20. Jahrhunderts.[17] Aufgewachsen in einer bedeutenden Musikerfamilie[18] hat Raphael – theoretisch wie praktisch – früh Zugang zur Musik der vergangenen Jahrhunderte. Die zwanziger Jahre sind für

14 Vgl. Adrio, Adam: Art. Pepping, in: MGG – Die Musik in Geschichte und Gegenwart, Kassel 1966, Bd. 10, 1023–1026; sowie Art. Pepping, in: Brockhaus-Riemann-Musiklexikon (BRM), Bd. 3, S. 286.
15 Adrio, Adam: Art. Pepping, a. a. O.
16 Klaus Danzeglocke: Raphael, Günter; in: Profile, 506 f.
17 Vgl. Schinköth, Thomas: Musik – Das Ende aller Illusionen? Günter Raphael im NS-Staat, Hamburg 1996.
18 Der Vater Georg Raphael (1865–1903) war Kirchenmusiker; dessen Mutter Julie Cohn (1835–1914) war Sängerin und führte in Berlin einen musikalisch-literarischen Salon.

ihn »goldene Jahre«: Er studiert an der Berliner Musikhochschule, hat Privatunterricht bei Arnold Mendelssohn (1855–1933) und wird durch den Thomaskantor Karl Straube (1873–1950)[19] gefördert. Seine ersten Streichquartette werden 1925 durch das Busch-Quartett uraufgeführt. Die Uraufführung seiner 1. Sinfonie 1926 durch Wilhelm Furtwängler (1886–1954) im Leipziger Gewandhaus bringt Raphael den Durchbruch als Komponist und eröffnet ihm glänzende berufliche Perspektiven. Auf Straubes Vermittlung wird Raphael Dozent für Musiktheorie und Komposition am Leipziger Konservatorium.

Die Katastrophe in Raphaels Leben beginnt mit der Machtergreifung der Nationalsozialisten und dem von ihnen betriebenen Ausschluss jüdischer Musiker aus der Öffentlichkeit bis hin zu deren Ermordung. Der Vater Raphaels war vom Judentum zum evangelischen Christentum übergetreten; sein Sohn Günter wurde auf Grund seiner Herkunft – nach nationalsozialistischer Diktion – als »Halbjude« eingestuft und erhält darum Berufs- und Aufführungsverbot. Mit seiner Familie sucht er Zuflucht in Meiningen, der Stadt Brahms' und Regers. Er lebt dort unter dem Druck zunehmender Diskriminierung und ständiger Repressalien und der Angst vor Deportation. Mutige Mitbürger, besonders Ärzte schützen ihn und bewahren ihn vor Verhaftung. Raphael war nämlich zu Beginn des Krieges an lebensgefährlicher Tuberkulose erkrankt. Trotz der eigenen und äußeren Belastungen arbeitet er sehr produktiv als Komponist weiter.

Raphael überlebt die Nazi-Diktatur, kann aber nach Kriegsende nicht mehr an die erfolgreichen 20er Jahre anknüpfen – ein Schicksal, das er mit anderen im Nationalsozialismus verfemten Künstlern teilt. 1949 bis 1953 übernimmt er eine Dozentur am Konservatorium in Duisburg; später unterrichtet er am Konservatorium in Mainz und an der Musikhochschule in Köln, seit 1957 als Professor. 1960 stirbt Raphael an den Folgen seiner jahrelangen Krankheit.

Raphael wurden zwei besondere Ehrungen zuteil: 1948 wird ihm in Weimar der Franz-Liszt-Preis verliehen; acht Jahre nach seinem Tod ernennt ihn die Hochschule für Musik in Leipzig 1968 zum Ehrensenator. In der Bundesrepublik bleibt ihm eine Ehrung – außer dem Titel eines Professors – versagt.

Raphael hat ein umfangreiches Werk geschaffen; zu fast allen Gattungen der Musik außer der Oper hat er Beiträge geleistet.[20] Ein zentrales Anliegen war für

---

Raphaels Mutter Maria (1878–1952) war Geigerin; deren Vater Albert Becker (1834–1899) wiederum war Leiter des Berliner Domchors.

19 Vgl. Bernhard Hemmerle: Straube, Montgomery Rufus Karl Siegfried; in: Profile, 314 f.
20 Ein Werkverzeichnis findet sich bei www.guenter-raphael.de.

ihn die Komposition von Kirchenmusik in all ihren Facetten. Seinen persönlichen Stil hat er von seinen frühen Arbeiten, Brahms und Reger verpflichtet, bis zu seiner späteren Auseinandersetzung mit der Zwölftonmusik durchgehalten. Die Musik Raphaels hat es verdient, dass sie in Konzertsaal und Kirche häufiger zu hören ist.

Ein weiterer Duisburger Komponist ist Kurt Boßler (1911–1976).[21] Der in Ruhrort geborene Boßler ist musikalisch äußerst interessiert, erhält Klavier- und Geigenunterricht und nimmt als Heranwachsender und junger Erwachsener regen Anteil am Duisburger Musikleben. Sein Geigenlehrer Paul Fischer, war Organist an der Salvatorkirche in Duisburg war, deren dreimanualige Walcker-Orgel mit 54 Registern Boßler fasziniert. Schon bald kann er seinen Lehrer bei Gottesdiensten und Trauungen vertreten. Seine erste nebenamtliche Organistenstelle versieht Boßler in der Kapelle des Bethesda-Krankenhauses in Duisburg-Hochfeld. Als Paul Fischer 1936 pensioniert wird, übernimmt Boßler den Organistendienst an der Salvatorkirche. 1937 nimmt er Kompositionsunterricht beim gleichaltrigen Helmut Degen (1911–1995) in Düsseldorf. Seinem eigentlichen Wunsch, sich hauptberuflich der Musik zu widmen und Musik zu studieren, kann er erst nach insgesamt neunjähriger Berufstätigkeit in der Verwaltung der Evangelischen Kirchengemeinde in Duisburg nachkommen, die für ihn keine leichte Zeit war. Zum einen wurde er von seinem kirchlichen Arbeitgeber wegen seiner von Geburt an bestehenden körperlichen Behinderung benachteiligt und unwürdig behandelt, zum anderen entsprach diese Tätigkeit nicht seinen eigentlichen künstlerischen Ambitionen. Dennoch gelingt es Boßler gegen viele Widerstände schließlich doch, sich ganz der Musik zu widmen. 1939 beginnt er ein Musikstudium am Musiklehrerseminar in Duisburg, welches er 1940 in Düsseldorf mit der Staatlichen Prüfung als Lehrer für Komposition und Tonsatz mit Auszeichnung abschließt. 1941 verlässt er Duisburg und arbeitet zunächst als Musiklehrer und Organist in Bad Rappenau. 1943 wird er als Lehrer für Komposition und Tonsatz an die Städtische Musikschule in Freiburg im Breisgau berufen. Nach deren Schließung 1945 arbeitet Kurt Boßler weiterhin in Freiburg als Komponist, Organist und Musiklehrer. 1962 folgt er als Nachfolger von Wolfgang Fortner (1907–1987) einem Ruf an das Evangelische Kirchenmusikalische Institut in Heidelberg, an dem er bis zu seinem Tod 1976 Komposition und Tonsatz lehrt.

---

21 Irmela Boßler: Boßler, Kurt; in: Profile, 573 f. Sein Vater Ferdinand Boßler (1879–1967) ist der Erfinder jener Greifer, die noch heute im Ruhrorter Hafen und weltweit beim Auf- und Abladen von Schrott in Gebrauch sind; vgl. Irmela Boßer: Boßler, Ferdinand; in: Profile, 346 f.

Vor allem nach 1945 werden Kurt Boßlers Werke vermehrt in Konzertsälen und Kirchen im In- und Ausland aufgeführt, sein Schaffen auf Schallplatten und in Rundfunkaufnahmen dokumentiert. Auch in Duisburg wurden seine Kompositionen gespielt. Sein Œuvre umfasst Orchesterwerke, Kammermusik in verschiedensten Besetzungen, Werke für Orgel sowie Chor- und Kirchenmusik.[22] 1967 komponiert er zum Text von Schalom Ben-Chorin »Und suchst du meine Sünde« die Melodie (EG 237), zu der er auch sein letztes Orgelwerk schreibt: »Und suchst du meine Sünde« Fantasie über ein eigenes Lied für Orgel (1976).

Aphorismen für Orgel (1961), Eschatologische Kontemplation für Orgel (1971), Kaleidoskop für eine oder zwei Orgeln (1971), Kontroverse für Flöte und Orgel (1973), Mixturen für Flöte und Orgel (1975) – Orgelwerke mit solchen Titeln machen neugierig.[23] Hinter ihnen verbirgt sich eine Musiksprache von einer erregenden Mischung aus Sachlichkeit und Emotion, Strenge und Poesie. Aphorismen: Lust am pointierten musikalischen Gedankensplitter; Eschatologische Kontemplation: tiefsinnige klangliche Vision von Apokalyptik; Kaleidoskop: reizvoll-turbulentes Spiel von Formen und Klangfarben; Kontroverse: Auseinandersetzung mit der spannenden und spannungsvollen Situation gegenwärtigen Komponierens; Mixturen: kreative Verbindung von Tonalität und Atonalität – so übersetzt bieten Boßlers Werktitel einen Vorgeschmack dessen, was Hörer und Interpreten erwartet.

Präludium, Fuge, Toccata, Chaconne, Passacaglia: die Wahl der Werktitel in Boßlers frühem Orgelschaffen weist deutlich auf barocke Vorbilder. Und so war auch Boßler zunächst ein Kind jener orgelbewegten Zeit, die danach strebte, barocke Satztechniken so aufzugreifen und der eigenen Klangsprache anzuverwandeln, dass, in bewußter Abkehr von der als »subjektivistisch« geschmähten Romantik, eine Gemeinschaft bildende und verbindende neue »Sachlichkeit«, »Objektivität« entstehen sollte. Strenge Linearität und gewissermaßen »neutrale« Quint- und Quartklänge gehörten dabei zu den typischen, eine gewisse Archaik heraufbeschwörenden Stilmitteln. Auch Boßler bedient sich dieser Mittel – aber doch in sehr persönlicher Aneignung. Vor allem fällt auf, dass sein Komponieren in dieser Periode, bei aller Strenge, niemals jene Kühle und Unerbittlichkeit aufweist, die vergleichbaren Werken in der Distler-Nachfolge allzu oft eignet. Alles musikalische

---

22 Vgl. www.kurt-bossler.de.
23 Die folgenden werkanalytischen Beobachtungen sind entnommen dem Essay von Berthold Wicke: Plädoyer für einen (fast) Vergessenen. Kurt Boßler zum 100. Geburtstag; in: Ars Organi 59 (2011), 160–162.

Geschehen scheint bei Boßler von einem nie versiegenden, unterirdischen Wärmestrom getragen.

Präludium und Fuge op. 37 und die Toccata op. 40 bilden neben der Chaconne op. 50 die dem Organisten Dieter Weiß gewidmeten Drei Orgelstücke. Trotz der Reverenz vor alten Formen ist schon in diesen Werken »das kernig Kühne, das innerlich Aufwühlende, bedingungslos Fordernde«[24] in Boßlers Handschrift deutlich zu spüren. Auch zwei Hefte von Choralvorspielen, die Stücke von 1949 bis 1968 zusammenfassen, lassen eine Entwicklung erkennen, die sich von traditionellen Mustern immer weiter emanzipiert. Nicht von ungefähr nennt Boßler die letzte der acht Choralbearbeitungen (über »Vater unser im Himmelreich«) Fantasie: der Cantus firmus dient nur noch als Anlass und Inspirationsquelle für eine ganz eigene und eigenwillige Formgebung. Die Harmonik gewinnt an Weite und Sättigung, indem neben Quarten- auch Terzschichtungen treten – ein Charakteristikum, das auch in den im gleichen Zeitraum entstandenen Sammlungen »freier« Orgelstücke wiederkehrt. Man werfe etwa einen Blick in die Passacaglia aus dem Heidelberger Orgelbuch deren 7. Variation (Fortissimo) sehr klangsinnliche bitonale Wendungen bietet, die mit dazu beitragen, die barocke Form sehr poesievoll zu verlebendigen. Überraschend und unerwartet die ganz andere Klanglandschaft im letzten Stück des Heidelberger Orgelbuches: eine »Meditation« über eine Zwölfton-Reihe! »Sehr langsam«, taktfrei notiert, erscheint sie in ihrer Grundgestalt und gleich darauf in Umkehrung in der Oberstimme, schließlich in transponierter Gestalt im Pedal. Die linke Hand »begleitet« (wohl auf einem anderen Manual) mit Akkorden, die zwar auch aus der Reihe gebildet, jedoch so sehr von Terzklängen bestimmt sind, dass ihre »Tonalität« in einem reizvollen Spannungsverhältnis zum »atonalen« melodischen Geschehen steht. Vor dem Hintergrund der Erinnerung an Vergangenes tritt das Neue ja oft plastischer und nachdrücklicher hervor als in seiner reinen Gestalt. Vielleicht liegt gerade in dieser »Hintergründigkeit« ein wesentliches Geheimnis für die besondere Wirkung von Boßlers Musik!

Bei den Aphorismen aus dem Jahre 1961 bewährt sich Boßlers Aneignung der Reihentechnik erstmalig in einem Stück von ausgedehnterem Format. Auch hier wird auf Taktstriche verzichtet; immerhin deuten Doppelstriche eine sechsteilige Gliederung an. Sechs Aphorismen also? Vielleicht! Jedenfalls Geistreiches in konzentrierter Form. Der Hörer erlebt einen (musikalischen) Aphoristiker beim Verfertigen der Gedanken – beim Fragen, Meditieren und beim Überwältigtsein von der vitalen Fülle der Einfälle.

---

24 Riemer, Otto: Zum Orgelschaffen von Kurt Boßler; in: MuK 44, 1974.

»Die reinen Dodekaphoniker sagen zwar, man könne einen Choral nicht zwölftönig behandeln, aber ich glaube gezeigt zu haben, dass es doch möglich ist.« So äußerte sich Kurt Boßler im Blick auf seine Choral-Fantasie zu »Wachet auf, ruft uns die Stimme« op. 114, die 1963 entstand. Freilich geht es ihm dabei natürlich nicht in erster Linie um ein kompositionstechnisches Kunststück, sondern um den immer erneuten Versuch vor dem Hintergrund und in der Auseinandersetzung mit einer großen Tradition heute Gültiges zu sagen; zu zeigen, dass ein Choral kein Dokument einer musealen Religiosität ist, sondern Zukunftspotentiale in sich birgt, die entschlüsselt werden wollen.

Um Zukünftiges in einem sehr emphatischen Sinne, um die Frage nach den letzten Dingen kreist die Eschatologische Kontemplation op. 128 (1971), die ihre Entstehung der Beschäftigung des Komponisten mit der Johannes-Apokalypse während der Arbeit an seinem Chorwerk Visionen verdankt. Das siebenteilige Stück schließt mit einem viertaktigen Epilog, für den die Worte »und ich sah einen neuen Himmel und eine neue Erde« aus Offb. 21 Leitgedanke wurden, wie Boßler im Vorwort schreibt. Ein unwirklich mystischer Beginn, eine visionäre Klanglandschaft, in die ganz von Ferne das Licht einer anderen Welt hineinzufallen scheint, ist zu hören. Dann aber auch ein apokalyptisches Untergangsszenario: über einem wütenden Pedaltriller scheinen alle Dämonen, alle Kräfte der Zerstörung losgelassen. Und in der Tat blitzt erst in den letzten Takten noch einmal eine Hoffnung auf Versöhnung auf, indem das scheinbar Unwiederbringliche – verwandelt – wiederkehrt.

Dass die Hoffnung das letzte Wort habe, scheint für Kurt Boßler nicht selbstverständlich gewesen zu sein. Die existenzielle Frage nach Zuversicht oder Resignation war dabei für ihn (in Zeiten vor der Postmoderne) nicht von der nach dem musikgeschichtlich noch zu verantwortenden Material zu trennen. Seine Kontroverse für Flöte und Orgel op. 141a reflektiert diese Situation. Es ist Boßlers einzige Komposition, die neben traditioneller Notation auch Cluster und aleatorische Verläufe vorsieht, in denen er freilich weniger einen hoffnungsvollen Ausblick auf neue Freiheit als vielmehr eine Gefährdung künstlerischer Integrität zu erblicken schien. Dass er die Kontroverse nicht scheute, ja sie sogar in die eigene Gestaltung mit hineinnahm und gültig zu deuten versuchte, spricht für die Weitherzigkeit und Hellhörigkeit eines Komponisten, für dessen Wiederentdeckung hiermit nachdrücklich geworben werden soll.

Zu den Komponisten, die die Musikszene im Ruhrgebiet geprägt haben, zählt zweifelsohne der in Bochum geborene Siegfried Reda (1916–1968)[25], der seine kir-

---

25 Danzeglocke, Klaus: Reda, Siegfried; in: Profile, 599–601.

chenmusikalische Ausbildung 1934 bis 1938 am Konservatorium in Dortmund, insbesondere bei Otto Heinermann (1887–1977), absolvierte. In den frühen Jahren liegt der Schwerpunkt seiner kompositorischen Arbeiten bei der Orgelmusik. Erst eine Aufführung des Totentanzes von Hugo Distler 1936 in Oberhausen eröffnet ihm Perspektiven für die musikalisch- existentielle Auseinandersetzung mit Sprache, für Reda gleichbedeutend mit dem Wort Gottes.

Reda setzt seine kompositorischen Studien in Berlin bei Ernst Pepping und später bei Hugo Distler fort. Sie nahmen ihn »in die sachlich strenge und klare Schule des Handwerks«; er erlebt eine neue Klangwelt, die ihm Ziel und Richtung gegeben hat.[26]

1938 bis 1945 hat er das Kirchenmusikeramt an der Erlöserkirche in Berlin-Lichtenberg inne, war allerdings ab 1941 als Soldat zur Ostfront eingezogen. Trotz des Kriegseinsatzes entsteht dort sein erstes größeres Werk, ein Streichquartett. Nach seiner Rückkehr in das Zivilleben wird Reda 1946 auf Empfehlung des Heinermann-Schülers Otto Brodde (1910–1982)[27] als Leiter der Abteilung für Evangelische Kirchenmusik an die Folkwang-Schule in Essen berufen, zugleich als Professor für Orgel und Komposition.

Schon nach wenigen Jahren erfolgt eine radikale Neuorientierung: Theologisch setzt Reda sich von der gottesdienstlichen Restauration der Nachkriegszeit ab: Er versteht sich nun im Anschluss an den Göttinger Theologen Götz Harbsmeier (1910–1979) als »absolut unkultischer Christ«. Er will das Wort Gottes »herausreißen aus der kultischen Vereinsamung agendarisch gebundener Stellenwerte« und den Gottesdienst an die gegenwärtige Wirklichkeit des Menschen binden. Der »Flucht in die Liturgie« entspricht für Reda das verbreitete Vertrauen in die musikalischen, besonders kompositorischen Lösungen der Väter, die – verwurzelt in der Lebenswirklichkeit ihrer Zeit – sich nicht in das 20. Jahrhundert übernehmen lassen.[28] Reda beschäftigte sich darum intensiv mit Komponisten, die im Dritten Reich verfemt und verboten waren, z.B. Arnold Schönberg (1874–1951) oder mit aktuellen Komponisten, z. B. Igor Strawinsky (1882–1971) oder Krzysztof Penderecki (*1933), und entwickelt sich zum Vertreter eines bewusst modernen Klangstils.

Reda wendet sich in der eigenen Arbeit zunächst der Komposition von Orgelmusik zu (Orgelkonzerte, Choralkonzerte, Marienbilder), lässt sich dann aber von

---

26 Reda, Siegfried: Ein Selbstzeugnis; in: MuK 39, 1969, 247 f.
27 Vgl. Hering, Rainer: Brodde, Otto; in: Profile, 560 f.
28 Vgl. Reda, Siegfried: Evangelische Kirchenmusik im Spannungsbereich ihrer Bindungen, in: Folkwang Sommerakademie, Essen 1961, 43–50.

Helmut Bornefeld (1906–1990), mit dem er die Heidenheimer Tage für neue Kirchenmusik prägte, überzeugen, einige Jahre für die Komposition liturgischer und konzertanter Chormusik zu »opfern«. So entstehen z. B. Graduallieder für das Kirchenjahr, das Psalmbuch, die Ostergeschichte. Gemeinden kennen Reda als Komponisten der Melodie zu Jochen Kleppers (1903–1942) »Der du die Zeit in Händen hast« (EG 64, 1960).

Trotz aller Kritik an der empirischen Kirche übernimmt Reda das Amt des Organisten an der Mülheimer Petrikirche. Er tut das in der Überzeugung, dass es »geboten sei, solche Mittel der Musik zu erdenken und zu gebrauchen, die das Bei-uns-sein des Christus in der Hölle von heute in der Adäquatheit von Inhalt und Form glaubhaft machen«. Seine Einsichten in modernen Orgelbau konnte er in der Disposition bedeutender Orgeln in die Praxis umsetzen: Petrikirche Mülheim, Erlöserkirche Essen, Kaiser-Wilhelm-Gedächtnis-Kirche Berlin.

Die Evangelische Kirche im Rheinland ernannte Reda zum Kirchenmusikdirektor; die Stadt Mülheim, in der Reda 1968 verstarb, verlieh ihm den Kunstpreis für Kunst und Wissenschaft.

Vor allem in der kirchenmusikalischen Praxis wirkte der in Bochum geborene Gerhard Trubel (1917–2004)[29]. Seine musikalische Ausbildung erhält er zunächst am Städtischen Konservatorium Dortmund. Eine Singwoche unter der Leitung von Paul Ernst Ruppel (1913–2006)[30] führt 1939 zu dem Entschluss, Kirchenmusik zu studieren. Das Kriegsende erlebt Trubel in französischer Gefangenschaft in Montpellier, wo er Gelegenheit hat, fast zwei Jahre an der »Theologischen Fakultät« bei Ernst Bizer zu studieren.

Trubel wird Chorleiter an verschiedenen Kirchen in Dortmund, u. a. an St. Petri. 1947 wird er Dozent für Chorleitung, Stimmbildung und Sprecherziehung an der Westfälischen Landeskirchenmusikschule, Abteilung Dortmund. Nach deren Auflösung 1965 übt er seine musikalischen Tätigkeiten nebenberuflich in immer noch großem Umfang aus. Hauptberuflich ist er nun in leitender Stellung in der Versicherungsbranche tätig.

Die von ihm geleitete »Dortmunder Kantorei« gelangt zu überregionaler Bekanntheit, auch durch zahlreiche Schallplatten- sowie Rundfunk- und Fernsehaufnahmen. Das Klangbild dieser Chorgemeinschaft wies deutlich auf die Wurzeln, die das kompositorische und aufführungspraktische Schaffen Trubels bestimmte: Die Jugendsingbewegung und die sich daraus entwickelnde »erneuerte Kirchenmu-

---

29 Hartmut Handt: Trubel, Gerhard; in: Profile, 601 f.
30 Vgl. Hartmut Handt: Ruppel, Paul Ernst; in: Profile, 586 f.

sik« der 1930er und 1940er Jahre, für die vor allem Namen wie Hugo Distler, Siegfried Reda und Ernst Pepping stehen. 1991 erhält Trubel das Bundesverdienstkreuz am Bande, 2004 stirbt er in Dortmund.

Trubel war ein brillanter Kenner alter Musik, wirkte in entsprechenden Ensembles als Sänger und Instrumentalist mit und gab alte Musik heraus; in seinen eigenen Kompositionen war er der Wiederentdeckung der alten »evangelischen«, dem Wort verpflichteten, Kirchenmusik besonders verbunden. Größere Kompositionen sind u. a. die Deutsche Choralmesse (1951), Die Seligpreisungen (1964), Das Hohelied der Liebe (1966), Der 103. Psalm (1970), die Stationen der Passion (1997). Ein in Arbeit befindliches Oratorium Licht in der Finsternis blieb unvollendet.

Mit ihrem »Jingle«, dem Kirchentagsruf für Bläser, ist Magdalene Schauß-Flake (1921–2008)[31] bis heute musikalisch präsent. 1921 kommt sie in einem Essener Vorort als Tochter eines Kaufmanns und einer Erzieherin zur Welt. Nach dem Schulabschluss besucht sie die Folkwangschule in Essen. Ihr Berufswunsch ist Organistin. Ohne Wissen der Mutter verdient sie sich unterdessen Geld als Jazz-Musikerin in Lokalen. Zusammen mit ihrem Mitschüler Kurt Edelhagen gründet sie eine Band. In Berlin-Charlottenburg fällt sie während ihres Studiums rasch mit ihrer Begabung auf. Nach dem Studium wirkt sie zunächst einige Zeit als Dozentin an der Musikhochschule in Stettin, gefolgt von einer Tätigkeit als Kirchenmusikerin in Anklam, Essen-Kupferdreh und Essen-Altendorf.

1948 heiratet sie den Vikar Schauß, geht mit ihm nach Wuppertal, bekommt vier Kinder und zieht später mit ihm in den Hunsrück, wo sie in Burgsponheim eine neue Heimat findet und 2008 in Bad Kreuznach stirbt.

Überall findet Schauß-Flake Musik, und überall schreibt sie. Sie wandelt stilsicher zwischen den Welten – und war damit wohl ein Kind des Ruhrgebiets. Die Unmittelbarkeit dieser Mentalität lag ihr ebenso, wie der protestantische Gedanke, dass das Profane ein Teil des Säkularen oder umgekehrt, das Heilige ein Teil des Alltags ist. Sie komponiert beim Bügeln, beim Kochen und bei der Gartenarbeit, im Krankenhaus sogar im Liegen. Sie braucht kein Instrument, hört die hochkomplexen Kompositionen mit ihrem inneren Ohr. Stücke wie die die doppelchörige Dorische Intrade oder die Partita Jesu meine Freude gehören heute zum Standard-Repertoire zahlloser Bläserlehrgänge und Workshops und bedeuteten für die Posaunenchöre seinerzeit die Öffnung hin zur klassischen Moderne.

Ihr bekanntestes Werk ist der Kirchentagsruf zu »Christ ist erstanden«, mit dem seit 1950 jeder Kirchentag von den Bläserchören eröffnet wird. Diese Komposi-

---

31 Friedemann Schmidt-Eggert: Schauß-Flake, Magdalene; in: Profile, 611 f.

tion war eine spontane Auftragskomposition des Kirchentagsgründers Reinold von Thadden-Trieglaff (1891–1976), der die junge Komponistin im Vorfeld des Essener Kirchentags 1950 beiseite nahm und sagte: »Schreiben Sie doch mal eine Fanfare für die Eröffnung.« Schon auf der Rückreise in der Bahn schrieb sie ihn. In Ermangelung von Papier nahm sie kurzerhand Toilettenpapier und verfasste die ersten neun Takte zwischen Düsseldorf und Essen.

Wesentliche Impulse erhält die Musikszene im Ruhrgebiet bis heute durch Gerd Zacher (*1929)[32]. Seinen ersten Musikunterricht erhält Zacher 1940 beim Reger-Schüler Fritz Lubrich (1888–1971). 1948 beginnt er ein Studium an der Nordwestdeutschen Musikakademie in Detmold, Komposition bei Günter Bialas (1907–1995), Dirigieren bei Kurt Thomas (1904–1973)[33] und Orgel bei Hans Heintze (1911–2003) und Michael Schneider (1909–1994). 1953 folgt in Hamburg ein Theorie- und Klavierstudium beim Busoni-Schüler Theodor Kaufmann (1892–1972). 1954 bis 1957 arbeitet er als Kantor und Organist in der deutschen evangelischen Gemeinde in Santiago de Chile. 1957 übernimmt er das Kantorat an der Luther-Kirche in Hamburg-Wellingsbüttel. Alsbald verwandelt sich die Luther-Kirche in einen Ort der Horizonterweiterung. Zacher, ein eher scheuer Musiker mit umfassender Bildung, entfesselt heftige Kontroversen, weil er sich aus künstlerischen und kulturpolitischen Gründen weigert, sich auf das Terrain der in den 1930er und 1940er Jahren neu vermessenen evangelischen Kirchenmusik, eine Art »völkische Flurbereinigung«, zu beschränken. Zielstrebig spielt er die vom Nazi-Regime diffamierten, verfemten und vertriebenen Komponisten. Programme mit Werken von Olivier Messiaen (1908–1992), Arnold Schönberg und Felix Mendelssohn Bartholdy (1809–1847) sorgen für einen wirkungsmächtigen Kontrapunkt zur üblichen kirchenmu-

---

32 Johannes Vetter: Zacher, Gerd; in: Profile, 651–653. Bei den Redaktionsarbeiten zum Buch »Protestantische Profile im Ruhrgebiet« sind leider manche Dinge durcheinander geraten, so dass einige Artikel unter falschen Autoren- und Autorinnennamen publiziert wurden, was erst nach Drucklegung aufgefallen ist. Die Herausgeber entschuldigen sich für dieses Versehen. Im Fall Gerd Zacher steht im Buch Profile daher leider mit Hans-Georg Ulrichs ein falscher Autorenname. Der richtige Autor ist aber Johannes Vetter (www.kmd-johannes-vetter.de.).

33 Die Rolle von Kurt Thomas in der Zeit des Nationalsozialismus ist äußerst umstritten. Er war 1939–1945 Direktor des Musischen Gymnasium in Frankfurt/M., das als Elite- und Vorzeigeprojekt der Nazis galt; vgl. dazu Neithard Bethke: Kurt Thomas. Studien zu Leben und Werk, Kassel 1989; sowie Werner Heldmann: Musisches Gymnasium Frankfurt am Main 1939–1945. Eine Schule im Spannungsfeld von pädagogischer Verantwortung, künstlerischer Freiheit und politischer Doktrin, Frankfurt/M. 2004.

sikalischen Praxis. Nur folgerichtig ist, dass Zacher die Orgel aus der verstaubten Ecke eines missverstandenen sterilen Historismus befreit und zeitgenössische Komponisten wie Dieter Schnebel (*1930), Mauricio Kagel (1931–2008), Juan Allende-Blin (*1928), György Ligeti (1923–2006) und sich selbst zu Orgelkompositionen animiert. Dazu kommen Kompositionen mit politischen Inhalten, wie z. B. seine Kantate Die Barmer Erklärung von 1984, die die Barmer Theologischen Erklärung einigen Texten und der Musik der Deutschen Christen gegenüber stellt.

Von 1970 bis 1991 leitet Gerd Zacher als Nachfolger von Siegfried Reda die Abteilung für Evangelische Kirchenmusik an der Folkwang Musikhochschule in Essen, wo er bis heute lebt.

Gerd Zacher ausschließlich als Spezialisten für neue Musik zu kategorisieren, wäre verfehlt. Ausgehend von der spektakulären wie elementaren Erkenntnis, dass jede Musik einstmals neue Musik war, ist er zum Archäologen geworden, der die mitunter hermetischen Schichten der Interpretationstradition abzutragen und zu analysieren versteht. Daraus resultieren beredte Interpretationen, die weniger danach streben, historische Tatbestände zu rekonstruieren; sie zielen vielmehr darauf ab, Grenzüberschreitendes zu entdecken und zu Gehör zu bringen, ohne die Hörerfahrungen der Musikgeschichte zu ignorieren. Ein »Nebenprodukt« dieser Entdeckungsreisen sind höchst geistreiche Aufsätze, in denen Zacher seine ideologiekritische Arbeitsmethode luzide darlegt.

Indem Gerd Zacher seine Interpretationskunst, seine pädagogische und schriftstellerische Arbeit im Kontext des Humanismus, der Aufklärung und der ideologiekritischen Trauerarbeit ansiedelt, ist er ein wichtiger Protagonist des Protestantismus in seiner prophetisch-revolutionären Ausprägung, aufs engste verbunden mit engagierter Toleranz im Lessingschen Sinne.

Zum Schluss gedenke ich eines meiner wichtigsten musikalischen Lehrer in Duisburg, Alexander Meyer von Bremen (1930–2002)[34] mit der Charakertisierung aus der Feder seines 1969 in Duisburg geborenen Schülers Jörg Abbing, der seit 2011 eine Professur für Klavierimprovisation an der Hochschule für Musik Saar in Saarbrücken innehat:[35]

»Wer das Glück hatte, den Pianisten Alexander Meyer von Bremen beim Musizieren zu beobachten, der konnte das seltene Phänomen eines künstlerisch orientierten Menschen erleben, der seinen ureigensten Instinkten folgt. Dieser Musiker

---

34 Meyer von Bremen starb am selben Tag, an dem auch mein wichtigster theologischer Lehrer, Henning Schröer (1931–2002), gestorben ist: am 7. Februar 2002.
35 Vgl. www.joergabbing.de.

brachte es fertig, sämtliche noch so schwere Partituren und Klavierauszüge vom Blatt in einer Perfektion zu spielen, die manche Kollegen nicht nach wochenlangem Studium zustande brachten. Wo liegt die Quelle dieser Fähigkeit? Diese Frage stellte ich mir gleich zu Beginn unserer Beziehung, die sich von einem typischen Lehrer-Schüler-Verhältnis hin zu einer tiefen Freundschaft entwickelte. Die Antwort scheint ebenso lapidar wie unerforschlich zu sein – Meyer von Bremen war mit jener geheimnisvollen Begabung gesegnet, die große Geister in der Musikgeschichte ihr Eigen nennen konnten: Er verstand Musik. Er beherrschte diese Sprache mit all ihren semantischen Problemen und Chiffren, die Musiker wie Musikwissenschaftler vor stets neue Rätsel stellen. Diese Rätsel offenbarten sich ihm im üblichen Dialog zwischen Musiker und Notentext, und sie lösten sich ihm – oder er löste sie.

Alexander Meyer von Bremen stammte aus einer alten Leipziger Künstlerfamilie. Sein Urgroßvater, Johann Georg Meyer von Bremen, war ein bekannter Genremaler, seine Eltern waren beide Musiker (seine Mutter, Vera Gassert, spielte als eine der ersten Pianistinnen das schwere Klavierkonzert von Alexander Skrjabin). Aus dieser Prädisposition entwickelte sich Meyer von Bremen zu einem Musiker, der u. a. bei dem berühmten Leipziger Thomaskantor Günter Ramin Unterricht im Orgelspiel bekam und später, nach seiner Übersiedlung in die BRD, bei Frank Martin in Köln Komposition studierte. Mit diesem trat er auch als Duopartner an zwei Klavieren auf, ebenso musizierte er mit dem bekannten Geiger Tibor Varga. Sein kompositorisches Werk umfasst fasst alle Gattungen und Besetzungen und wurde vielerorts gespielt. Als Pianist war er in vielen Konzertreisen mit dem »Westdeutschen Trio« unterwegs. Er war Zeit seines Lebens der Musik von Bach mit all seiner Liebe und seinem großen Können auf der Orgel, dem Cembalo und dem Klavier verbunden. Er war ein überzeugter Protestant, der Bachs Musik auch auf diesem Hintergrund zu verstehen wusste. Vielleicht ist es gerade die Leipziger Luft, die er in seiner Kindheit und Jugend einatmete, die ihn zu diesem Grundverständnis auch in religiösen Fragen verhalf. Bis hierhin scheint seine Biografie geradezu vorbildhaft zu klingen.

Und doch beschämt es mich nach wie vor, dass ihm der große Erfolg als Musiker nicht gegönnt war: Er blieb in seiner Anstellung als Klavierlehrer an der Niederrheinischen Musikschule in Duisburg und als Dozent für Kammermusik an der dortigen Abteilung der Folkwang-Hochschule. Seine Fähigkeiten als Musiker und Pädagoge waren für eine Professur an einer Musikhochschule geschaffen, diese Anerkennung blieb ihm verwehrt, obwohl er sie sich in tiefstem Herzen erwünschte. Ebenso belasteten Krankheit und Siechtum seine letzten Lebensjahre. Das letztendlich doch bittere Memento an diesen großartigen Musiker, der die Duisburger Musikgeschichte mitschrieb und heute fast in Vergessenheit geraten ist, erhellt sich in mir in den lebendigen Erinnerungen an sein Spiel, an seine Musikalität und seinen Habitus. All das schlug einem wuchtig entgegen, wenn man die Tür zu seinem Unterrichtsraum in der Niederrheinischen Musikschule der Stadt Duisburg (damals noch in der Ruhrorter Schifferbörse) öffnete und der großen Kunst teilhaftig wurde, die dahinter stattfand.«[36]

Was bleibt als Fazit? Das Ruhrgebiet hat keine eigenständige evangelische Musiktradition hervorgebracht. Es gibt hier alles, was es auch anderswo geben könnte. Es gibt einige, die im Ruhrgebiet geboren sind und es mit großen Schritten verlassen haben, z. T. nicht ungern. Es gibt einige, für die das Ruhrgebiet Durchgangsstation ist. Und es gibt einige, die hier hängen geblieben sind. Einige von ihnen haben in starken Positionen (z. B. Folkwangschule Essen) viel bewirken können. Anderen war der überregionale Durchbruch nicht vergönnt. Von der musikalischen Klangsprache her gibt es restaurative und progressive Komponisten, und es gibt politisch ambivalente Gestalten ebenso wie politisch ambitionierte. Auch sind verschiedene Spielarten des Protestantismus erkennbar, von säkularisierten Formen des Protestantismus bis hin zu bekenntnisorientierten, von traditionsorientierten bis hin zu und prophetischen Formen. In allen Fällen spielt in der Sozialisation dieser Komponisten und Komponistinnen die Kirchenmusik als eine typische Ausdrucksform des Protestantismus eine entscheidende Rolle. Hingegen vermag ich in alledem nichts Ruhrgebiettypisches entdecken. Stattdessen ist jede einzelne Person interessant, bunt, mitunter ambivalent, auf jeden Fall aber wert, sich mit ihr auseinanderzusetzen. Möglicherweise sagt dies mehr über das Ruhrgebiet als der Versuch einer generalisierenden Zusammenschau.

---

36 Jörg Abbing: Meyer von Bremen, Alexander; in: Profile, 657 f.

Andreas Fröhling
Kirchenmusik als Anspruch und Wirklichkeit

Das Ruhrgebiet im Jahr 2010: Sieben evangelische Stadtkirchen inmitten der Metropole Ruhr und ihre künstlerischen Protagonisten haben sich zu einem musikalischen Netzwerkprojekt zusammengefunden: BABEL. Die Idee des Projekts verbindet das Bild der babylonischen Sprachverwirrung mit dem gegenwärtigen Bewusstsein einer komplexen und oftmals misslingenden Kommunikation.

Nicht ohne Zufall findet die Konzertreihe in der Woche vor Pfingsten statt. Pfingsten als Fest von Verständigung und Aufbruch trägt die Züge eines feurigen und inspirierten Geschehens und stellt damit den Gegenentwurf zu babylonischen Zuständen dar. Mit ungewöhnlichen künstlerischen Mitteln werden in der Babel-Woche Spielarten der Kommunikation in sinfonischen, oratorischen und kammermusikalischen Konzerten spürbar gemacht. Die Reihe gipfelt mit einem Simultankonzert in der Last Night am Abend des Pfingstsonntags. Einen Schwerpunkt der Veranstaltungsreihe bilden Werke von Hans Werner Henze und seinen Schülern, denn sie schaffen in ihren Werken Räume, in denen Menschen sich wiedererkennen, in denen ihre Gefühle und Hoffnungen reflektiert werden, in denen Vernetzung und Austausch gelingen kann. Besondere Aufmerksamkeit verdient die Uraufführung der speziell für Babel geschriebenen Komposition *Traumbilder – Leichenstill* des Henze-Schülers Jan Müller-Wieland am 19. Mai 2010 in Dortmund.

Am Reformationstag wird in der Essener Philharmonie aufgespielt: Die Komponisten des Programms repräsentieren – jeder auf seine Weise – den Reformationsgedanken. Sie alle waren Vorreiter ihrer Zeit, entwickelten musikalische Ideen, die weitreichend die Musikgeschichte beeinflussen sollten. Allen gemeinsam ist auch der Gedanke der Reflexion und der Beschäftigung mit traditionellen Formen, die sie dann mit eigenen Konzepten bereicherten und so in neuem Licht erscheinen ließen. Die einzigartige Bedeutung ihrer Kompositionen wird vor allem auch im Kontrast und in der Gegenüberstellung verschiedener Werke, die zeitlich weit auseinander liegen, deutlich.

In der Petrikirche in Mülheim an der Ruhr findet das Festival »Utopie jetzt!« statt: Das altgriechische Wort »Utopie« verheißt einen Ort, der gar nicht existiert – einen »Nicht-Ort«, ein Traumland, das zwar denkbar, aber dann doch meist nicht realisierbar ist, als Wunschvorstellung jedoch eine Leitbildfunktion ausübt. Unter dem provokanten Titel »Utopie jetzt!« fordert das Festival für Neue Musik an der Petrikirche in Mülheim an der Ruhr alle zwei Jahre seine Besucher, aber auch die teilnehmenden Komponisten und Musiker heraus, diesen Ort der Wunschvorstellung zu suchen, und beweist immer wieder spannend und neu: Utopien sind möglich! Ideen, die scheinbar nicht oder nicht mehr zusammen passten, fanden ihren Weg in die Festivalgeschichte. Für die Initiatoren und Festivalleiter bedeutete dies vor allem, zeitgenössischer Musik im kirchlichen Raum einen Spielraum zu geben. Denn zwar hatten in den letzten 50 Jahren neue Klänge in Form von Pop- und Gospelgesängen den kirchlichen Raum erobert, doch experimentelle Musik, die auch die akustischen Möglichkeiten des Raumes und die klanglichen Besonderheiten der Orgel mit einbezog, war dort eher selten zu hören. »Gute Neue Musik hat auch immer etwas Widerständiges«, sagt Gijs Burger, Kantor an der Petrikirche, und gesteht ein: »Und das zieht nicht unbedingt nur die Massen an. Aber sie muss aufgeführt werden! Wir können in unserer Welt nicht nur Musik von gestern machen, wie gut sie auch ist. Musik von heute ist immer Ausdruck unserer heutigen Zeit. Das heißt, sie kann und will nicht immer nur schön sein.«

Kirchenmusik ...

Reden wir über Kirchenmusik, reden wir über eine Jahrhunderte alte Tradition und über ein großes Erbe. Doch wo ist der Platz der Kirchenmusik in der heutigen Zeit? Die Vermittlung innerhalb unserer »Spaßkultur« erweist sich als schwierig, da die Ohren durch vielerlei Hör-Vergewaltigungen leiden und viele Menschen das »richtige Hören« verlernt haben. Das Problem hierbei ist nicht die Botschaft an sich, sondern der Anspruch, dass der Kern der Botschaft nicht durch Ablenkungsmanöver wie Medientauglichkeit oder Kommerzialisierung verraten werden darf, da sie dadurch unglaubwürdig wird. Dass auch oder sogar Gregorianik (und nicht nur Musik aus der Popkultur) »markttauglich« ist, bewies die Chartplatzierung einer CD mit gregorianischen Gesängen vor einigen Jahren.

Musik wird gerne als »Sprache der Seele« bezeichnet. Sinngemäß schreibt Plato: »Durch das Ohr dringen die Töne in das Innere der Seele, sie können durch ihre Gestalten und Zusammenhänge den Menschen nicht nur bilden und formen, sondern ihn auch beeinflussen, je nach ihrem Wesen.«

In der christlichen Tradition sind die gesungenen Psalmen und Cantica (Lobgesänge) Ausdrucksmittel der biblischen Botschaft, sie bringen die Menschen in ihre Beziehung zu Gott, nach der Musik wird geradezu verlangt, wenn die Worte nicht mehr ausreichen. Martin Luther räumt als Komponist und Liederdichter ihr einen hohen Stellenwert ein, da sie dem Menschen das Evangelium, die frohe Botschaft nahe bringen kann. Mit ihren Kompositionen zeugen bedeutende Meister der Musikgeschichte wie Heinrich Schütz, Johann Sebastian Bach, Wolfgang Amadeus Mozart, Ludwig van Beethoven, Franz Schubert, Johannes Brahms, Anton Bruckner, Max Reger und viele andere von ihrer Inspiration aus der Erfahrung mit ihrem Glauben.

Die Menschen mit ihren unterschiedlichen Empfindungen stellen unterschiedliche »Anforderungen« an »ihre« Musik, damit ihre persönlichen Bedürfnisse befriedigt werden. Unterschiedliche Kulturen oder Weltanschauungen bringen unterschiedliche Musikstile mit sich – Musik an sich ist das verbindende Glied. Wenn die Kirchenmusik also die christliche Kultur auf so hohem Niveau widerspiegelt, mit ihrer Sprache so unmittelbar bei den Menschen ist, wie kann dann heute der Inhalt die Menschen erreichen, ohne dass die Sprache der Musik ins Triviale abdriftet?

Es sind die anspruchsvollen Kompositionen, Beispiele für »zeitlose« Werke, die die Generationen überlebt und die Kirchenmusik über Jahrhunderte geprägt haben. Sie waren es, die den Menschen einen Zugang zum Glauben geben konnten, waren zu ihrer Zeit stets »zeitgemäß« und durchaus auch »kritischer Stachel«, ganz im Sinne des Evangeliums. Literarisch wertvolle Texte zum Beispiel von Paul Gerhardt waren anspruchsvoll und verständlich zugleich.

Wie bekommen wir es hin, dass die Menschen wieder neugierig werden auf die Schätze, die die Kirchenmusik zu bieten hat? Wie stellt sich die Kirchenmusik in der heutigen Zeit überhaupt dar? Ich versuche einige Wahrnehmungen zu skizzieren:

Freud ...: Kirchenmusik erfreut sich großer Beliebtheit und erfährt große Wertschätzung seitens des meist zahlreichen Publikums. Sie übt eine soziale, integrative Funktion in den Kirchengemeinden aus und ist noch einigermaßen flächendeckend vorhanden. Die Kirchenräume kommen zum Klingen und werden als »Orte des Fragens« nicht selten von Interpreten geradezu gewünscht, da existielle Fragen hier ihren gebührenden Raum bekommen können. Hierbei lässt sie immer neue Spielformen und Aufführungsformen zu und entdecken.

... und Leid: Kirchenmusik leidet unter Überalterung des Publikums und der ehrenamtlichen Mitwirkenden. Lokale Bezüge sind in Gemeinden wichtiger als die überregionale Wahrnehmung.

Häufig taucht das Image in der Öffentlichkeit auf, Kirchenmusik sei verstaubt und nicht »locker« genug; dies wird durch die Unkenntnis der Theologinnen und Theologen in vielen Fällen auch noch verstärkt. Durch das selten ausschließlich professionelle Niveau der Mitwirkenden ergibt sich ein Problem der Qualitätssicherung. Große lokale Unterschiede durch Hauptamtlichkeit und Nebenamtlichkeit im kirchenmusikalischen Dienst, für Außenstehende oft nicht existent, verwässern das gute traditionelle Image der Kirchenmusik.

Die Stellenangebote für qualifizierte Kirchenmusik werden weniger, es herrscht eine Existenzangst, dass der Bereich Kirchenmusik aus der Kirche verschwindet. Immer mehr Ausbildungsstätten werden geschlossen. Wenn die Hochschule das Kirchenmusikstudium, auch angesehen als das »Studium Generale« der Musik, noch anbietet, passiert es häufig, dass die besten Absolventen abwandern in Opernhäuser, Philharmonien etc., da die Kirche keine adäquaten professionellen Arbeitsmöglichkeiten mehr bietet.

Bereits in der Musikgeschichte ist die Entwicklung im 19. Jahrhundert im Bereich Oper/Lied vielfältiger, »fortschrittlicher« als im Bereich der kirchenmusikalischen Entwicklung. Ist diese heutige »Abwanderung« eine Folge davon? Warum stehen gute Komponisten und Dichter unserer Zeit der Kirche distanziert gegenüber und geben keinen Input für »Neues«? Mag es auch damit etwas zu tun zu haben, dass sich die Kirche in den letzten Jahrzehnten weg von einem kulturellen Ort hin zu einer sozialen Einrichtung entwickelt hat? Zumindest gehen kulturelle und gesellschaftspolitische Impulse von ihr kaum noch aus, und damit ist die Kirche auch keine Umgebung mehr für gesellschaftlich relevante künstlerische Entwicklungen. Es gilt, diese »Stachelfunktion« zu reanimieren, nicht nur um der Kirchenmusik willen – dies ist eine Aufgabe, der sich Kirchenmusiker wie Theologen gleichermaßen stellen müssen.

Die Kirchenmusik leidet unter geschmäcklerischen Inhalten, sie lässt durch Zielsetzungen wie »Gospelfeeling« oder Ähnliches eine Aufweichung der protestantischen Tradition einer »Streitkultur« zu; sie erfüllt immer seltener den Anspruch einer »guten Musik« und gibt durch äußere Vorgaben wie den Druck, mit der »Eventkultur« mitzuhalten, ihre Authentizität preis. Notwendig wären viel mehr professionelle Angeboten im Bereich Kinderchöre, Jugendchöre und Kammerchöre, denn Kinder zum Beispiel in ihrer Unbefangenheit und Offenheit spüren intuitiver geschmäcklerische und triviale musikalisch-textliche Inhalte. Bestimmte populistische Musikrichtungen aber verleiten zu falschem Umgang mit der wertvollen Kinderstimme.

... Anspruch und Wirklichkeit

Kirchenmusik ist selbstverständlich und unverzichtbar im Kontext »Kirche und Kultur«, da sie Teil unserer abendländischen und protestantischen Kultur ist. Sie ist »Kerngeschäft« einerseits und alleiniger Kulturträger mancherorts andererseits. Sie regt an, immer wieder neu über das Verhältnis von Glaube und Kunst nachzudenken. Sie transportiert Inhalte, die mit Worten nicht vermittelbar sind. Sie hat den Auftrag, Kultur zu vermitteln (Bildungsauftrag). Sie verbindet durch die Arbeit mit musikalischen Gruppen unterschiedliche soziale Schichten. Sie bringt Kirchenferne zurück in kirchliche Räume und lässt sie Spiritualität erfahren. Sie lässt Menschen in Kontakt mit der Kirche treten und füllt leere Kirchenräume. Aber sie erklingt auch leider noch selten milieuübergreifend, da spezielle Angebote nur von jeweiligen Zielgruppen wahrgenommen werden.

Kirchenmusik erfordert viele motivierte und motivierende hauptamtliche Mitarbeiterinnen und Mitarbeiter, um die Vielfalt der »Kulturen« zu verstehen. Sie muss anspruchsvoll und von guter Qualität, aber nicht abgehoben sein. Dies hat nichts mit Hochkultur zu tun! Den Menschen wird gute Kultur geschuldet, und diese hat, sehr gut vermittelt, ihren Platz auch oder gerade in der Kirche.

Was bieten sich für neue Möglichkeiten im Bereich Kirchenmusik angesichts dieser Überlegungen? Als Wichtigstes ist vielleicht zunächst festzuhalten, dass seitens der Kirchenleitung *Kirchenmusik gewünscht sein muss,* damit es sinnvoll ist, sich diesen Gedanken und Fragen überhaupt zu stellen.

Lassen Sie uns fragen, warum in der Vergangenheit Spitzenkräfte wie Johann Sebastian Bach »Neue Musik« komponierten, heute aber gute Komponisten ebenso wie gute Textdichter Kirche meiden. Wie kam es zu dem Bruch in der Verbindung »Theologie und Musik« und warum erfolgte er?

Müssen wir statt »Lockerheit« nicht lernen, »unsere Sache« gut zu präsentieren, um glaubwürdig zu sein? Faszination und Staunen bringt es mit sich, wenn zum Beispiel durch Konzerteinführungen notwendige Vorkenntnisse vermittelt werden, die im eigentlichen Konzert dann zum Wiedererkennen und zur Freude darüber führen.

Wir stehen vor Problemen: Die Menschen hören Schlager oder Pop, weil sie nichts Anderes mehr kennen. Aber wissen sie auch, dass sie damit einer Massenbewegung folgen? Statt den trivialen Texten der »Schlager, die zu Herzen gehen« nachzueifern, stellt sich doch die Frage, warum zum Beispiel zeitgenössische Dichter nicht in einen Kompositionsprozess heutiger neuer Kirchenmusik mit einbezogen werden. (Beispiel: Im Ruhrgebiet führte die Arbeiterkultur – Arbeiterchöre, Bergwerkschöre, Arbeiterbewegung – zu politisch motivierter zeitgemäßer Kirchenmusik, zum Beispiel von Gerhard Stäbler.)

Was kann Kirchenmusik leisten? Was ist ihre Aufgabe?

Unsere Aufgabe muss also sein, die durch die Umwelt abgestumpften Ohren wieder zu kritischem Hören zu befähigen, eine neue »Streitkultur« im protestantischen Sinne wieder ins Bewusstsein zu holen, geradezu wünschenswert erscheinen zu lassen. Nehmen wir durch echte alternative Musikangebote unsere Hörer mit auf die Reise ins Unbekannte und lassen die Ohren Neues entdecken. Neugierig machen auf Neues, neue Hör-Perspektiven eröffnen – das können zum Beispiel Schulprojekte, milieuübergreifende Angebote, Zusammenarbeiten mit Theater, Musikschule, also insgesamt Kooperationsprojekte ermöglichen. Es ist ein langwieriger Lernprozess, hierbei Unterschiede in der Qualität hörbar zu machen; dies ist aber wichtig, denn Angebote in »Konkurrenz« zu weltlichen Trägern können nur durch Qualität bestehen.

Da die Musik eine so immense Wirkung auf die Menschen ausüben kann, bedarf es also der guten Vermittlung, Musik »erleben zu lassen«. John Cage kann nicht nur gehört werden, er muss »erlebt« werden. Johann Sebastian Bach – und das ist eine Herausforderung – muss wieder neu entdeckt werden »wollen«, wir müssen diese Musik neu entdecken lassen, in andere Zusammenhänge stellen, Alternativen in der Aufführungspraxis finden. Wir müssen alte und neue Musik hörbar *und* sichtbar machen, neue Beziehungen finden zwischen Klängen und Räumen.

Christlicher Glaube braucht immer neue Ausdrucksformen, und vielleicht führt das Nebeneinander des »Populären« und des »Klassischen« zu einer großen Offenheit, aber wenn das »Populäre« überhand nimmt, da es keine Ideen mehr für das »Klassische« gibt, wird in der Kirchenmusik Entscheidendes fehlen. In England zum Beispiel stellt sich diese Frage nicht: Tradition und ausreichend Neues stehen in Vielfalt nebeneinander und werden selbstverständlich gepflegt.

Wir sind als »Suchende« auf das Neugierigmachen angewiesen und werden den Verlust neuer Hörerfahrungen, an Vielfalt, die ermutigt, Neues und Fremdes zu entdecken und ihm zu begegnen und sich damit anzufreunden, beklagen. Eine Zusammenarbeit mit dem Komponisten und Theologen Dieter Schnebel zeigt hierbei, dass bei dieser Entdeckungsreise durchaus auch Schalk und Humor ihren Platz findet und es keinen Rückschritt zu einem »Muff der 50er Jahre« geben muss. Wie Schnebel präsentiert auch Clytus Gottwald zeitgemäße Kirchenmusik, die in der Tradition des »Innovatives entdecken« steht. Die »Improvisation«, ein so weitreichendes und traditionsreiches Handwerk in der Kirchenmusik, bietet sich als Chance ständig neuer Ausdrucksmittel an, wenn sie sich nicht in endlosem Genudel von Stilkopien aufhält. Die eingangs genannten Projekte ließen sich noch durch weitere gute Beispiele ergänzen. Es sind die musikalischen Experimente im Kontext Ruhrgebiet, die versuchen, den angesprochenen Herausforderungen gerecht zu werden. Wichtig ist festzuhalten: Wenn in der Tradition die Kirchenmusik durch Innovation überlebt hat, muss sie auch heute Innovatives leisten, um in der Zukunft zu überleben.

V.

Hans-Udo Schneider
Kirche und Arbeitswelt – Nahe bei den Menschen sein
Ein Zugang in sechs Bildern

Begreifen
Von den Wiegenliedern der Mütter
bis zu den Nachrichten des Ansagers
im Buch, im Herzen, auf der Straße
die Lüge besiegen.
Begreifen, Liebste, welch ein unvorstellbares Glück,
Begreifen, was geht und was im Kommen ist.

Nazim Hikmet

Poesie in ihrer schönsten Form. Sehr einfühlsam und präzise beschreibt Nazim Hikmet in seinem 1945 verfassten Gedicht was aus meiner Sicht Auftrag christlicher Sozialethik und Gegenstand des Kirchlichen Dienstes in der Arbeitswelt ist: Begreifen als »ästhetischer Akt der Erkenntnis«, von Deutung und Interpretation klar zu unterscheiden.

In einem Vortrag zu dem Thema »Ethos im Chaos« nähert sich Thomas Bonhoeffer (1991)[1] dieser Thematik aus wissenschaftlich-theologischer Sicht. Er zeigt zunächst die Entwicklung des Wortes »Ethos« auf. Seine ursprüngliche Bedeutung kann mit »Lebensraum«, »Lagerstatt«, »Jagdgründe« gleichgesetzt werden. Sie geht weiter über »Gepflogenheit«, »Sitte«, die Ausrichtung des »Verhaltens auf das Gute«, auf das, was Menschen glücklich macht, bis hin zu den uns heute bewegenden Fragen »wie man sich die Erde am besten bewohnbar macht und erhält«. Was das heißt, beschreibt Bonhoeffer dann folgendermaßen:

»Ethos im Chaos hat nach christlichem Verständnis nicht Gesetzescharakter, sondern hat die zarte und starke Verbindlichkeit des Gesprächs. Das Gespräch

---

1 Bonhoeffer, Thomas: Vortrag vor dem Arbeitskreis Recklinghausen der Evangelischen Akademie Westfalen am 29. November 1991.

zeitigt stabile Strukturen, die als gerecht einleuchten. Sie können sich wandeln, sie können ganz untergehen. Das nimmt ihnen nichts von ihrer prinzipiellen Verbindlichkeit. Sie sind das Beste, was wir in der Welt haben: Inseln der Ordnung im Chaos.«[2] Darum geht es also.

Wie kann Kirche sich einer solchen Aufgabe stellen, ihr gerecht werden? Das wirft zunächst die spannende Frage nach der Stellung der Kirche in Staat und Gesellschaft auf.

Helmut Gollwitzer (1976) kennzeichnet diese als »Doppelcharakter«[3]. Kirche ist immer sowohl eine Gruppe von Menschen, die die Botschaft des Evangeliums beseelt und beeindruckt und sie ist »zugleich ein Teil der Gesellschaft, von deren Lebensbedingungen bestimmt und unter deren Suggestion und Rahmenbedingungen auch die Botschaft auffassend«[4].

Das kann nicht ohne Folgen bleiben. »Erst recht eine Volkskirche ist ein Spiegel der jeweiligen Gesellschaft – wie die Kirchengeschichte zeigt, mehr diese als das Evangelium spiegelnd.«[5]

Für Gollwitzer ist es deshalb nicht verwunderlich, dass insbesondere Einrichtungen, Gremien, Organe der Volkskirche diesem gegensätzlichen Druck »des Evangeliums und der herrschenden Bedürfnisse ihrer Gesellschaft« ausgesetzt sind.

»Die Resultante daraus wird meistens nur ›etwas Allgemeinverbindliches‹, id est: Allgemein-Unverbindliches sein, humane Richtigkeiten, die niemandem weh tun – besonders wenn die Selbsterhaltung, die Einheit und die ungetrübten Beziehungen zum Staat die Priorität haben; zur Stimme der evangelischen Botschaft wird eine solche Kirche dann nur in seltenen Ausnahmefällen werden.«[6]

Wer sich mit dem Thema Kirche und Arbeitswelt im Ruhrgebiet auseinandersetzt, kann dies nicht unberücksichtigt lassen.

2 Ebd., S. 13.
3 Gollwitzer, Hellmut: Die Evangelische Kirche und unser Staat, Frankfurt Hefte, 1976, Heft 4, S. 24-28.
4 Ebd., S. 28.
5 Ebd.
6 Ebd.

Das Sozialamt der Evangelischen Kirche von Westfalen Haus Villigst

Das Sozialamt Haus Villigst in Schwerte, Iserlohn, wurde am 23. März 1949 im Zusammenhang der Bildung eines landeskirchlichen Sozialausschusses gegründet. Als erster Leiter des Amtes bestellte die Kirchenleitung Klaus von Bismarck, den späteren Intendanten des Westdeutschen Rundfunks.

Die Geburtsstunde des Sozialamtes[7] liegt im Jahre 1931, als mit Werner Betcke, ein Nichttheologe auf Reinhard Mumm in der Leitung des Amtes folgte und aus dem Sozialpfarramt ein Sozialamt wurde. Nach 1949 entwickelte sich das Sozialamt Haus Villigst zu einer der bedeutendsten Institutionen des Sozialen Protestantismus und der Industrie- und Sozialarbeit in ganz Deutschland.

Villigst war dieser Ort des Gesprächs (siehe oben), der Tagungen und Konferenzen mit Arbeitern, Arbeitslosen, Unternehmern, Gewerkschaftern, Politikern, Wissenschaftlern und Theologen.

Durch seine Gesprächskultur erlangte Haus Villigst Ansehen und große Akzeptanz.

In der interdisziplinären Zusammenarbeit von Vertretern aus Theologie, Volkswirtschaft, Sozialwissenschaften und der Industrie- und Sozialarbeit der Regionen entwickelte sich das Sozialamt zum quantitativ und qualitativ anspruchsvollsten Dienst der Evangelischen Kirche von Westfalen (EKvW) und der EKD.

Von hier ausgehende Impulse, Verlautbarungen, Stellungnahmen fanden weit über den kirchlichen Raum hinaus Beachtung.

Exemplarisch seien hier genannt: »Soziale Gerechtigkeit statt Arbeitslosigkeit. Erfahrungen und Konsequenzen aus 10 Jahren Auseinandersetzungen mit Massenarbeitslosigkeit«;[8] »Anregungen für einen neuen sozialen Lastenausgleich«;[9] »Wandel braucht Zeit, Solidarität, Hoffnung«.[10]

---

7   Belitz, Wolfgang: Das Ende des Sozialamtes Haus Villigst der Evangelischen Kirche von Westfalen, in: Amos (Vierteljahrszeitschrift) 1–1999, S. 22–23.
8   Evangelische Kirche von Westfalen: Beiträge aus der Industrie- und Sozialarbeit der EKvW von Pfr. Wolfgang Belitz, Diplom Volkswirt Jürgen Espenhorst, Pfr. Eduard Wörmann, Schwerte 1985, Nr. 30.
9   Evangelische Kirche von Westfalen: Eine Ausarbeitung des Sozialausschusses der EKvW 1986, Heft 15.
10 Evangelische Kirche von Westfalen: Bericht der kirchlichen Montankonferenz vom 22. April 1993, Nr. 35 der Mitteilungen des Sozialamtes der EKvW.

Das Sozialamt der EKvW entfaltete darüber hinaus eine außergewöhnliche starke innerkirchliche Wirkkraft in der theologisch-sozialethischen Ausbildung junger Theologen, in der gesellschaftspolitischen Auseinandersetzung und als Impuls- und Ideenschmiede für Menschen innerhalb und außerhalb der Kirche.

So führte 1970 der Theologe und spätere stellvertretende Leiter des Amtes, Wolfgang Belitz, das Industriepraktikum für Theologiestudierende der EKvW als Gruppenpraktikum ein. Das Praktikum dauerte jeweils sechs Wochen.

Die Voraussetzung der stetigen Wiederholung über einen Zeitraum eines Vierteljahrhunderts bestand in der verlässlichen Kooperation mit Geschäftsleitungen und Betriebsräten zahlreicher Unternehmen in Westfalen. Diese Erfahrung in Verbindung mit den ebenso lange durchgeführten Pastoralkollegs im Bereich der Sozialethik haben Generationen von Pfarrerinnen und Pfarrern geprägt und in ihrer Gemeinde- und Seelsorgearbeit gestärkt.

Warum diese renommierte Institution zum 31. Dezember 1998 auf Beschluss der Kirchenleitung liquidiert wurde, ist als sachgerechte Entscheidung selbst für Insider nicht nachvollziehbar, aus der Sicht der Industrie- und Sozialarbeit war es eine schwerwiegende Fehlentscheidung.

Die »Stimme der Arbeit« im Ruhrgebiet ist dadurch spürbar leiser geworden. Den vormals vielstimmigen Chor, der zudem immer wieder hervorragende Solisten hervorbrachte (Dina Wermes, Lore Seifert, Wolfgang Belitz, Jürgen Espenhorst, Eduard Wörmann im Sozialamt und Karl- Heinz Becker, Gladbeck; Heinrich Hüttermann, Nordwalde; Jürgen Klute, Herne; Willi Overbeck, Essen; Reiner Schäfer, Gelsenkirchen-Wattenscheid; Christian Schröder, Recklinghausen; Jürgen Widera, Duisburg als Sozialsekretäre und Sozialpfarrer in den Kirchenkreisen) gibt es nicht mehr.

Die gemeinsame Sozialarbeit der Konfessionen im Bergbau (GSA)

Die GSA ist bis heute das Leuchtturmprojekt in der Zusammenarbeit der beiden Kirchen (der Bistümer Essen und Paderborn, der Evangelischen Kirche von Westfalen und der Evangelischen Kirche im Rheinland) mit dem Bergbau. Sie begann 1950 im Zusammenhang der Auseinandersetzungen um die »soziale Ordnung« in den Schlüsselindustrien von Kohle und Stahl. So hatte der nordrheinwestfälische Landtag 1948 per Gesetz die Sozialisierung der Kohleindustrie beschlossen, die aber von der britischen Besatzungsmacht nicht genehmigt wurde. Hinzu kam die starke Stellung der kommunistischen Betriebsräte und damit auch der Gewerkschaften und Parteien besonders im Kohlebergbau. Die politischen Kontroversen machten vor dem Werksgelände nicht halt. Fragen über den künftigen Weg in der Montanindustrie, über Sozialisierung, Mitbestimmung und Gewinnbeteiligung bestimmten die Diskussionen in den Belegschaften. Die Unternehmensleitungen waren von diesen Entwicklungen zutiefst beunruhigt.

In dieser spannungsgeladenen Situation wandten sich damals Bergwerksdirektoren unter Leitung von Dr. Heinrich Kost (Generaldirektor der Deutschen Kohlenbergbauleitung) an die Kirchen. Sie sahen in den Kirchen die idealen Partner, bei den anstehenden Konflikten über die Gestaltung der Sozial- und Wirtschaftsordnung zu vermitteln und zum sozialen Frieden in den Betrieben beizutragen.

Von den Gewerkschaften wurde diese Vermittlerrolle zunächst mit großer Skepsis und Argwohn aufgenommen. Zu tief war im kollektiven Gedächtnis der organisierten Arbeiterschaft das Verhalten der kirchlichen Amtsträger als konservativ und reaktionär verankert, als dass ein unbefangener Zugang ohne Umschweife möglich gewesen wäre. Hinzu kamen Strömungen insbesondere in der Katholischen Arbeitnehmerbewegung (KAB) und in Teilen der CDU, die sich für die Bildung christlicher Gewerkschaften stark machten. 1955 wurde dieser Schritt dann auch vollzogen. Für die Arbeit der GSA war das eine ernsthafte Belastungsprobe.

Im Gegensatz dazu kam es im Bereich der Evangelischen Kirche zu einer klaren Positionierung.

Der Rat der EKD lehnte Ende 1955 die Bildung christlicher Gewerkschaften ab und sprach sich für die Einheitsgewerkschaft im DGB aus. Die Kirchenmitglieder wurden zur Mitarbeit in den Gewerkschaften aufgerufen.

Wie Traugott Jähnichen aufzeigt, kam die »Stellungnahme des Rates der EKD unter wesentlicher Mitwirkung Klaus von Bismarcks zustande«[11]. Sein zentrales Anliegen bestand darin, den Gedanken der Sozialpartnerschaft in der Wirtschaft, in den Betrieben zu gestalten, Menschen mit unterschiedlichen Interessen und Positionen zusammenzubringen. Das galt insbesondere auch für das gemeinsame Gespräch der Unternehmer und der Gewerkschaften im DGB. Im Hinblick auf die Akzeptanz der GSA war diese Ausrichtung ein Meilenstein.

Für die konkrete Tagungsarbeit, die zunächst in Villigst und in der Kommende in Dortmund stattfand, später auch auf Einrichtungen beider Kirchen im Rheinland ausgedehnt wurde, gab es ein einheitliches Schema für die »Grundtagungen« und

---

11   Jähnichen, Traugott: Westorientierung und Sozialpartnerschaft – Das gesellschaftspolitische Leitbild der GSA in den 50er Jahren; in: Traugott Jähnichen/Norbert Friedrich/Wolfgang Herting (Hg.), Den Wandel gestalten – 50 Jahre Gemeinsame Sozialarbeit der Konfessionen im Bergbau, Essen 2000, S. 50–57.

»Grundkurse«. Sie verfolgten das Ziel, Bergleute – unabhängig von ihrer betrieblichen Stellung – zusammenzubringen.

»Der Mensch im Betrieb« so lautete das Leitmotiv der Tagungen. Impulsreferate, der Erfahrungsaustausch über betriebliche Abläufe und die Diskussion in Kleingruppen ergaben das Grundraster dieser Tagungsarbeit.

Wie in einem Brennglas konzentrierten sich die industriepolitischen Veränderungen, Probleme und Konflikte jeweils in der Arbeit auch der GSA. Hierzu zählen die Zechenschließungen ab 1957 in Folge der Kohleabsatzkrise, die Gründung der RAG als Einheitsgesellschaft von zuletzt 29 Einzelgesellschaften, der Beginn der Massenarbeitslosigkeit in Deutschland im Zusammenhang der ersten Ölkrise im Jahre 1974.

Diese, aber auch allgemein gesellschaftliche Veränderungen, zwangen zu einer Neubestimmung des Selbstverständnisses der GSA. Die Zusammensetzung der Belegschaften änderte sich, große Teile der Mitarbeiterschaft sind heute Migranten mit sehr unterschiedlichem sozialen und kulturellen Hintergrund. Hinzu kommt, dass die Akzeptanz der Kirchen schwindet. Sie sind nicht mehr per se und von vornherein die akzeptierte und anerkannte moralische Instanz. Leitbilder können von daher nicht mehr einfach von außen dekretiert werden. Moderne Menschen, noch dazu Menschen aus sehr unterschiedlichen Kulturkreisen, wollen darüber streiten, ernst genommen werden, in einen Dialog eintreten, verbindliche Leitlinien selbst entwickeln.

Die kirchlichen Mitarbeiter in der GSA verstehen sich heute als Einlader zu und als Moderatoren in einem »kritisch-konstruktiven Dialog.« Wilhelm Beermann (früherer Vorsitzender des Vorstandes der Deutschen Steinkohle AG, Herne) nennt dabei folgende Zielsetzungen: »die Humanisierung der Arbeitswelt, die Verbesserung der Zusammenarbeit in den Betrieben, die Mitwirkung der Beschäftigten bei der Veränderung von Strukturen sowie die sachliche und offene Begleitung bei der Lösung betrieblicher Konflikte«.[12]

Für Beermann hat das Engagement der Kirchen ganz wesentlich zur »Wahrung des sozialen Friedens in den Bergbaurevieren« beigetragen. In dieser Funktion misst er der GSA eine Bedeutung mit Modellcharakter zu, weit über die bisherigen Indus-

---

12 Beermann, Wilhelm: Die Rolle der GSA aus personalpolitischer Sicht der RAG, in: Traugott Jähnichen/Norbert Friedrich/Wolfgang Herting (Hg.), Den Wandel gestalten – 50 Jahre Gemeinsame Sozialarbeit der Konfessionen im Bergbau, Essen 2000, S. 217–221.

triebereiche von Bergbau und Opel in Bochum (die Opel Werke Bochum wurden 1970 in die GSA integriert) hinaus.

Geradezu weit blickend und fast wie ein Vermächtnis klingt die Feststellung von Beermann: »Dabei ist es eine gemeinsame ethische Verpflichtung, die im globalen Trend allgemein festzustellenden Werteverschiebungen – zunehmende Überbetonung des Shareholder-Value-Denkens und Vernachlässigung der sozialen Verantwortung für die Belegschaften – kritisch zu analysieren und in der konkreten Tagungsarbeit offen zu diskutieren.«[13]

Die Wuppertal Studie: Mit der Kohle zur Sonne

Wie innovativ und fruchtbar die Zusammenarbeit zwischen Evangelischer Kirche, der Industrie- und Sozialarbeit und dem Bergbau auch noch auf einem anderen Feld – der Energiepolitik – hätte sein können, zeigt eine Studie, die im September 1995 veröffentlicht wurde. In der damals aufgeheizten Stimmung, in der es um die Frage ging: Wird es auch weiterhin in Deutschland einen überlebensfähigen Bergbau geben?, in der der Ministerpräsident des Landes NRW, Johannes Rau, einmal nüchtern feststellte: »Die Zahl der Freunde des Bergbaus ist kleiner geworden«, in der Tausende von Menschen im Bergbau Existenzsorgen plagten, in der Fragen des Umwelt- und Klimaschutzes die öffentlichen Debatten beherrschten, drängten die kreiskirchlichen Industrie- und Sozialpfarrämter in den Bergbauregionen ihre Superintendenten zu einem ungewöhnlichen Schritt.

Das Wuppertal Institut für Klima, Umwelt und Energie (1991 von Ernst Ulrich von Weizsäcker gegründet), das sich besonders der anwendungsorientierten Nachhaltigkeits-Forschung verpflichtet sieht, sollte die teils festgefahrene und oft nur noch emotional geführte Diskussion beflügeln. Der Titel der in Auftrag vergebenen Vorstudie lautet: »Ist ein sozial- und klimaverträgliches Zukunftskonzept für die deutsche Kohle realisierbar? Notwendigkeiten, Chancen und Hemmnisse einer sozial-arbeitsmarktpolitisch und ökologisch orientierten innovativen Energiepolitik für die Kohleregion.«[14]

---

13 Ebd., S. 221.
14 Hennicke, Peter/Lechtenböhmer, Stephan: Visionen – Anstöße und Modelle zur Zukunft des Ruhrgebietes. Ergebnisse und Thesen einer Vorstudie des Wuppertal Instituts, Wuppertal 1995.

Mit dem Blick von heute müssen die Ergebnisse der Studie und ihre Ausrichtung auf konkrete Handlungsalternativen noch mehr als damals als sensationell eingestuft werden. Leider konnten der Bergbau und die Gewerkschaft (IG BCE) sich diesen Perspektiven nicht öffnen. Es kam zu harten Auseinandersetzungen. Das in der Studie selbst als sehr »ehrgeizig« bezeichnete »Programm« sah folgende »Strategieelemente« vor:
– Reduzierung der heimischen Kohleförderung bis zum Jahre 2020 auf 20 Millionen SKE,
– kein Import von Kohle,
– Ausbau der kohlebasierten Kraft-Wärme-Kopplung in Industrie und Kommunen,
– Forcierte Markteinführung regenerativer Energien in Verbindung mit der Forschung und Entwicklung neuer Anwendungsformen,
– Ausstieg aus der Kernenergie,
– Weiterentwicklung von Kraftwerkstechnologien und Kohleveredelungstechnik.

Die großen Energieversorgungsträger hatten damals weder ein Interesse am schnellen Ausstieg aus der Kernenergie noch an dem massiven Ausbau der kohlebasierten dezentralen Kraftwärmekopplung in Industrie und in den Kommunen. Das galt auch für die Markteinführung regenerativer Energien. Die Handlungsperspektiven der Studie zielten vor allem darauf ab, den Strukturwandel zu gestalten und Strukturbrüche zu vermeiden.

In diesem Zusammenhang ist das Bemühen des Bergbaus anzuerkennen, mit allen Mitteln zu verhindern, dass Bergleute ins »Bergfreie« fallen. Gleichwohl ist für jeden, der im besten Mannesalter vom Bergbau »abkehren« muss, der Preis hoch. Noch höher ist der Preis, den die betroffenen Bergbauregionen zahlen müssen. Die Versprechen der Politik nämlich, sie nicht im Regen stehen zu lassen, werden nicht eingehalten. Die Städte haben ihre Handlungsfähigkeit verloren. Aus heutiger Sicht ist es darüber hinaus für den Klima- und Umweltschutz dramatisch, dass viele Jahre verschlafen wurden.

Die Gewinninteressen der großen Energieversorgungsunternehmen standen stets höher im Kurs als die des Gemeinwohls.

Der kritischen Solidarität der Industrie- und Sozialarbeit, ja auch der ganz überwiegenden Teile der Evangelischen Kirche, mit dem Bergbau hat die Studie aber keinen Abbruch getan. Im Gegenteil, insbesondere in Krisenzeiten, bei ungezählten Demonstrationen und Mahnwachen, hat sich die gewachsene Kultur des Vertrauens zwischen Bergbau und Evangelischer Kirche bewährt.

Die Industrie- und Sozialarbeit

Fast alles begann in Espelkamp. Im Mittelpunkt der EKD-Synode 1955 im ostwestfälischen Espelkamp stand das Thema Kirche und Arbeitswelt. Die dort gefassten Beschlüsse waren für die Entwicklung der Industrie- und Sozialarbeit wegweisend.[15]

In der Grundsatzerklärung heißt es: »Die Mauern kirchlicher Tradition und Gewohnheit dürfen uns nicht hindern, den Weg zum Menschen in der heutigen Arbeitswelt zu suchen. Christus ist gekommen, um in der Welt zu leben und für sie sich hinzugeben«. »Es widerspräche dem Glauben an Gottes Herrschaft über die ganze Welt, wenn wir zwar in Familie und Nachbarschaft um eine christliche Ordnung des Zusammenlebens besorgt wären, zugleich aber die neu entstandenen Gliederungen der Wirtschaft, der Politik und des kulturellen Lebens sich selbst überließen. Der Glaube an die Herrschaft des dreieinigen Gottes ist eine Macht auch für die Welt der Arbeit. Wo die Kirche in diesem Glauben lebt, erfährt sie zugleich Erneuerung ihrer eigenen Gestalt.«[16]

Der Erklärung der EKD-Synode sind Anlagen beigefügt, die den einzelnen Landeskirchen zur weiteren Beratung und Beschlussfassung zugeleitet wurden. Im Nachgang zu Espelkamp kommt es in allen Landeskirchen zur Bildung von Sozialpfarrämtern, zum Teil, wie in Westfalen und im Rheinland, auch auf der kreiskirchlichen Ebene. Die Sozialakademie Friedewald wird nicht nur zu einer bundesweit anerkannten Tagungsstätte mit ihrem »Seminar für kirchlichen Dienst in der Industriegesellschaft«, sondern auch zu einer bedeutenden Ausbildungsstätte für kirchliche Sozialsekretäre. Auf landeskirchlicher und regionaler Ebene werden Sozialausschüsse gebildet, das Thema Kirche und Arbeitswelt entwickelt sich zu einem Schwerpunkt der Arbeit der Evangelischen Akademien, die Ausbildung der Theologen an den Hochschulen, aber auch im Vikariat, wird durch sozialethische Fragestellungen und die Möglichkeit zur Ableistung von Industriepraktika ergänzt. Die EKD gründet selbst eine »Kammer für soziale Ordnung« und in Bochum das »Sozialwissenschaftliche Institut«.

Alle diese Dienste haben neue Felder erschlossen. Sie sollten dazu beitragen, dass die Arbeitswelt nicht länger aus der Verkündigung und dem Blick der Gemeinde ausgeklammert blieb. Konkret heißt das:

---

15 Kruse, Martin: Gestalt und Dienst der Kirche, in: Stimme der Arbeit, Nr. 1 1983, S. 8 f.)
16 Zitiert nach Ebd., S. 8 f.

- Gibt es in der gottesdienstlichen Gemeinde ein Wissen über die wirtschaftlichen Vorgänge vor Ort?
- Wo und unter welchen Bedingungen arbeiten die Menschen im Umfeld einer Kirchengemeinde?
- Wie werden die Beschäftigten entlohnt, wie unterscheiden sich die Bezahlung von Frauen und Männern?
- Gibt es Kontakte zu den örtlichen Betrieben, den Unternehmern, den Betriebsräten und Gewerkschaften, zu der Arbeitsverwaltung, der Jugend- und Ausländerbehörde?
- Hat eine Gemeinde bei Stilllegungen oder Entlassungen die Möglichkeit, mit den Verantwortlichen Gespräche zu führen?
- Was wissen wir von den Menschen und ihren Familien, die langzeitarbeitslos sind?

Eine Parochialgemeinde wird das allein kaum leisten können. Genau an dieser Stelle erschließt sich die Möglichkeit der fruchtbaren Zusammenarbeit zwischen Gemeinde und dem funktionalen Dienst der Industrie- und Sozialarbeit.

Heute müssen wir feststellen, allenfalls in Teilbereichen, allenfalls punktuell, aber keinesfalls flächendeckend und umfassend, ist es der Industrie- und Sozialarbeit gelungen, das Zentrum der parochial verfassten Kirche zu erreichen. Die Industrie- und Sozialarbeit ist innerkirchlich aus ihrer Nischen- und Randlage nie herausgekommen. Das gilt trotz der Tatsache, dass es kaum eine anderes kirchliches Arbeitsfeld gibt, das in ein solch weit verzweigtes und tragfähiges Netz gesellschaftlicher Kontakte eingebunden ist wie die Industrie- und Sozialarbeit. Dazu zählen Betriebe und Unternehmen, Organisationen von Unternehmen und Handwerk, Einzelgewerkschaften und DGB, Wohlfahrts- und Umweltverbände, kommunale und regionale Verwaltungen, Arbeitsverwaltungen, Umweltgruppen, Arbeitsloseninitiativen, Parteien.

In Anerkennung dieser Arbeit ist der Kirchliche Dienst in der Arbeitswelt (KDA), das ist die Industrie- und Sozialarbeit der Kirchen, am 9. November 1995 mit dem Hans-Böckler-Preis geehrt worden. (Der Hans-Böckler-Preis ist die höchste Auszeichnung, die die Hans-Böckler-Stiftung, der Deutsche Gewerkschaftsbund und seine Mitgliedsgewerkschaften zu vergeben haben.)

Vor allem die Kirchengemeinden haben die darin liegenden Chancen jedoch viel zu wenig genutzt, sie haben sie gar nicht wahrgenommen.

Die Gründe dafür sind vielfältig. Ein wesentlicher Zusammenhang ist in dem eingangs erläuterten Doppelcharakter der Kirche zu sehen. Von daher wundert es nicht, dass viele Gemeinden heute gesellschaftlich isoliert sind, die Lebenslage der

Menschen nicht kennen, der Sinn von Arbeit und die Bedeutung von Arbeitslosigkeit für die Entwicklung des Menschen weder im Gottesdienst noch im Gemeindeleben einen gebührenden Platz haben.

Isolation ist psychologisch gesehen eine wesentliche Bedingung für die Entwicklung von Krisen und Krankheiten. Wenn heute in den meisten Gemeinden Wahlen zum Presbyterium nicht mehr zustande kommen, dann ist das ein deutliches Zeichen der Krise.

Zu dieser Krise gehört auch, dass den Versprechungen des freien Marktes unter den gegenwärtig herrschenden gesellschaftlichen Bedingungen mehr Vertrauen entgegengebracht wird als der befreienden Botschaft des Evangeliums und der Vorstellung einer ethisch bestimmbaren Bindung von Arbeit und Wirtschaft wie sie insbesondere im Sozialwort der Kirchen von 1997 zum Ausdruck gebracht wird.

Das Sozialwort der Kirchen

1997 veröffentlichten der Rat der Evangelischen Kirche in Deutschland und die Deutsche Bischofskonferenz ihr »gemeinsames Wort zur wirtschaftlichen und sozialen Lage in Deutschland«.[17] Es trägt den anspruchsvollen Titel: »Für eine Zukunft in Solidarität und Gerechtigkeit«. Vorausgegangen war ein bis zu diesem Zeitpunkt einzigartiger Konsultationsprozess, die Beteiligung von Organisationen, Verbänden, Vereinen und Gruppen innerhalb und außerhalb der Kirchen. Das Katholische – Soziale Institut der Erzdiözese Köln (KSJ) und das Sozialwissenschaftliche Institut der EKD (SWI, Bochum) zählten 2.500 Stellungnahmen mit einem Umfang von mehr als 25.000 Seiten. Diese Vorgehensweise, gleichsam ein Dialog auf Augenhöhe, hat den Kirchen Respekt und Anerkennung gebracht. Er hat exemplarisch gezeigt, wie das Gespräch mit dem mündigen Bürger zu führen ist, wenn die Kirche »gegen den Trend wachsen« und »Zukunft gestalten« will. Die Industrie- und Sozialarbeit hat einen ganz wesentlichen Anteil am Erfolg dieser Konsultation.

Bereits im Vorentwurf werden drei Optionen als erkenntnis- und handlungsleitend herausgestellt:

---

17 Kirchenamt der Evangelischen Kirche in Deutschland/Sekretariat der Deutschen Bischofskonferenz (Hg): Für eine Zukunft in Solidarität und Gerechtigkeit; Wort des Rates der Evangelischen Kirche in Deutschland und der Deutschen Bischofskonferenz zur wirtschaftlichen und sozialen Lage in Deutschland, Hannover/Bonn 1997.

- die Option für die Schwachen und Armen,
- die Option für den Frieden (die soziale Spaltung wird als Versagen vor der Friedensverantwortung herausgestellt),
- die Option für eine soziale Gestaltung der Zukunft in der einen Welt.

In einer bemerkenswert klaren Sprache steckt das Sozialwort sozialethische Grundpositionen ab. So heißt es in Ziffer 46, »dass das Eintreten für Solidarität und Gerechtigkeit unabdingbar zur Bezeugung des Evangeliums gehört und im Gottesdienst nicht nur der Choral, sondern auch der Schrei der Armen seinen Platz haben muss, dass ›Mystik‹, also Gottesbegegnung und Politik, also der Dienst an der Gesellschaft nicht zu trennen sind.«[18]

In der »Hinführung« zum gemeinsamen Wort erklären die Kirchen, dass sie »nicht selbst Politik machen«, vielmehr »Politik möglich machen« wollen. Sie sehen »ihren Auftrag und ihre Kompetenz« darin, »für eine Wertorientierung einzutreten, die dem Wohlergehen aller dient«.[19]

Wenn dieser Anspruch nicht nur ein frommer Wunsch bleiben, sondern Gestalt annehmen soll, dann hat das Konsequenzen für jeden einzelnen Christen und für alle Gliederungen der Kirche. Ein Maßstab – so der deutliche Hinweis des Sozialwortes – wird dabei die eigene Praxis »in wirtschaftlicher und sozialer Hinsicht« sein.

Für soziale Reformen in der Gesellschaft kann Kirche umso glaubwürdiger auftreten, wenn sie selbst als vorbildliche Arbeitgeberin auftritt.

Davon kann aber nicht die Rede sein. Die Kirchen, Caritas und Diakonie – das ist die beschämende Bilanz – haben selbst – seit der Veröffentlichung des Sozialwortes – zur Prekarisierung der Arbeit erheblich beigetragen. In der Entwertung des Faktors Arbeit liegt die »Soziale Frage« des 21. Jahrhunderts. Dazu zählen: Personalabbau, die Auslagerung von Einrichtungen, Lohnkürzung, Teilzeit- und Leiharbeit, Mini- und Ein-Euro-Jobs, Arbeitsverdichtung und Arbeitsdruck. Die Einheit der kirchlichen Arbeitsverhältnisse gibt es schon lange nicht mehr.[20]

---

18 Schneider, Hans-Udo: Das Sozialwort der Kirchen aus dem Jahre 1997 ist aktueller denn je!, in: Wolfgang Belitz/Jürgen Klute/Hans-Udo Schneider (Hg.), Wohin driften die Kirchen? 10 Jahre Sozialwort – Eine ökumenische Zwischenbilanz, Norderstedt 2008.
19 Ebd., S. 8.
20 Schneider, Hans-Udo: Gegen Gott kann man nicht streiken!? – Diakonie im Dilemma, in: Universität Siegen/Fakultät II, Siegen:Sozial: Arbeitsbedingungen in der sozialen Arbeit, Nr. 1, 2011, S. 58–67.

Das führt häufig dazu, dass Mitarbeiterinnen und Mitarbeiter mit gleicher Ausbildung, bei ein- und demselben Anstellungsträger völlig unterschiedlich bezahlt werden. Das Konstrukt der »Dienstgemeinschaft« ist so zur reinen Ideologie verkommen. Da bleibt es nicht aus, dass in weiten Teilen der diakonischen Landschaft der Betriebsfrieden immer mehr leidet.

Die Kirchen stehen mit ihren Einrichtungen vor der gewaltigen Aufgabe, wie angesichts des zunehmenden Wettbewerbs gerechte Arbeitsverhältnisse gestaltet werden können. Der so genannte »Dritte Weg« hat sich nicht als tragfähig erwiesen, er ist gescheitert.

Der Auftrag des Sozialwortes gilt auch weiterhin: »Die Kirchen sollen erfahrbar werden als Orte der Hoffnung, an denen Perspektiven gesucht werden für eine sinnvolle Gestaltung des gesellschaftlichen Zusammenlebens und an denen bei dieser Suche der Blick über das Heute hinaus geöffnet wird.«[21]

---

21 Für eine Zukunft (wie Anm. 17), Ziffer 257, S. 103.

Okko Herlyn
Kirche, Revier und Humor
Anmerkungen zu einer
verheißungsvollen »ménage à trois«

Beziehungen sind etwas Empfindliches. Egal, ob es sich um das bloße Verhältnis zweier Menschen oder um das komplexere Geflecht einer ganzen Gruppe handelt. Was empfindlich ist, will aber in der Regel sorgsam gepflegt werden. Wer es jemals etwa mit einer Begonie zu tun hatte, weiß davon ein Lied zu singen.

Die Pflege von Beziehungen beruht neben einer grundsätzlichen und selbstverständlichen Wertschätzung des anderen vor allem auf der Klärung der jeweiligen Beziehung selbst. Beratungsstellen berichten immer wieder, dass viele Beziehungen schlicht darunter leiden, dass die Beziehung selbst nicht geklärt ist. Dass die Dreierbeziehung, in der die Schauspielerin Gaby Dohm (»Schwarzwaldklinik«) lebt, nach eigenem Bekunden »ganz wunderbar funktioniert«, beruht offenbar auf solch einer Klärung. »Manchmal kochen wir drei sogar zusammen.«[1]

Auch beim Thema »Kirche, Revier und Humor« haben wir es mit einer empfindlichen und insofern pflegebedürftigen »ménage à trois« zu tun, die auf Dauer wohl nur dann – um mit Gaby Dohm zu sprechen – »funktioniert«, wenn die in ihr aufgehobenen jeweiligen Einzelbeziehungen einigermaßen geklärt sind. Wir wollen es Schritt für Schritt versuchen.

Revier und Humor

Die Beziehung zwischen einer bestimmten Region und dem Humor ist häufig von einer spezifischen Charakteristik geprägt und nicht ohne Weiteres austauschbar. Die alten Klein-Erna-Witze etwa gehörten unverwechselbar nach Hamburg. Der Berliner ist bekannt für seine humorvolle »Schnauze«. Ganze Generationen haben sich über Ludwig Thomas »Münchener im Himmel« ausgeschüttet. Und Hanns Dieter Hüsch hat dem Niederrhein ein besonderes kabarettistisches Denkmal gesetzt. In

---

1 Westdeutsche Allgemeine Zeitung (WAZ), 15.9.2010.

dem Zusammenhang hat auch das Revier seit Jürgen von Mangers bahnbrechenden Geschichten von Fahrschulprüfungen und Schwiegermuttermördern sein eigenes Gesicht. Herbert Knebel oder die »Missfits«, Fritz Eckenga oder die »Tresenleser« sind künstlerisch unüberhörbar im Ruhrgebiet verortet – und das durchaus nicht zu dessen Schaden.

Geprägt ist solche eine Bindung des Humors an eine bestimmte Region zunächst einmal durch die betreffende Mundart. Der Klassiker »Wie isset?« »Muss« gehört nun einmal in den Pott und würde in dieser Form etwa in der Uckermark nur als peinlich empfunden werden. Der Charme eines Willy Millowitsch lebte eben auch vom Kölsch. Und das beißende Granteln eines Helmut Qualtinger war eben nur als Wiener Schmäh so möglich.

Hinzu kommen spezifische Marotten bzw. sorgsam gehegte Vorurteile, die in der Regel das »Material« des regional gebundenen Humors bereithalten. Westfälische Behäbigkeit, ostfriesische Rückständigkeit, schwäbische Sparsamkeit, niederrheinische Beredsamkeit – wie viele Scherze leben nicht allein von solchen (vermeintlichen) kollektiven regionalen Eigenschaften? Von dem bekannten englischen, polnischen oder jüdischen Humor ganz zu schweigen.

Schließlich bedient diese Art von Humor in der Regel auch eine gehörige Portion von regionalem Narzissmus. Viele Pointen funktionieren hier nur deshalb, weil in ihnen auch immer ein Stück Selbstverliebtheit mitschwingt: Ja, so sind wir halt. Hanns Dieter Hüsch, der zu Beginn seiner Karriere etwa mit seinen »Gesängen gegen die Bombe« und Texten gegen Engstirnigkeit und Spießertum in seiner Heimat durchaus nicht nur wohl gelitten war, füllte erst dann auch die Säle am Niederrhein, als er eben »den Niederrheiner« zum Thema machte. So lebt auch der Erfolg des Ruhrgebietshumors zu einem Gutteil aus diesem Narzissmus: Sind wir Ruhris mit unserem berühmten Sprachenmix, mit unserer notorischen Dativ-Akkusativ-Verwechslung, mit unserer schrillen Romantik zwischen Hinterhof, Rhein-Herne-Kanal, Trinkhalle und Folkwangmuseum nicht einfach nur liebenswert?

Gleichwohl sollte man hier nicht zu schnell den Stab brechen. Selbstliebe – sofern etwas anderes als Selbstsucht oder krankhafte Egozentrik[2] – ist ein wichtiger Teil unseres Menschseins und biblisch bekanntlich geradezu Voraussetzung von gelingender Beziehungspflege: »Liebe deinen Nächsten wie dich selbst« (3. Mose 19,18). Von daher sei die Behauptung gewagt, dass wir gerade dann, wenn wir uns an der spezifischen Art des Ruhrbietshumors erfreuen, umso eher auch einmal den schwäbischen, sächsischen oder gar Schweizer Humor schätzen lernen.

---

2 Vgl. Fromm, Erich: Die Kunst des Liebens, München [7]2005, S. 71 ff.

Kirche und Humor

Wenn man diese Seite unserer »ménage à trois« in den Blick nehmen will, muss man etwas weiter ausholen. Lange Zeit war nämlich das Verhältnis zwischen Kirche und Humor kaum existent. Kirche – so ihr über viele Generationen weit verbreitetes Image – hat es doch eher mit dem Ernst. Man muss nicht gleich Friedrich Nietzsches berühmtes Diktum: »Bessere Lieder müßten sie mir singen, daß ich an ihren Erlöser glauben lerne: erlöster müßten mir seine Jünger aussehen!«[3] bemühen, um dieses Missverhältnis zu veranschaulichen. Eine gewisse Getragenheit, eine gewisse Steifheit, eine gewisse Beklommenheit, vielleicht auch Verklemmtheit, Muffigkeit und Spießigkeit – all das wurde viele Jahrhunderte bis in unsere Tage hinein eher mit Kirche verbunden als – sagen wir einmal – leichte Lockerheit und schäumender Überschwang.

Auch die einzelnen Christenmenschen gelten nicht eben als notorische Spaßmacher. Der klassische Gottesdienstbesucher kommt im öffentlichen Bewusstsein doch noch immer eher bürgerlich-gediegen, mit Lodenmantel, Schlips und Kragen daher. »Da treten sie zum Kirchgang an, Familienleittiere voran, Hütchen, Schühchen, Täschchen passend, ihre Männer unterfassend, die sie heimlich vorwärts schieben, weil die gern zu Hause blieben. Und dann kommen sie zurück mit dem gleichen bösen Blick ...«[4] lästerte bereits vor Jahrzehnten der Liedermacher Franz-Josef Degenhardt. Junge Pfarrer, denen gelegentlich gesagt wird: »Sie sehen gar nicht wie ein Geistlicher aus«, bestätigen mit ihrem »anderen Eindruck«, den sie hinterlassen, nur das allgemeine Vorurteil: Die Kirche hat es doch eher mit der Seriosität.

Nun ist seit einiger Zeit allerdings eine Trendwende zu beobachten. Mir selber fiel sie zum ersten Mal auf, als ich vor Jahren in einer Buchhandlung nach einem theologischen Buch suchte und dabei auf eine Gondel etwa mit folgenden Titeln stieß: *Im Handstand durch das Kirchenschiff* oder *Fröhlich soll die Pfarrfrau springen* oder *Auf den Talar getreten*. Dann überschwemmten uns plötzlich die neckisch-kritischen Karikaturen eines Tiki Küstenmacher, ohne die kaum noch ein Gemeindebrief auszukommen scheint. Allenthalben wird für Gottesdienste geworben, in denen es »anders«, »nicht so wie sonst«, »lockerer als üblich« zugehen soll und in denen auch einmal gelacht und geklatscht werden darf. Auch boomt seit längerem das Kirchenkabarett – nicht nur auf Kirchentagen.

---

3 Nietzsche, Friedrich: Also sprach Zarathustra (Von den Priestern), Berlin 1976, S. 94.
4 Degenhardt, Franz Josef: Deutscher Sonntag, in: Spiel nicht mit den Schmuddelkindern. Balladen, Chansons, Grotesken, Lieder, Reinbek bei Hamburg, ⁹1974.

»Hauptsache locker« – das scheint zum neuen Credo einer Kirche zu werden, die aus irgendeinem Grund ihr eigenes ernstes Erscheinungsbild stört. In einer norddeutschen Kirchenzeitung lesen wir die Gedanken eines jungen Pastors: »Gott ist locker – diese Zusage tut mir gut. Gott hat Humor, Gott kann fünfe gerade sein lassen, Gott hat Geduld und Nachsicht – auch mit mir. Warum sollte ich nicht gelöster mit mir und anderen umgehen?«[5] »Hauptsache locker« – nach Jahrhunderten einer Kirche des Ernstes soll es nun offenbar genau andersherum gehen. Viele der Jugendlichen, die vor Jahren beim Weltjugendtag der Katholiken in Köln versammelt waren, antworteten auf die Frage nach dem Grund ihres Hierseins schlicht: »Es macht halt Spaß.«

Kirche als Spaßfaktor – in Zeiten einer Spaßgesellschaft scheint das plausibel. Aber plausibel nach welcher Logik? Könnte es sein, dass wir mit dem neuen Spaßfaktor Kirche bereits in eine Falle getapt sind? In die Falle des allgemeinen Marktgesetzes, wonach sich eine Ware nur verkauft, wenn sie einem bestimmten – tatsächlichen oder künstlich erzeugten – Bedarf entspricht. In diesem Fall eben dem Bedarf nach Unterhaltung, nach Spaß, nach Vergnügen und fun ohne Ende. Es wird seinen Grund haben, wenn die privaten Fernsehsender die besten Sendezeiten mit comedy zuschütten. »Hauptsache locker« – könnte es sein, dass mit einem solchen Slogan für die Kirche zumindest eine Gefahr im Verzuge ist? Die Gefahr nämlich, dass auch hier die Bedeutung von Inhalten zugunsten von »Quoten« bzw. »Besucherzahlen« abnimmt?

Bevor wir nun einer Rückkehr zu einer sauertöpfischen Kirchlichkeit im 50er-Jahre-Stil das Wort reden, müsste zu allererst einmal gefragt werden, ob die Kirche nicht von sich selbst, von ihrem Inneren, also ihrem Glauben her ein anderes, eigenes Verhältnis zum Humor haben sollte bzw. haben dürfte. Immerhin verkündigt der Weihnachtsengel den Hirten »große Freude« (Lukas 2,10). Immerhin besagt mehr als eine biblische Verheißung, dass »unser Mund voll Lachens« sein wird (Psalm 126,2). Immerhin empfiehlt der Apostel Paulus seinen Mitchristinnen und Mitchristen, sich »allewege« zu freuen (Philipper 4,4). Immerhin geht es nicht zuletzt im Wort Gottes im Ganzen zuerst um das »Evangelium«, also um eine »frohe Botschaft«. Wir schließen daraus: Es darf, ja es soll im Glauben zuerst einmal fröhlich zugehen.

Freilich wäre zu klären, warum. Der Glaube lacht – und das unterscheidet sein Lachen vielleicht von dem medialen Quotenlachen – nicht um des Lachens wil-

---

5   Schröder-Ellies, Peter: Gott ist »locker«, in: Evangelische Zeitung. Christliche Wochenzeitung für Niedersachsen, Nr. 30, 2002, S. 22.

len, sondern weil er einen bestimmten Grund dazu hat. Die »große Freude« des Weihnachtsengels beruht ja darauf, dass »euch heute der Heiland geboren ist«. Die Verheißung des vollmundigen Lachens lebt aus der Hoffnung, dass »der Herr die Gefangenen Zions erlösen wird«. Und der Grund für den apostolischen Ruf in die dauernde Freude ist schlicht die Erwartung, dass »der Herr nahe« ist. Das finden wir häufig in der Bibel, dass Menschen, indem sie von ihrem bisherigen Leben, von ihrem Fixiertsein auf irgendeine Situation, auf irgendeine Rolle, auf irgendein Unglück oder vermeintliches Schicksal loskommen, dass ihr Leben mit einem Mal einen anderen Grundton bekommt, einen leichteren, fröhlicheren, getrosteren, einen nicht mehr alles so tragisch nehmenden, einen – sollen wir sagen: humorvollen? – ja lachenden.

Von Abraham und Sara beispielsweise wird berichtet, dass sie, die beiden Hochbetagten, nachdem sie erfahren hatten, noch einen Sohn zu bekommen, in schallendes Gelächter ausgebrochen seien. Es ist offenbar so: Wo Gott etwas Neues, Unerwartetes, das Bisherige auf den Kopf Stellendes schafft, da kann man eigentlich nur noch mit Humor reagieren. Wenn wir Humor nur nicht gleich wieder als billiges Narkotikum verstehen würden, um von den Problemen, die uns umgeben, abzulenken; als Betäuberchen, um die täglichen Horrormeldungen erträglicher zu machen; gar am Ende als schlanke Methode, um auch den Glauben als attraktive Ware auf dem Markt der Unterhaltung feilzubieten.

Der Humor eines Christenmenschen hat ja einen ganz anderen Grund, einen ganz anderen Bezugspunkt. »Wir sind Narren um Christi willen«, sagt Paulus (1. Korinther 4,10). Um Christi willen. Das heißt, wir haben von woanders her eine neue Perspektive, den Dingen des Lebens zu begegnen. Wir haben von woanders her eine heilsame Distanz zur Welt, zu anderen und nicht zuletzt vor allem zu uns selbst, die wir uns so schrecklich ernst nehmen zu müssen meinen. Karl Barth, dem man mit seiner 13-bändigen Kirchlichen Dogmatik nicht unterstellen wird, möglichst »locker« daherkommen zu wollen, hat dort als einer der ganz wenigen dem Humor einen eigenen Abschnitt gewidmet. Danach ist der Humor eine dem Glauben wesensmäßig zugehörige Seite: Von sich selbst einmal absehen können und so – direkt oder indirekt – auf einen Anderen zu verweisen. Humor als heilsame Selbstdistanz, als »Gegenteil von aller Selbstbestaunung und Selbstbelobigung«[6]. Und umgekehrt: Humorlosigkeit geradezu als »eine Form der Gottesleugnung«[7].

---

6   Barth, Karl: KD III/4, S. 765.
7   Nach einer mündlichen Auskunft Martin Rüters (†) vom 12.5.2002.

»Narren um Christi willen.« Seit alters haben Narren den Mächtigen – ohne Rücksicht auf die eigene Person – den Spiegel vorgehalten: humorvoll, aber mitunter auch beißend und treffsicher. Das wäre ja noch nicht die schlechteste Art von Glaubenshumor, wenn die Kirche – eben um Christi willen – auch den heute Mächtigen spitz und treffend den Spiegel vorhielte. Ein Glaubenshumor freilich, der gerade nicht auf das übliche Eitle, Ehrsüchtige, Gierige und Korrupte hereinfiele, sondern der – um Christi willen – das alles heilsam und humorvoll entlarven würde. Ein Humor, der aus einer anderen Tiefe als irgendeine billige Comedy-Serie lebte. Der also das Schwere, das Leid, das Traurige nicht verdrängen müsste, sondern der die Kraft enthielte, auch im Schweren, im Leid, im Traurigen getrost und in einem guten Sinne fröhlich zu bleiben: »In dir ist Freude in allem Leide ...«

Wir merken: Der Humor bekommt hier eine andere, brisantere gesellschaftliche Bedeutung als die des bloßen Pausenclowns. Von sich selbst einmal absehen, Distanz zu einer vorhandenen Situation einnehmen, auf die Möglichkeit einer grundsätzlich anderen Perspektive verweisen – das ist allemal der Stoff, aus dem der potentielle Widerstand ist. Der Widerstand gegen Verhältnisse, die uns als angeblich unabänderlich verkauft werden, ob Arbeitslosigkeit, Umweltzerstörung oder steigende Gewaltbereitschaft. Und am Ende der Krieg als lästige Beeinträchtigung der Samstagabendunterhaltung. Humor könnte hier Widersprüche entlarven, Scheinautoritäten demaskieren, politische und wirtschaftliche Götter heilsam vom Sockel holen. Das kann mitunter auch gefährlich werden. Im »Dritten Reich« gab es den sogenannten »Flüsterwitz«: Scherze hinter vorgehaltener Hand über den »Führer« und andere Nazi-Größen, die manchen hinter Gitter brachten. Andere politische Satiriker bezahlten mit ihrem Leben. Die Mächtigen fürchten eben nichts mehr als die Infragestellung der vorhandenen Verhältnisse, nichts mehr als den Trotz. Humor aber ist, wir haben es irgendwann einmal gelernt, wenn man trotzdem lacht.

Wir leben, Gott sei es gedankt, in anderen Verhältnissen. Aber auch diese sind durchaus nicht so, als gäbe es hier nichts mehr in Frage zu stellen, als hätten wir grundsätzlich keine anderen Perspektiven mehr nötig. Es ist doch gerade die große Perspektivlosigkeit der meisten gegenwärtig politisch Verantwortlichen, die so vieles lähmt und den wachsenden Ungerechtigkeiten, den galoppierenden sozialen und ökologischen Katastrophen auch in unserem Land offensichtlich nichts Entscheidendes entgegenzusetzen hat. Aber: »Ein Volk ohne Vision geht zugrunde«, heißt es in den Sprüchen Salomos (29,18). Der Humor, nicht der ablenkende, sondern der sich einmischende, der aufdeckende, der entlarvende – das wäre sicher noch nicht die große Vision, die not täte, noch nicht »der neue Himmel und die neue Erde«, die das Evangelium verheißt (Offenbarung 21,1). Aber er könnte die

Möglichkeit, dass da noch etwas aussteht, für das es zu beten und zu kämpfen lohnt, für einen lachenden Moment offen halten. Immerhin.

Wenn sich die Kirche also mit der zu beobachtenden Trendwende neu und vielleicht auch anders dem Humor zuwendet, dann wird sie es sinnvoll und verantwortlich nur tun können, indem sie sich auf ihre eigene Freude stiftende Botschaft konzentriert, statt primär nach Applaus zu schielen. Wird sie es nur tun können, indem sie den Humor als etwas dem Glauben wesenhaft Zugehöriges predigt und lebt und nicht nur als bloße Methode benutzt, um ihre Sache besser »verkaufen« zu können. Kirche als unterhaltsame, spaßige Ablenkerin von den Problemen der Welt – das wäre nämlich genau jenes »Opium«, das Karl Marx zu Recht gegeißelt hat. Kirche als von »Glaubensheiterkeit«[8] getragene »Närrin um Christi willen« wäre demgegenüber vielleicht genau die Kirche, die einer zunehmend freudlosen Welt und in ihr gerade einer so gebeutelten Region wie dem Revier not täte.

Kirche und Revier

Zu dieser dritten Seite jener »ménage à trois« sind anderenorts schon reichlich kluge Worte gesagt worden. Deshalb sei hier nur an ein paar grundlegende Aspekte dieses Verhältnisses erinnert.

Zum einen ist das Ruhrgebiet schon optisch – neben den Hochöfen und Zechen – zuhöchst auch von seinen Kirchtürmen geprägt. Eine einzige Autofahrt – etwa auf der A 40 zwischen Duisburg und Dortmund – führt das eindrücklich vor Augen. Das hängt mit der geschichtlichen Entwicklung dieser Region zusammen. Polnische Arbeiter brachten ihren Katholizismus mit, ostpreußische Flüchtlinge ihr Luthertum. Nirgendwo gibt es auf einem vergleichsweise so engen Raum inzwischen eine solche Vielfalt von Konfessionen und Freikirchen – von anderen Religionen, allen voran dem Islam, ganz zu schweigen. Anders als der FAZ lesende Bildungsbürger tritt der waschechte Ruhrgebietler so schnell nicht aus der Kirche aus. Die arbeitsbedingte solide Verbundenheit mit dem Revier führt im Ganzen zu einer eher konservativen Grundhaltung, die sich eben auch in dem Verhältnis zur Kirche niederschlägt. So erfreuen sich beispielsweise ökumenische Gottesdienste am Barbaratag an manchen Orten großer Beliebtheit. In Duisburg etwa ging die Initiative dazu bezeichnenderweise nicht von den Kirchen, sondern von der Werksleitung der Hüttenwerke Krupp Mannesmann aus. Der Zuspruch ist mittlerweile vierstellig.

---

8 Busch, Eberhard: Glaubensheiterkeit, Neukirchen-Vluyn 1986, S. 7 ff.

Zum anderen ist das kirchengemeindliche Milieu im Ruhrgebiet ein anschauliches Beispiel für die vielbeschworene »Inkulturation« des Glaubens. Man mag die Verkreisung, die Biederkeit, vielleicht auch Spießigkeit manch einer kleinen Vorortgemeinde oder auch nur einer schlichten Frauenhilfe belächeln – es ist auch ein Ausdruck davon, dass sich die Kirche in einer Welt der Vereine und Stammtische genau diesen Menschen öffnet, ihre Lebensgewohnheiten respektiert und ihre Sprache spricht. Angesichts der natürlich auch die Kirche im Revier mehr und mehr erfassenden Erosionen hat hier vor allem die katholische Kirche durch ihre vielfachen Vereine der evangelischen Kirche gegenüber noch einmal ein deutliches »prae«. Kaum ein Katholik, der nicht etwa in der Katholischen Arbeitnehmer-Bewegung (KAB), in der Katholischen Frauengemeinschaft Deutschlands (KFD), in der Deutschen Pfadfinderschaft Sankt Georg (DPSG) oder in irgendeiner »St. Sebastian Schützenbruderschaft« Mitglied wäre. Auch hat das System der Messdiener eine nicht zu unterschätzende lebenslange Bindungskraft. Evangelische Gemeinden mit einer mehr offenen, unverbindlichen Angebotsstruktur, die sicher einmal ihre nachvollziehbaren theologischen Gründe hatte, sind hier mittlerweile ins Hintertreffen geraten.

Schließlich ist allerdings auch darauf hinzuweisen, dass Kirche im Revier noch einmal mehr als Kumpel unter Kumpeln zu sein hat, solange für sie grundsätzlich die theologisch begründete »Option für die Armen« gilt, also die Parteilichkeit für Menschen, die unter Ungerechtigkeit, Benachteiligung und Ausgrenzung leiden. Kirche im Revier lebt ja in einer Region, die – mehr als andere – von den Schattenseiten des sogenannten »Strukturwandels« betroffen ist. Das massenhafte Sterben der Zechen und die Schließung vieler Stahlwerke sind bekanntlich bis heute nicht annähernd durch die Ansiedlung neuer Technologien oder durch den Ausbau des Dienstleistungsgewerbes kompensiert worden. Die Zahl der Arbeitslosen im Ruhrgebiet liegt nach wie vor deutlich über dem Bundesschnitt. Das kann einer Kirche, die sich an der Seite der hier lebenden Menschen weiß, nicht egal sein. Sie hat hier in der Tat Partei zu ergreifen – und zwar eindeutig für die Opfer solcher Entwicklungen. Sie hat sich neben ihren »inkulturierten« Formen der Gemeindearbeit immer wieder kritisch nach außen zu positionieren. Sie hat sich einzumischen in die hier nicht selten heftiger tobenden gesellschaftlichen und politischen Konflikte. Ob das immer nur Spaß macht, sei dahingestellt. Es ist immerhin bezeichnend, dass das historisch eher im Bildungsbürgertum entstandene »Politische Nachtgebet« der '68er-Ära ausgerechnet an einigen Orten im Revier überlebt hat.

Kirche, Revier und Humor – eine verheißungsvolle »ménage à trois«

Wir haben versucht, die je einzelnen Beziehungsebenen von Kirche, Revier und Humor ein wenig zu klären. Das schien uns eine wichtige Voraussetzung, damit diese Dreierbeziehung überhaupt gelingen kann. Hier hätten alle drei Beziehungspartner, wenn ihnen denn an einer solchen Konstellation wirklich gelegen sein sollte, ihren jeweiligen Beziehungsanteil in Ruhe zu klären. Aus Sicht der Kirche könnten dabei folgende Punkte bedenkenswert sein:

1. Wenn uns die Außenwahrnehmung der Kirche als zu humorlos, zu ernst, zu wenig locker stört, sollten wir zunächst über die Gründe für dieses Image nachdenken, statt dieses sogleich mit flockigem Outfit, lockerem Gehabe oder gar ein paar betulichen Pfarrer-Witzen zu übertünchen. Ein Grund für diese Außenwahrnehmung könnte nämlich sein, dass wir uns zu schnell auf die angebliche »Kernkompetenz« der Kirche, nämlich die individuelle Seelsorge an Kranken, Sterbenden und Trauernden bzw. auf die Rolle einer Wahrerin von Sitte und Moral fixieren lassen. In der Bibel lesen wir noch von anderen Aufträgen. Warum werden diese in der Öffentlichkeit weniger zur Kenntnis genommen?

2. Es ist immerhin zu fragen, ob es sich bei dem neuen Credo »Hauptsache locker« nicht auch um eine kirchliche Variante der viel beschworenen Spaßgesellschaft handeln könnte. Gewiss ist die Kirche auch Teil der Gesellschaft – eine Binsenweisheit. Aber als »Kirche Jesu Christi« ist sie gleichzeitig noch etwas anderes. Deshalb gilt für sie: »Stellt euch nicht dieser Welt gleich« (Römer 12,2). Warum sollte sie in diesem Zusammenhang nicht die Freiheit haben, die Spaßsucht unserer Gegenwart auch einmal als Narkotikum zu entlarven, ohne gleich wieder Angst haben zu müssen, als notorisch sauertöpfisch wahrgenommen zu werden?

3. Eine Kirche, die Lockerheit und Humor als bloße Methode einsetzt, um eine ansonsten nicht allzu bewegende Sache »rüberzubringen«, unterfordert die Menschen, die uns anvertraut sind, in unverantwortlicher Weise. Bei allem Bedarf an Lockerheit und Humor suchen Menschen in der Kirche – zu Recht – noch etwas anderes. Über dieses »Andere« müssen wir uns wieder und wieder neu verständigen, statt mit vermeintlich griffigen religiösen Floskeln (»Jesus liebt dich«, »Gott nimmt mich so an, wie ich bin«) abzuhaken.

4. Bei Karl Barth kann man lernen, dass Humor nicht eine Methode zur besseren Selbstdarstellung der Kirche ist, sondern eine notwendige Seite des Glaubens an Jesus Christus. Die durch ihn erfahrene Ehrung befreit auf der anthropologischen Ebene zu einer Selbst-Distanz, zu einem Sich-selbst-nicht-so-furchtbar-wichtig-Nehmen, zu einem Wissen um den vorletzten Charakter der Dinge dieser Welt.

Wer meint, ihm und seinen Predigten ermangele es an dem nötigen Humor, könnte doch einfach einmal selbstkritisch anfangen, über seine Theologie und über seinen Glauben nachzudenken, statt sich verzweifelt und meist zudem noch freudlos-gestresst in irgendwelche Event-Gottesdienste zu stürzen.

5. Vorausgesetzt, das Evangelium hat immer noch selbst genügend Kraft, seine befreiende und so auch Humor stiftende, wenn man so will: auch lockernde Wirkung zu entfalten, dann ist auf der ethischen, der kirchengestaltenden Ebene tatsächlich über manches kritisch nachzudenken, was dem hemmend entgegen steht: über eine beinerne Liturgie genauso wie über gestelzte Kommunikationsformen, über sterile Raumgestaltungen genauso wie über verklemmte Frömmigkeitsstile, über betuliche Gemeindebrieflayouts genauso wie über bierernste Gemeindefeste.

6. Allerdings haben gerade die Menschen im Revier ein sehr feines Gespür dafür, ob die lockere, humorvolle Art und Atmosphäre, mit der wir vielleicht Gemeinde gestalten, eine aufgesetzte Maske ist oder im wahrsten Sinne des Wortes einen Grund hat. »Wer zu uns kommt, spürt die Freude und den Humor, die wir in unsere Arbeit einbringen«, heißt es im Leitbild eines westfälischen Kirchenkreises. Well roared, lion! Aber was soll der zu uns Kommende genau spüren: eine spaßige, lockere Oberfläche oder nicht vielmehr, dass solch ein Humor von woanders her lebt, nämlich von der »großen Freude, die allem Volk widerfahren wird«? Aber genau das scheint der Kern unserer Frage zu sein: Begegnet der heutige Mensch in der Kirche wirklich dem befreienden und insofern Freude und eben auch Humor stiftenden Evangelium oder nur allerhand lockeren, spritzigen und spaßigen Einfällen, die als solche für das Evangelium ausgegeben werden?

7. Genau hier aber könnte der Schnittpunkt sein, an dem Kirche, Revier und Humor – konkret etwa im Kabarett – zu einer gelingenden »ménage à trois« finden könnten. Wenn Kabarett allererst die Aufgabe hat, in humorvoller Distanz zu entlarven, zu demaskieren, im wahrsten Sinne des Wortes »vorzuführen«, und zwar genau das, was sich selbst mit Vorliebe maskiert und vermummt: das Unehrliche, das Scheinheilige, das Wichtigtuende, das Spießige, das Kleinkarierte, das politisch Korrekte, das Selbstgerechte, das Unaufrichtige, dann könnte sich hier zumindest eine wichtige Berührung etwa mit der prophetischen Dimension der Verkündigung ergeben. Das Abgründige verbirgt sich ja oft gerade im Gemütvollen. Das Bedrohliche verkleidet sich ja nicht selten gerade im Betulichen. Der Brandstifter versteckt sich ja meist gerade im Biedermann. Der alltägliche Faschismus kommt in der Regel ja gerade nicht in dröhnenden Springerstiefeln daher, sondern sitzt neben uns in der S-Bahn, in der Kantine, auf dem Plüschsofa, vielleicht sogar in der Kirchenbank. Ihn vorzuführen ist vor-

nehmste Aufgabe des Kabaretts und bleibender Teil christlicher Verkündigung. Verkündigung ist nicht Kabarett und Kabarett nicht Verkündigung. Aber sie können bei Gelegenheit durchaus zu produktiver Partnerschaft finden.

Kirche, Revier und Humor – diese gewiss sehr eigene »ménage à trois« muss deshalb noch lange keine zwanghafte Liebesbeziehung sein. Es reicht schon eine ordentlich geklärte, freundliche Partnerschaft, die sich am Ende für alle Beteiligten als »win-win«-Situation erweisen könnte.

Hartmut Schröter
Protestantische Gestaltung zwischen Kirche und Kultur
Der »Kulturraum Melanchthonkirche« Bochum

Erfahrungen mit einem »Kulturraum« in einer Ortsgemeinde

Anknüpfung an die Beziehungen zum Schauspielhaus
Warum wurde ich eingeladen, im Theater Bochum mit dem Schauspieler Heiner Stadelmann zusammen über die Beziehung von Theater und Gemeinde, Kirche und Kultur zu sprechen? Den Veranstaltern war bekannt, dass ich seit Beginn meiner Pfarrtätigkeit an der Melanchthonkirche in Bochum 1992 und ab 1996 mit unserem Kantor Ludwig Kaiser zusammen einen Raum für die Begegnung von Kirche und autonomer Kultur aufgebaut habe, in dem eine Zusammenarbeit mit dem nahegelegenen Schauspielhaus eine größere Rolle spielte. Schon bald ergab sich ein besonders enges Zusammenwirken mit Heiner Stadelmann. Er tritt bis heute regelmäßig mit Lesungen in der Silvesterveranstaltung »Löcher im Licht« auf und rezitiert im Wechsel mit anderen häufig in der »Mittagskirche«, die sich als liturgisch gestaltete Feier mit Literaturlesungen, Kunstaktionen, Musik und Kanzelreden aus dem Kulturprogramm entwickelt hat. Er war aber auch gelegentlich in feiertäglichen Gottesdiensten präsent, in denen er zum Beispiel die Weihnachtsgeschichte von Ludwig Thoma auswendig in fränkischer Mundart vorgetragen hat oder eine Szene aus Der Ackermann von Böhmen und der Tod.

Autonome (Theater-)Kultur mit Religionsinteresse
Begonnen hat dieses Zusammenwirken nach ersten Kontakten mit Schauspielern am Schauspielhaus Anfang der 90er Jahre, bei denen ich eine überraschende Erfahrung machte. Ich hatte mir vorgenommen – beispielhaft für meine Kirche –, insbesondere die außerkirchliche, autonome, nicht religiös oder kirchlich orientierte freie Kunst- und Kulturszene anzusprechen und in die Kirche zu holen oder deren Veranstaltungsorte – wie in der Folge mit einem Theaterkreis – mit Gemeindeglie-

dern aufzusuchen. Bei meinen ersten Gesprächen mit dem Schauspieler Stephan Ullrich stellte sich jedoch heraus, dass er mit anderen schon längst auf eine Gelegenheit gewartet hatte, eine in Rollen aufgeteilte Bearbeitung des Hiob vorzutragen. So wurde dieses Sprechtheater zum ersten großen Auftritt in einer inzwischen gegründeten »Initiative Kirche und Kultur«, in der mehrere engagierte Gemeinden sich zusammengefunden hatten. Ein solches Interesse einer säkularen, autonomen Kulturszene an religiösen Texten und Aufführungsorten in einer Kirche blieb kein Einzelfall. War meine eigene Arbeit und »Kunstphilosophie« sehr darauf bedacht, die Kunst nicht zu vereinnahmen, so gab es offenbar ein wachsendes Bedürfnis in der Kulturszene, die dort damals noch nicht angesagten religiösen Themen und Impulse in einem kirchlichen »Kulturraum« zu verwirklichen. Heute, nach fast 20 Jahren, ist diese Tendenz, die damals offensichtlich ihren Anfang nahm, mit der Wiedergeburt des Interesses an der Religion ja öffentlich sichtbar geworden.

Poesie-, Literatur- und Theaterprojekte
Es folgten in den anschließenden Jahren – um nur einiges zu nennen – Aufführungen des Empedokles von Hölderlin oder eine Performance um dessen Hyperion, ein Projekt zum Babylon-Mythos in Bezug auf das Aufkommen der globalen Mediengesellschaft oder eine in eigener Regie entstandene Collage Machtrausch und Liebeshandeln, in der biblische Texte einigen Szenen aus Senecas Thyestes konfrontiert wurden. Dieses Stück lässt sich als Kritik eines Römers an dem spätrömischen »Machtrausch« (unter Nero) lesen. Darauf bezogen konnte Jesu »Liebeshandeln« als eine Reaktion auf diese geschichtliche Situation zur Geltung gebracht werden. Ein Gegenwartsbezug wurde mit Analysen aus Sebastian Haffners Erinnerungen an Hitler zum nochmals gesteigerten Vernichtungswillen dieser Diktatur und mit Texten von Elias Canetti zum Machtdenken der Moderne hergestellt. Ich habe diese Eigenproduktion besonders ausführlich dargestellt, weil in ihr sich wesentliche Elemente einer kirchlichen Kulturarbeit in Beziehung zur säkularen Kultursphäre aufzeigen lassen: Situations- und Geschichtsbezug in biblischen und theologischen Zusammenhängen, Erschließung der Bibel als kulturelles Zeugnis, Verwirklichung einer Konstellation, die es so im Kulturbetrieb nicht geben würde, Eigenproduktion.

Es gab unter anderem eine Reihe von eigenständig erarbeiteten Lesungen mit Schauspielerinnen zu jüdischen Dichterinnen oder zu den Mystikerinnen des Mittelalters (Hildegard von Bingen, von Mechthild von Magdeburg zum Beispiel) – meist verbunden mit zeitgenössischer Musik, häufig mit der kürzlich verstorbenen Ulrike Schlömer, die mir mit einer Performance zu Else Lasker-Schüler im Schauspielhaus besonders aufgefallen war. Ihr Ernst und ihre existentielle Wahrheitssuche ließen sie manchmal wie eine antike Priesterin, die sie nach ihren eigenen Worten auch sein wollte, erscheinen und vermittelten eine Ahnung, wie hohes und zugleich empfindlich ausgesetztes Sprechen – verbunden mit professionellem Können – einen religiösen Raum zu öffnen vermag.

Schauspielerische Professionalität und Laiensprache in der Kirche
Es bleibe nicht unerwähnt – da es ja um den Ort des Zusammenwirkens zwischen Theater und Gemeinde geht –, dass die Eindrücklichkeit professionell vorgetragener Rede und Sprache einige der Lektorinnen im Gottesdienst gelegentlich zu betonen veranlasste, sie würden gerne weiterhin so »natürlich« und »ungeübt« lesen, wie es ihnen angemessen sei. Ich muss auch für mich selbst gestehen, dass ich aus einer protestantischen Schlichtheitsverpflichtung lange Zeit skeptisch gegenüber allem »bloß Rhetorischen« oder »rituell Aufgeführten« im Gottesdienst war. Heute wird diese protestantische Zurückhaltung ja – bezeichnenderweise im Zusammenwirken mit Schauspielerinnen und Schauspielern – unter dem Leitbegriff »Liturgische Präsenz« aufgearbeitet und verwandelt.

So habe ich auch für diesen Anlass Heiner Stadelmann dazu geladen, damit wir durch ihn an einem Text von Elfriede Jelinek, Der Wanderer, mit einer scheinbar alzheimerdurchtränkten Rede die Macht einer theater-geübten (nicht einer theatralisch-rhetorischen) Sprache und »Aufführung« erleben können. Mit dem Begriff der »Aufführung« benenne ich gerne den eigenen Darstellungscharakter der Kunstsphäre im Unterschied zur diskursiven Rede protestantischer Predigttradition. Die anschließende Lesung sollte ein Beispiel für die Eindringlichkeit und verstörende Wahrhaftigkeit solcher – vielleicht sogar atheistisch motivierten – Texte aus unserer Gegenwart geben, von denen es im »Kulturraum Melanchthonkirche« einige gab.

In Rückerinnerung an die Wirkung dieser »Aufführung« des Wanderers von Elfriede Jelinek auf den Teilnehmerkreis lässt sich wohl sagen, dass diese Verwandlung eines beim ersten Lesen spröden und verwirrenden Textes sehr beeindruckt hat und die existentielle Tiefendimension einer nicht nur Kranke bedrängenden und zum »Wahrsagen« befähigten »Alzheimerwelt« aufgehen ließ. Darin wiederholte sich nur eine Erfahrung, die ich in der jahrelangen Arbeit immer wieder machen konnte. Allein schon die künstlerisch beeindruckende Präsenz und existentielle Wahrhaftigkeit eines Stücks Literatur oder bildender Kunst reicht aus, um in eine Dimension zu führen, in der religiöse Bezüge angesprochen und erlebt werden. Es muss nicht ein religiöser Inhalt sein. In der »Mittagskirche« werden ohne Einschränkung auch atheistisch motivierte Texte einbezogen.

Angesichts der Abstraktheit unserer modernen Lebensverhältnisse oder im Kontrast zum Unterhaltungscharakter der herrschenden Entlastungskultur kommt es offenbar erst einmal darauf an, überhaupt Erfahrungen zu machen, in denen das Leben als Geheimnis und lebendige Fülle aufzugehen vermag. Geübtes Sprechen vermittelt solche Lebendigkeit direkt im Unterschied zur indirekten Wirkung diskursiven Sprechens über einen Sachverhalt. Daran kann dann religiöse Rede anknüpfen oder solche Erfahrungen hermeneutisch mit theologischer Auslegung verknüpfen.

Aus einer solchen Konstellation entwickelte sich auch der besondere Reiz des schon erwähnten Theaterkreises in der Gemeinde. Gläubige Christen sahen sich im Theater oft einer dramatisch unfrommen oder unmoralisch sinnlichen Welt ausgesetzt, die sie irritieren konnte. Aber die unbefangene Darstellung dessen, was auch sie in sich oder um sich herum wahrnehmen konnten, ergab erst einen ehrlichen – in der harmonisierenden Gemeinde meist vermiedenen – Anlass, frei darüber zu sprechen und theologische Rede daran zu prüfen oder zu erläutern.

Zeitgenössische (Kirchen-)Musik im Kontext des Kulturprogramms
Dem Anlass meiner Ausführungen entsprechend habe ich hauptsächlich die Bezüge zum Theater hervorgehoben. Es sollte jedoch mit in den Blick kommen, dass das Kulturprogramm sein bis heute prägendes Profil vor allem auch durch das Wirken des Kirchenmusikers und Kantors Ludwig Kaiser gewonnen hat. Seit seiner Anstellung im Jahre 1996 bekam er vertraglich den Auftrag, neben seinen Organistenverpflichtungen mit klassischen Konzerten, Chorauftritten, vor allem aber mit der Musik des 20. Jahrhunderts, mit experimentellen Performances usw. (in Kontakt zur Kulturarbeit mit Bildender Kunst, Literarischen Lesungen und mit der Theaterpraxis) den seitdem »Kulturraum Melanchthonkirche« genannten »Spielraum« zu gestalten. Nur dadurch, dass wir den koordinierenden und ausführen Künstler in den eigenen Reihen hatten, waren die vielseitigen und anspruchsvollen Darbietungen überhaupt generierbar und finanzierbar. Es würde der schöpferisch vielseitigen Arbeit des Kantors und eines begleitenden Arbeitskreises nicht gerecht, wenn ich hier einen kurzen Überblick zu diesen Aktivitäten geben würde.

Schwerpunktkirche für die Kultur der Moderne
In Abstimmung mit dem Presbyterium hatten wir uns vorgenommen, eine Schwerpunktkirche für den Dialog mit einer – für die meisten als »unzumutbar« empfundenen – Moderne in der Bildenden Kunst, Literatur und Musik aufzubauen. Es sollte der Maßstab der Qualität gelten. Man wollte die kirchlich Distanzierten und die Stadtöffentlichkeit besonders ansprechen, aber gleichzeitig den Bezug zur klassischen Gemeindearbeit wahren. Zur Reaktion einer »normalen« Kirchengemeinde auf eine solche exponierte Schwerpunktbildung möchte ich hier nur so viel sagen,

dass sich bewegte Zeiten anschlossen, in denen manches zum Stadtteilgespräch wurde und viele neugierig bewegte oder auch ärgerlich gestimmte Situationen und Gespräche zu bestehen waren. Im Laufe der Zeit bildete sich eine aus ganz Bochum zusammenkommende neu belebte Gemeinde. Für diese überregionale Ausweitung einer typischen Ortsgemeinde mussten Presbyterium und Gemeindeversammlungen oft in bewegten Auseinandersetzungen erst gewonnen werden. Die Pointe dieser Kulturkirche lag aber letztlich gerade darin, dass wir auf dem Niveau einer »hochkulturellen« Citykirche in und mit einer »normalen Gemeinde« interagieren wollten und konnten. Der ganze Kirchenraum wurde den Erfordernissen einer solchen Kulturarbeit angepasst. Die freien Räume gaben Platz für Aufführungen, Essen und Trinken, Gesprächsrunden und Ausstellungen, wirkten sich aber auch sehr positiv auf die Gestaltungsmöglichkeiten von Gottesdiensten und Gemeindeaktivitäten im Kirchenraum aus.

Kulturraum in einem Ruhrgebietsstadtteil
Man wird sich fragen, ob eine solche Kulturarbeit typisch für das Ruhrgebiet sein kann. Natürlich nicht im Blick auf die gängigen Klischees und das Verpflichtungsgefühl vieler Akteure in Kirche und Kulturszene, der Ruhrgebietsmentalität zu entsprechen. Wir wollten aber auch nur eine stellvertretend wirkende Schwerpunktgemeinde bilden, die den Bezug zur sonst gerne vernachlässigten zeitgenössischen Kunst und Kultur sucht. Das Gemeindegebiet um das Schauspielhaus herum ist gewiss eher kleinbürgerlich bis bildungsbürgerlich durchmischt, doch auch diese Schichten tun sich sehr schwer mit moderner Kunst und Kultur. Und da sie sich als urteilsfähig einschätzen, ergeben sich Konflikt-, aber auch Erkenntniserfahrungen genug.

Was jedoch sehr zu spüren war, sind die positiven Nachwirkungen einer über Jahrzehnte anhaltenden avantgardistischen und höchst lebendigen Theaterarbeit im Schauspielhaus. An diese »Vorbildung« konnte die Kulturarbeit in der Gemeinde anknüpfen. Nicht zufällig bekannten sich alle Theaterintendanten überrascht begeistert zu ihrem unerwartet aufgeschlossenen Bochumer Publikum jenseits bildungsbürgerlicher Standards. Durch den »Kulturraum Melanchthonkirche« ergab sich über das Zusammenwirken mit einzelnen Schauspielern und Schauspielerinnen hinaus auch eine lebendige Beziehung zu den Intendanten, insbesondere zu Matthias Hartmann und Elmar Goerden. Das ist eben auch lebendige »Ruhrgebietskultur« jenseits der Klischees. Von einem solchen gewachsenen Interesse an »volksverbundener Hochkultur« hat unsere Kulturarbeit gewiss profitiert. So konnte auch unsere Devise fruchtbar werden, der gemäß uns Qualität und Rang des Dargebotenen vor inhaltlicher oder vermittelnder Anpassung an die Bedürfnisse einer Kirchengemeinde gingen.

Gerade deshalb aber durfte eine intensive Vermittlungsarbeit des kompromisslos Vorgestellten nicht fehlen. Bis heute wird darauf hingewirkt, dass von den Konfirmanden bis zu den Seniorenkreisen die kulturellen Präsentationen gründlich wahrgenommen werden. Gegenüber den warnenden Stimmen, die in der Kirche gerne den durchschnittlichen Geschmack des imaginierten Ruhrgebietspublikums zum Maßstab machen wollen, haben wir sehr gute Erfahrungen mit unserer »produktiven Überforderung«, wie ich es gerne nannte, gemacht. Im Laufe der Zeit spaltete sich die Gemeinde wieder in ein nun friedliches Nebeneinander derer, die sich interessieren und gewinnen ließen, und derer, für die die Angebote »nicht ihr Ding« waren. Am aufregendsten, aber auch am wirkungsvollsten waren demgegenüber die Anfangszeiten, in denen sich noch alles vermischte.

Es sollte darum gehen, neben der kirchlichen Kulturtradition, die vor allem mit der Kirchenmusik präsent blieb, ein Gespräch mit der autonomen, von Religion und Kirche unabhängigen säkularen Kultur aufzunehmen. Interessanterweise stießen wir dabei auf ein in dieser Szene versteckt gehaltenes religiöses Interesse. Wie viele der Kirche distanziert gegenüberstehende Menschen imaginiert man die Kirche weiterhin als einen Ort existentieller Wahrhaftigkeit und ritueller Gestaltung heilsamer Prozesse. Parallel dazu ereignete sich ja die Wiederentdeckung des Rituellen (auch im Theater) und der Kirchenräume als spiritueller Orte. Zunehmend möchten dies heute auch Museen, Konzertsäle, Theater- und Kunsträume sein. Man sucht dort die Freiräume für eine weltbezogen Spiritualität, die man in kirchlichen Bezügen beschnitten wähnt. Der »Kulturraum Melanchthonkirche« hat solche Freiräume in einer Kirche und Gemeinde gebildet.

Theologische Reflexionen zum Verhältnis von Kultur und Kirche (Paul Tillich)

Ergänzung protestantischer »Verbalkultur« durch eine »Erlebnis- und Darstellungskultur«

Bei einer solchen Freiheit im wechselseitigen Bezug von Kirche und Kultur stellt sich verstärkt die Frage nach der theologischen Begründung und Substanz einer solchen Kulturarbeit. Ich wollte damit einen von lang her empfundenen Mangel protestantischer Theologie kompensieren. Nämlich der Gefahr begegnen, dass unser theologisches Kernstück der »Rechtfertigung aus Glauben ohne des Gesetzes Werke« zu einer erfahrungslosen, bloß deklaratorischen (juridischen) Zuschreibung (Gewissheit) verkommt, wie es mir weithin der Fall zu sein scheint. »Wenn ich auch gleich nichts fühle von deiner Macht, du führst mich doch zum Ziele auch durch die Nacht«, heißt es bezeichnenderweise in dem beliebten Kirchenlied: »So nimm denn meine Hände« aus dem 19. Jahrhundert. In dieser erfahrungs- und erlebnislosen Glaubensgewissheit meint man dann, alle Wirklichkeitsdeutung, alles was geschieht oder zu tun sei, nach den zeitgemäßen Lebensstandards – heute denen einer ganz unprotestantischen (»werkfrommen«) Leistungsgesellschaft – mitvollziehen zu können. Der »Glaube« verwandelt nicht mehr meine Welt- und Lebenserfahrung, wozu Kunst und Kultur nicht selten befähigen.

Kunst und Kultur bieten demgegenüber erschütternde oder erhebende Erfahrungen an, die uns die Wirklichkeit neu und anders als diese versachlichten Zweckbeziehungen sehen lassen. Zumindest kann man eine überzeugende Auswahl im Bereich der modernen Kunst und Kultur treffen, die eine andere als die besitzergreifende und zweckrational-ökonomisierte Lebenshaltung unserer Tage zu erschließen vermag. Aus solchem begeisternden oder ergreifenden Erleben erst kann eine zumindest zeitweilige Verwandlung meines ganzen Seins erwachsen. So könnte man auch einwenden: Man braucht sich um eine theologische Rechtfertigung gar nicht zu sorgen. Die teilnehmenden Menschen werden durch eine lebendige Kunst und Kultur so sehr in ihren innersten Beweggründen angesprochen, dass sich eine Offenheit in ihren Lebensfragen einstellt, wie sie eine kirchliche Verkündigung kaum noch erreichen kann. Kunst und Kultur vermögen uns darauf hinzuführen, dass es nicht nur auf die inhaltlichen – seien es sozialen oder politischen – Ziele ankommt, sondern auf den Geist und die lebendige Gestalt, in denen sie verwirklicht werden.

Kunst und Kultur sind Gestalten der Verkörperung und der Anschaulichkeit. In diesem Sinne kommt es auf den Darstellungs- und Aufführungscharakter (auf das »Theater«) an, der im Protestantismus gerne vernachlässigt oder einseitig verbal interpretiert wird. In der philosophisch-ästhetischen Diskussion hat in dieser Hinsicht die Gedankenwelt von George Steiner unter seinem Leittitel »Von realer Gegenwart«[1] insbesondere für das Theater eine bedeutende Rolle gespielt. Vor allem der Dichter Botho Strauß, der auch für die Intendanten und Regisseure am Bochumer Schauspielhaus sehr bedeutsam war, hat daran angeknüpft und sogar Bezüge zur katholischen Auffassung von der »Realpräsenz« im Abendmahl hergestellt.[2] Ich werde darauf zurückkommen. Unsere Kulturarbeit sollte den nüchternen Protestantismus in diesem Sinne durch eine erlebbare Anschaulichkeit und durch Erfahrungen der »Verkörperung« ergänzen, sich aber zugleich vor einer substan-

---

1 Steiner, George: Von realer Gegenwart, München/Wien 1990.
2 Strauß, Botho: Nachwort zu George Steiner, Von realer Gegenwart, S. 303 ff.

tiell-sakramentalen Überhöhung der »Verkörperungen« hüten. Genau diese Gratwanderung lässt sich mit Tillichs »Kulturtheologie« wagen, wie sich noch zeigen soll.

Zum Verhältnis von Religion und Kultur (Jacob Burckhardt)

Der Historiker Jacob Burckhardt hat eine elementare Zuordnung von Religion, Staat und Kultur vorgenommen, die für das Selbstverständnis von Kulturarbeit in einer protestantischen Kirche Orientierung geben kann.[3] Burckhardt unterscheidet Religion und Staat als die zwei stabilen Geschichtspotenzen von der Kultur als der situativ-beweglichen Potenz. Hier soll es mir nur auf das Verhältnis von Religion und Kultur ankommen. »Die Religionen sind der Ausdruck des ewigen und unzerstörbaren metaphysischen Bedürfnisses der Menschennatur. Ihre Größe ist, dass sie die ganze übersinnliche Ergänzung des Menschen, alles das, was er sich nicht geben kann, repräsentieren.« Aber zugleich sind sie – oft gegen ihre überzeitliche Selbstinterpretation – »der Reflex ganzer Völker und Kulturepochen in ein großes anderes hinein [...]. Dieser aber ist, obwohl sich für stabil und ewig haltend, wandelbar.«[4] Aufgrund ihrer Wandelbarkeit ist die Religion konstitutiv mit der Kultur als der eigentlich geschichtlichen Potenz verbunden. »Kultur nennen wir die ganze Summe derjenigen Entwicklungen des Geistes, welche spontan geschehen und keine universale oder Zwangsgeltung in Anspruch nehmen. Sie wirkt unaufhörlich modifizierend und zersetzend auf die beiden stabilen Lebenseinrichtungen ein.«[5] Wenn sie von diesen beiden nicht »völlig dienstbar gemacht« wurde, »ist sie die Kritik der beiden, die Uhr, welche die Stunde verrät, da in jenen Form und Sache sich nicht mehr decken«.[6] »Ihre äußerliche Gesamtform aber gegenüber von Staat und Religion ist die Gesellschaft in weitestem Sinne.«[7]

Protestantische Gestaltung und Kritik (Paul Tillich)

Genau an diesem Wechselverhältnis setzt die Bestimmung des Verhältnisses von Religion und Kultur bei Tillich an. So sehr der Protestantismus die Unverfügbarkeit, die Freiheit und den Gnadencharakter des Göttlichen betont, muss auch er eine je geschichtlich verantwortete kulturelle Gestalt annehmen, die diesen Gnadencha-

---

3 Burckhardt, Jacob: Weltgeschichtliche Betrachtungen, hg. v. Rudolf Stadelmann, Pfullingen, S. 51–99.
4 Burckhardt, a. a. O., S. 66.
5 Burckhardt, a. a. O., S. 86.
6 Burckhardt, ebd.
7 Burckhardt, ebd.

rakter der letzten Wirklichkeit manifestiert. Dies legt Tillich besonders erhellend in seiner Abhandlung »Protestantische Gestaltung« dar.[8] Jede religiös-kirchliche Gestaltung unterliegt aber wiederum der »protestantischen Kritik«, die sich gegen alle Identifizierung einer endlichen Gestalt mit ihrem unendlichen Grund (»Tiefe«) wendet. Die Frage nach einer »Protestantischen Gestaltung« stellt die Aufgabe, »wie Gestaltung der Form und Protest gegen die Form zusammen in einer Kirche leben können, wie Form und der Protest gegen die Form eine neue, sich darüber spannende Form schaffen können«.[9] Die »protestantische Kritik« stellt also eine nie endende Aufgabe gegenüber den je zeitgemäßen Manifestationen der eigenen Kirche dar, wäre aber genauso die Kritik von Staat und Kultur, insoweit diese eine endliche Manifestation verabsolutieren. Eine solche wechselseitige Beleuchtung und Kritik wird im »Kulturraum Melanchthonkirche« versucht, so dass auch in der Sache eine große Nähe zur Aufgabe der Kultur und insbesondere des Theaters besteht.

Der Protestantismus macht also den historisch einmaligen Versuch, in der Sphäre der Religion deren eigene Geschichtlichkeit zu reflektieren und sich im Gespräch mit der Kultur der Aufgabe zu stellen, für alle Lebensbereichen die »Uhr« zu sein, »welche die Stunde verrät, da [...] Form und Sache sich nicht mehr decken«.[10] Zu einer »protestantischen Gestaltung« gehört in gewissem Sinne eine Institutionalisierung der Selbstinfragestellung, wie sie zum Beispiel auch in den Evangelischen Akademien existiert. Sie bleibt konstitutiv auf die Sphäre der Kultur und deren Kirchen- und Glaubenskritik bezogen, insofern sie immer neu nach einer glaubwürdigen, situationsgerechten Erfahrung und Manifestation des »Unbedingten« (dessen, »was uns unbedingt angeht«) suchen soll. »Der Protestantismus sieht die Profanität als beständige, ewig wechselnde Aufgabe für seine Gestaltung. Es gibt keine feste, nicht einmal eine klassische Lösung. [...] Die protestantische Gestalt der Gnade ist dynamisch. Das Jetzt entscheidet über die jeweilige Aufgabe. [...] In jeder protestantischen Gestaltung muß das ewige Element in bezug auf die gegenwärtige Situation zum Ausdruck kommen.«[11] Zugleich weiß man um die geschichtliche Relativität dieses Vorhabens. Eine solche Grundhaltung könnte sich in der paulinischen Formel des »Habens als hätte man nicht«[12] wiederfinden. So bleibt man auch

---

8   Tillich, Paul: Protestantische Gestaltung, in: Auf der Grenze. Aus dem Lebenswerk Paul Tillichs, Stuttgart 1962, S. 89–109.
9   Tillich, a.a.O., S. 89.
10 Burckhardt, a.a.O., S. 86.
11 Tillich, a.a.O., S. 100.
12 Vgl. 1. Korinther 7,29 ff.

im Bereich der Religion offen für relativierende Darstellungsmodi in der Kultur, insbesondere solchen des Theaters: wie Selbstrelativierung, Humor, spielerische Erkundungen, Kokettieren mit dem »Uneigentlichen«, satirische Darstellung des Angemaßten usw. Eine protestantische Gestaltung sucht die Aufgabe der Kultur (nach Jacob Burckhardt) in sich selbst aufzunehmen.

Das »Unbedingte« in Kultur und Religion (Paul Tillich)

Auch die Kultur bezieht sich für Tillich auf das »Unbedingte«, jedoch in unausdrücklicher Weise, während die Religion dies in ausdrücklicher Weise tun muss.[13] Im Horizont der Theologie Tillichs ist überhaupt erst – wie sonst nirgends in dieser Radikalität – nachvollziehbar, dass die Kultur die Substanz oder auch die Gestalt der Religion sein kann. Für seine Theologie ist zentral, dass in der jeweiligen kulturellen Lebenssituation sich die existentiellen Fragen bilden, auf die die Theologie situationsbezogen ihre jeweiligen Antworten neu zu suchen und zu finden hat. Dabei muss man Tillich nicht einmal in dem Schema folgen, dass die Theologie auf die Seite der Antworten gehört. Sie kann noch fragender sein und Antworten auch in der autonomen und säkularen Kultur finden. Eine häufige Erfahrung in meiner Auseinandersetzung mit Kunst und Kultur. In der konkreten Arbeit zumindest kann man immer wieder die überraschende Entdeckung machen, in welch großem Ausmaß ein Teil der modernen Literatur und Kunst in religiösen Dimensionen wurzelt.

Damit der Begriff des »Unbedingten« nicht nur formal bleibt, sei hier darauf verwiesen, dass sich die Unbedingtheit Gottes für Tillich in der unbedingten Anerkennung des Anderen (Mitmenschen) manifestiert.[14] So wären die Menschenrechte, Gerechtigkeit, Wahrheit und Liebe der gemeinsame Verpflichtungsort von Staat, Religion und Kultur. In diesem Horizont hat auch die Kultur ein Wächteramt gegenüber der Religion: »Sie hat über die Formen zu entscheiden, in denen jeder, auch der ›unbedingte‹ Gehalt sich ausdrückt. Sie kann nicht im Namen der religiösen Unbedingtheit Wahrheit und Gerechtigkeit zerstören lassen.«[15] In diesem Sinne konnte man im »Kulturraum Melanchthonkirche« zum Beispiel religionskritische Texte von Camus oder kirchenkritische Autoren wie Tucholsky in der »Mittagskirche« vortragen. Ein solcher Streit zwischen menschenrechtsbewusster Kultur und

---

13 Tillich, a. a. O., S. 98.
14 Tillich, a. a. O., S. 102.
15 Tillich, Auf der Grenze von Religion und Kultur, in: Auf der Grenze (s. Anm. 8), S. 49–52, S. 50.

Religion und gewaltorientierten oder fundamentalistischen Kultur- und Religionsströmungen findet ja zur Zeit überall auf der Welt statt.

Insbesondere eine Konsequenz der theologischen Gedankengänge Tillichs ist für eine Kulturarbeit, die das Gespräch mit der autonomen oder profanen Kultur sucht, besonders förderlich und wichtig. Sie besagt, dass jede Wirklichkeit – ob profan oder heilig – zum Ort der Manifestation einer Gestalt der Gnade (des unverfügbar Unbedingten) werden, aber diese Begnadung oder Begabung auch wieder einbüßen kann. Das entspricht ja auch unserer Beobachtung, wenn spirituelle Erfahrungen wie die der Mystik in letzter Zeit wieder erwachen und sich im Gespräch mit der buddhistischen Meditationspraxis neu gestalten oder andererseits andere tradierte Formen kraftlos werden.

Außerdem lässt Tillich die Möglichkeit offen, dass sich situationsgerechte Manifestationen des »Unbedingten« auch außerhalb der Kirche im profanen Raum ohne religiöse Begründung ereignen können, manchmal sogar vorrangig, wie im religiösen Sozialismus für Tillich.[16] Wer hat nicht schon die Erfahrung gemacht, dass säkulare Musik, Kunstwerke, Theateraufführungen oder Filme Erschütterungen und Begeisterungen auslösen können, die in der Sache dem ganz nahe stehen, wovon auch Theologie und Kirche handeln. Wer würde nicht bei »Ärzte ohne Grenzen« oder bei Naturschutzinitiativen gelegentlich schon gedacht haben, dass solche Initiativen ein zeitgemäßer Ausdruck »protestantischer Gestaltung« sein könnten.

Entsprechend heißt es bei Tillich ganz prinzipiell: »Gemäß dem protestantischen Prinzip besteht die Möglichkeit, daß in der Profanität die Gnade wirkt [...]. Diese Möglichkeit bedeutet, daß die Gnade nicht gebunden ist an irgendeine endliche Form, nicht einmal an eine religiöse Form.«[17] Deshalb gilt: »Protestantische Gestaltung ist eine Gestaltung, in der die ausdrücklich religiösen Formen bezogen sind auf eine sie in Frage stellende Profanität.«[18] Entsprechend sei zu beachten: »Religiöses Handeln – Kultus – muß, wie religiöse Erkenntnis, seine Formen aus den Erfahrungen des alltäglichen Lebens und der gegenwärtigen Situation schaffen. [...] Nicht Schaffung neuer Liturgien ist wichtig, sondern Eindringen in die Tiefe dessen, was täglich geschieht, in der Arbeit, in der Wirtschaft, in der Ehe, in der Freundschaft, in der Geselligkeit, in der Erholung, in der Sammlung, in der Stille, im unbewußten und bewußten Leben. All dies in das Licht des Ewigen zu heben, ist die große Aufgabe des Kultus [...]. Protestantische Gestaltung ist überall am Werk,

---

16   Tillich, Protestantische Gestaltung (s. Anm. 8), S. 99.
17   Tillich, a. a. O., S. 98.
18   Tillich, a. a. O., S. 99.

wo immer Wirklichkeit in einen unmittelbaren Ausdruck einer Gestalt der Gnade verwandelt wird.«[19] Dass dies nicht immer, sondern nur unverfügbar und gleichnishaft der Fall sein kann, kennzeichnet für Tillich unsere Wirklichkeit als Zwischenzustand unter einem eschatologischen Vorbehalt: »Wenn ich gefragt werde, was der Beweis für den Sündenfall der Welt ist, pflege ich zu antworten: die Religion selber, nämlich eine religiöse Kultur neben einer weltlichen Kultur – ein Tempel neben einem Rathaus, das Abendmahl des Herrn neben einem täglichen Abendessen, das Gebet neben der Arbeit, Meditation neben der Forschung, caritas neben eros.«[20] Wenn diese »Kluft« auch zu unserem Daseinsraum gehört, sollte sie doch als Mangel wahrgenommen werden, der sich zumindest »fragmentarisch, sozusagen durch Antizipation« überwinden lässt.[21] Tillichs »existentieller Religionsbegriff« unterstellt, »daß die Kluft zwischen einer heiligen und einer profanen Sphäre im Prinzip aufgehoben ist«.[22] »Der unbedingte Charakter unseres letzten Anliegens bedeutet, daß es sich auf jeden Moment unseres Lebens richtet, auf jeden Ort und jeden Bereich. Das Universum ist Gottes Heiligtum. Jeder Tag ist ein Tag des Herrn, jedes Mahl ist ein Herrenmahl, jedes Werk ist die Erfüllung einer göttlichen Forderung, jede Freude ist eine Freude in Gott.«[23]

Genau dieses Ineinander im Unterschiedensein des Profanen und Heiligen, des Natürlichen und Transzendenten, diese Gratwanderung, wird im »Kulturraum Melanchthonkirche« gewagt. Essen und Trinken nach einer »Mittagskirche« bekommen schon allein durch den Kirchenraum eine solche Anmutung, ohne die Beteiligten aus ihrer natürlichen Einstellung zu einem solchen »Imbiss« herauszureißen. Oder es wird bei einer neu gefundenen Abendmahlsgestalt eine Phase freier Kontaktaufnahme unter den Beteiligten eingefügt. Wie oft kann man aber auch dieses Ineinander in einem engagierten Film, in einem Gedicht, in einem Theaterstück nachvollziehen. Oft reicher, situationsbezogener und konkreter, als es im kirchlichen Raum möglich ist. Kirchliche Kulturarbeit hätte somit auch die Aufgabe, diese implizite Gestalt der Gnade explizit zu machen. Dies ist im »Kulturraum Melanchthonkirche« vielfach geschehen, indem bildende Kunst, Theater und Literatur auf die Gottesdienstsituation und die Predigt bezogen wurden.

---

19 Tillich, a. a. O., S. 106.
20 Tillich, Paul: Religion und Kultur, in: Die religiöse Substanz der Kultur, Ges. Werke, Bd. IX, Stuttgart 1967, S. 82–93, S. 86.
21 Tillich, a. a. O., S. 86 f.
22 Tillich, a. a. O., S. 87.
23 Tillich, Paul: Aspekte einer religiösen Analyse der Kultur, a. a. O., S. 100–109, S. 101.

Situativer Sakramentalismus (Paul Tillich)

Tillichs Theologie kann sich auf eine so radikale, für ein institutionelles Selbstverständnis vielleicht verstörende Weise öffnen, weil sie die endlichen Manifestationen einer gnadenhaften Realisierung des »Unbedingten« streng von einem katholischen »Substanz-Sakramentalismus« unterscheidet. Eine »Gestalt der Gnade« »ist das Erscheinen des Seins-Jenseits jeder Gestalt in einer Seinsgestalt«.[24] »Gegenüber der katholischen Auffassung von der Wirklichkeit der Gnade (die einen protestantischen Protest gegen Dogma, Kirche und Sakrament unmöglich macht) behauptet der Protestantismus, dass die Gnade an einer lebendigen Gestalt erscheint, die in sich das bleibt, was sie ist [...]. Das Göttliche erscheint an den endlichen Wirklichkeiten als deren transzendentes Bedeuten. Gestalten der Gnade [...] sind nicht Gestalten, die von der Gnade verwandelt werden, so daß sie mit ihnen eins ist. Zwischen Erscheinen an ihnen und Einswerden mit ihnen steht der protestantische Protest. [...] Eine Gestalt der Gnade ist eine ›transparente‹ Gestalt.«[25] In bestimmten Kontexten einer persönlichen oder geschichtlichen Situation kann potentiell jedes bedeutsame Ereignis oder Ding zu einer solchen, das Leben im ganzen erschließenden Schlüsselerfahrung werden. Erst recht die Zeugnisse der Kultur und der Kunst, die diese Dimension kunstvoll und bewusst zu verkörpern suchen.

Realpräsenz« in Kunstphilosophie (George Steiner) und Theaterpraxis (Botho Strauß)

So ist es für eine kirchliche Kulturarbeit höchst bedeutsam, dass die Kunstphilosophie neuerdings wieder der Kunst die Vergegenwärtigung eines Transzendenzbezugs zuspricht. Gewirkt hat in diesem Sinne vor allem die Ästhetik von George Steiner unter dem Titel Von realer Gegenwart.[26] Der Theaterdichter und Literat Botho Strauß hat dazu ein Nachwort geschrieben, in dem er sich in bezug auf die Wirkung des Theaters am Sakramentalen als Verkörperung des Heiligen orientiert.[27] Er tut dies in solcher Entschiedenheit, dass sich die Frage aufdrängt, ob eine derartige Gleichsetzung nicht wiederum einer »protestantischen Kritik« unterliegt. Einige Formulierungen mögen den Denk- und Erfahrungshorizont dieses Theatermanns, der im Schauspielhaus Bochum seit längerem eine besondere Beachtung fand, verdeutlichen.

---

24 Tillich, Protestantische Gestaltung (s. Anm. 8), S. 96.
25 Tillich, a. a. O., S. 96 f.
26 George Steiner, s. Anm. 1.
27 Botho Strauß, s. Anm. 2.

Vorausgeschickt sei, dass sich die Wiederentdeckung des Themas der »Realpräsenz« (des »Ikonischen«, als Verkörperung, nicht nur als Abbild des Heiligen): der Ausstrahlung des Kunstwerks in der Aufführungssituation, in Auseinandersetzung mit der Vorherrschaft des Virtuellen durch und in den Medien gebildet hat. So betitelt Botho Strauß sein Nachwort zu Steiner: »Der Aufstand gegen die sekundäre Welt. Bemerkungen zu einer Ästhetik der Anwesenheit«.[28] Es »geht um nicht mehr und nicht weniger als um die Befreiung des Kunstwerks von der Diktatur der sekundären Diskurse, es geht um die Wiederentdeckung nicht seiner Selbst-, sondern seiner theophanen Herrlichkeit, seiner transzendenten Nachbarschaft«.[29] Entsprechend heißt es bei Steiner selbst: »Dichtung, Kunst, Musik sind die Medien dieser Nachbarschaft.«[30] Ganz im Sinne von Tillichs Votum, dass in Kunst und Kultur der Bezug zum »Unbedingten« unausdrücklich besteht, meint Steiner: »Alle gute Kunst und Literatur nehmen in der Immanenz ihren Anfang«, doch letztlich sei es »Anliegen und Privileg des Ästhetischen [...], das Kontinuum zwischen Zeitlichkeit und Ewigkeit, zwischen Materie und Geist, zwischen dem Menschen und dem ›anderen‹, zu erleuchteter Gegenwart zu erwecken [...]. Die Fragen: ›Was ist Dichtung, Musik, Kunst?‹, ›Wie können sie nicht sein?‹, ›Wie wirken sie auf uns?‹ sind letztlich theologische Fragen.«[31]

Solche Formulierungen mögen eher für die klassischen Kunstwelten gelten. Steiner hält sie bis zu Kafka und Beckett für wirksam.[32] Für die Moderne mag aber eher zutreffen, was Steiner zur Tragödie »von Aischylos bis Claudel« sagt: »Sie stellt den Menschen unbehaust an jene Kreuzwege, wo das Mysterium seiner conditio nackt den mehrdeutigen Eingriffen von Bedrohung und von Gnade ausgesetzt ist.«[33] Im »neueren Kunstschaffen« sei oft »ein negativer Theismus« wirksam, »ein besonders lebhaftes Gefühl der Abwesenheit Gottes«.[34] »Unsere ästhetischen Formen erkunden das Nichts, die Freiheit der Lücke, die durch den Rückzug (Deus absconditus) des Messianischen und des Göttlichen entsteht.«[35] Speziell dieser Situation hat man sich im »Kulturraum Melanchthonkirche« mit Bezug auf die zeitgenössische Kultur stellen wollen.

28 Strauß, a.a.O., S. 303.
29 Strauß, a.a.O., S. 307.
30 Steiner, a.a.O., S. 282.
31 Steiner, a.a.O., S. 296.
32 Steiner, a.a.O., vgl. S. 282, 293.
33 Steiner, a.a.O., S. 283.
34 Steiner, a.a.O., S. 298.
35 Steiner, ebd.

Karsamstag der Kunst (Botho Strauss)

In einem solchen »Karfreitagshorizont« mag es von besonderer Bedeutung sein, dass Botho Strauß mit Berufung auf Steiner in der Kunst den Übergang zur »Karsamstagssituation« sich vollziehen sieht. »Die Lage der Kunst ist seit jeher eine unschlüssige; es ist die Samstagslage, wie es am Ende des Buchs [sc. von Steiner] in Gleichnisform heißt, zwischen dem Freitag mit Kreuzestod und grausamen Schmerzen und dem Sonntag der Auferstehung und der reinen Hoffnung. Weder am Tag des Grauens noch am Tag der Freude wird große Kunst geschaffen. Wohl aber am Samstag, wenn das Warten sich teilt in Erinnern und Erwartung.«[36] Botho Strauß scheut sich nicht, diese Situation mit der sakramentalen Vergegenwärtigung zwischen Erinnerung und Erwartung in Beziehung zu setzen. »Jedes Opus ist Opfer, alle Dichtung die Magd der anamnesis, im ursprünglichen Wortsinn des Alten und Neuen Testaments: ›Sich vor Gott ein Ereignis der Vergangenheit so in Erinnerung zu rufen‹ oder zu ›repräsentieren‹, daß es hier und jetzt wirksam wird. ›Hierin feiern Gedicht und Eucharistie dasselbe.‹«[37] Allerdings ist dafür – wie es auch wir protestantischen Theologen sagen – die Empfangsbereitschaft der Rezipienten konstitutiv: »[...] ob er stark genug und widerstandslos zugleich sein wird für das singuläre Zustoßen eines Gedichts, einer Musik, einer Plastik, und bedachtsam genug, um das Fremde nicht dem Vielen einzumischen, es nicht zu verbrauchen und mit allem übrigen durcheinander zu bringen«.[38]

Im Gleichnis gesprochen ist die »Karsamstagsituation« von Kunst und Kultur erneut sehr anziehend geworden. Das Religiöse fasziniert wieder in der Sphäre der Kultur. Ohne oder nur mit lockerem Kontakt zur Kirche hat sich eine erfahrungs- und weltoffene Spiritualität jenseits der Tragik des Kreuzes und einer jenseitig-österlichen Vollendung gebildet. Das zugehörige Ideal einer gelassenen »Präsenz im Hier und Jetzt« sucht vielleicht eine Haltung, die dem paulinischen »Haben als hätte man nicht« im Verhältnis zu allen Weltdingen nahe kommt.

Kirchliches Kulturprogramm und Öffentlichkeit

Ein Kulturprogramm, das sich auf diese Strömungen einlässt und sie bedenkt, zieht vor allem diejenigen an nach meiner Erfahrung, die im Verhältnis zur Kirche noch

---

36 Strauß, a.a.O., S. 317 f.
37 Strauß, a.a.O., S. 309.
38 Strauß, a.a.O., S. 319.

in enttäuschten Erwartungen leben. Die offenen Veranstaltungsformen ermöglichen auch denjenigen, die nicht gerne in die Kirchengemeinde hineingezogen werden wollen, je nach ihren Bedürfnissen teilzunehmen. So sah man immer wieder neue Gesichter. Über die Einrichtung der »Mittagskirche«, die sich ohne strenge Gottesdienstliturgie an das Kulturprogramm anlehnte, gelang es aber, auch für diese Gruppen einen entsprechenden spirituellen Ort und – nun schon über zehn Jahre – eine eigene »Gemeinde« von Interessierten zu bilden. Aus ihr entwickelten sich Vorbereitungskreise mit sehr kompetenten Mitgliedern, die in die Programmplanung und -durchführung einbezogen sind.[39]

---

39   Zur Ausarbeitung des kulturphilosophischen und theologischen Horizonts, vgl. Hartmut Schröter (Hg.), Weltentfremdung – Weltoffenheit. Alternativen der Moderne. Perspektiven aus Wissenschaft – Religion – Kunst, in: Zeitansage, Schriftenreihe des Evangelischen Forums Westfalen und der Evangelischen Stadtakademie Bochum, hg. von Manfred Keller und Traugott Jähnichen, Band 3, Berlin/Münster: LIT, 2008. In diesem Band wurden vom Herausgeber Vorträge aus seiner Kulturarbeit in der Gemeindezeit, vor allem aber aus seiner Zeit als Leiter der Evangelischen Stadtakademie von 2000 bis 2008 unter dem genannten Leitthema zusammengestellt. Die Vortragenden Hartmut Böhme, Michael von Brück, Jürgen Ebach, Dieter Jähnig, Irmgard Kampmann, Udo Lenzig, Dieter Rahn, Christian Schmincke, Hartmut Schröter, Michael Schulz, Christof Stählin, Andreas Weber, Peter Wick geben durch ihre Zusammenstellung im Sinne Tillichs eine umfassende kulturphilosophische und theologische Gegenwartsanalyse in bezug auf die »Globalisierung der wissenschaftlich-technischen Produktionsgesellschaft« (Teil I), das »Weltgespräch der Religionen« (Teil II), die »Weltoffenheit der Kunst« (Teil III) und den »Weltbezug der lebendigen Natur« (Teil IV).
Entscheidend für den Erfolg war sicher auch die Einstellung der Presse. Durch Qualität und Kontinuität der Kulturarbeit konnte man sie im Laufe der Zeit überzeugen, dass es sich nicht nur um eine innerkirchliche, sondern eine öffentliche Angelegenheit handelte. Inzwischen werden auch die Themenreihen in der »Mittagskirche« mit eigenen Artikeln vorgestellt. Der dadurch verdeutlichte öffentliche Charakter auch solcher spirituellen Angebote erleichtert es wiederum vielen teilzunehmen, die ansonsten sich scheuen würden, einem innergemeindlichen Umfeld zugerechnet zu werden. Außerdem wurde man dadurch von anderen Trägern der Kulturszene in der Stadt wahrgenommen und als Kooperationspartner ernst genommen. So gelang es, nicht nur mit dem Theater, sondern auch mit dem Museum Bochum und der bedeutenden Galerie m, mit der Universität und der Evangelischen Fachhochschule, mit der Stadt und dem Kulturamt und anderen in Kooperation zu treten. Aus vielen Gesprächen weiß ich, wie sehr diese Arbeit selbst bei denen, die nicht zum Teilnehmerkreis gehören, geachtet wird und das Profil und die Wertschätzung der kirchlichen Aktivität in Bochum gefördert hat.

Dirk Harms

»Kurz gesagt, ich hasse alle Götter!«
Ein Theaterprojekt mit Strafgefangenen an der JVA Essen als kollektive Erzählung

Die Begegnung zwischen Protestantismus und Kultur im Gefängnis hat eine besondere Note. Gefängnis, das löst nicht zu Unrecht Assoziationen von Geschlossenheit und Enge aus. Arbeit im Gefängnis bedeutet, bei jedem Schritt und in jedem Kontakt auf Vorschriften zu achten. Wer im Gefängnis zu arbeiten beginnt, bekommt, ob Handwerker oder Pfarrer, ein grünes Buch in die Hand, die Vorschriften für Sicherheit und Ordnung, die sogenannte »Grüne Bibel«. Das passt ganz und gar nicht zur protestantischen Freiheit, es passt auch nicht zur Kulturarbeit. Wie aber ist sie dennoch in diesem Raum möglich?

Hinführung

Deutlich ins öffentliche Bewusstsein getreten ist die Kulturarbeit im Gefängnis in NRW durch das Projekt *Schattenkultur* im ehemaligen Hafthaus Moers, ausgerichtet durch das Justizministerium des Landes und die im Ruhrgebiet ansässigen Kirchen beider Konfessionen. Doch auch diese Schau traf nicht den Kern, wurde doch hier nicht der Kultur im Justizvollzug eine Veranstaltung gewidmet, sondern der Justizvollzug selber wurde als Kulturerzeugnis gefeiert – eine etwas geschraubte Gedankenkombination, die auch einige wichtige Vertreter der Kulturarbeit im Gefängnis von der Teilnahme abhielt.

Entwickelt hat sich Kulturarbeit im Gefängnis zuerst auf dem Gebiet der Literatur. Denn Gefangene schreiben, sie schreiben, die Erfahrung des Eingeschlossenseins drängt dazu, herausgeschrieben zu werden, wenn schon das Schreien unmöglich ist. Sie schreiben vor allem Briefe, aber dann auch Gedichte, Erzählungen, Romane. Das älteste bekannte Buch (außer natürlich einigen Paulusbriefen), das unter diesen Bedingungen entstanden ist, ist der Roman *Der sinnreiche Junker Don Quijote von der Mancha*, den Miguel de Cervantes in seiner Haftzeit ab 1597 verfasste.

Aber schreiten wir mit großen Schritten in die Jetztzeit. Die Schriftstellerin Ingeborg Drewitz (1923–1986) widmete ihr schriftstellerisches Schaffen nicht nur thematisch, sondern auch praktisch marginalisierten Menschen, veranstaltete Schreibwerkstätten in Gefängnissen.

Nach ihr ist der Ingeborg-Drewitz-Literaturpreis für Gefangene benannt, der von Prof. Helmut Koch, dem Leiter der Dokumentationsstelle für Gefangenenliteratur an der Universität Münster, 1988 ins Leben gerufen wurde. Dieser Literaturpreis wird alle drei Jahre verliehen (der letzte im November 2011) und bundesweit ausgeschrieben. Bis zu 250 Autoren beteiligen sich bei jeder Ausschreibung. Die Verleiher des Ingeborg-Drewitz-Preises wurden von den Organisatoren der *Schattenkultur* erst überhaupt nicht um eine Teilnahme gebeten, wohl auch wegen der justizkritischen Haltung der beteiligten Gruppierungen.

Theater im Gefängnis hat weniger eine deutsche als eine südeuropäische Tradition, vor allem in Italien. Nicht nur in Volterra, sondern in fast 250 italienischen Gefängnissen wird Theater gespielt. Hier ist es auch möglich, dass die Theatergruppen des Gefängnisses im Theater der anliegenden Stadt auftreten – etwas, was hier schier unmöglich erscheint. Und erinnern wir uns noch wiederum eine Zeit zurück: 1958 inszenierte Samuel Beckett selbst *Warten auf Godot* in St. Quentin, USA.

Hier in Deutschland gilt als das bekannteste Projekt das Gefängnistheater »aufBRUCH«, das 1997 von dem Regisseur Roland Brus ins Leben gerufen wurde. Werden viele Formen des Theaters eher als sozialpädagogische Lern- und Selbsterfahrungsprojekte benutzt, so versteht sich »aufBRUCH« ganz explizit als Kunstprojekt, das nach außen auf eine kritische Zuschauerschaft gerichtet ist.

In der nordrhein-westfälischen Szene finden sich singuläre Einzelprojekte, wie die Zusammenarbeit der JVA Bochum mit dem Schauspielhaus Bochum und der Regisseurin Sandra Anklam, die dortige Zusammenarbeit mit dem Schauspieler Burkhard Forstreuter oder »Charming Boys« an der Jugendbühne des Theaters Hagen, bei dem Gefangene der JVA Iserlohn mitwirkten. In Bielefeld arbeitet das »Alarm-Theater« regelmäßig mit der JVA Brackwede I zusammen. Jedoch sind es meist Fachleute von außerhalb, die für einzelne Projekte in das Gefängnis kommen, um mit den Gefangenen ein Stück zu entwickeln.

Der einzige Verbindungspunkt für die Projekte, wenn sie innerhalb der Anstalt stattfanden, zur protestantischen Kultur war häufig nur, dass die Anstaltskirche als Proben- und Aufführungsort benutzt wurde. Dabei gibt es, gerade im Gefängnis, mehr Berührungspunkte zwischen Theater und Protestantismus als die Nutzung des Kirchraumes.

Anders verhielt es sich in Wuppertal. Hier arbeitete der evangelische Pfarrer Erhard Ufermann, der selber Musiker ist und sich inzwischen als solcher selbstständig gemacht hat, eng mit der Regisseurin Kordula Lobeck de Fabris zusammen. Gemeinsam entwickelten sie mit Gefangenen musikalisch-theatralische Performances zu verschiedensten Lebensthemen. Der Höhepunkt ihrer Zusammenarbeit war ein internationales Gefängnistheaterfestival an der JVA Wuppertal im Jahre 1998.

Bedeutet das Evangelium Freiheit, und bedeutet Kirche, einen Raum der Freiheit zu schaffen, so spiegelt sich dieses gerade in der Theaterarbeit wider. Der Regisseur Daniel Bösch aus Bochum, dessen Vater als Psychiater gearbeitet hat, beschrieb in einem Interview die Beziehung zu der Arbeit seines Vaters folgendermaßen: »In den Gesprächen entstand zwischen meinem Vater und seinen Klienten ein Raum der Freiheit. Die Beziehung zwischen den Schauspielern und mir als Regisseur bedeutet auch, zwischen uns einen Raum der Freiheit entstehen zu lassen.«[1]

Nun hatte ich, nachdem ich 1994 an der JVA Iserlohn als evangelischer Pfarrer meine Arbeit aufgenommen hatte, die seltene Chance, meinen künstlerischen Interessen in der intensiven Ausbildung zum Theaterpädagogen mit Diplomabschluss an der Akademie Remscheid einen Raum zu geben. Mit den Jugendlichen konnte ich als interner Mitarbeiter eine kontinuierliche Theaterarbeit aufbauen, die ich dann nach meinem Wechsel an die JVA Schwerte mit den dortigen Gefangenen fortsetzen konnte. »iserlohn jail productions«, mit dem wir seit 1997 jährlich ein Projekt der Öffentlichkeit präsentierten, verwandelte sich in das »theaterlabor schwerte«, mit dem auch jährlich ein Stück an die Öffentlichkeit kommt.

Im Gegensatz zu vielen anderen Projekten arbeiten wir hier mit Fremdtexten, das heißt mit Texten aus der klassischen und modernen Literatur bzw. Dramatik, um diese Texte jedoch dann biographisch aufzuladen. Es geht uns hier in erster Linie darum, Kunst zu machen, auf einer anderen, unalltäglichen Ebene die Zuschauer zu berühren. Damit sind wir uns einig gerade mit den Berliner Kollegen.

Die Begegnung mit einer Form der kollektiven kreativen Arbeit, die aus dem Bereich des Tanzes stammt, den RSVP-Cycles, hat mir geholfen, diesen Raum zwischen Biographie und der Dramaturgie des Textes zu gestalten. Das möchte ich anhand eines Projektes beschreiben, das ich im Frühjahr 2010 im Rahmen des Kulturhauptstadtjahres an der JVA Essen durchgeführt habe. Aufgrund der zeitlichen Begrenzung des Rahmens eignet dieses Projekt sich gut für eine Darstellung der eingesetzten Methode.

---

1 Daniel Bösch im Interview mit Michael Struck-Schlohn, WDR3 Samstagsgespräch, 29.1.2012.

RSVP-Cycles

Sehr stark ist meine Prägung als Theaterpädagoge durch die Begegnung mit der Arbeitsweise der Tänzerin Anna Halprin beeinflusst worden. Anna Halprin gehörte in der ersten Hälfte des zwanzigsten Jahrhunderts zu den einflussreichsten Mitgliedern der US-amerikanischen Tanz-Avantgarde, zu denen unter anderen auch der im Frühjahr 2010 verstorbene Choreograph und Tänzer Merce Cunningham gehörte. Anna Halprin wandte sich in den sechziger Jahren vom reinen Bühnentanz ab und widmete sich der Arbeit mit Laien. Später entdeckte sie die heilende Kraft des Tanzes, entwickelte Heilungsrituale mit Gruppen und gründete das Tamalpa-Institute in der Nähe von San Francisco. Selber tänzerisch aktiv, beging sie 2010 ihren neunzigsten Geburtstag.

Ihr Mann, der Landschaftsarchitekt Lawrence Halprin, entwickelte zur Organisation kollektiver Planungsprozesse bei der Stadtteilplanung die RSVP-Cycles. Seine Frau Anna übersetzte diese Methode auf die Ebene der Entwicklung von Tanzperformances im Rahmen eines kreativen Gruppenprozesses.

Das Modell »strukturiert die Entwicklung und Gestaltung von kreativen Prozessen bis hin zu Performances durch einen Einzelnen, Gruppen und große Gemeinschaften«. Symbol dieses Prinzips sind zwei konzentrische Kreise, der äußere steht für die Entwicklung der Gruppe, der innere für den Weg des Einzelnen. Beide Kreise »greifen ineinander und beeinflussen sich gegenseitig«. In diesem Verfahren werden vier Schritte beschrieben: R steht für »resources«, also Ressourcen. Anhand des Themas werden Handlungen, Szenen, Positionen, Klänge gesammelt. Hieraus kristallisiert sich eine Form. Sie fließt in einen – »Score« (S) zusammen, eine Art graphische Partitur. Im Rahmen einer – »Performance« (P) wird dann die Partitur umgesetzt, vor Zeugen aus der Gruppe oder von außen. Den letzten Schritt vor der abschließenden Performance bildet die »valuaction« (V), die Auswertung der ersten Performance. Der Begrif ›valuaction‹ wurde gewählt, weil hierbei nicht verbal, sondern durch Bewegung, Aktion selbst evaluiert wird. Aus dieser »valuaction« entwickelt sich ein neuer »score«, der wieder diesem Prozess unterzogen wird.

Wichtig an diesem Gestaltungsprozess ist, dass der subjektive und der kollektive Prozess immer gleichzeitig im Fokus der Aufmerksamkeit bleiben. Dr. Ronit Land, Choreographin und Leiterin des Fachbereichs Tanzpädagogik an der Akademie Remscheid, hat untersucht, welche politischen und persönlich heilenden Prozesse ausgelöst werden können, wenn anhand der RSVP-Cycles choreographische Projekte entwickelt werden. Im Mittelpunkt ihrer Untersuchung standen Tänzerinnen und Tänzer in Palästina, also Menschen im Schnittpunkt der Gewalt des Nah-Ost-Konflikts. Sie hat dabei beobachtet, dass dieser Prozess zu einem Instrument des

Selbstausdrucks und der Suche nach einer eigenen Sprache innerhalb eines durch Gewalt geprägten Alltages führt. Eigene Befindlichkeit und das Bewusstsein eines kollektiven Körpers werden in einem künstlerischen Prozess übereinander gelegt; das »ermöglicht jetzt den Tänzern eine Metamorphose von Körperbildern, die nicht nur die brutale Zerstörung auszudrücken versucht«.[2]

Übertragung

In dieser Beschreibung entdeckte ich die Brücke zur Arbeit im Gefängnis. Weder will ich damit die Situation in Palästina verharmlosen noch die Situation in einem Gefängnis maßlos dramatisieren. Entscheidend sind für mich strukturelle Bedingungen und Erfahrungen aus dem Berufsalltag als Pfarrer in einer JVA, die für mich hier den Schlüssel darstellen. Zwar hat jeder der Spieler eine persönliche Leidensgeschichte, die weit draußen verwurzelt sein mag. Jedoch werden alle Schicksale begleitet durch gemeinsame Leidenserfahrungen, in denen sich alle wiederfinden – sei es die Sehnsucht nach Familie, die unausgelebte Sexualität, die Einschränkung des Bewegungsraumes durch die Enge der Räume und Gänge, in denen außerhalb der eigenen Zelle Bewegung nur unter allseitiger Kontrolle möglich ist. Selbst eine Minimierung des gewohnten Lebensstandards trifft nicht auf alle zu.

Bedeutsam ist die Tatsache, dass hier eine reine Männergesellschaft zusammenleben muss, in der die Stereotypen männlicher Werte noch lebendiger sind als draußen. Viele Männer wollen in den Gruppen gar nicht über ihre persönlichen Geschichten sprechen. Und werden dennoch eigene Geschichten in der Gruppe Thema, kann es passieren, dass sie aufgebauscht werden oder gar gänzlich aus dem Bereich der Legenden stammen. Die Zurückhaltung, ja manchmal sogar Abwehr, persönliche Geschichten zu offenbaren, begründet sich in der Angst vor Missbrauch, letztlich auch nach schlechten Erfahrungen. Und es herrscht eine Aversion gegenüber therapieverdächtigen Übungen, da mit Therapie Fremdbestimmung über das eigene Innenleben verbunden wird.

So gab ich im vorliegenden Projekt der Gruppe die Aufgabe, sich an eine befreiende Situation aus ihrem Leben zu erinnern. Sofort sorgten sich mehrere

---

2   Land, Ronit: Einführung in das pädagogische Prinzip Anna Halprins, in: Gabriele Wittmann/Ursula Schorn/Ronit Land, Anna Halprin. Tanz Prozesse Gestalten, München 2009, S. 128 ff.

Spieler: »Das sollen wir wohl doch nicht erzählen?!« Als ich meine Aufgabenbeschreibung fortsetzte, indem ich sie aufforderte, sich an Handlungen in dieser Situation zu erinnern und diese auszuführen, zeigten sie sich erleichtert. Rainer fand als Handlung das Spielen einer Violine.

Entscheidend für das Einbringen eigener Themen ist zum ersten das Geheimnis, das die eigene Geschichte schützt, und zum zweiten der Transfer der eigenen Geschichte in eine andere. Diese andere Geschichte ist der literarische Text, der in einer anderen Zeit, an einem anderen Ort spielt. Der literarische Text stellt gewissermaßen das Feld dar, auf dem die RSVP-Cycles gezogen werden. Gerade die Ressourcen der eigenen Erfahrung sind nicht herausgenommen, sondern sie tauchen verwandelt in einem anderen, vorher verabredeten Kontext, im Rahmen der Textvorlage, auf.

Kollektive Erzählung

Folgendes Modell der kollektiven Erzählung hatte sich in den vergangenen Projekten entwickelt:
- Kennenlernen des gemeinsamen Textes durch Lektüre oder Erzählen.
- Der Text wird beiseite gelegt. Anfang und Ende werden mit der Gruppe umrissen.
- Ich entwerfe ein Ausgangssetting, von dem aus die Gruppe aufbricht.
- Ich entwerfe ein Endsetting, in dem die Gruppe ankommen soll.
- Die Gruppe spielt den Weg zwischen Anfang und Ende, ohne »privat« zu werden, findet Lösungen innerhalb des Spieles, auch da, wo sie sich nicht an die Lösungen der Textvorlage erinnern kann. Dabei können die Rollen gewechselt werden.
- Dieses Durchspielen wird so lange wiederholt, bis ein Verlauf entstanden ist, den die Gruppe akzeptiert, der aber auch mir, als Beobachter, dem der Text vertraut ist, plausibel erscheint. Hier liegt in diesem Moment die besondere Rolle des Leiters, die Balance zu halten zwischen Kraftfeld des Textes und kollektiver Kreativität der Gruppe.
- Die letzte Fassung haben wir dann in einen »Score« übertragen.
- Danach nehmen die Spieler den Text zur Hand, um Referenzstellen für einzelne Szenen zu suchen.
- Diese werden im einzelnen erarbeitet und auf ihre Stellung im »Score« überprüft.
- Das »Score« wird noch einmal verändert, der neuen Fassung angepasst.

Kurz nach Beginn der Probenarbeit in Essen habe ich das Thema Prometheus eingebracht. Ich hatte beim physischen Training eine Übung angeleitet, in der ein Spieler zwei andere Spieler führen sollte. Diese Spieler hielten ihn am Arm fest, aber so locker, dass er ihre Bewegungen bestimmte und nicht sie seine.

Mike, einer der Spieler, sah in diesem Bild seine persönliche Geschichte gespiegelt: Er im Kampf mit der Sucht und der Droge auf der Suche nach einem eigenen Weg. Im nächsten Schritt versuchte ich diese Erfahrung zu verfremden, indem ich einen Mann vorauslaufen ließ. Sobald er sich umdrehte, froren die anderen drei Spieler ihre Bewegungen ein.

Mike deutete wieder, sah darin weitere Aspekte seiner Geschichte. Es gehe ihm jemand voran, der ihm seinen Weg weise. In dieser Situation merkte ich jedoch, dass die anderen das Vordrängen Mikes gar nicht hören wollten.

So nahm ich das Bild zum Anlass, daran die Geschichte von Prometheus zu erzählen. In den dramatischen Vorlagen von Aischylos/Müller[3] ist ähnlich wie diese Übung das Anfangssetting beschrieben: Die Wesen Kraft und Gewalt führen den gefesselten Prometheus in das Gebirge, wo er durch den Schmied Hephaistos, auch ein Halbgott, an den Felsen geschmiedet werden soll.

Natürlich vereinfachte ich den ganzen Umfang der Erzählung:
Die Menschen sitzen blind in Höhlen. Prometheus verschafft ihnen das Augenlicht, er bringt ihnen das Laufen bei, aber auch das Essen. Er verschafft ihnen Nahrung. Zeus, aus Ärger über das eigenmächtige Handeln des Sohnes, schickt ihnen in seinem Zorn Krankheiten. Prometheus raubt Zeus das Feuer. Und dann beauftragt Zeus die halbgöttlichen Wesen Kraft und Gewalt und Hephaistos, Prometheus an einen Felsen im Kaukasus zu schmieden. Dann schickt er den Adler, um dem Prometheus die Leber wegzufressen, die ihm jedoch stetig wieder nachwächst.

Neben dem Chor stehen in den dramatischen Vorlagen drei Besucher bei Prometheus im Zentrum der Aufmerksamkeit, Okeanos, Jo und Hermes. Okeanos, der besorgte Meeresgott, versucht Prometheus zu besänftigen und bietet ihm an, ein gutes Wort bei Zeus einzulegen. Prometheus zeigt sich vor allem der Mahnung, den Zorn zu lassen, nicht zugänglich. Die Sonnengöttin Jo ließ ich weg und beschränkte mich auf Hermes den Götterboten, der Prometheus eine Linderung anbot um den Preis, seine Haltung gegenüber Zeus aufzugeben. Prometheus jagt den Boten fort – und er hört plötzlich die Erde beben, nimmt wahr, dass alles zusammenbricht.

---

3   Aischylos: Der gefesselte Prometheus, in: Aischylos. Tragödien und Fragmente, in der Übertragung von Ludwig Wolde, Bremen 1960, S. 239 ff. – Müller, Heiner: Prometheus, in: Heiner Müller, Geschichten aus der Produktion 2, Berlin 1991, S. 27 ff.

Erste Erzählungen

Bei den ersten Improvisationen ergaben sich die unten beschriebenen Spielsituationen:

Das Ausgangssetting: Zeus sitzt auf einem Tisch, die Menschen sitzen auf dem Boden und streiten sich vor Kälte zitternd um eine Decke.

Als Endsetting wurde das Beben der Erde bestimmt, in dessen Rahmen Prometheus sich losreißt.

Prometheus tritt zu den am Boden sitzenden Menschen hinzu. Er gibt ihnen zu essen, zeigt ihnen, wie man schluckt. Die Menschen wehren sich erst, beginnen dann, sich um das Essen zu streiten.

Zeus schickt Krankheiten, die Menschen kratzen sich.

Prometheus raubt das Feuer, bringt es unter die Menschen. Die strömen hinzu und verbrennen sich zuerst daran.

Zeus steigt herab. Da niemand als Kraft und Gewalt und Schmied festgelegt wurde, bestimmt er zwei Menschen, die Prometheus fesseln, und einen Menschen als Schmied. Sie befestigen Prometheus, der sich wehrt, an der Gegenseite am Tisch.

Die Menschen werden zu Schaulustigen. Zeus schickt den Adler, seine Leber zu fressen, die Menschen beteiligen sich daran, von ihm zu fressen.

Die Menschen behaupten plötzlich, sie hätten Prometheus' Hilfe gar nicht benötigt. Sie hätten die Kälte und Dunkelheit auch weiter ausgehalten. Ihnen sei es doch gut gegangen.

Zeus tritt vor Prometheus. Er will ihn dazu aufrufen, den Widerstand aufzugeben. Dann könne er sein Schicksal ändern.

Prometheus erklärt sich bereit, den Zorn auf Zeus fahren zu lassen.

Da beginnt die Erde zu beben.

Ich hatte der Gruppe vor allem gespiegelt, dass Prometheus am Ende aufgeben würde. Sie sollten überlegen, ob das passt. Doch ihre spielerische Antwort blieb hartnäckig dieselbe. So übernahm ich diese Wendung in das vorläufige »Score«. Hier war für mich der Grenzfall, wo ich als Anwalt des Textes eine Entscheidung zu suchen hatte. Ich hoffte einen Weg zu finden, um sie zu der literarisch korrekten Wendung hinzuführen.

Auffällig war die Rolle der Menschen in diesen Improvisationen. Tauchen sie in den literarischen Vorlagen gar nicht mehr auf, so nehmen sie hier eine aggressive Position gegenüber ihrem Helfer ein. Sie werden zu Schaulustigen, ja, sie beteiligen sich an der Folter und behaupten am Ende, ihnen sei die Hilfe gar aufgezwungen worden. Diese Erfahrungen mit Menschen gehörten zu den Ressourcen, die dem Stück die Gestalt verliehen.

Korrekturen

Zum physischen Training gehört ein besonderes Eingangsritual. Zu afrikanischer Trommelmusik laufen wir zu Beginn ca. zehn Minuten auf der Stelle, wobei die Aufgabe darin besteht, die Arme hängen zu lassen und die Knie so hoch wie möglich zu heben. Neben der Verbesserung der Kondition, der Entlastung der Schultern und der Zäsur zum Gefängnisalltag ist ein Ziel dieser Übung die Energetisierung der Gruppe. Nach den ersten zehn Minuten wird weiter gelaufen, jedoch wird nun das Laufen dauernd unterbrochen. Wir haben es mit Ballübungen unterbrochen, oder es werden »Stills«, Statuen, von Einzelnen gefunden, die die Mitspieler blitzschnell spiegeln. Sofort, wenn alle im Still stehen, wird es wieder aufgelöst.

Diese Übung kann auch dazu genutzt werden, um Text zu lernen. Ein Satz wird verbunden mit einem Still gesprochen, die anderen spiegeln die Haltung und sprechen chorisch den Satz. So übten wir hier Sätze wie: »Lass den Zorn, such die Befreiung!« – »Erkenne dich selbst, ändere dein Wesen um.«. Wir prüften sie auch auf die Kraft, die in ihnen steckt. Und so probierte ich auch den prometheischen Satz: »Kurz gesagt, ich hasse alle Götter.« Innen liegende Wut, Zorn verliehen diesem Satz bei der Chorübung eine unüberhörbare Kraft. So fand dieser Satz schnell seinen Weg in die kollektive Erzählung.

Vater und Sohn

In der Folge änderte sich auch das Personal der Gruppe, was für die Figur Prometheus eine entscheidende Wende darstellte. Leon stieß zu der Gruppe hinzu. Recht schnell füllte er die Rolle des Prometheus mit dem Anspruch, sie zu spielen. Er gab ihm ein sehr deutliches Profil, dessen Kernsatz genau dieser war: »Kurz gesagt, ich hasse alle Götter.« Keine Frage, dass es nicht seins war, am Ende klein beizugeben. Auch führte er den Konflikt zwischen Zeus und Prometheus auf jene Spitze: »Was bist du für ein Vater, der seinen Sohn so zurichten lässt?«

Inzwischen hatte sich auch der Umweg verflüchtigt, einzelne Menschen als mythische Halbgötter bestimmen zu lassen. Es waren die Menschen, die im Auftrag von Zeus die Fesselung des Prometheus übernommen hatten.

Und wie war der Gesinnungswandel bei den Menschen entstanden, der sie dazu führte, ihren Wohltäter zu fesseln?:

Nachdem Prometheus ihnen ein paar Bröckchen Speise gebracht hatte, entdeckten sie, dass auf dem Tisch des Zeus noch wesentlich mehr Essen zu finden war. Also, von Gier übermannt, strebten sie zum Tisch der Götter. Zeus wusste sich ihrer nur zu erwehren, indem er ihnen Krankheiten schickte. Die Schuld dafür jedoch sahen die Menschen einzig und allein in Prometheus. Und es bedurfte nur noch ein kurzen: »Packt ihn!« von oben, um die Menschen in willfährige Henkersknechte zu verwandeln.

Das Thema Vater und Sohn wurde durch einen Zufall noch mehr in das Zentrum gerückt. In eine schwächer besuchten Probe, die wir außerdem in einem anderen Raum durchführen mussten, hatte ich einen Staubsauger mitgebracht. Aufgabe war: Spielort ist ein Museum. Einer spielt den Mann von der Putzkolonne, zwei andere jeweils die Statue von Prometheus und Zeus. Die Statuen, so lautete die Aufgabe, sollten mit der Zeit zu sprechen beginnen. Prometheus möchte von den Fesseln gelöst werden.

Rico, bisher im ganzen Prozess recht zurückhaltend, hatte die Rolle der Statue von Prometheus übernommen. Er entfaltete durch seinen trockenen Humor eine solch tiefsinnige Komik, dass wir die ganze Probe hindurch die Szene immer wieder neu durchspielen konnten, ohne den Spaß zu verlieren. Hierbei stand der anklagende Sohn, der dem Vater vorwirft, nicht nur seine Fesselung verursacht zu haben, sondern auch seine Befreiung zu verhindern, im Mittelpunkt. »Vadder, komms mal.« – »Was is?« – »Ich brauch mal deine väterliche Wärme!« – »Gar nichts brauchst du! Du bleibst getz wo du biss!« Solche und ähnliche Dialoge, die auf dem Papier die existentiellen Themen deutlich anklingen lassen, kamen in den Improvisationen und den Vorstellungen in einer so trockenen Komik daher, dass die Zuschauer erst später merkten, an welchen existentiellen Themen die Gruppe gearbeitet hatte. Göttervater Zeus trat als bösartige Person auf, die später auch Besucher des Museums fesselte, um sie geblendet in der Mitte des Raumes zu deponieren.

Die Gestalt des Stückes

Es entwickelte sich folgender Aufbau des Stückes:

Alles beginnt im Museum, wo Prometheus und Zeus mit ihrem Streit den Putzmann verschrecken und später Zeus die Besucher verhext. Vater und Sohn fechten ihren Konflikt mit immer neuen Nuancen aus. Im Museum treten Vater und Sohn in weißen Gewändern auf, die an eine Toga erinnern, aber auch den Marmor darstellen können.

Danach geschieht eine Überblendung in die Mythologie. Hier sehen die Zuschauer einen Prometheus in zerrissener Hose und zertretenen Turnschuhen und Zeus als einen alten Mann mit Hut im grauen Mantel. Die blinden Menschen streiten sich um die wärmende Hülle einer Decke. Prometheus steigt von oben herab. Er setzt sich dazu und versucht mitzumachen, kann dem jedoch nichts abgewinnen. Er geht dazu über, die Menschen ins Leben zu führen und sie zu speisen. Auch erhalten sie jetzt durch Kleidung eine individuelle Typisierung. Als sie aufgrund ihrer Gier nach mehr Essen von Zeus mit Krankheiten geschlagen werden, beschuldigen sie Prometheus, ihnen dieses Unheil zugefügt zu haben. Auf das Signal des Zeus »Packt ihn!« hin führen sie ihn gefesselt in das kaukasische Gebirge. Dann ziehen sie sich zurück.

Später tauchen sie wieder auf, verzagt, ängstlich. Halbherzig wollen sie Prometheus' Wunden verbinden, seine Schmerz etwas lindern. Doch er jagt sie weg, tritt einen von ihnen um. Sie kehren nochmals zurück. Eine Frage bewegt sie noch. Warum er Essen und Feuer von Zeus gestohlen habe? Die Spieler haben dazu folgenden Text gefunden:

Prometheus:	Ich habe euch gekleidet.
Volk:	Das brauchten wir nicht.
Prometheus:	Ich habe euch zu Essen gegeben.
Volk:	Wir kamen auch ohne aus.
Prometheus:	Ich habe euch das Feuer gebracht.
Volk:	Das wollten wir gar nicht.

Zeus erscheint, geht um ihn herum wie ein Jäger um gejagtes Wild. Prometheus scheint ihm zuerst nichts anhaben zu können. Doch dann reißt er ihm den Hut vom Kopf und brüllt: »Kurz gesagt, ich hasse alle Götter.« Zeus kehrt entsetzt zurück auf seinen Thron. Prometheus reißt sich los. Alle anderen Spieler schlüpfen aus ihren Rollen, Verkleidungen. Die Erde bebt, auch Zeus wird alles entrissen, was seine Macht ausdrückt – die Welt wandelt sich zurück in das Museum, in dem gerade ein Fremdenführer den Besuchern die Geschichte von Zeus und Prometheus erzählt.

Die kollektive Erzählung als Plattform der individuellen Erzählung

In der ganzen Zeit habe ich bewusst nur über das eine Thema gearbeitet bzw. mit den Spielern darüber reflektiert: die Rolle des Verrats von Prometheus durch die Menschen. In keinem Moment habe ich die Spieler dazu gebracht, konkrete Erfahrungen einzubringen. Doch die Art der Vehemenz, mit der sie dieses Thema spielten und ihm einen Platz in der mythologischen Erzählung einbrachten, zeigte die Präsenz des Themas.

Die Wut, die auf die Väter in diesem Stück zur Sprache kam, war unüberhörbar. Unüberhörbar war der Spott, und ich musste immer wieder Winfried bewundern, der als Zeus und Blitzableiter diese Wut zu spüren bekam und stoisch ertragen konnte. Es war seine Stärke, die hier der Geschichte die entscheidende Farbe verlieh. Immer wieder machten wir deutlich, wenn das Spiel der Rollen beendet war. Zwei erzählten mir, unter vier Augen, weil sie es erzählten mussten, von der Mutter, die vom Vater allein gelassen wurde, von den Eltern, die ihn, das Kind, im Stich gelassen hatten.

In der kollektiven Erzählung konnten Dinge eingebracht werden, die sonst keinen Raum finden, die sonst auch keinen Ausdruck finden. Denn hier waren sie Material, in einer anderen Geschichte verborgen. Jedem einzelnen Spieler wurde der Raum der Intimität zugestanden, der ihm notwendig schien.

Leon kämpfte gegen seine Gewalt, die ihn fesselte, die ihn dazu führte, nur selten wirklich losbrüllen zu können. »Ich kann nicht. Dann kann ich mich nicht mehr zurückhalten.« Nur in seinem befreienden Satz, den er wiederholte, als er sich von den Fesseln losriss, fand er zu seiner Authentizität. »Das war mein Hilfeschrei, um einen Weg aus der Mühle der Gewalt zu finden«, so kommentierte er nachher.

Die Szene danach wurde für ihn zum Problem: Die Menschen schälten sich aus ihren Kleidungsstücken, die Insignien der göttlichen Macht des Zeus flogen in Zeitlupe durch den Raum. Leon hatte die Idee, mit Schritten aus dem Thai-Boxen durch den Raum zu tanzen. Doch es kam nicht zustande: »Das passt nicht. Ich kann das an dieser Stelle nicht machen.« Er konnte nur noch rennen, die abgelegten Kleidungstücke der Menschen auflesen und sich verstecken.

Das Leben wie in einem Museum, hinter den Mauern der Anstalten, angestarrt zu werden wie ein Fossil, das war die Perspektive Ricos, zu der ihn das Leben geführt hatte. Sie brachte er ein als seine Ressource. Aus dieser Position heraus vermochte er die Menschen zu verunsichern und die Frage zu stellen: »Warum machst du mich nicht los? Du hast doch zwei gesunde Hände.« – »Dann geht der Alarm los.« – »Ich kenn' keinen Gott Alarm. Wenn der kommt, nehm'n wir ihn einfach mit.«

Befreiung und Halt

Die Geschichten fokussierten in dem befreienden Satz: »Kurz gesagt, ich hasse alle Götter!«, der wie ein Schlüssel zum Himmel wirkte. Dieser erschien nun befreit von den Bildern der hinterlistigen, abweisenden Männer, die fernab irgendwo residierend die Fessel der Gegenwart verursacht hatten. Jede Reflexion hätte dieser subjektiven Erfahrung die Kraft genommen. Hier war es wichtig, die Geste zu bewahren, die Geste der Befreiung, nicht aber die Aussage zu reflektieren, die Geschichte aus dem Körper in den Kopf zu holen. Die eigene subjektive Erfahrung wird ernst genommen, aber nicht bestätigt, aber auch nicht in Frage gestellt. Dafür wird am Ende aber eine Lösung ausprobiert.

Die kollektive Erzählung bietet so die Möglichkeit, die eigene Geschichte in eine andere einzuordnen, sie in eine von der Gemeinschaft erzählte Geschichte einzuordnen – und noch mehr, sie in eine Geschichte einzuordnen, die diese aktuelle Gemeinschaft in der Gemeinschaft unzähliger Generationen von Menschen neu erzählt. Die eigene Geschichte bekommt einen Platz in einer großen Geschichte. Und so, wie sie teilhat an der Spannung der alten Geschichte des Prometheus, so hat sie auch teil an der Perspektive dieser Geschichte, der Geschichte der Befreiung des Himmels.

So kann sie heilend wirken, indem der Spieler die Gesten der Lösung mit in sein Leben hineinnimmt, sie als Gesten irgendwann einmal gebrauchen wird, sei es das Entkleiden aus einengenden Rollen, sei es das Spiel der Violine als Handlung der Befreiung, sei es das schmerzhafte Losreißen von der innerlichen Fixierung auf eine Opferrolle.

Und es existiert auch in diesem Spiel das Spiel der Seelsorge. Jeder dieser Männer bringt sein Eigenes ein, seine eigene Authentizität. Mit ihr formt er die Geschichte, die die gesamte Gruppe erzählt. Jeder ordnet sich ein in das Kollektiv, will nicht mehr sein, als er ist. Er spielt seine Rolle, erhält seine Kraft durch das Spiel der anderen – und wenn es der Tritt gegen die Brust ist oder die Beschimpfungen als sadistische Göttervaterfigur.

Als seelsorgerlich bezeichne ich dieses Spiel, weil in ihm etwas spürbar wird, gerade weil hier eine alte Geschichte verkörpert wird, was die Theologin Ruth Nakashima Brock als eine grundlegende Erfahrung christlichen Handelns beschreibt.[4] Für einen Moment ist der Spieler mit dem Strom des Daseins verbunden, eingebunden in die Gemeinschaft aller mit allen. Das bedeutet, alles männliche Domi-

---

4 Nakashima Brock, Rita: Journeys by heart. A Christology of erotic power, New York 1992.

nanzstreben aufzugeben, Aggressivität und Zementierung zu überwinden. Leon, der in der Hierarchie der Anstalt das Selbstbild von Kämpfer und Schläger unter allen Umständen aufrecht erhalten musste, zeigte als Prometheus, der die Menschen speiste und kleidete, eine zärtliche Fürsorglichkeit. Einem der Spieler strich er, bevor er ihm die blind machende Binde löste, zärtlich über den Kopf. »We are empowered to respond and act towards intimacy instead of dependency and toward greater openess and self-affirmation instead of self sacrifice.«[5]

Natürlich sind dies nur Momente, die Blitzen gleich eine verdunkelte Wirklichkeit durchzucken. Aber kehren wir zum Anfang zurück, zu Anna Halprin: »Wir neigen oft dazu, die Vergänglichkeit einer schönen Erfahrung abzuwerten, da sie für die Zukunft angeblich keinen Wert hat. [...] Wir tendieren dazu, zu vergessen, dass sie für unser Bewusstsein eine Übung mehr ist, um unsere Handlungen mit differenzierter Kompetenz zu reflektieren und unseren Mitmenschen diese Reflexion mitzuteilen. [...] In unseren künstlerischen Erfahrungen zelebrieren wir oft einen Gegenstand und sehen nicht den Zauber seiner Vergänglichkeit.«[6]

Es wäre eine Hybris zu behaupten, diese singuläre Erfahrung würde etwas ändern. Es ist eine Übung, die vielleicht nicht singulär bleiben sollte. Eine Übung, an die erinnert werden, die erneuert werden kann. Vor allen Dingen muss beachtet werden, dass sie die Kraft der Veränderung nur aus der Tatsache zieht, dass sie nichts ändern muss.

Theater und Seelsorge

Ich arbeite als Seelsorger und als Theaterpädagoge mit den Männern an einem Theaterstück. Wie kann ich diese beiden Aufgaben in Beziehung setzen – oder sind sie in ihrer Intention schon so kohärent, dass sie kaum voneinander zu unterscheiden sind? Als Theaterpädagoge arbeite ich daran, das spielerische, dramatische und gestalterische Potential der Spieler hervorzulocken und ihm den ihm zustehenden Raum zu geben. Das Material jedes Spielers wächst aus seiner Biographie. Als Seelsorger begleite ich, versuche Anstöße zur Deutung der eigenen Geschichte zu geben.

Im Rahmen des Theaters geschieht eine Form von ganzheitlicher Begleitung im Rahmen einer kollektiven Erfahrung. Jeder Spieler erfährt sich in einem neuen,

---

5   S. o.
6   Land, Ronit: a. a. O.

befreienden Deutungszusammenhang. Ihm wird keine Deutung seines Lebens, seiner Geschichte gegeben, er sieht sie nicht ein, er denkt sie sich nicht aus, er erfährt sie in einem Gestaltungsprozess, an dem er selber im Geben und Nehmen mit den Spielerkollegen beteiligt ist. Er wirkt so wie er ist in der Vernetzung des Spielerkollektivs, er fühlt sich gehalten und hält selber die anderen, mit der Kraft, die er geben kann und geben will. Der Platz im Kollektiv gibt ihm den Halt, um die Befreiung erfahren zu können.

Befreiungsgeschichten sind Heilsgeschichten – und der eigenen Geschichte einen Platz in einer Heilsgeschichte zu geben, das ist eine theologische, eine seelsorgerliche Aufgabe, die hier theaterpädagogisch gelöst werden kann. Authentisch in die Heilsgeschichte eintauchen – das ist eine theaterpädagogische Aufgabe, die hier seelsorgerlich gelöst werden kann.

Thomas Damm

Bang Boom Bang und Jede Menge Kohle
Filmkulturelle Stippvisiten
zwischen Ruhr und Emscher

Als evangelischer Pfarrer mit einer Affinität zur Kultur und speziell zum Film kam ich vor zehn Jahren aus Münster ins Ruhrgebiet. Das brachte nicht weniger als einen Kulturschock mit sich, einen heilsamen allerdings! Mentalitäten sind bekanntlich von Region zu Region unterschiedlich. Der Weg von der Aa an die Ruhr war in jedem Fall ein besonderes Erlebnis. Um es kurz zu fassen: Wo ich im Zwischenmenschlichen zuvor häufig Barrieren des Abwartens, manchmal auch des Misstrauens überwinden musste, da schauten mir nun Menschen gerade in die Augen, boten mir ganz schnell das »Du« an und überwanden die eingeübten gesellschaftlichen Schranken schnell. Mir wurde schnell bewusst: Die Hierarchien sind im Pott vielfach flacher und weniger wichtig. Und man ist schneller bei der Sache.

Wenn es im Folgenden um die filmkulturelle Arbeit im Ruhrgebiet geht, die stark auf einer dialogischen Struktur fußt, dann darf man getrost annehmen, dass sie aus den genannten Gründen im Ruhrgebiet besonders gut funktioniert. Das kann aber noch nicht der Grund sein, warum sich evangelische Gemeinden, Kirchenkreise und andere Institutionen zunehmend mit dem Medium Film beschäftigen. Dazu sei an dieser Stelle etwas weiter ausgeholt:

Filme beschäftigen sich mit den Themen, die die Menschen hier und heute interessieren. Wir werden im Kino konfrontiert mit unseren Lebensfragen, Sehnsüchten und Projektionen, mit dem, was uns unmittelbar angeht. Filme werfen Fragen auf, die ihr Publikum beschäftigen, und arbeiten sie durch. Das Kino weiß sehr gut, was Menschen bewegt. Für die großen Studios in Hollywood, Los Angeles, die seit fast einem Jahrhundert die Filmproduktion industriell betreiben, ist aus diesem Grund die Marktforschung von großer Bedeutung. Ein Beispiel: Mit großem Aufwand werden vor Erstellung der Filmendfassung Testvorführungen vor ausgewähltem Publikum inszeniert, werden Rohschnittversionen ausprobiert, werden schon im Drehprozess unterschiedliche Filmschlüsse angefertigt und je nach Wirkung auf das Testpublikum schließlich für den endgültigen Filmschnitt ausgewählt. Für das

Kino der großen Gefühle ist es eine Überlebensstrategie, den Menschen mit ihren Filmthemen und der Art der Präsentation ins Herz zu treffen. Das Kriterium sind die klingenden Münzen an der Kinokasse.

Unabhängige Produzenten und Filmemacher, zum Beispiel Autorenfilmer, haben einen anderen, individuelleren Ansatz. Aber auch sie wollen das Interesse ihres Publikums wecken und bringen Themen auf die Leinwand, die aufrütteln, zur Auseinandersetzung auffordern, emotional bewegen. Filme also konfrontieren ihre Zuschauer mit ihren eigenen Lebensfragen, mit ihren Ängsten, Sehnsüchten und Wünschen. Filme gestalten die großen Lebensthemen wie
– Geburt und Tod,
– unerfüllte und gelingende Liebe
– Einsamkeit und Gemeinschaft,
– Versuchung und Bewährung,
– Scheitern und Erlösung.

Damit nimmt das Kino eine Tradition auf, die das Judentum und in seiner Nachfolge seit der Zeitenwende auch Kirche und Christentum verfolgen. Viele Generationen haben die mythischen Erzählungen des Alten Testaments, die Familiengeschichten um Abraham und Sarah, Isaak und Rebekka, Jakob und seine Frauen zum Beispiel weitererzählt, denn in ihnen spiegeln sich die großen Lebensthemen wider. In ihnen spiegelt sich das Leben selbst mit seinen Gegebenheiten, Nöten, Bedürfnissen, Gefahren. In ihnen werden Lösungsansätze deutlich. Diese Geschichten spiegeln Lebens- und Glaubensfragen und haben durch die Zeiten hindurch in narrativer Form Lebens- und Glaubensweisheiten weitergegeben. Denn in ihnen konnte und kann die je eigene Biographie gedeutet und können so Reifungsprozesse angestoßen werden.

Die Zeiten, aber nicht die Menschen haben sich grundsätzlich geändert. Die alten Glaubens- und Lebensgeschichten sind nur noch zum Teil unmittelbar verständlich; neue Geschichten sind zu allen Zeiten hinzu gekommen, im Raum der Kirche zum Beispiel alte und neue Heiligenlegenden von Martin von Tours über Martin Luther bis hin zu Martin Luther King. Denn immer noch finden und überprüfen Menschen ihre eigene Identität nicht zuletzt im Spiegel von Geschichten und Erzählungen.

Strukturparallel dazu arbeitet das Kino, wenn es in seinen Filmen die großen Lebensthemen auf die Leinwand bringt. Und auch wenn dem ganz überwiegenden Teil des Publikums dieser anthropologische Mechanismus nicht stets bewusst ist, so geschieht doch mit jeder Filmrezeption ein Stück Existenzdeutung und Existenzversicherung (siehe unten). Gelingen kann diese Tiefenwirkung des Erzählens in

Kirche und Kino immer dann am besten, wenn nicht nur ein echtes Lebensthema angesprochen wird, sondern auch die Präsentation und Vermittlung gelingt: der richtige Ton getroffen und mit der Erzählweise die Bereitschaft beim Publikum eröffnet wird, sich auf den Stoff einzulassen.

Das Filmgeschehen im Ruhrgebiet hat seit vielen Jahren eine eigene Prägung. Zahlreiche Lang- und Kurzfilme sind hier entstanden, werden auf den Ruhrgebiets-Filmfestivals aufgeführt und zum Teil auch prämiert.

Was also die Filmwelt angeht, kocht der Pott sein eigenes Süppchen. Das korrespondiert natürlich mit der Tatsache, dass die Region in vielerlei Hinsicht ihr eigenes Gepräge hat: einen rauen Charme, eigene Dialekte, besondere Stadtbilder, Industrie- und Naturlandschaften. Armut und Reichtum sind hier anders gewichtet als sonstwo in Deutschland. Und nicht zuletzt kulturell hat der Pott Einzigartiges zu bieten: den »Gasometer« gibt es nur in Oberhausen, die »Zeche Zollverein« nur in Essen, die »Ruhrfestspiele« nur in Recklinghausen. Und was die »siebte Kunst« betrifft – so nennen die Franzosen die Kulturform des Films – ist sie in Deutschland ohne das Ruhrgebiet nicht mehr zu denken.

Es ist noch nicht lange her, da hat die Ruhrpott-Einwanderungs-Komödie *Almanya* (2011) in zwei Kategorien den Preis der Deutschen Filmkritik erhalten. Der charmante, von vielen guten filmischen Ideen geprägte Film war im Jahr zuvor schon auf dem Kirchlichen Filmfestival Recklinghausen gelaufen, und zwar als Eröffnungsfilm. Und damit sind wir schon mitten im Ruhrpott als Filmland. Auszugsweise erinnere ich im folgenden an Kino- und TV-Momente, die die Region an Emscher und Ruhr zum Filmland gemacht haben und aus dem deutschen filmkulturellen Geschehen sowie aus der Unterhaltungsbranche nicht mehr wegzudenken sind.

Ein Großer unter den Ruhrgebietsfilmemachern war und ist Adolf Winkelmann, der 1978 mit seiner Jugendfilm-Komödie *Die Abfahrer* an die Öffentlichkeit ging. Kaum einem ist es seitdem gelungen, den Pott in seiner sozialen Verfasstheit und zugleich mit einer derartigen Leichtigkeit des Erzählens auf Zelluloid zu bannen. Dieses Frühwerk seiner Filmografie ist noch auf 16 mm-Material gedreht. Die Eingangssequenz zeigt in wenigen Minuten und dem Vorspann hinterlegt einen 8-Stunden-Zeitraffer, in dem der Schornstein einer Kokerei aus Dortmund zu sehen ist. Das Stahlwerk ist später von den Chinesen gekauft, abgebaut und in China wieder aufgebaut worden, portraitiert in dem Dokumentarfilm *Winners and Losers* (2006), der im Rahmen von RUHR.2010 auf dem Kirchlichen Filmfestival Recklinghausen von Regisseur Michael Loeken vorgestellt wurde.

Winkelmann hat mit seinen Filmen *Die Abfahrer, Jede Menge Kohle* (1981 – der erste Film überhaupt, der Dolby-Stereo-Sound im Originalton hatte), *Super* (1984) und *Nordkurve* (1993) seine eigene Ruhrgebietssaga geschaffen. Die Stadt

Dortmund, die auch seine Heimat ist, bildet den Ausgangspunkt seines Schaffens. Unvergesslich ist seine Idee, einen Steiger unter Tage von Recklinghausen bis Dortmund wandern zu lassen – so in seiner Aussteiger-Komödie *Jede Menge Kohle*.

Neben dieser Quadrologie existiert auch eine Ruhrgebiets-Trilogie von Peter Thorwarth. Es sind allesamt Gaunerkomödien des östlichen Ruhrpotts, angesiedelt fast ausschließlich in Unna und Umgebung: *Bang Boom Bang* (1999), *Was nicht passt, wird passend gemacht* (2002) und *Goldene Zeiten* (2005). Aber auch andere Filmgenres hat der Pott hervorgebracht. *Theo gegen den Rest der Welt* (1980) ist wie *Die Abfahrer* ein Roadmovie. Die Story beginnt auf der Recklinghäuser Autobahnraststätte Stuckenbusch. Denn hier wird Theo (Marius Müller-Westernhagen) sein gerade neu gekaufter Lkw gestohlen. Die Verfolgung führt ihn dann über Belgien und Frankreich bis nach Neapel. *Zugvögel – Einmal nach Inari* (1997) ist ein romantisches Railroad-Movie der etwas leiseren Töne, der in Dortmund seinen Ausgang nimmt. Bierfahrer Hannes, verkörpert von Joachim Krol (aus Herne!), reist zu einem Eisenbahnexpertentreffen nach Finnland, verfolgt von der Polizei wegen eines Verbrechens, das er gar nicht begangen hat.

Weiterhin gehört der Fußballfilm zum Pott. Neben *Nordkurve* ist Sönke Wortmanns *Das Wunder von Bern* zu nennen, der erfolgreichste deutsche Film des Jahres 2003. Wortmann stammt auch aus dem Ruhrgebiet. Sein Vater war Bergmann. Er selbst war übrigens auch Fußballer, spielte bei Westfalia Herne und SpVgg Oer-Erkenschwick, bevor er sich dem Filmfach widmete. *Das Wunder von Bern* beginnt in den Hinterhöfen einer Essener Siedlung und schildert über das Fußballfieber im Zusammenhang der Weltmeisterschaft 1954 hinaus die sozialen Verhältnisse im Nachkriegsdeutschland. Seine Fußball-Weltmeisterschafts-Dokumentation *Deutschland. Ein Sommermärchen* lockte drei Jahre später mehr als vier Millionen Zuschauer in die Kinos. Sein Werk *Die Päpstin* wurde von ihm selbst auf dem Recklinghäuser Filmfestival 2010 vorgestellt. Er musste sich dabei nicht nur den Fragen des Publikums, sondern auch denen eines Experten für Papstlegenden stellen!

Die Geschichte des Ruhrpotts als Einwanderungsland ist verschiedentlich dokumentiert und nacherzählt worden, beispielsweise in der Fernsehserie *Rote Erde*, die 1983 bis 1990 in zwei Staffeln ausgestrahlt wurde. Der deutsch-türkische Regisseur Fatih Akin hat 2002 das Einwanderungsdrama *Solino* auf die Kinoleinwände gebracht, eine Geschichte um die schwierige Beziehung zweier Brüder, die mit ihren Eltern in den 60er Jahren aus Italien einwandern. Ganz nebenbei wird hier von der ersten Pizzeria im Ruhrgebiet erzählt. Von der Einwanderung einer türkischen Familie berichtet die oben schon erwähnte preisgekrönte Komödie *Almanya,* von den beiden Schwestern Yasemin und Nesrin Samdereli in authentisch-komödiantischer Weise portraitiert, durchsetzt mit vielen autobiographischen Familienerinnerungen. Unvergessen wird das Weihnachtslied »Kling, Glöckchen, Klingelingeling« in einer Phantasiesprache bleiben, die das anfangs noch unverständige Hören türkischer Einwanderer widerspiegeln soll.

Aus der Krimilandschaft des deutschen Fernsehens ist Horst Schimanksi alias Götz George nicht wegzudenken, der in 29 (!) Tatort-Folgen und zwei Kinofilmen (*Zahn um Zahn* 1985 und *Zabou* 1987) seit 1981 als ruppiger Duisburger Ermittler die Verbrecher jagte und noch jagt. Inzwischen sind 16 neue Folgen des Tatort-Nachfolgers *Schimanski* ausgestrahlt worden. Dem Essener Tatort-Kriminalhauptkommissar Lutter, verkörpert von Joachim Krol, ist dagegen nicht so viel Erfolg beschieden gewesen. Es ist bei sechs Folgen zwischen 2007 und 2010 geblieben.

Auch für den Kinder- und Jugendfilm hat das Ruhrgebiet etwas getan. Die beliebten und auf Fortsetzung angelegten *Vorstadtkrokodile* nutzen eine Dortmunder Vorstadt für ihre Plots. Die im Jahr 2009 in die Kinos gebrachte Version ist die inzwischen zweite Verfilmung des gleichnamigen Kinderbuchs von Max von der Grün und hat auf dem Kirchlichen Filmfestival Recklinghausen 2010 den Kinderfilmpreis erhalten. Die Fortsetzung kam 2010 in die Kinos, der dritte Teil 2011. Ein älteres Publikum hat der 2011 erschienene Jugendfilm *Ein Tick anders* von Andi Rogenhagen angesprochen. Rogenhagen wuchs im nördlichen Ruhrgebiet auf, in Marl. Wie Wortmann hat Rogenhagen eine Fußball-WM-Doku publiziert, allerdings nicht für das Kino, sondern für das Fernsehen. Der Streifen brachte ihm 1996 den in Marl verliehenen Grimmepreis ein, den in Deutschland wichtigsten Fernsehpreis. *Ein Tick anders* erzählt die Geschichte der 17-jährigen Eva (Jasna Fritzi Bauer) und ihrer Familie. Gekonnt und authentisch verkörpert Bauer hier die vom Tourett-Syndrom geplagte junge Frau, die wegen ihrer Ticks inzwischen die Schule geschmissen hat und sich am liebsten in der Einsamkeit der Wälder (in Marl und Herten) aufhält. Als sie dort eine Leiche findet, gerät ihr Leben aus den Fugen. Der Filmsong »Arschlicht« ist nach den Aufführungen in Marl und Recklinghausen immer wieder in Bussen und auf den Straßen zu hören gewesen ...

Das Ruhrgebiet hat es sich über die Produktion von TV- und Kino-, Dokumentar- und Spielfilmen hinaus zur Aufgabe gemacht, qualitativ gute Filme zu fördern und zu befördern sowie sie einem interessierten Publikum näher zu bringen. Dazu tragen die etwa zehn Filmfestivals bei, derer der Pott sich rühmen kann. Auf die längste Tradition und stärkste Wirkungsgeschichte kann das Kurzfilmfestival Oberhausen zurückblicken, das schon 1954 von Hilmar Hoffmann gegründet wurde, damals unter dem Titel »Westdeutsche Kulturfilmtage«. Damit beherbergt das Ruhrgebiet das älteste Kurzfilmfestival der Welt. Vom Westen des Potts in den Osten geblickt, ist das Kinofest Lünen zu nennen. Im Süden finden wir das Filmfestival der Aktion Mensch in Essen, im Norden das Kirchliche Filmfestival Recklinghausen, das erst

2010 im Zuge des Kulturprogramms zur Kulturhauptstadt gegründet wurde und seitdem jährlich stattfindet.

Schließlich aber prägt die bekannteste Film-Institution des Ruhrgebiets das Kulturgeschehen in der Stadt Marl und darüber hinaus maßgeblich mit: der jährliche Wettbewerb von TV-Dokumentationen und Spielfilmen um die renommierten Grimmepreise, die seit 1964 verliehen werden und im März 2014 in die 50. Runde gegangen sind.

Jede Woche werden in Deutschland zur Zeit etwa fünf Filme von den großen Kinoverleih-Firmen auf die Kinoleinwände gebracht. Das Meiste davon ist, wie es sich bei diesen Zahlen schon vermuten lässt, Massenware. Die Perlen muss man sich herauspicken. Das haben sich die genannten Filmfestivals zur Aufgabe gemacht. Darüber hinaus stellen die Theaterleiter vieler Programmkinos und einiger Multiplexe ein sehenswertes Filmprogramm auf die Beine. Einige dieser Kinos erhalten Jahr für Jahr Preise für ihre Programmgestaltung, beispielsweise von der EU. Diese 10.000, 20.000 oder 30.000 Euro helfen wiederum den Kinobetreibern der Arthouse-Kinos, gutes Programm zu präsentieren. Alle Milieus und Altersgruppen werden angesprochen durch die Filme, die vom Leben und auch vom Glauben erzählen. Die Kinos im Ruhrgebiet werden Woche für Woche, Tag für Tag besucht. Sie sind so gut, kreativ und abwechslungsreich in ihren Angeboten, dass sie mit Preisen dafür belohnt werden: zuletzt im November 2011 das Kino Endstation im Bahnhof Bochum-Langendreer ebenso wie die Essener Filmkunsttheater mit der Lichtburg im Zentrum mit dem Kino-Programm-Preis der Filmstiftung NRW.

Zum Schluss noch einmal zum protestantischen Aspekt der Filmarbeit im Ruhrgebiet, aber auch darüber hinaus. Evangelische Filmpädagogik nutzt diskussionswürdige Filme als Medien in der Bildungsarbeit. Denn Filme präsentieren Erlösungsmythen, vermitteln Medienkompetenz, sie informieren und motivieren. Diese Arbeit profitiert von Filmwerken bekannter und unbekannter Regisseurinnen und Regisseuren, Produzentinnen und Produzenten, deren Werke exemplarisch menschliche Schicksale veranschaulichen: in ihren je eigenen gesellschaftlichen Kontexten, in Glaubens- und Verantwortungskonflikten, in globalen, regionalen und ökumenischen, in interkulturellen und interreligiösen Zusammenhängen. In den Blick kommen Flüchtlinge auf der Suche nach wirtschaftlichem Auskommen, Migrantinnen und Migranten auf der Suche nach Integration, Menschen aller Generationen auf der Suche nach sinnvollem Leben und Arbeiten. In Auseinandersetzung mit diesen Filmen können Fragen der Gerechtigkeit, des Friedens und der Schöpfungsbewahrung neu gestellt und bearbeitet werden. Diese Filme sind Impulsgeber für gesellschaftliches und kirchliches Engagement und daher unverzichtbare Bestandteile kirchlicher Arbeit. Sie finden ihren Einsatz in der Bildungsarbeit überall im Ruhrgebiet: in der Schule wie in der Kirche, im Gottesdienst und in Bildungsveranstaltungen, in Hochschulen und Instituten, und nicht zuletzt bei den zahlreichen »Kirche & Kino«-Veranstaltungen in den Kinosälen des Ruhrgebiets.

Christoph Kniel/Niko Synnatschke
Fotografische Begegnungen

Mach Dir ein Bild – evangelisch (und anders) Glauben an der Ruhr

»Was bedeutet Protestantismus heute im Ruhrgebiet?«

Mit dieser Frage haben sich die auf den folgenden Bildern dargestellten Personen im Rahmen der Tagung »Protestantismus und Kulturen im Ruhrgebiet« auseinandergesetzt. Die Ergebnisse wurden von den Fotografen Christoph Kniel und Niko Synnatzschke (Photoagentur KNSY) interpretiert und in einen sprechenden Zusammenhang mit der Umgebung gebracht.

Die Antworten der Teilnehmer fielen sehr unterschiedlich aus, was dem experimentellen Charakter des Projektes entspricht: Es handelt sich um eine Suchbewegung in den Kontexten von Urbanität und Natur, zwischen Religion und Kultur im Ruhrgebiet.

Es gibt verschiedene Möglichkeiten dieses Projekt fortzusetzen:

Die Idee kann nach draußen auf die Straßen des Ruhrgebiets getragen werden. Man kann mit den Fotos weitermachen an diversen Orten; das könnte den protestantischen Bezug haben (Kirchen, Gemeinden, Jugend- oder Seniorengruppen etc.) oder ganz frei davon sein (wie z. B. in Einkaufszonen, Fußballstadien, Gefängnissen, Kinos, Theatern, auf Parkwiesen und Halden, an Flüssen und Wegen etc.). Die Fragestellung kann und sollte dann nochmal vereinfacht und ggf. »ent-protestantisiert« werden.

Die Idee könnte als Blog etabliert werden. Damit gibt man auch anderen Menschen die Möglichkeit, an dem experimentellen Denkprozess teilzunehmen. Die hier versammelten Fotografien wollen dazu anregen. Bei Freizeiten, bei der Konfirmandenarbeit oder während eines Gottesdienstes könnten Fotoserien zu unterschiedlichen Fragen entstehen, die man dann alle in diesem Blog vereint – »Mach Dir ein Bild – Evangelisch Glauben an der Ruhr«:

evangelischruhr.blogspot.de

Über die Jahre hat diese Plattform das Potenzial, zu einem Schiff zu werden, das das Wichtigste und Wesentlichste, das der Protestantismus zu bieten hat, in sich vereint: die Menschen und ihre ganz eigenen Ansichten.

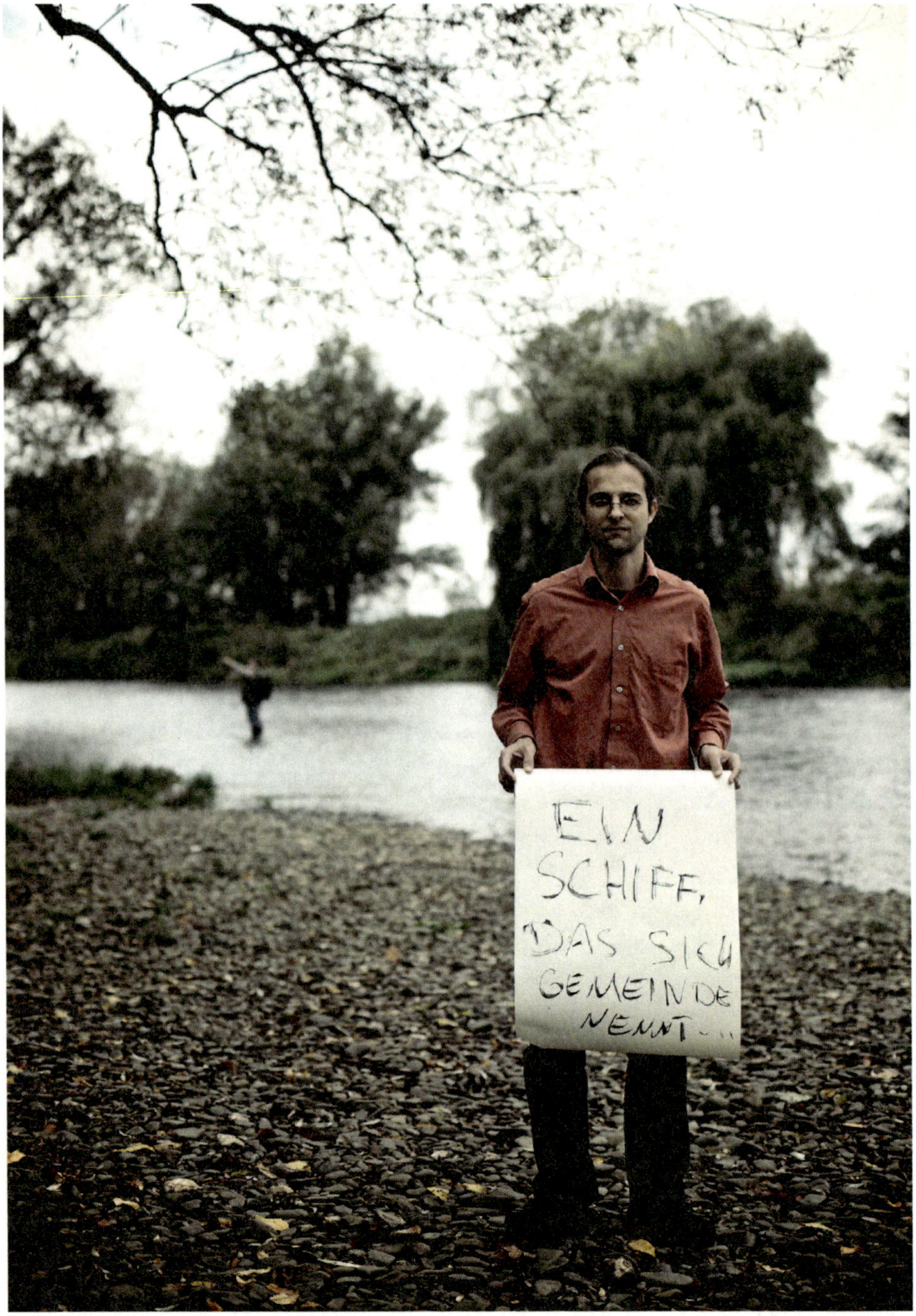
EIN
SCHIFF,
DAS SICH
GEMEINDE
NENNT...

Fotografische Begegnungen

Sage vom Ganzen den Satz, den Bruch, das geteilte Geschrei
KNAUF MP 75 L

Fotografische Begegnungen

Christoph Kniel/Niko Synnatschke

Fotografische Begegnungen

Christoph Kniel/Niko Synnatschke

Fotografische Begegnungen

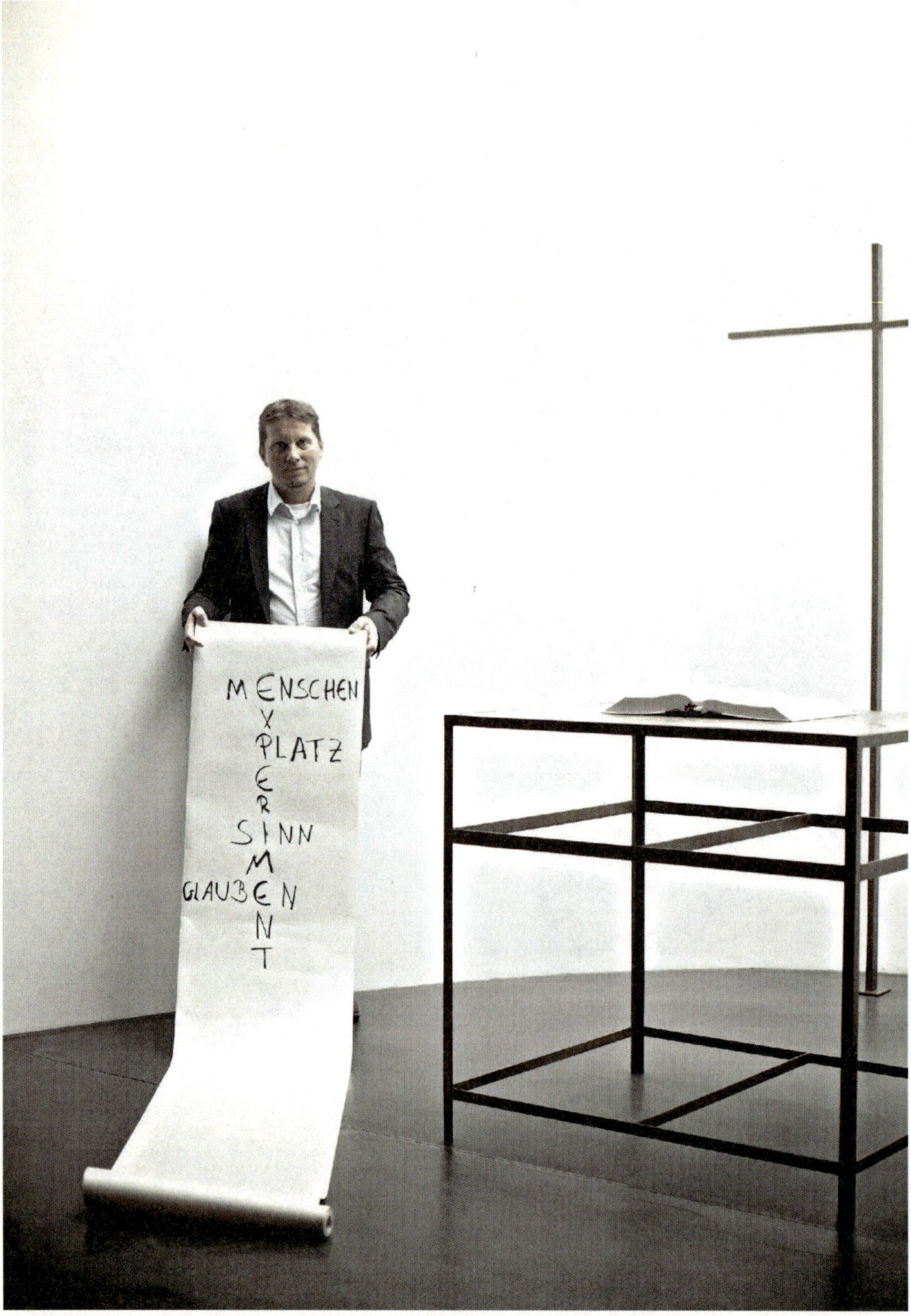
MENSCHEN
PLATZ
SINN
GLAUBEN
EXPERIMENT

Anhang

Literatur

Thomas Erne, Einleitung Teil 1

Bhabha, Homi K.: Die Verortung der Kultur, Tübingen 2000.
Cassirer, Ernst: Philosophie der symbolischen Formen, Teil 2. Das mythische Denken, Darmstadt ⁹1994.
Ebner, Martin (Hg.): Herrenmahl und Gruppenidentität, Freiburg 2007.
Erne, Thomas: Vom Fundament zum Ferment, in: Jörg Herrmann/Andreas Mertin/Eveline Valtink (Hg.), Die Gegenwart der Kunst, München 1998.
Gennep, Arnold van: Übergangsriten (1909), Frankfurt 1989.
Kant, Immanuel: Kritik der Urteilskraft, Akademie Textausgabe, Werke Bd. V, Berlin 1968.
Kulenkampff, Jens: Kants Logik des ästhetischen Urteils, Frankfurt a.M. ²1994.
Pfeiffer, Marita: Der Palast der Projekte. Eine Rauminstallation von Ilya und Emilia Kabakov im Salzlager der Kokerei Zollverein in Essen, in: kunst und kirche 02/2008, S.5–9.
Rutherford, Jonathan: The Third Space. Interview with Homi Bhabha, in: ders. (Hg.), Identity: Community, Culture, Difference, London 1990.
Schleiermacher, Friedrich: Über die Religion. Reden an die Gebildeten unter ihren Verächtern, hg. v. Hans-Joachim Rothert, Hamburg (1799) 1958.
Seel, Martin: Ästhetik des Erscheinens, Frankfurt a.M. 2003.
Turner, Victor: Das Ritual. Struktur und Anti-Struktur, Frankfurt a.M. 2000.
Wagner-Rau, Ulrike: Auf der Schwelle. Das Pfarramt im Prozess kirchlichen Wandels, Stuttgart 2009.

Peter Noss, Einleitung Teil 2

Bogumil, Jörg/Heinze, Rolf G./Lehner, Franz/Strohmeier, Klaus Peter: Viel erreicht – wenig gewonnen. Ein realistischer Blick auf das Ruhrgebiet, Essen 2012.
Evangelische Kirche in Deutschland: Räume der Begegnung. Religion und Kultur in evangelischer Perspektive, Denkschrift, Gütersloh 2002.
Foster Wallace, David: Das hier ist Wasser/This is water, Köln 2012.

Geldbach, Erich/Noss, Peter: Vielfalt und Wandel. Lexikon der Religionsgemeinschaften im Ruhrgebiet, Essen 2009.

Habermas, Jürgen: Zwischen Naturalismus und Religion. Philosophische Aufsätze, Frankfurt a. M. 2005.

Huber, Wolfgang: Im Geist der Freiheit. Für eine Ökumene der Profile, Freiburg 2007.

Kemmerer, Alexandra: Diesseits und jenseits der Zeit – Annäherungen an Europa und an die Religion, in: Petra Bahr/Aleida Assmann/Wolfgang Huber/Bernhard Schlink (Hg.), Protestantismus und europäische Kultur – Protestantismus und Kultur Band 1, Gütersloh 2007, S. 9–30.

Rüsen, Jörn: Europäische Identität – zwischen säkularer Lebensform und religiösem Glauben, in: Petra Bahr/Aleida Assmann/Wolfgang/Huber/Bernhard Schlink (Hg.), Protestantismus und europäische Kultur – Protestantismus und Kultur Band 1, Gütersloh 2007, S. 31–41.

Wittekind, Folkart: Religion als Transformationsbewusstsein – zur theologischen Deutung des Transformationsbegriffs, in: kunst und kirche 02/2008, S. 16–20.

Wolfgang Grünberg, Gott in der Stadt

Marc Aurel: Selbstbetrachtungen VII, 9, zitiert nach: Des Kaisers Marcus Aurelius Antoninus Selbstbetrachtungen. Übersetzung mit Einleitung und Anmerkungen von Albert Wittstock, Stuttgart 1957.

Michael Basse, Das Ruhrgebiet und die Reformation

Basse, Michael/Jähnichen, Traugott: Historische Einführung – Die Geschichte des Protestantismus im Ruhrgebiet, in: dies./Harald Schroeter-Wittke (Hg.), Protestantische Profile im Ruhrgebiet. Fünfhundert Lebensbilder aus fünf Jahrhunderten, Kamen 2009, S. 9–39.

Brakelmann, Günter: Ruhrgebietsprotestantismus, Bielefeld 1987.

Stefanie Brauer-Noss, Sehnsucht nach einer protestantischen Stimme

Begrich, Thomas/Gundlach, Thies: Impulse nicht Beschlüsse, in: Zeitzeichen 1/2007.
Bollmann, Ralph: Reform. Ein deutscher Mythos, Berlin 2008.
Evangelische Kirche in Deutschland: Kirche der Freiheit. Perspektiven für die evangelische Kirche im 20. Jahrhundert, Impulspapier, Gütersloh 2006.
Gehring, Heinrich: 50 Jahre Ruhrsuperintendentenkonferenz, in: Günter Brakelmann/Peter Burkowski (Hg.), Auf kirchlichen Spuren kirchlicher Zeitgeschichte. Festschrift für Helmut Geck zum 75. Geburtstag, Berlin 2010, S. 253–270.
Karle, Isolde: Kirche im Reformstress, Gütersloh 2010.
Klueting, Harm: Reformatio Vitae Johann Jakob Fabricius (1618/20–1673). Ein Beitrag zu Konfessionalisierung und Sozialdisziplinierung im Luthertum des 17. Jahrhunderts (Historia profana et ecclesiastica. Geschichte und Kirchengeschichte zwischen Mittelalter und Moderne, Bd. 9), Münster 2003.
Nassehi, Armin: Die Organisierbarkeit des Unorganisierbaren, in: Isolde Karle, Kirchenreform. Interdisziplinäre Perspektiven, Leipzig 2009.
Peddinghaus, Carl, in: Günter Brakelmann/Traugott Jähnichen/Norbert Friedrich (Hg.), Kirche im Ruhrgebiet, Essen 1998.
Thomas, Günter, in: Evangelische Theologie 67 (5).

Ulrich Althöfer, Evangelische Kirchen im Ruhrgebiet

Althöfer, Ulrich: Zwischen Bottrop, Recklinghausen und Datteln – Evangelischer Kirchenbau im Vest Recklinghausen, in: Albrecht Geck (Hg.): Kirche Kunst Kultur – Recklinghausen und darüber hinaus (Recklinghäuser Forum zur Geschichte von Kirchenkreisen, Bd. 6), Berlin 2013.
Benad, Matthias/Schmuhl, Walter (Hg.): Aufbruch in die Moderne, der evangelische Kirchenkreis Bielefeld von 1817–2006, Bielefeld 2006.
Bourree, Manfred/Keller, Manfred: Moderne Kirchen im Ruhrgebiet, Bochum 1999.
Dehio, Georg: Handbuch der Deutschen Kunstdenkmäler, Nordrhein-Westfalen II: Westfalen, München 2011.
Ellwardt, Kathrin: Evangelischer Kirchenbau in Deutschland, Petersberg 2008.
Evangelische Kirchen in Westfalen 1952–1962, hg. v. LKA der EKvW, Zusammenstellung und Text: Landeskirchenoberbaurat Hans Erwin Nau, Landeskirchenbaurat Horst Moldenhauer, Witten 1963.

Evangelische Kirche von Westfalen – EkvW (Hg.): Übergänge gestalten – Bauen in der evangelischen Kirche von Westfalen, Bielefeld 2008.

Jähnichen, Traugott (Hg.): Zwischen Tradition und Moderne, die protestantische Bautätigkeit im Ruhrgebiet 1871–1933, Bochum 1994.

Jähnichen, Traugott; Jelich, Franz-Josef (Hg.): Sonntagskirche und Alltagswelt, Beiträge zur Geschichte des Protestantismus im Ruhrgebiet, Essen 2009.

Murken, Jens: Die evangelischen Gemeinden in Westfalen. Band 1, A-H. Bielefeld 2008.

Organisationsbüro Kirchbautag und dem EKD-Institut für Kirchenbau und kirchliche Kunst der Gegenwart (Hg.): Transformationen – Übergänge gestalten, 26. Evangelischer Kirchbautag 23.–26.10.2008, Marburg, Dortmund 2008.

Schilp, Thomas/Welzel, Barbara (Hg.): St. Johannes in Brechten als Erinnerungsort des Ruhrgebiets, Bielefeld 2011.

Schilp, Thomas/Welzel, Barbara (Hg.): Die Marienkirche in Dortmund, Bielefeld 2012.

Schwebel, Horst: Eine Scheu vor großen Gesten, Protestantischer Kirchenbau aus theologisch-liturgischer Sicht, in: Wolfgang Jean Stock (Hg.), Europäischer Kirchenbau 1950–2000, München, Berlin, London, New York 2002.

Transformationen, kunst und kirche, ökumenische Zeitschrift für zeitgenössische Kunst und Architektur, 71. Jg., Heft 2, Wien 2008.

Übergänge gestalten – 26. Evangelischer Kirchbautag, die Dokumentation, kunst und kirche, ökumenische Zeitschrift für zeitgenössische Kunst und Architektur, Sonderheft, Wien 2009.

Wittmann-Englert, Kerstin: Zelt, Schiff und Wohnung. Kirchenbauten der Nachkriegsmoderne, Lindenberg im Allgäu 2006.

Zu den einzelnen Kirchen

Althöfer, Ulrich: Jenseits von Wittenberg – Der Grimberger Altar in Gelsenkirchen, ein frühes reformationsgeschichtliches Zeugnis im Westen, in: Apostelbrief, Gemeindebrief 8, Winter 2012/2013, Gelsenkirchen 2012.

Althöfer, Ulrich: keine Türme, keine Glocken, keine Orgeln – ein Paradigmenwechsel im kirchlichen Bauen um 1968, in: Bernd Hey/Volkmar Wittmütz: 1968 und die Kirchen, Bielefeld 2008.

Althöfer, Ulrich: Wie aus einer anderen Welt ... – die Auferstehungskirche und der Kirchenbau im 20. Jahrhundert, zum 50. Einweihungsjubiläum der Auferstehungskirche in Marl-Drewer-Süd, in: Albrecht Geck (Hg.), Kirche Kunst Kultur.

Bork, Benjamin: Evangelische Bleckkirche Gelsenkirchen (Schnell und Steiner Kunstführer), Regensburg 2010.
Bröker, Franz-Werner: 300 Jahre Kanzelaltar in der evangelischen Kirche am Alten Markt. Ein Beitrag zur evangelischen Kirchengeschichte Wattenscheids, hg. v. Heimat- und Bürgerverein Wattenscheid e. V., Bochum-Wattenscheid 1994.
Ev. Kirchengemeinde Marl-Drewer: Auf halbem Wege. Ein Jahr Auferstehungskirche – zehn Jahre Christuskirche, Festschrift, Marl 1962.
Fritsch, Karl Emil Otto: Der Kirchenbau des Protestantismus von der Reformation bis zur Gegenwart, hg. v. der Vereinigung Berliner Architekten, Berlin 1893.
Fritz, Johann Michael (Hg.): Die bewahrende Kraft des Luthertums, Mittelalterliche Kunstwerke in evangelischen Kirchen, Regensburg 1997.
Gronemann, Walter: Auf dem Weg durch die Zeiten, aus der Geschichte der evangelischen Kirchengemeinde Hörde, Dortmund-Hörde 1989.
Gropp, Birgit: Segenskirche Dortmund-Eving, Formel mit Perspektive – aus drei wird eins, in: Kirchen im Wandel – veränderte Nutzung denkmalgeschützter Kirchen hg. v. der Landesinitiative StadtBauKultur NRW, LVR-Amt für Denkmalpflege im Rheinland, LWL-Amt für Denkmalpflege in Westfalen, o. O. [2010].
Jordan, Rüdiger: Sakrale Baukunst in Bochum, hg. v. Christel Darmstadt für die Kortum-Gesellschaft Bochum e. V., mit Beiträgen von Ulrich Bücholdt. Bochum 2003.
Mai, Hartmut: Der evangelische Kanzelaltar, Geschichte und Bedeutung, Halle 1969.
Presbyterium der Evangelischen Kirchengemeinde Eving-Lindenhorst (Hg.): 1895–1995. 100 Jahre Evangelische Kirchengemeinde in Eving, Transformationen – Übergänge gestalten, Dortmund 1995.
Wittmann-Englert, Kerstin: Ein idealtypisches Gemeindezentrum der 60er Jahre, die evangelische Schalom-Gemeinde Dortmund-Scharnhorst, in: Transformationen, kunst und kirche, 2008.

Peter Noss, Das Eigene im Fremden

Bücker, Verena: Niedergang der Volkskirche – was kommt danach? Kirchlichkeit und Image der Kirchen in einer Ruhrgebietsstadt, Münster 2005.
Ebertz, Michael N. (unter Mitarbeit von Burkhard Werner, Lucia A. Segler, Samuel Scherer): Was glauben die Hessen? Ergebnisse einer Untersuchung im Auftrag des Hessischen Rundfunks, Freiburg 2012.

Geldbach, Erich/Noss, Peter (Hg.): Vielfalt und Wandel. Lexikon der Religionsgemeinschaften im Ruhrgebiet, Essen 2009.

Käsemann, Ernst: Begründet der neutestamentliche Kanon die Einheit der Kirche?, in: ders., Exegetische Versuche und Besinnungen, Bd. 1, Göttingen 1964.

Käsemann, Ernst: Einheit und Vielfalt in der neutestamentlichen Lehre von der Kirche, in: Zwischen den Zeiten 18 (= Ökumenische Rundschau 33) 1964.

Kölnischer Kunstverein/DOMiT, Dokumentationszentrum und Museum über die Migration in Deutschland/Institut für Kulturanthropologie und Europäische Ethnologie der Universität Frankfurt a. M./Institut für Theorie der Gestaltung und Kunst, HGK Zürich (Hg.): Projekt Migration, Köln 2005.

Kugelmann, Cilly: Heimatkunde, in: Jüdisches Museum Berlin (Hg.), Heimatkunde. 30 Künstler blicken auf Deutschland, München 2011.

Noss, Peter: Vom Bethaus der Kleinzeche zum interreligiösen Stadtfest, in: kunst und kirche 2/2008.

Taylor, Charles: Ein säkulares Zeitalter, Frankfurt a. M. 2009.

Ingo Reuter, Oberflächenwahrnehmung

Friedrich, Marcus A.: Art. Körper, in: Kristian Fechtner/Gotthard Fermor/Uta Pohl-Patalong/Harald Schroeter-Wittke (Hg.), Handbuch Religion und Populäre Kultur, Stuttgart 2005.

Heimerl, Theresia: Ein Sack voll Blut und Schleim, Feuchtigkeit und Galle. Eine theologische Exkursion in die Feuchtgebiete, http://www.theologie-und-kirche.de/feuchtgebiete.pdf

Quinn, Regina Ammicht: Ver/Kleidung. Mode, Körper und die Frage nach dem Sinn, in: Matthias Sellmann (Hg.), Mode. Die Verzauberung des Körpers, Mönchengladbach 2002.

Reißmann, Wolfgang: Zweideutige Bilder. Jugendliche Selbstpräsentation in Onlinenetzwerken, in: medien + erziehung 54/2010, Heft 3.

Roche, Charlotte: Feuchtgebiete, Köln 2008.

Jens Schlamelcher,
»Und was hat sich in der Gemeinde so alles verändert?«

Evangelische Kirche in Deutschland: Kirche der Freiheit. Perspektiven für die evangelische Kirche im 21. Jahrhundert. Impulspapier des Rates der EKD vom 6. Juni 2006, in: Nordelbische Stimmen 10, S. 6–9. Auch online verfügbar unter: http://www.ekd.de/download/kirche-der-freiheit.pdf. [zuletzt geprüft am 15.3.2008]

Höhmann, Peter/Krech, Volkhard: Das weite Feld der Kirchenmitgliedschaft. Vermessungsversuche nach Typen, sozial-struktureller Verortung, alltäglicher Lebensführung und religiöser Indifferenz, in: Johannes Friedrich et al. (Hg.), Kirche in der Vielfalt der Lebensbezüge. Die vierte EKD-Erhebung über Kirchenmitgliedschaft, Gütersloh 2006, S. 143–195.

Höhmann, Peter: Kirchenmitgliedschaft im gesellschaftlichen Wandel. Eine empirische Untersuchung pluraler Bindungsmuster von Kirchenmitgliedern, Frankfurt a. M. 2009.

Karle, Isolde: Der Pfarrberuf als Profession. Eine Berufstheorie im Kontext der modernen Gesellschaft, Gütersloh 2001.

Krech, Volkhard: Berufung – Beruf – Profession. Empirische Beobachtungen und systematische Überlegungen zur Entwicklung des Pfarrberufs, in: Maren Lehmann (Hg.), Die Zukunft der Parochie, Leipzig 2002, S. 115–129.

Medien-Dienstleistungs GmbH: Religiöse und kirchliche Orientierungen in den Sinus-Milieus 2005: Milieuhandbuch, München 2005.

Oevermann, Ulrich et al.: Die Methodologie einer »objektiven Hermeneutik« und ihre allgemeine forschungslogische Bedeutung in den Sozialwissenschaften, in: Hans-Georg Soeffner (Hg.), Interpretative Verfahren in den Sozial- und Textwissenschaften, Stuttgart 1979, S. 352–434.

Schlamelcher, Jens: Ökonomisierung der Kirchen?, in: Jan Hermelink/Gerhard Wegner (Hg.), Paradoxien kirchlicher Organisation. Niklas Luhmanns frühe Kirchensoziologie und die aktuelle Reform der evangelischen Kirche, Würzburg 2008, S. 145–178.

Wohlrab-Sahr, Monika: Objektive Hermeneutik, in: Ralf Bohnsack et al. (Hg.), Hauptbegriffe Qualitativer Sozialforschung, Opladen 2003, S. 123–128.

Andreas Isenburg, Zwischen Event und Hochkultur

Bogumil, Jörg/Heinze, Rolf G. u. a.: Viel erreicht – wenig gewonnen. Ein realistischer Blick auf das Ruhrgebiet, Essen 2012.
Evangelische Kirche von Westfalen (Hg.): »FREIRÄUME«. Der Geist weht wo er will! Kulturprogramm der Evangelischen Kirche von Westfalen zum 24. Deutschen Evangelischen Kirchentag im Ruhrgebiet 1991, Bielefeld 1992.
Kirchenamt der Evangelischen Kirche in Deutschland (Hg.): Räume der Begegnung. Religion und Kultur, Gütersloh 2002.
Landeskirchenamt der Evangelischen Kirche von Westfalen (Hg.): Räume des Glaubens – Räume der Freiheit. Kulturpolitische Leitlinien der Evangelischen Kirche von Westfalen, Bielefeld 2004.
RUHR.2010 GmbH (Hg.): Kulturhauptstadt Europas. RUHR.2010. Buch eins, Essen 2008, Buch zwei, Essen 2009, Buch drei, Essen 2010.
RUHR.2010 GmbH »Essen für das Ruhrgebiet« (Hg.): RUHR.2010. Die unmögliche Kulturhauptstadt. Chronik einer Metropole im Werden, Essen 2011.
Schilling, Konrad A. (Hg.): Kulturmetropole Ruhr. Perspektivplan II, Essen 2007, hier v. a. S. 134–146.
Trägerkreis des Evangelischen Kulturbüros RUHR2010 (Hg.): evangelisch 2010. Europäische Kulturhauptstadt RUHR.2010 und Evangelische Kirche, Essen 2010.
Zimmermann, Olaf/Geißler, Theo (Hg.): Die Kirchen, die unbekannte kulturpolitische Macht. Aus politik und kultur 2, Berlin 2007.

Thomas Wessel, Die Würde des Profanen

Adorno, Theodor W.: Minima Moralia. Reflexionen aus dem beschädigten Leben. Gesammelte Schriften Band 4, hg. v. Rolf Tiedemann, Frankfurt a. M. 1980.
Aly, Götz: Hitlers Volksstaat. Raub, Rassenkrieg und nationaler Sozialismus, Frankfurt a. M. 2005.
Horkheimer; Max/Adorno, Theodor W.: Dialektik der Aufklärung. Philosophische Fragmente, Vorrede. Frankfurt a. M. 1969.
Lefèbvre, Henri: Die Revolution der Städte. Neuausg. Berlin 2003, Nachdr. d. Ausg., München 1972.
Neuner, Florian: Ruhrtext, Wien 2010.
Roth, Joseph: Der Rauch verbindet Städte. Reisebericht 1926, in: Joseph Roth, Werke in vier Bänden. Bd. 3, Köln 1976.

Schmedding, Anne/Oesterlen, Dieter: Tradition u. zeitgemäßer Raum, Berlin 2012.

Rüdiger Sareika, Heavy Metal

Brakelmann, Günter/Jähnichen, Traugott: Kirche im Ruhrgebiet. Ein Lese- Und Bilderbuch zur Geschichte der Kirche im Ruhrgebiet von 1945 bis heute. Im Auftrag des Vereins zur Erforschung der Kirchen- und Religionsgeschichte des Ruhrgebiets, unter Mitarbeit von Karin Celen u. a., Essen 1991.

Brakelmann, Günter/Jähnichen, Traugott/Friedrich, Norbert (Hg.): Kirche im Ruhrgebiet: Verein zur Erforschung der Kirchen- und Religionsgeschichte des Ruhrgebiets e. V., Essen 1998.

Deutscher Bundestag (Hg.): Kultur in Deutschland. Schlussbericht der Enquete-Kommission des Deutschen Bundestages, mit allen Gutachten der Enquete sowie der Bundestagsdebatten vom 13.12.2007 auf DVD, Regensburg 2008.

Donner, Helmut (Hg.): Kirche und Kultur in der Gegenwart: Beiträge aus der evangelischen Kirche. Im Auftrag des Kirchenamtes der Evangelischen Kirche in Deutschland, Frankfurt a. M. 1996.

Evangelische Kirche von Westfalen: FREIRÄUME. Der Geist weht, wo er will! Kulturprogramm zum 24. Deutschen Ev. Kirchentag im Ruhrgebiet 1991. Dokumentation, Bielefeld 1991.

Ev. Presseverband für Westfalen und Lippe e. V.: Kirche und Kultur. Aspekte und Tendenzen der Kulturarbeit in der Ev. Kirche von Westfalen, Materialien für den Dienst in der Evangelischen Kirche von Westfalen, Reihe D, Öffentlichkeitsarbeit. Heft 20, Bielefeld 2001. www.ekvw.de/service/dokumente

KirchenKulturKongress. 15.–18.9.2011, Programmbuch zum Kongress, Büro der Kulturbeauftragten, Berlin 2011.

Kirchenamt der Evangelischen Kirche in Deutschland und Geschäftsstelle der Vereinigung Ev. Freikirchen (Hg.): Gestaltung und Kritik. Zum Verhältnis von Protestantismus und Kultur im neuen Jahrhundert, EKD-Texte Nr. 64, Hannover 1999.

Kirchenamt der Evangelischen Kirche in Deutschland (Hg.): Räume der Begegnung. Religion und Kultur in evangelischer Perspektive, Denkschrift der Ev. Kirche in Deutschland. Im Auftrag des Rates der Ev. Kirche in Deutschland und des Präsidiums der Vereinigung Ev. Freikirchen, Gütersloh 2002.

Landeskirchenamt der Evangelischen Kirche von Westfalen (Hg.): Räume des Glaubens. Räume der Freiheit. Kulturpolitische Leitlinien der Evangelischen Kirche von Westfalen, Bielefeld 2004. www.ekvw.de/service/dokumente

Trägerkreis des Evangelischen Kulturbüros RUHR.2010 (Hg.): evangelisch2010. Europäische Kulturhauptstadt RUHR.2010 und Evangelische Kirche, Essen 2010.
Zimmermann, Olaf/Geißler, Theo (Hg.): Die Kirchen, die unbekannte kulturpolitische Macht. Aus Politik und Kultur 2, Berlin 2007.

Friedhelm Kreiß, Bewegt sein: Kirche und Sport

Deutscher Sportbund: Kirche und Sport auf Ortsebene. Frankfurt 1982.
Deutscher Sportbund: Die deutsche Frage in Kirche und Sport. Frankfurt 1991.
Deutscher Sportbund: 50 Jahre Deutscher Sportbund. Frankfurt 2000.
DJK Diözesanverband Essen: 50 Jahre, DJK-Sportverband im Bistum Essen. Essen 2008.
Evangelische Kirche in Deutschland (EKD) Kirchenamt: Klarheit und gute Nachbarschaft. Christen und Muslime in Deutschland. Hannover 2006.
Fischer, Manfred u. a. (Hg.): Aufbruch zum Dialog. Fünfzig Jahre Evangelische Akademie Bad Boll, Stuttgart 1995.
Führungsakademie des Deutschen Sportbundes: Der Zweite ist der erste Verlierer!? Die Kultur von Sieg und Niederlage im Sport, Berlin 2000.
Grupe, Ommo/Huber, Wolfgang (Hg.): Zwischen Kirchturm und Arena. Evangelische Kirche und Sport, Stuttgart 2000.
Jakobi, Paul/Rösch, Heinz-Egon (Hg.): Schriftenreihe Christliche Perspektiven im Sport, Band 8. Sport und Religion, Mainz 1986.
Kultusminister des Landes NRW: Kirche und Sport. Ruhrfestspiele Recklinghausen, 1985.
Landesarbeitskreis Kirche und Sport NRW: Das sind wir ..., Duisburg 2009.
Neuber, Nils (Hg.): Informelles Lernen im Sport. Wiesbaden 2010.
Rösch, Heinz-Egon: Sport um der Menschen willen. 75 Jahre DJK-Sportverband, Aachen 1995.

Hans-Martin Gutmann, Die Popkultur und das Triviale

Horkheimer, Max; Adorno/Theodor W.: Dialektik der Aufklärung. Philosophische Fragmente. Frankfurt a.M ^{16}2006.
H. Luther, Religion und Alltag. Bausteine zu einer Praktischen Theologie des Subjekts, Stuttgart 1992.

Peter Noss, »Der Gastgeber ist sein eigener Gast«

Erne, Gabi: Um 12.00 bin ich da! Marburg 2010.
Därmann, Iris/Lemke, Harald (Hg.): Die Tischgesellschaft. Philosophische und kulturwissenschaftliche Annäherungen, Bielefeld 2008.
Lorenz, Stephan: Tafeln im flexiblen Überfluss. Ambivalenzen sozialen und ökologischen Engagements, Bielefeld 2012.
Methler, Eckehard/Methler, Walter: Henriette Davidis. Biographie, Bibliographie, Briefe, in: Veröffentlichungen des Henriette-Davidis-Museums Band 10, Evangelische Kirchengemeinde Volmarstein, Wetter (Ruhr) 2001.

Harald Schröter-Wittke, Protestantische Ruhrgebiets-Komponisten

Adrio, Adam: Art. Pepping, in: MGG – Die Musik in Geschichte und Gegenwart, Kassel 1966, Bd. 10; sowie Art. Pepping, in: Brockhaus-Riemann-Musiklexikon (BRM), Bd. 3.
Basse, Michael/Jähnichen, Traugott/Schroeter-Wittke; Harald (Hg.): Protestantische Profile im Ruhrgebiet. 500 Lebensbilder aus 5 Jahrhunderten, Kamen 2009.
Bethke, Neithard: Kurt Thomas. Studien zu Leben und Werk, Kassel 1989.
Heldmann, Werner: Musisches Gymnasium Frankfurt am Main 1939–1945. Eine Schule im Spannungsfeld von pädagogischer Verantwortung, künstlerischer Freiheit und politischer Doktrin, Frankfurt a. M. 2004.
Meyer; Hans-Dieter: »Wie aus einer anderen Welt«. Wilhelm Middelschulte – Leben und Werk, Kassel 2007.
Reda, Siegfried: Ein Selbstzeugnis, in: MuK 39, 1969.
Reda, Siegfried: Evangelische Kirchenmusik im Spannungsbereich ihrer Bindungen, in: Folkwang Sommerakademie, Essen 1961.
Riemer, Otto: Zum Orgelschaffen von Kurt Boßler; in: MuK 44, 1974.
Sehlbach, Erich: Baal. Oper in 5 Bildern, Wolfenbüttel 1960.
Schinköth, Thomas: Musik – Das Ende aller Illusionen? Günter Raphael im NS-Staat, Hamburg 1996.
Schmidt-Eggert, Friedemann: Schauß-Flake, Magdalene, in: Profile.
Schroeter-Wittke, Harald: Posaunenchorarbeit im Schnittfeld von Kirche und Welt, in: Irmgard Eismann, Hans-Ulrich Nonnenmann (Hg.), Praxis Posaunenchor. Handbuch für Bläserchorleitung, Stuttgart 2007.

Schuhmacher, Gerhard: Erich Sehlbach zum 70. Geburtstag. Gedanken an sein Werk, Wolfenbüttel/Zürich 1968.
Wicke, Berthold: Plädoyer für einen (fast) Vergessenen. Kurt Boßler zum 100. Geburtstag, in: Ars Organi 59, 2011.

Hans-Udo Schneider, Kirche und Arbeitswelt

Beermann, Wilhelm: Die Rolle der GSA aus personalpolitischer Sicht der RAG; in: Traugott Jähnichen/Norbert Friedrich/Wolfgang Herting (Hg.), Den Wandel gestalten – 50 Jahre Gemeinsame Sozialarbeit der Konfessionen im Bergbau, Essen 2000.
Belitz, Wolfgang: Das Ende des Sozialamtes Haus Villigst der Evangelischen Kirche von Westfalen, in: Amos (Vierteljahrszeitschrift) 1–1999.
Evangelische Kirche von Westfalen: Beiträge aus der Industrie- und Sozialarbeit der EKvW von Pfr. Wolfgang Belitz, Diplom Volkswirt Jürgen Espenhorst, Pfr. Eduard Wörmann, Schwerte 1985, Nr. 30.
Evangelische Kirche von Westfalen: Eine Ausarbeitung des Sozialausschusses der EKvW 1986, Heft 15.
Evangelische Kirche von Westfalen: Bericht der kirchlichen Montankonferenz vom 22. April 1993, Nr. 35 der Mitteilungen des Sozialamtes der EkvW.
Gollwitzer, Hellmut: Die Evangelische Kirche und unser Staat, Frankfurt Hefte, 1976, Heft 4.
Hennicke, Peter/Lechtenböhmer, Stephan: Visionen – Anstöße und Modelle zur Zukunft des Ruhrgebietes. Ergebnisse und Thesen einer Vorstudie des Wuppertal Instituts, Wuppertal 1995.
Jähnichen, Traugott: Westorientierung und Sozialpartnerschaft – Das gesellschaftspolitische Leitbild der GSA in den 50er Jahren, in: Traugott Jähnichen/Norbert Friedrich/Wolfgang Herting (Hg.), Den Wandel gestalten – 50 Jahre Gemeinsame Sozialarbeit der Konfessionen im Bergbau, Essen 2000.
Kirchenamt der Evangelischen Kirche in Deutschland Sekretariat der Deutschen Bischofskonferenz (Hg): Für eine Zukunft in Solidarität und Gerechtigkeit. Wort des Rates der Evangelischen Kirche in Deutschland und der Deutschen Bischofskonferenz zur wirtschaftlichen und sozialen Lage in Deutschland, Hannover/Bonn 1997.
Kruse, Martin: Gestalt und Dienst der Kirche, in: Stimme der Arbeit, Nr. 1, 1983.
Schneider, Hans-Udo: Das Sozialwort der Kirchen aus dem Jahre 1997 ist aktueller denn je!, in: Wolfgang Belitz/Jürgen Klute/Hans-Udo Schneider (Hg.), Wohin

driften die Kirchen? 10 Jahre Sozialwort – Eine ökumenische Zwischenbilanz, Norderstedt 2008.

Schneider, Hans-Udo: Gegen Gott kann man nicht streiken!? – Diakonie im Dilemma, in: Universität Siegen/Fakultät II, Siegen:Sozial: Arbeitsbedingungen in der sozialen Arbeit, Nr. 1, 2011.

Okko Herlyn, Kirche, Revier und Humor

Barth, Karl: KD III/4 (Schöpfungslehre), Zürich 1951.
Busch, Eberhard: Glaubensheiterkeit, Neukirchen-Vluyn 1986.
Fromm, Erich: Die Kunst des Liebens, München ^{7}2005.
Degenhardt, Franz Josef: Deutscher Sonntag, in: Spiel nicht mit den Schmuddelkindern. Balladen, Chansons, Grotesken, Lieder, Reinbek bei Hamburg ^{9}1974.
Nietzsche, Friedrich: Also sprach Zarathustra (Von den Priestern), Berlin 1976.
Schröder-Ellies, Peter: Gott ist »locker«, in: Evangelische Zeitung. Christliche Wochenzeitung für Niedersachsen, Nr. 30, 2002.

Hartmut Schröter, Protestantische Gestaltung zwischen Kirche und Kultur

Burckhardt, Jacob: Weltgeschichtliche Betrachtungen, hg. v. Rudolf Stadelmann, Pfullingen 1949.
Schröter, Hartmut (Hg.): Weltentfremdung – Weltoffenheit. Alternativen der Moderne. Perspektiven aus Wissenschaft – Religion – Kunst, in: Zeitansage, Schriftenreihe des Evangelischen Forums Westfalen und der Evangelischen Stadtakademie Bochum, hg. v. Manfred Keller und Traugott Jähnichen, Bd. 3, Berlin/Münster 2008.
Steiner, George: Von realer Gegenwart, München/Wien 1990.
Tillich, Paul: Protestantische Gestaltung, in: Auf der Grenze. Aus dem Lebenswerk Paul Tillichs, Stuttgart 1962.
Tillich, Paul: Religion und Kultur, in: Die religiöse Substanz der Kultur, Ges. Werke Band IX, Stuttgart 1967.
Tillich, Paul: Aspekte einer religiösen Analyse der Kultur, a.a.O.

Dirk Harms, »Kurz gesagt, ich hasse alle Götter!«

Aischylos: Der gefesselte Prometheus, in: Aischylos. Tragödien und Fragmente, in der Übertragung von Ludwig Wolde, Bremen 1960.

Land, Ronit: Einführung in das pädagogischen Profil Anna Halprins, in: Gabriele Wittmann/Ursula Schorn/Ronit Land, Anna Halprin. Tanz – Prozesse – Gestalten, München 2009.

Müller, Heiner: Prometheus, in: Heiner Müller, Geschichten aus der Produktion 2, Berlin 1991.

Nakashima Brock, Rita: Journeys by heart, A Christology of erotic power, New York 1992.

Schorn, Ursula: Der »Life/Art Process« – Bausteine für kreatives Handeln, in: Gabriele Wittmann,

Ursula Schorn, Ronit Land, a. a. O.

Die Autorinnen und Autoren

Ulrich Althöfer, Dr. phil., Kunsthistoriker, Mitarbeiter im Landeskirchlichen Baureferat der Evangelischen Kirche von Westfalen. Durch die Inventarisierung des kirchlichen Kunstgutes in der EKvW ist er intensiv mit der westfälischen Bau- und Kunstgeschichte befasst.

Michael Basse, Prof. Dr., geb. 1961 in Lünen/Westfalen, Studium der Ev. Theologie und Geschichtswissenschaft an der Kirchlichen Hochschule Bethel, der Universität Bielefeld und der Universität Bonn, 1987/88 Wiss. Hilfskraft am Ökumen. Institut Universität Bonn, 1988–90 Referendariat, 1991–2005 Gymnasiallehrer in Bonn, 1993 Promotion, 1998 Habil. Universität Bonn, 1999 Privatdozent, 2005 apl. Prof., 2006 Universitätsprofessor für Ev. Theologie mit dem Schwerpunkt Kirchen- und Theologiegeschichte an der Universität Dortmund. Publikationen u. a.: M. Basse, Traugott Jähnichen und Harald Schröter-Wittke (Hg.), Protestantische Profile im Ruhrgebiet. Fünfhundert Lebensbildern aus fünf Jahrhunderten, Kamen 2009. michael.basse@tu-dortmund.de

Stefanie Brauer-Noss, Pfarrerin, geb. 1981 in Witten. Studium der Physik und der Theologie in Bochum, Berlin und Münster, Vikariat in Hattingen/Ruhr. Wissenschaftliche Mitarbeiterin im DFG-Projekt »Zwischen Öffnung und Schließung. Kirchenreformbemühungen im Vergleich« (Bochum/Münster). Stefanie.brauer-noss@rub.de

Thomas Damm, Pfarrer, geb. 1965, Studium der Theologie in Münster, Wuppertal, Edinburgh und Tübingen. Ev. Pfarrer der Ev. Stadt-Kirchengemeinde Marl, Filmbeauftragter des Kulturrats der EkvW, Vorsitzender der Ev. Akademie Recklinghausen. Zahlreiche Veröffentlichungen in den Bereichen Musik und Film, u. a.: »Kurzfilme im Gottesdienst. Anleitungen und Modelle für Gemeinde, Schule und Gruppen«, Gütersloh 2011. Thomas.Damm@ekvw.de

Thomas Erne, Prof. Dr. theol., Pfarrer, geb. 1956 in Stuttgart, Studium der Theologie in Tübingen und parallel dazu Schulmusik an der Hochschule für Musik und Darstellende Kunst in Stuttgart. Vier Jahre Repetent am Ev. Stift in Tübingen. Promotion über das Thema: Lebenskunst. Aneignung ästhetischer Erfahrung. Ein theologischer Beitrag zur Ästhetik im Anschluss an Kierkegaard. 1990 bis 2005 Gemeindepfarrer in Köngen/Neckar, ab 2002 auch Privatdozent für Praktische Theologie an der Universität Tübingen. Habilitiert mit einer Arbeit über den Philosophen

Hans Blumenberg: Rhetorik und Religion. Studien zur praktischen Theologie des Alltags. Zwei Jahre Lehrstuhlvertretung für Praktische Theologie an der Kirchlichen Hochschule Bethel. Seit 1. Oktober 2007 Direktor des EKD-Institut für Kirchenbau und kirchliche Kunst der Gegenwart und Professor für Praktische Theologie mit Schwerpunkt religiöse Ästhetik und Kommunikation an der Philipps-Universität Marburg. Herausgeber der Zeitschrift »Kunst und Kirche«. www.kirchenbau.info

Andreas Fröhling, Kirchenmusikdirektor, studierte bei Prof. Gerd Zacher an der Folkwang-Hochschule in Essen. Nach dem Kantorenexamen legte er das Konzertexamen für künstlerisches Orgelspiel ab; 1991 gewann er den ersten Preis der Internationalen Frühjahrsakademie für zeitgenössische Orgelmusik in Kassel. Kantorat an der Essener Johanneskirche, 1996–2005 Kantor und Organist an der Nicolai-Kirche in Gelsenkirchen. Seit 2006 Kreiskantor für den Kirchenkreis Gelsenkirchen und Wattenscheid, 2009 Ernennung zum Kirchenmusikdirektor. Er initiiert Konzertreihen mit Neuer und Alter Musik. Zudem unterrichtet er als Dozent für die Fächer Orgel und Orgelimprovisation an der Bischöflichen Kirchenmusikschule in Essen. Andreas.Froehling@kk-ekvw.de

Wolfgang Grünberg, Prof. Dr. theol., geb. 1940, 1959 Studium der Theologie in Tübingen, Berlin, Heidelberg und Hamburg; wiss. Assistent und Promotion bei Martin Fischer/Kirchliche Hochschule Berlin; 1971–1978 Pfarrer im »Teampfarramt« der Kirchengemeinde »Heerstraße Nord« in Berlin-Staaken; 1978 Professor für Praktische Theologie mit dem Schwerpunkt »Außerschulische Religionspädagogik« am Fachbereich Evangelische Theologie der Universität Hamburg, Leiter der »Arbeitsstelle Kirche und Stadt« an der Universität Hamburg. Publikationen u. a.: Homiletik und Rhetorik. Zur Frage einer sachgemäßen Verhältnisbestimmung, Gütersloh 1973, wolfgang.gruenberg@uni-hamburg.de

Hans Martin Gutmann, Prof. Dr., geb. 1953; 1994–2001 Professor für Didaktik der Evangelischen Religionslehre und Kirchengeschichte an der Universität Paderborn; seit Sommersemester 2001 Professor für Praktische Theologie mit dem Schwerpunkt Homiletik an der Universität Hamburg. Publikationen u. a.: sich einsetzen, sich hingeben, sich nicht hergeben. Protestantische Entwürfe zu umstrittenen Lebenshaltungen, Berlin 2011; Mit den Toten leben – eine evangelische Perspektive. 2., überarbeitete und veränderte Neuauflage, Hamburg 2011; Mein Vater und der Krieg. Eine praktisch-theologisch interessierte Suchbewegung zu Individualität, Politik und Religion, Berlin 2012. hans-martin.gutmann@uni-hamburg.de

Die Autorinnen und Autoren

Okko Herlyn, Prof. Dr., Pfarrer, geb. 1946 in Göttingen; 1966–72 Studium der Theologie in Wuppertal, Göttingen, Zürich und Tübingen, 1972–74 Assistent an der Kirchlichen Hochschule Wuppertal (Prof. Jürgen Fangmeier), Vikar in der reformierten Gemeinde Schöller, 1977 Promotion in Tübingen (Prof. Eberhard Jüngel); 1977–94 Pfarrer in Duisburg-Wanheim; 1994–2011 Professor für Ethik, Anthropologie und Theologie an der Evangelischen Fachhochschule Bochum und seit der Habilitation 1996 zudem Privatdozent für Praktische Theologie an der Ruhruniversität Bochum. Seit Mitte der achtziger Jahre unterwegs als literarischer Kleinkünstler in Kulturzentren, Kleinkunstbühnen, politischen und kirchlichen Szenen; zahlreiche Preise. Publikationen u. a.: Religion oder Gebet. Karl Barths Bedeutung für ein »religionsloses Christentum«, Neukirchen-Vluyn 1979; Theologie der Gottesdienstgestaltung, Neukirchen-Vluyn 1988 (2. Aufl. 1992); Kirche in Zeiten des Marktes. Ein Störversuch, Neukirchen-Vluyn 2004 (zusammen mit Hans-Peter Lauer); Sein Wort ein Feuer. Unverblümte Predigten, Bielefeld 2011; Was nützt es dir? Kleine Einführung in den Heidelberger Katechismus, Neukirchen-Vluyn (2. Aufl.) 2013. www.okkoherlyn.de

Andreas Isenburg, geb. 1966, Pfarrer im Amt für missionarische Dienste der Evangelischen Kirche von Westfalen, zuständig für die Arbeitsbereiche Stadt- und Citykirchenarbeit, Ökumenisches Netzwerk Citykirchenprojekte, Kirche und Tourismus (Offene Kirche, Radwegekirchen), Wiedereintrittsstellen. andreas.isenburg@amd-westfalen.de, www.amd-westfalen.de, www.citykirchen.de. Publikationen u. a.: Sucht der Stadt Bestes. Kirche für die Stadt – in der Stadt (Hrsg.), Bausteine für die Gemeinde von morgen. aus der praxis – für die praxis, Dortmund 2003; M. Baur-Schäfer, A. Isenburg, U. Sauter, Ökumenische Arbeitsgemeinschaft. Das Netzwerk Citykirchenprojekte, in: B. Lübbering (Hrsg.), »Nehmt Neuland unter den Pflug!« (Hos 10,12). Seelsorglicher Aufbruch in der Stadt. Ein Lesebuch (nicht) nur für City-Kirchenarbeit, Münster 2009, S. 150–156; M. Hirsch-Reinshagen, A. Isenburg, E.-M. Ranft, Pilgern im Pott. 20 Etappen von Dinslaken bis Holzwickede, Essen 2009; City- und Stadtkirchenarbeit. Ein neues »Lernfeld« für die Kirche, in: 150 Jahre Martin-Luther-Kirche. Festschrift zum Jubiläum 1861–2011, Gütersloh 2011, S. 35–38; Kultur und Kirche – Lust am Dialog, in: W. Riewe (Hrsg.), Was Christen glauben. Die UK-Glaubenskurs-Serie, Bd. 3, Bielefeld 2011, S. 105–111. www.amd-westfalen.de

Peter Noss, Dr. theol., Pfarrer; geb. 1963 in Celle. Studium (Theologie, Geschichte) in Bochum, Heidelberg, Berlin. Dann Vikariat in Berlin und Washington D. C.; 1998 Mitarbeiter am Institut Kirche und Judentum. Promotion bei H. E. Tödt/W.

Huber zum Thema »Kirchlicher Widerstand« anhand der Biographie über den reformierten Theologen Martin Albertz. 2000–2005 Wissenschaftlicher Leiter des Projektes »Lexikon der Religionsgemeinschaften im Ruhrgebiet«/Lehrbeauftragter an der Ruhruniversität Bochum; 1998–2010 Pfarrer mit Stellen in Unna und Bochum. 2010/11 Projektleiter im Lutherforum Gladbeck. Seit 2012 Lehrbeauftragter an der EFH Bochum, Habilitations-Projekt zum Thema »Inklusion«. Vorsitzender des Arbeitskreises »Kirche und Sport NRW«, www.religion-ruhrgebiet.de, peter.noss@rub.de

Christoph Kniel, geb. 1976 in Essen. Studium Kommunikationsdesign mit Studienrichtung Fotografie in Dortmund, Gastsemester University of Plymouth (Jem Southam), 2005 Diplom »Zwischen den Zeiten« bei Prof. Cindy Gates. Teilnahme an Ausstellungen u. a.: 2001 »spektrum eins«, Dortmund; 2002 »Phoenix Werke. Kunst in der Zwischenzeit, Dortmund; »Grenzen und Identitäten«, Triple Z, Essen; 2005 »Kontraste der Architektur«, München; 2007 »Die Macht der Sprache« Akademie der Künste Berlin; 2008 »G+J photo award«, Hamburg; 2009 »Drift«, Duisburger Akzente; 2010 »Über Tage«, Kunstmuseum Mülheim/Ruhr, »bei sich sein«, Tanz im Laden, Essen; »The Market«, Dortmunder U. www.knsy.de

Friedhelm Kreiß, geb. 1936, Ministerialrat a. D.; Lehramtsstudium in den Fächern Sport, Musik, Germanistik; Zweitstudium Psychologie; Diplomsportlehrer, staatlich geprüfter Skilehrer, Trainer A-Lizenz des DRV, Ehrenmitglied DOSB und des DRV, Ehrenvorsitzender des Landesarbeitskreises »Kirche und Sport NRW«. Arbeitsschwerpunkte und Publikationen (5 Buchprojekte, ca. 500 Fachartikel): Training und Methodik im Sport, Mannschafts- und Personalführung, Sportmanagement, Vereinsorganisation, Arbeitsmarkt Sport, Sportethik, Fragen der Fairness im Sport. friedhelm.kreiss@freenet.de

Ingo Reuter, PD Dr. theol. habil., geb. 1968. Schulpfarrer an Gymnasien in Mönchengladbach, Privatdozent für Religionspädagogik/Praktische Theologie am Institut für Evangelische Theologie der Kulturwissenschaftlichen Fakultät der Universität Paderborn und Lehrbeauftragter an der Kirchlichen Hochschule Wuppertal; Studium der Evangelischen Theologie und Philosophie in Münster, Bochum und Wuppertal. Forschungsschwerpunkte: Homiletik; Grenzfragen zwischen Dogmatik, Praktischer Theologie und Philosophie; Hermeneutik und Kulturhermeneutik, insb. theologische Hermeneutik des populären Films; Religionspädagogik; Bildtheorie. Veröffentlichungen: Predigt verstehen. Grundlagen einer homiletischen Hermeneutik (Arbeiten zur Praktischen Theologie Bd. 17), EVA, Leipzig 2000; Religionspädagogik und populäre Bilderwelten. Grundlagen – Analysen – Konkretionen (PopKult 4), IKS Garamond, Jena 2008; Sinnspiegel – Theologische Hermeneutik populärer Kultur (Hg., zus. mit Joachim Kunstmann), Schöningh, Paderborn 2009; Der christliche Glaube – im Spiegel der Popkultur, EVA, Leipzig, 2., korrigierte Aufl. 2013 (2012), mail@ingo-reuter.de www.ingo-reuter.de

Jens Schlamelcher, Dr. phil., geb. 1976, wissenschaftlicher Mitarbeiter am Centrum für Religionswissenschaftliche Studien der Ruhr-Universität Bochum, Religionssoziologie, -ethnologie und -ökonomie. Publikation zu »Ökonomisierung der Protestantsichen Kirche? Sozialgestaltliche und religiöse Wandlungsprozesse im Zeitalter des Neoliberalismus«, Würburg, Ergon Verlag.
http://www.ceres.rub.de/de/personen/details/jens-schlamelcher/
jens.schlamelcher@rub.de

Hans-Udo Schneider, Dr., geb. 1946 in Siegen, 1968–1973 Studium der Psychologie Mainz und Düsseldorf; 1977–81 Psychotherapeutische Ausbildung; 1989–93 Aufbaustudium Behindertenpädagogik in Bremen, 1993 Promotion, 1996 2. Theol. Prüfung, 1997 Ordination, 1999 Approbation als Psychotherapeut. 1974–1977 Referententätigkeit bei der Friedrich-Ebert-Stiftung, Abt. Gesellschaftspolitische Information; 1976/1977 Lehrauftrag Universität Essen (Fachbereich Sozialwissenschaften); 1993 Leiter des Industrie- und Sozial-Pfarramtes im Kirchenkreis Gladbeck-Bottrop-Dorsten; 1997 Berufung zum Pfarrer für Industrie- und Sozialarbeit; 1996–2002 Geschäftsführer der Neue Arbeit gGmbH; 2001–2003.
Beteiligung an Internationalem Forschungsprojekt zur »Sozialen Verantwortung von Unternehmen«; seit 2001 Vorsitzender des Verbandes Ev. Kirchengemeinden in Dorsten. Publikationen u.a.: mit Jürgen Klute: Auf dem Weg der Gerechtigkeit ist Leben, Festschrift für Wolfgang Belitz, Münster 2005; Wolfgang Belitz, Jürgen Klute, Hans-Udo Schneider: Armes reches Deutschland. Wohin driften die Kirchen? 10 Jahre Sozialwort. Eine ökumenische Zwischenbilanz, BoD Verlag, Norderstedt, 2008.

Harald Schroeter-Wittke, Dr. theol. habil., geb. 1961 in Duisburg, seit 2001 Universitätsprofessor für Didaktik der Ev. Religionslehre mit Kirchengeschichte am Institut für Ev. Theologie der Fakultät für Kulturwissenschaften der Universität Paderborn, schrwitt@mail.upb.de

Niko Synnatzschke, Fotograf, geb. 1977 in Essen, Studium Kommunikationsdesign, Studienrichtung Fotografie in Essen, Gastsemester an der Kunsthochschule

Bergen/Norwegen; 2007 Diplomarbeit »Aurore« bei Prof. Elke Seeger; Teilnahme an div. Ausstellungen: 2005 »Taktiken des Ego, Essen; 2006 »Sehwege«, Kunstverein Oldenburg; 2007 »Diplomausstellung«, Essen, 2008 »G+J photo award«, Hamburg; 2010 »Local Heroes«, Zeche Zollverein Essen; »minute portraits«, Raum 201, Essen; 2011 »Privatsache«, Wissenschaftspark Gelsenkirchen. www.knsy.de

Rüdiger Sareika, Dr. phil., geb. 1949, Studium der Germanistik und Soziologie an den Universitäten Braunschweig und Saarbrücken; 1. und 2. Staatsexamen. Wissenschaftlicher Mitarbeiter an der Universität Saarbrücken; Freier Mitarbeiter in verschiedenen Einrichtungen der Erwachsenenbildung sowie in verschiedenen Medien. Dissertation über »Die Dritte Welt in der westdeutschen Literatur der sechziger Jahre«; von 1981–2012 Studienleiter an der Evangelischen Akademie Iserlohn für die Bereiche Kunst, Kultur und interkulturelle Kommunikation, seit 2001 Beauftragter für Kunst und Kultur der Evangelischen Kirche von Westfalen.
Diverse Veröffentlichungen zum o. g. Studienbereich, zu Fragen der Gegenwartsliteratur und zur Kulturentwicklung, u. a.: Pan y Arte. Kulturelle Vielfalt und Entwicklung im Diskurs der staatlichen und nichtstaatlichen Organisation, Schwerte 2011; Unbegrenzt. Literatur und interkulturelle Erfahrung. Hrsg. Michael Hofmann. Frankfurt/M. 2013.

Thomas Wessel, Pfarrer, geb. 1964//Studium vorzüglich an der FU Berlin, währenddessen Freier Journalist, dann Barmann, dann LKW-Fahrer, schließlich Vikar in Berlin//Pfarrer für Kultur- und Stadtkirchenarbeit in Bochum, hier die Christuskirche Bochum zur KIRCHE DER KULTUREN entwickelt. Aus ihr heraus entsteht zurzeit der PLATZ DES EUROPÄISCHEN Versprechens von Jochen Gerz. www.christuskirche-bochum.de